AF906232

Die Logik der Wirtschaftsreformen Chinas

This book is part of the Peter Lang Regional Studies list.
Every volume is peer reviewed and meets
the highest quality standards for content and production.

PETER LANG
New York • Bern • Berlin
Brussels • Vienna • Oxford • Warsaw

Zhang Xiaojing und Chang Xin

Die Logik der Wirtschaftsreformen Chinas

Übersetzt von Chen Hongyan

PETER LANG
New York • Bern • Berlin
Brussels • Vienna • Oxford • Warsaw

Library of Congress Control Number: 2021025703

Bibliographic information published by **Die Deutsche Nationalbibliothek**.
Die Deutsche Nationalbibliothek lists this publication in the "Deutsche Nationalbibliografie"; detailed bibliographic data are available on the Internet at http://dnb.d-nb.de/.

ISBN 978-1-4331-7062-1 (hardcover)
ISBN 978-1-4331-7063-8 (ebook pdf)
ISBN 978-1-4331-7064-5 (epub)
DOI 10.3726/b15766

This edition is an authorized translation from
the Chinese language edition 中国经济改革的大逻辑
Published by arrangement with China Social Sciences Press.
All rights reserved.

This book is published with financial support from
the Chinese Fund for the Humanities and Social Sciences.

© 2022 Peter Lang Publishing, Inc., New York
80 Broad Street, 5th floor, New York, NY 10004
www.peterlang.com

All rights reserved.
Reprint or reproduction, even partially, in all forms such as microfilm, xerography, microfiche, microcard, and offset strictly prohibited.

Inhaltsverzeichnis

Abbildungsverzeichnis

Einführung

1978 wurden die Wirtschaftsreformen in China eingeleitet. Inzwischen sind über 40 Jahre vergangen und ein weltweit beachtenswertes Wachstumswunder wurde erzielt. 2013 verabschiedete das 3. Plenum des XVIII. Zentralkomitees (ZK) der KP Chinas den *Beschluss des ZK der KP Chinas über einige wichtige Fragen zur umfassenden Vertiefung der Reformen*. Damit erklärte die neue Regierung unter Leitung von Xi Jinping und Li Keqiang der ganzen Welt, dass die Reformen in China erneuert in die Tat umgesetzt werden.

Über die Wirtschaftsreformen Chinas wurde und wird immer noch kontrovers diskutiert. Es ist noch zu früh, um darüber endgültig Rechenschaft abzulegen, aber aus den Reformpraktiken der letzten 40 Jahre sind schon der Entwicklungsweg und die zugrunde liegende Logik klar ersichtlich.

Erstens erweisen sich Reformen als zyklische Entwicklungen. Es lässt sich in China und in anderen Ländern beobachten, dass das politische System eine gewisse Trägheit aufweist und die Reform nur dann stattfindet, wenn es keine anderen Alternativen gibt. Chinas Reformen gegen Ende der 1970er Jahre waren eine Notlösung in der Krisenzeit, als das wirtschaftliche und gesellschaftliche Leben kurz vor dem Kollaps stand. Reformen und Erneuerungen wurden von der ganzen Gesellschaft euphorisch begrüßt, die keine Alternative hatte. Gerade aus dieser außerordentlichen Tatkräftigkeit, Begeisterung und Leidenschaft wurden unermessliche Triebkräfte für den Transformationsprozess geschöpft. Allerdings ist die Dynamik der Reformen beinahe erschöpft. Zurzeit wurde ein Tiefstand erreicht, in dem eine Menge drängende Probleme zu überwinden sind. Daher wird von einem Neustart der Reformen gesprochen und davon, dass in der Gesellschaft ein breiter Konsens gefunden werden muss.

Zweitens bilden die Wirtschaftsreformen mit anderen Reformen ein eng zusammenhängendes System, das in gegenseitiger Ergänzung koordiniert und einheitlich vorangetrieben werden muss. Wenn die Wirtschaftsreformen als „Einzelgänger" voranschreiten, werden sie letztendlich scheitern, auch wenn enorme Vorarbeiten geleistet wurden. Partielle, fragmentierte Teilreformen, die nur bestimmte Bedürfnisse berücksichtigen, geraten oft in Konflikt und können sogar institutionelle Friktionen verursachen. Institutionelle Reformen müssen im Grunde genommen als Ganzheit gestaltet und vorangetrieben werden, andernfalls können hohe Transaktionskosten entstehen. Es ist deshalb notwendig, die Wirtschaftsreformen Chinas im Zusammenspiel mit den politischen, kulturellen, gesellschaftlichen und ökologischen Reformen zu fördern. Dieses ganzheitliche Reformkonzept aus oben erwähnten fünf Aspekten gilt als richtungsweisend für die neue Phase der umfassenden Reformen.

Drittens ist es von großer Bedeutung, die Beziehungen zwischen Reformen, Entwicklung und Stabilität zu regeln. Da im Transformations- und Entwicklungsprozess Chinas diese drei Ziele als Einheit verfolgt wurden bzw. werden, muss zwar auf hohe Effizienz verzichtet werden (die Reformen gehen zugunsten der Stabilität langsam voran), kann aber ein langfristiges, nachhaltiges Wachstum erzielt werden. Dabei bildet die gesellschaftliche Stabilität die notwendige Voraussetzung für den kontinuierlichen Reform- und Entwicklungsprozess, während dieser im Gegenzug eine solide Basis für die gesellschaftliche Stabilität schafft. Mangelt es an gesellschaftlicher Stabilität, kann von Reformen und Entwicklungen nicht mehr die Rede sein. Außerdem geht das bereits Erzielte möglicherweise verloren. Aufgrund dessen hat sich China für die Politik der graduellen Reformen entschieden, das zweigleisige Preissystem zugelassen, die damit zusammenhängenden Arbitragegeschäfte und Verluste der Leistungsfähigkeit in Kauf genommen, was als Probleme der chinesischen Reformen stark kritisiert wurde. Darüber hinaus sei die Verfestigung der Interessengruppen ebenfalls auf die Unvollständigkeit der Reformen zurückzuführen, so die Kritiker. Wenn man aber den chinesischen Reformkurs mit der „Schocktherapie" vergleicht, lässt sich feststellen, dass das langfristige, stabile Wachstum in China dem ganzheitlichen Konzept, das Reform, Entwicklung und Stabilität vereint und somit die effektive Umsetzung des Reformplans garantiert, zuzuschreiben ist. Das dreidimensionale ganzheitliche Denken unterscheidet sich sehr von den westlichen Mainstream-Wirtschaftslehren, die ihren Akzent ausschließlich auf Produktivität und Leistungsfähigkeit setzen.

Viertens ist die Vereinbarkeit von Praxis und Theorie die zugrunde liegende Logik. Chinas Reformen sind nicht nach westlichen theoretischen Ansätzen konzipiert, sie orientieren sich eher nach dem Prinzip, dass die Praxis als einziger Maßstab der Wahrheit gilt. Aber es bedeutet nicht, dass den Reformen in China keine theoretische Logik zugrunde liegt, obwohl die theoretischen Auseinandersetzungen meistens der Reformpraxis hinterherhinken und ggf. dadurch revidiert werden. Die Reformpraxis hat gezeigt, dass Chinas Erfolgsgeschichte kein reiner Zufall ist. Strukturwandel der Landwirtschaft, boomende Entwicklung der kommunalen Unternehmen, Reform der Staatsunternehmen, Etablierung der Marktwirtschaft, planmäßige und etappenweise Öffnung der chinesischen Wirtschaft, Errichtung von Freihandelszonen und -häfen . . . All diese Praktiken, die chinesische Weisheiten offenbaren, können theoretisch begründet werden. Genauer gesagt sind einerseits die besonderen Ausgangsbedingungen – also die chinesischen Gegebenheiten – zu berücksichtigen und andererseits hat China bei der Globalisierung aktiv mitzuwirken und sich internationalen Entwicklungstrends anzupassen. Damit geht die Reformpraxis weit über die Debatte hinaus, ob es sich dabei um graduelle oder radikale Reformen handelt.

Fünftens steht der Leitgedanke, das „Top-Level-Design" mit dem Prinzip „Nach den Steinen tastend den Fluss zu überqueren" zu verbinden, im Vordergrund. Es galt in der Anlaufphase, der Volksweisheit gemäß einen vorsichtigen Schritt nach dem anderen zu gehen, da verschiedene Ideen und Experimente aus Mangel an klar ausgearbeiteten Reformplänen und praktischen Erfahrungen versuchsweise ausprobiert werden mussten und das Top-Level-Design nur begrenzt zur Geltung kam. Mit der Fortentwicklung der Reformen, die sich gegenwärtig im „tiefen Wasser" befinden, gewinnt das Top-Level-Design jedoch an Bedeutung. Eine Gesamtplanung auf höchster Ebene, die u. a. theoretische Vorarbeiten, Ausführungspläne sowie Mechanismen der Reformen umfasst, ist notwendig, da einzelne Versuche an der Basis, die auf lokale Bedürfnisse maßgeschneidert sind, Probleme wie die Fragmentierung der Reformen und fehlende Koordinierung und Systematisierung verursachen können. In dieser Hinsicht darf das Prinzip „Nach den Steinen tastend den Fluss zu überqueren" nicht aufgehoben werden. Die Verhältnisse im heutigen China sind so kompliziert, dass man tastend neue Wege erkunden und neue Erfahrungen sammeln muss (beispielsweise Mischbesitz und Reformen von Staatsunternehmen). Bei großen, schwierigen Reformvorhaben sollten bahnbrechende Experimente an einzelnen Standorten unterstützt werden, wenn die dortigen Bedingungen reif sind, sodass Risiken und Auswirkungen begrenzt und kontrollierbar sind.

Sechstens müssen die Reformen fortgesetzt werden, und zwar im globalen Reformwettbewerb. Die Reformen verstehen sich als unaufhaltsame Daueraufgaben. Diese Aussage betrifft nicht nur China, in dem die institutionellen Rahmenbedingungen unvollkommen bzw. unvollständig sind, sondern auch Länder wie die USA, in denen die Marktwirtschaft schon voll entwickelt ist. Weltweit gesehen wird der Systemwettbewerb mit dem zusammenhängenden Reformwettbewerb zur Ausschöpfung der institutionellen Überlegenheit eine internationale Normalität sein. Anhand institutionenökonomischer Erklärungsansätze sind Veränderungen des internen und externen institutionellen Rahmens möglich, indem die regelsetzenden Staaten einerseits passiv auf den internationalen Handel und die Abwanderung von mobilen Produktionsfaktoren reagieren und andererseits aktiv ihre Rechts- und Verwaltungsordnungen verbessern, um auf dem Markt wettbewerbsfähig zu sein und die Wirtschaftsakteure zu mobilisieren. Die Nationalstaaten treten sozusagen durch die Globalisierung in „Systemwettbewerb"[1] zueinander. Noch zu erwähnen ist, dass Schlüsselwörter wie Wiederausgleich, strukturelle Anpassungen und Erneuerungen der globalen Entwicklung seit der Finanzkrise 2008 das Gepräge geben. Während China auf dem 3. und 4. Plenum des XVIII. ZK der KP Chinas einen Gesamtplan für die chinesischen Reformen ausarbeitete, haben die USA, die europäischen Länder und Japan auch strukturelle Reformpläne und langfristige Wachstumsstrategien kundgegeben. Der Reformwettbewerb ist in Gang gesetzt worden.

Die Regierungsfähigkeit eines Staates lässt sich daran messen, ob der Staat die Reformen kontinuierlich vorantreiben kann. In *Reflexionen über die Französische Revolution* vertritt Edmund Burke die Meinung, dass ein Staat, der nicht imstande sei, sich zu erneuern, ebenfalls nicht dazu fähig sei, etwas zu bewahren. Ohne diese Fähigkeiten laufe der Staat Gefahr, das Wertvollste seines Systems zu verlieren.[2] Diese Aussage trifft auf China zu: Ziel der chinesischen Reformen ist, das Wesentliche des Sozialismus zu bewahren, woraus sich die fundamentalen Treibkräfte für die Reformen ergeben.

Vor dem Hintergrund des globalen System- und Reformwettbewerbs die eigenen Reformen fortzusetzen, ist sozusagen die wichtigste Logik der chinesischen

1 Ke, Wugang & Shi, Manfei: 制度经济学：社会秩序与公共政策 [Institutionenökonomik: gesellschaftliche Ordnung und öffentliche Politiken]. The Commercial Press, 2000.

2 Burke, Edmund: *Reflections on the revolution in France*. Penguin Classics, 1986.

Reformen. Bereits in den 1980er Jahren erkannte Deng Xiaoping die fundamentale Bedeutung der Reformen für eine nachhaltige Entwicklung Chinas in den kommenden zehn Jahren und der ersten Hälfte des kommenden Jahrhunderts. Er meinte, dass es ohne Reformen keine nachhaltige Entwicklung gäbe und dass man die Reformen nicht in drei oder fünf Jahren, sondern erst in 20 Jahren oder sogar in den ersten 50 Jahren des 21. Jahrhunderts bewerten dürfe. Daran müsse man mit Entschlossenheit herangehen.[3]

3 Deng, Xiaoping: 邓小平文选 [Ausgewählte Werke von Deng Xiaoping], Band III. China People's Publishing House, 1993, S. 118.

1 Beginn der Reformen

Als auf dem 3. Plenum des XI. ZK der KP Chinas ein Weckruf nach Reformen artikuliert wurde, hatte die chinesische Regierung noch kein klares Konzept über deren Ausgestaltung. Selbst Deng Xiaoping, der als „Planer der Reformen" in China gewürdigt wird, hatte sein „Top-Level-Design" noch nicht zusammengestellt. Die Reformen wurden ohne Vorlagen initiiert, so wie der Regisseur Wang Jiawei (王家卫) seine Filme ohne Drehbücher produziert. Aber gerade von diesen tastenden Versuchen hat man in China viel profitiert.

Blickt man jetzt auf den Ausgangspunkt der Reformen zurück, lässt sich Folgendes feststellen: Als der Reformprozess in China eingeleitet wurde, stand die chinesische Gesellschaft, die die zehn Jahre lange Kulturrevolution hinter sich hatte, kurz vor dem Zusammenbruch. Im selben Zeitraum durchliefen die entwickelten Volkswirtschaften die Phase der „Stagflation", bis Ronald Reagan und Margaret Thatcher versuchten, durch Liberalisierungen die gesellschaftlichen Konflikte zu lösen. Zu beobachten war auch, dass Unterströmungen der Globalisierungswelle immer mehr an Dynamik gewannen, um in den kommenden 20 Jahren die ganze Welt zu stürmen. China hat dieses Mal geschafft, den Zug der Globalisierung zu erreichen und sich den globalen Reformen anzuschließen. Die Reformen, die Ende der 1970er Jahre ansetzten, haben China grundlegend verändert.

1.1 China und die Welt um 1980

Ende der 1970er Jahre und Anfang der 1980er Jahre war „Reform" weltweit ein wichtiges Schlüsselwort. Im Osten begann China mit Marktreformen, die fundamentale Veränderungen mit sich brachten, während im Westen der Liberalisierungsprozess, der von Reagan und Thatcher in die Wege geleitet wurde, in vollem Gange war. Im selben Zeitraum liefen Reformen in vielen anderen Staaten an. Laut Martin Feldstein erlebte die nationale Wirtschaftspolitik in den 1980er Jahren auf der ganzen Welt eine grundlegende Änderung, die jedoch etwas Gemeinsames hatte, nämlich die Rolle der Regierung im wirtschaftlichen Leben zu schwächen. Diese Wandlung vollzog sich in den USA, in China, in Lateinamerika von Chile im Süden bis nach Mexiko im Norden, in England, in Osteuropa sowie in der Sowjetunion.[1]

Zurückblickend kann man sagen, dass die ersten Anzeichen des internationalen Reformwettbewerbs damals bereits zu sehen waren. Die westlichen Länder, deren goldener Ära mit hohem Wachstum durch die Ölkrise ein Ende gesetzt wurde, mussten sich knapp zehn Jahre lang mit der Stagflation abfinden. Um das zu ändern, waren strukturelle Reformen erforderlich. Für China, das die folgenschwere Kulturrevolution erlebt hatte, waren Reform und Öffnung ebenfalls der einzige Ausweg. 40 Jahre später muss man leider feststellen, dass die geschichtliche Entwicklung gewisse Ähnlichkeiten hat: Die von der globalen Finanzkrise getroffenen Nationalstaaten befassen sich erneuert mit den Aufgaben des Wiederausgleichs und der strukturellen Anpassung. Der internationale Reformwettbewerb ist in Gang gebracht worden.

Anders als heute war China damals, als die welterschütternden Reformen Ende der 1970er Jahre angestoßen wurden, noch kein Global Player. Erst im Laufe des Reform- und Öffnungsprozesses hat China mit der Globalisierung Schritt gehalten und ist Teil der internationalen Arbeitsteilung geworden. Anfang der 1980er Jahre vermehrte sich der wirtschaftliche „Austausch" zwischen China und anderen Ländern, was einen wichtigen Anstoß zur Globalisierung gab, die in den folgenden 30 Jahren eine stabile Aufwärtsentwicklung erlebte. China hatte Glück, den „Zug" der Globalisierung noch erreicht zu haben. Für die Welt stellte dies ebenfalls einen Vorteil dar, da dadurch der Prozess andauernde, dynamische Antriebskräfte erhielt.

1 Feldstein, Martin, übersetzt von Wang, Jian u. a.: 20世纪80年代美国经济政策 [American economic policy in the 1980s]. Economic Science Press, 2000.

Das zeigt, dass China eng mit der Welt verbunden ist. Davon ausgehend lässt sich leicht verstehen, dass der chinesische Reformprozess keinesfalls ein isoliertes oder zufälliges Ereignis ist. Zwar wurde er in erster Linie durch die innewohnenden Triebkräfte veranlasst, bleibt aber nicht frei von internationalen Einflüssen.

Der allgemeinen Meinung nach stand China nach der katastrophalen Kulturrevolution kurz vor dem wirtschaftlichen Zusammenbruch. Mit anderen Worten: Wären keine Reformmaßnahmen ergriffen worden, die für grundlegende Veränderungen des wirtschaftlichen Fundaments und des Oberbaus sorgten, wäre China in Gefahr bzw. ins Chaos geraten und vom Untergang bedroht gewesen. „Reform" war mehr als ein Schlagwort und wurde von der ganzen Gesellschaft euphorisch begrüßt. Man jubelte und feierte die Wiedergeburt nach dem Lebenskampf. Möglicherweise hat sich damals schon ein breiter Konsens herausgebildet.

Aller Anfang ist schwer. Es musste zu einem Durchbruch kommen und China war dabei, die mehrfachen Widerstände zu überwinden. Vor allem wollte China ein Stück von der Welt sehen, nachdem die Politik der verschlossenen Tür für so lange Zeit betrieben worden war. Die geistige Unbeweglichkeit brauchte einen Anstoß von außen.

Allein im Jahr 1978 statteten 13 Vize-Ministerpräsidenten und -Staatskommissare ca. 20 offizielle Besuche in 50 Staaten ab. Außerdem wurde für Hunderte von Ministern, von Gouverneuren der Provinzregierungen, von Ersten Parteisekretären des Parteikomitees und für ihre Mitarbeitenden die Möglichkeit geschaffen, Studienreisen ins Ausland zu unternehmen. Am Ende desselben Jahres fasste Deng Xiaoping die Auswirkungen dieser Studienreisen optimistisch zusammen: „In letzter Zeit haben viele Kameraden Auslandsreisen gemacht. Je mehr wir sehen, desto mehr erfahren wir, wie rückständig wir sind." Für ihn waren die Erkenntnisse über den Status quo bzw. die Rückständigkeit Chinas ausschlaggebend für den Erhalt von Unterstützung bei den Reformen. Am 2. Dezember 1978 sagte er zu seinen Mitarbeitern, die in seinem Auftrag eine Rede über den Auftakt der Reform und Öffnung abfassen sollten: „Der Basispunkt ist: Wir müssen zugeben, dass wir rückständig sind. Viele unserer Maßnahmen sind nicht richtig und müssen geändert werden." Die Studienreisen überzeugten viele hochrangige Funktionäre davon, dass Deng Xiaoping recht hatte und China einem grundlegenden Wandlungsprozess unterliegen musste. Unter all diesen Auslandsreisen übte die Reise nach Westeuropa vom 2. Mai bis zum 6. Juni 1978 unter der Leitung von Gu Mu (谷牧) den größten Einfluss auf die weitere Entwicklung Chinas aus. Zusammen mit dem XI. Parteitag der KP

Chinas im November 1978 und dem 3. Plenum des XI. ZK der KP Chinas zählte sie zu den drei Wendepunkten im chinesischen Reform- und Öffnungsprozess.[2]

Das erinnert einen an die Iwakura-Mission, die einen wichtigen Anstoß zur Modernisierung Japans gegeben hat. Von Dezember 1871 bis September 1873 unternahmen 51 Beamte unter der Leitung von Iwakura Tomomi, der in der Meiji-Regierung eine führende Rolle spielte, eine Schiff- und Zugreise in 15 Länder. Die Delegationsmitglieder bekleideten die wichtigsten Ämter für Industrie, Agrarwirtschaft, Bergbau, Finanzen, Kultur, Bildung, Militär und Sicherheit. Als sie ihr Heimatland verließen, war Japan noch ein verschlossenes Land. Die meisten Japaner hatten wenig Ahnung von der Außenwelt. Auf ihrer Reise besuchten die Missionsmitglieder diverse Fabriken, Bergwerke, Museen, Parks, Börsen, Eisenbahnen, Bauernhöfe und Schiffswerften, was ihren Horizont erweiterte. Sie kamen zur Erkenntnis, dass Japan nicht nur neue Technologien, sondern auch neue Organisationsstruktur und Denkweisen benötige, um sich umzugestalten. Sie gelangten auch zur Einsicht, dass der Abstand zwischen Japan und den westlichen Ländern sehr groß sei, und waren sich über Reformideen einig. Sie waren durch ihre Auslandserlebnisse nicht entmutigt, vielmehr gingen sie nach ihrer Rückreise voller Arbeitseifer ans Werk. Sie waren begeistert von ihren Zukunftsvorstellungen von ihrem Vaterland und konnten es kaum erwarten, noch mehr Delegationen ins Ausland zu entsenden.

Keine einzige chinesische Delegation verbrachte so viel Zeit im Ausland wie die Iwakura-Mission, aber die zahlreichen Studienreisen, an denen hochrangige Führungskräfte teilnahmen, hatten ähnliche Auswirkungen auf die Chinesen.

Durch diese Studienreisen wurden mindestens zwei Erkenntnisse gewonnen. Erstens stellte man fest, dass China in vieler Hinsicht unterlegen war. Viele Länder hatten beachtenswerte Erfolge erzielt, während Chinas Tür zur Außenwelt verschlossen war. Daraufhin kam die Frage auf, warum China um Jahrzehnte zurücklag, wenn der Sozialismus dem Kapitalismus überlegen ist? In einem Bericht über die Reise nach Japan[3] wurde versuchsweise eine Antwort darauf geliefert: „Wir sind ein sozialistisches Land. Unser System ist viel besser als der Kapitalismus. Aber uns mangelt es an Erfahrungen und im sozialistischen Aufbau haben wir auch einige Fehler gemacht, sodass die Überlegenheit des Sozialismus nicht zutage tritt.“

2 Vogel, Ezra F., übersetzt von Feng, Keli: 邓小平时代 [Deng Xiaoping and the Transformation of China]. SDX Joint Publishing Company, 2013.

3 Deng, Liqun, Ma, Hong, Sun, Shangqing & Wu, Jiajun: 访日归来的思索 [Einige Überlegungen nach der Rückkehr von Japan]. China Social Sciences Press, 1979.

Zweitens wurde festgestellt, dass man auch von kapitalistischen Ländern lernen kann, die positive Erfahrungen in Wissenschaft und Technik, in Finanzen und Management etc. gesammelt haben. Somit ist China geistig gut darauf vorbereitet, in naher Zukunft Sonderwirtschaftszonen zu errichten, Städte zu öffnen und ausländische Investitionen einzuführen.

Deng Xiaoping war der Meinung, dass Konsolidierung und Entwicklung des Sozialismus ein langwieriger Prozess sei. Mehrere Generationen, ein Dutzend und sogar ein paar Dutzend Generationen müssten sich kontinuierlich dafür einsetzen. Ein paar Dutzend Generationen! Das ist eine lange Zeit, denn von Konfuzius bis heute sind nur über 70 Generationen vergangen. Diesbezüglich äußerte Xi Jinping in der *Erklärung zum Beschluss des ZK auf dem 3. Plenum des XVIII. ZK der KP Chinas*, dass China der Reform- und Öffnungspolitik zu verdanken habe, dass China in den letzten 35 Jahren eine rasante wirtschaftliche und gesellschaftliche Entwicklung erleben und im Wettlauf mit dem Kapitalismus komparative Wettbewerbsvorteile ausschöpfen könne.

Das bedeutet, dass man beim Aufbau und bei der Vervollständigung des Sozialismus chinesischer Prägung das konkurrierende kapitalistische System immer im Auge behalten muss. Der System- und Reformwettbewerb ist an sich die unerschöpfliche Treibkraft für die wirtschaftliche und gesellschaftliche Entwicklung Chinas, zugleich ist er auch der einzige Weg für die Menschheit, eine höhere Entwicklungsstufe zu erreichen.

1.2 Ausgangssituation und Reformoptionen

Durch Druck von innen und Anreize von außen sah sich China genötigt, Reformmaßnahmen zu ergreifen. Aber welche Mittel und Wege standen zur Wahl? In welchem Bereich konnte der Durchbruch geschafft werden? Und wie sollte der Ablauf organisiert werden? Dies bereitete den Entscheidungsträgern zu Anfang große Schwierigkeiten.

Die Entscheidung, welcher Reformkurs einzuschlagen war, hing mit der Ausgangssituation zusammen. Zwei Fakten kennzeichneten die Ausgangssituation bzw. den historischen Hintergrund: die Planwirtschaft auf der einen Seite und ein armes, rückständiges Agrarland auf der anderen Seite. Daraus resultierte, dass China vor einer doppelten Herausforderung – Transformation einerseits und Entwicklung andererseits – stand: Die Planwirtschaft sollte schrittweise von der Marktwirtschaft ersetzt werden und aus dem Agrarland sollte eine Industrienation aufgebaut werden.

Die chinesische Volkswirtschaft war vor den Reformen eine typische Planwirtschaft, die folgende Merkmale hatte: (1) Das Gemeineigentum war in der Struktur der Eigentumsverhältnisse dominierend. Der Aufbau der sozialistischen Planwirtschaft ist im Wesentlichen ein Prozess der Vergesellschaftung und Verstaatlichung der Produktionsmittel. Eigentumsrechtlich gesehen erfüllte das chinesische Wirtschaftssystem, das vor den Reformen durch „groß angelegte Produktionseinheiten und ausgedehnte Kollektivierung" geprägt war, die Kriterien einer herkömmlichen Planwirtschaft. Nach dem Kollektivierungsgrad ließen sich die Industriebetriebe in Städten in volks-, staats- und kollektiveigene Unternehmen unterscheiden. Auf dem Land gab es hauptsächlich staats- und kollektiveigene Produktionseinheiten, die strikt staatliche Produktionspläne sowie einheitliche An- und Verkaufspläne der Agrarprodukte auszuführen hatten. D. h., dass die ländlichen Produktionseinheiten eigentlich nicht vollständig über kollektive Eigentumsrechte verfügten. Die Bauern hatten nur das Nutzungsrecht an der landwirtschaftlichen Nutzfläche, die de facto dem Staat gehörte und vom Kollektiv verwaltet wurde. Als die sozialistische Umwälzung 1956 abgeschlossen war, belief sich der Anteil der gemeineigenen Wirtschaft am Volkseinkommen bereits auf über 90%, während die Einzelwirtschaft auf 7,1% sank und das private Eigentum nicht einmal 0,1% ausmachte. Das waren deutliche Indikatoren dafür, dass die chinesische Volkswirtschaft – sowohl das Eigentumssystem als auch das wirtschaftliche Lenkungssystem – in eine vollständige Planwirtschaft übergegangen war. (2) Der Staat verwaltete durch administrative Anweisungen den volkswirtschaftlichen Prozess. Die zentrale Planwirtschaft ist dadurch gekennzeichnet, dass der Staat oder die Zentralregierung im wirtschaftlichen Prozess die Hauptrolle spielt, während die Industriebetriebe als Ausführende von staatlichen Plänen zum Anhängsel der Regierung degradiert werden. Die zentrale Lenkung und Verwaltung des Wirtschaftsgeschehens erfolgen mithilfe von administrativen Plänen. Spezielle Behörden werden errichtet und mit Planungsaufgaben beauftragt, während Betriebe durch Indizes, Planvorgaben und Begutachtungen allseitig kontrolliert werden. Ihre Leistungsfähigkeit wird allein durch die Planerfüllung und Präferenzen der Behörden ermessen. In einer hochgradigen Planwirtschaft werden sehr detaillierte, umfassende Pläne für den gesamten Wirtschaftsprozess aufgestellt, jedoch sind die meisten Pläne aufgrund von Informationsmangel sehr „hart" und unflexibel. (3) Die Entscheidungsmacht über das Wirtschaftsgeschehen war sehr zentralisiert. Der Staat war nicht nur für die Ressourcenallokation auf der Makroebene verantwortlich, sondern stellte auch Einnahmen-Ausgaben-Rechnungen für Betriebe und Einzelpersonen auf der Mikroebene, die Produktionsmittel zugewiesen bekamen. Infolgedessen gab es auf der Mikroebene neben dem Staat und der Regierung keine realen Wirtschaftssubjekte mehr. (4) Die gesellschaftlichen Ressourcen wurden planmäßig verteilt. Als Hauptmechanismus dienten behördliche Anordnungen anstelle des Preismechanismus, der in der Zentralverwaltungswirtschaft völlig versagte. Die Leistungsfähigkeit des Marktes bei der Ressourcenallokation wurde aufs Minimum reduziert. (5) Außerpreisliche Faktoren bestimmten Transaktionen. Laut der Institutionenökonomik gehören Transaktionen zu den am meisten ausgeübten wirtschaftlichen Aktivitäten der Menschheit. Die Transaktionen, die in der Marktwirtschaft durch Preismechanismus geregelt werden, werden in der Zentralverwaltungswirtschaft durch administrative Anweisungen ersetzt. Die Transaktionsobjekte verlieren ihre Eigenschaft als Wirtschaftsgut.

Zweitens hat China die typische Ausprägung einer dualen Wirtschaftsstruktur, und zwar das Stadt-Land-Gefälle mit deutlichen Unterschieden zwischen Arbeitern und Bauern. Um die Unausgewogenheit der dualen Wirtschaftsstruktur zu beseitigen, ist die Industrialisierung der Landwirtschaft laut der Entwicklungsökonomie ein Muss, da die Landwirtschaft im Vergleich zur Industrie eine niedrige Produktivität aufweist. Außerdem hat die wirtschaftliche Entwicklung der Industrienationen gezeigt, dass die Industrialisierung der Landwirtschaft ein wichtiger Bestandteil des Modernisierungsprozesses ist. Ein herkömmliches Agrarland, das die Transformation zu einer Industrienation und sogar zu einer postindustriellen Gesellschaft vornehmen will, hat die Phase der Industrialisierung zu durchlaufen. Insofern gilt deren Realisierungsgrad als wichtiger Maßstab der Modernisierung. Diesbezüglich bildet China keine Ausnahme. Der Reform- und Öffnungsprozess bzw. der Entwicklungsprozess der sozialistischen Marktwirtschaft ist in gewissem Grad ein Transformationsprozess der dualen Wirtschaftsstruktur Chinas. Dieser führt einerseits zu einem Überschuss an arbeitsfähiger Bevölkerung auf dem Land, die unaufhaltsam in die städtischen modernen Sektoren (bspw. die verarbeitende Industrie) strömt, was die Effizienz der Ressourcenallokation maßgeblich steigert. Andererseits erhöht sich das gesamte Niveau der Industrialisierung und Urbanisierung Chinas mit der Industrialisierung der Landwirtschaft maßgeblich.

Bedingt durch die Planwirtschaft und die duale Wirtschaftsstruktur, stand China mit seinen Reformen vor zwei enormen Herausforderungen, nämlich Transformation und Entwicklung. Zur Erfüllung dieser Aufgaben hatten die landwirtschaftlichen Reformen mit Neugründungen von zahlreichen kommunalen Unternehmen Vorrang. Immerhin war die Ausprägung der Planwirtschaft in ländlichen Gebieten nicht so stark wie in Städten und die Förderung der kommunalen Unternehmen war der „einfachste" Weg zur Industrialisierung dieser Gebiete.

Ein anderes bedeutendes Prinzip der Reformen Chinas ist der Pragmatismus. Die Reformen sollten dort ansetzen, wo die Situation am ernsthaftesten war und die Widerstände am geringsten waren. Diese zwei Voraussetzungen erfüllten die landwirtschaftlichen Bereiche: Sie befanden sich generell in einer sehr schlechten Lage und die Widerstände dort waren nicht so stark.

Die extrem schlechte Wirtschaftssituation in ländlichen Gebieten, insbesondere die Stagnation der landwirtschaftlichen Einnahmen seit mehreren Jahrzehnten, stellte die bewegende Kraft für die politische Entscheidung in der frühen Reformphase dar. Bis Ende der 1970er Jahre blieb das seit Langem bestehende Problem der Getreideversorgung ungelöst. In der ersten Hälfte der 1970er Jahre nahmen die Haushalte, die nicht mit ausreichenden Lebensmitteln versorgt waren, ständig zu, während Getreideeinfuhren und Transportvolumen von Getreide zwischen den Provinzen abnahmen. All dies deutete darauf hin, dass die Getreideversorgung vor einer ernsthaften Krise stand und keine Verbesserung in Sicht war. Von 1973 bis 1980 wurden jährlich über sechs Millionen Tonnen Getreide, darunter in erster Linie Weizen, nach China importiert, was einen sehr großen Anteil am gesamten Importvolumen ausmachte. Als der Staat Maschinenanlagen und andere Technologien nach China einführen wollte, um eine sprunghafte Entwicklung der Industrie herbeizuführen, musste man jedoch feststellen, dass so viele Arbeitskräfte in der Landwirtschaft gebunden waren, dass für die verarbeitende Industrie nicht genug Arbeitskräfte zur Verfügung standen, was die gesamte Entwicklung Chinas beeinträchtigte. Vor diesem Hintergrund war es kein Wunder, dass die Reformen Chinas in der Landwirtschaft ihren Anfang nahmen. 1979 legte Chen Yun (陈云) Verbesserungsvorschläge für die nationale Wirtschaftsplanung vor, die unter anderem vorsahen, der Landwirtschaft oberste Priorität einzuräumen und gleichzeitig die Investitionsrate landesweit zu senken, wodurch der landwirtschaftliche Sektor mehr Ressourcen zugewiesen bekam. Folglich blieb der chinesischen Regierung nichts anderes übrig, als die ländlichen Reformen zu dulden.

Eine weitere Tatsache war, dass China zu dem Zeitpunkt ein typisches Agrarland war, in dem 80% der Menschen in ländlichen Gebieten lebten. Ihr Lebensstandard war allgemein niedrig, da Arbeitskräfte in reicher Fülle vorhanden waren, während das verfügbare Ackerland begrenzt war. Hinzu kam, dass die Bauern zugunsten der nationalen Industrialisierung ihre Agrarprodukte nur dem Staat zum festgesetzten Preis verkaufen durften. Außerdem hatten die Bauern bis dahin keine staatlichen Sozialleistungen bezogen. Da sie wenig vom alten System profitiert hatten, konnten sie sich leichter davon befreien und auf die marktorientierten Wirtschaftstätigkeiten einlassen, wodurch neue wirtschaftliche Beziehungen entstehen konnten.[4] Das war völlig anders als in der Sowjetunion und in vielen osteuropäischen Ländern, in denen eine große Menge Beschäftigte im staatlichen Sektor arbeiteten und Sozialleistungen erhielten. Das erklärte, warum die Reformen Chinas mit den ländlichen Gebieten anfingen und warum sie gerade dort leichter umzusetzen waren: Weil die Widerstände dort kleiner waren.

Gleichzeitig wurden gewinnorientierte kommunale Unternehmen zugelassen und gefördert, womit eine günstige Umgebung für die Vertiefung der landwirtschaftlichen Reformen geschaffen wurde. Wie es sich herausstellte, spielte die Entwicklung der kommunalen Unternehmen eine bedeutende Rolle für die Erfolgsgeschichte der chinesischen Reformen in den 1980er Jahren. Bis zum Jahr 1989 machte der Produktionswert dieser Betriebe 25% des Gesamtproduktionswerts Chinas aus und der industrielle Produktionswert dieser Betriebe lag bei 30% des Bruttoproduktionswerts der gesamten Industrie Chinas. Als Deng Xiaoping am 12. Juni 1987 eine Delegation aus Jugoslawien empfing, sagte er anerkennend über die kommunalen Unternehmen: „Zu den größten Erfolgen der landwirtschaftlichen Reformen gehört die schnelle Entwicklung der kommunalen Unternehmen, womit wir gar nicht gerechnet haben. Sie sind in verschiedenen Branchen tätig, sowohl im Handel als auch in der verarbeitenden Industrie. Sie agieren wie eine neue Kraft, die plötzlich auf den Plan tritt."[5] Im internationalen wissenschaftlichen Kreis werden die kommunalen Unternehmen ebenfalls positiv bewertet: Viele sehen darin die innovativen Kräfte der Wirtschaftsreformen und das Geheimmittel des Wirtschaftswachstums Chinas.

1.3 Der Reformweg: Vereinbarkeit von Praxis und Theorie

Viele glauben heutzutage, dass China mit seinem eingeschlagenen Reformweg „zufälligerweise" Erfolge erzielt hat. Im Folgenden wird versucht, aufzuzeigen, dass die den Reformpraktiken innewohnende Logik theoretisch begründet

4 Fan, Gang: 渐进改革的政治经济学 [Politische Ökonomie des Gradualismus]. Shanghai Yuandong Press, 1996.

5 Deng, Xiaoping: 邓小平文选 [Ausgewählte Werke von Deng Xiaoping], Band III. China People's Publishing House, 1993, S. 238.

werden kann. Es besteht sozusagen eine Vereinbarkeit von Praxis und Theorie und der Erfolg der chinesischen Reformen ist auf keinen Fall ein reiner „Zufall".

Einige Wissenschaftler halten beispielsweise wenig von den großen landwirtschaftlichen Reformen Chinas und glauben, dass China nur auf der Mikroebene ein paar leicht auszuführende Anpassungsmaßnahmen wie die Einführung des zweigleisigen Preissystems getroffen habe. Es ist jedoch diesem einfachen, überschaubaren zweigleisigen Preissystem zu verdanken, dass die Produktivität der Bauern gesteigert wurde, da sie ihre Produkte zum Marktpreis verkaufen konnten, nachdem sie ihre Pflichten gegenüber dem Staat, die Agrarprodukte zu einem staatlich festgelegten Preis anzubieten, erfüllt hatten.

Nach Huang Yasheng[6] haben die westlichen Ökonomen, die nur die einfache Handhabung als Vorteil des zweigleisigen Preissystems im Auge haben, eine wichtige Voraussetzung übersehen: Die Bauern müssen nämlich auf die staatlichen Zielvorgaben zählen können. Diese Voraussetzung ist keineswegs so selbstverständlich, wie man glaubt. In einem unkontrollierten System schrauben die Planer oft gemäß den Leistungen der Produktionseinheiten die Zielvorgaben nach oben, und somit entsteht der sogenannte „Ratchet-Effekt". Die Erfolgsgeschichte des zweigleisigen Preissystems in China hat gezeigt, dass sich China erfolgreich dem Sog des Ratchet-Effekts entzogen hat. In Wirklichkeit ist das zweigleisige Preissystem keine neue Erfindung bzw. keine Erfindung der Chinesen. In der Sowjetunion wurden mehrere Experimente unternommen, die jedoch scheiterten. Die Erfahrungen beider Länder haben erwiesen, dass der Erfolg des zweigleisigen Preissystems davon abhängt, ob ein politisches System den Ratchet-Effekt abwenden kann. Die Handhabung, egal ob einfach oder kompliziert, hat nur zweitrangige Bedeutung. Wichtig ist, dass sich die Führungskräfte in Dengs Ära verpflichtet haben, die Planvorgaben nicht nach oben zu schrauben und ihr Wort gehalten haben. Bereits in diesem einen Punkt hebt sich China von der Sowjetunion ab und der Erfolg des zweigleisigen Preissystems ist der chinesischen Politik unter Dengs Leitung zuzuschreiben.

Ein anderer Unterschied zwischen China und der Sowjetunion liegt in der Wirtschaftsstruktur. Die chinesischen Reformen haben in ländlichen Gebieten angesetzt, da China zu der Zeit vor allem ein Agrarland war, während die Industrialisierung in der Sowjetunion bereits ein hohes Niveau erreicht hat. Unter gleichen Bedingungen konnte man in China auf dem Land leichter private

6 Huang, Yasheng: 中国经济是如何起飞的 [Wie beginnt die chinesische Ökonomie sich zu entwickeln]. In: *Comparative Economic & Social Systems*, 2013, Nr. 2.

Unternehmen gründen und marktwirtschaftliche Elemente einführen als in Städten. Viele große Privatunternehmen der verarbeitenden Industrie sind nicht in Großstädten wie Beijing oder Shanghai angesiedelt, sondern in Provinzen wie Zhejiang, Hunan, Anhui und Sichuan, die in den 1980er Jahren noch stark von der Agrarwirtschaft geprägt waren. Das hat mit dem chinesischen Wirtschaftssystem zu tun: Da die Landwirtschaft von vielen unberechenbaren Faktoren – beispielsweise Wetter und Bodenkonditionen – beeinflusst war, konnte sich die Planwirtschaft in ländlichen Gebieten nicht so reibungslos durchsetzen wie in Städten. Politisch gesehen erschütterte die Kulturrevolution vor allem die städtischen Räume, in denen auch die letzten Spuren des Kapitalismus beseitigt wurden. Aber auf dem Land gab es noch gewisse Marktfreiheit, die das Fundament für Dengs erfolgreiche Agrarreformen legte. Als Beispiel lassen sich die vertraglich vereinbarten Bodennutzungsrechte nennen, die voraussetzen, dass man als Auftragnehmer einige Vorkenntnisse über Mehrwert besitzt. In ländlichen Gebieten waren die Bauern noch einigermaßen damit vertraut (vielleicht weil es im Dorf noch einen kleinen Anteil an Grundstück zur privaten Bewirtschaftung gab), während sie in der Stadt völlig abhandengekommen waren. Der Restbestand der freien marktwirtschaftlichen Aktivitäten auf dem Land wirkte wie ein wirtschaftspolitischer Multiplikator, der die Auswirkungen der Wirtschaftsreformen vergrößerte. Damit konnte auch erklärt werden, warum dieselben Reformmaßnahmen in Agrarländern wie in China und Vietnam das Angebot ankurbelten, während sie in Industrienationen wie der Sowjetunion zum Scheitern verurteilt wurden.

Offensichtlich hat der Erfolg der chinesischen Reformen mit den speziellen Ausgangsbedingungen zu tun. Dazu gehörten unter anderem die Dezentralisierung der Wirtschaftsplanung, Unterstützung der Reformen durch die Entwicklung der ländlichen Unternehmen, Verteilung der großen Maschinenanlagen, Verfügbarkeit von gewerblichen Informationen, technisches Know-how und Kapitalanlage der Überseechinesen. Der Systemwechsel, Marktwettbewerb, Druck im Finanzsektor, Innovationen und fortschreitende Erneuerungen wirken ebenfalls positiv auf die chinesischen Reformen.

Noch zu erwähnen ist, dass es zu Anfang der Reformen weder reife theoretische Überlegungen noch ein Top-Level-Design gab, das die Fragen beantwortete, wo und wie die Reformen eingeleitet und ob graduelle oder radikale Reformen umgesetzt werden sollten. Da China erst kurz davor sein Tor nach außen geöffnet hatte, verfügte es nur über beschränkte Zugriffsmöglichkeiten auf Informationen über die Außenwelt und hatte wenig Erfahrung damit, von anderen Ländern zu lernen. Die Expertisen weniger ausländischer Experten, mit denen

Beziehungen angeknüpft wurden, konnten höchstens als „Referenz“ dienen, aber keinesfalls eine entscheidende Rolle spielen. Außerdem waren die Umstände in China zu kompliziert, als dass man ausländische Erfahrungen oder theoretische Wirtschaftsmodelle übernehmen könnte. All diese Voraussetzungen machten es besonders schwer, ein wohlüberlegtes Konzept für die Reformen zu entwerfen. Im Nachhinein kann man aber sagen, dass die Logik der Reformpraktiken mit der Logik der Theorien übereinstimmt. Das chinesische Erfolgskonzept ist kein Glücksfall, sondern lässt sich darauf zurückführen, dass das chinesische Volk sich traut, tastend neue Versuche zu unternehmen, Fehler zu verbessern und neue Ideen zu erproben. Es ist ein Erfolg, der die Weisheiten der Reformplaner und die Initiative der Chinesen widerspiegelt.

1.4 Weisheiten der Reformen: „Kantenball spielen“ und „Nach den Steinen tastend den Fluss überqueren“

Ein Blick in die Geschichte Chinas zeigt, dass die Suche nach Wegen zur Gestaltung des Sozialismus und ggf. nach Reformmöglichkeiten nicht auf einen bestimmten Tag datiert werden kann. Es ist ein langwieriger Prozess, der nach langjährigen Vorbereitungen eingeleitet wurde. Bereits in den 1950er Jahren wurden Reformvorschläge unterbreitet, um die Probleme der Zentralverwaltungswirtschaft zu bewältigen. Damals wurden in der Sowjetunion und in vielen osteuropäischen Ländern ebenfalls Reformmaßnahmen ergriffen und theoretische Erklärungsansätze entwickelt (bspw. die Idee der Dezentralisierung des polnischen Ökonomen Wlodzimierz Brus und das S̆ik-Modell des „Dritten Wegs“ des tschechischen Wirtschaftswissenschaftlers Ota Šik). Jedoch war die Frage, ob der Sozialismus mit der Marktwirtschaft vereinbar ist oder ob die beiden von Natur aus Gegensätze bilden, nicht zufriedenstellend beantwortet. Deng Xiaopings Antwort darauf war aber eindeutig: 1979 äußerte er sich dazu, dass Sozialismus durchaus mit Marktwirtschaft verbunden werden könne. 1992 wies er auf seiner Reise nach Südchina darauf hin, dass Plan- bzw. Marktwirtschaft kein wesentliches Unterscheidungsmerkmal zwischen Sozialismus und Kapitalismus sei. Beides seien Mittel zur Lenkung der wirtschaftlichen Aktivitäten. Am 12. Oktober 1992 wurde im Bericht des XIV. Parteitags der KP Chinas offiziell bekannt gegeben, dass die Wirtschaftsreformen Chinas sich zum Ziel setzten, eine sozialistische Marktwirtschaft aufzubauen.

Die Praktiken gehen meistens der Theorie voraus. Bevor die Theorie der sozialistischen Marktwirtschaft an Kontur gewann und politisch legitimiert wurde, wurden viele Reformexperimente unternommen. Aus mangelnder Legitimation mussten die Reformpraktiker mit ihren Reformmaßnahmen im gesetzlich zulässigen Spielraum tastend vorangehen und dabei das Risiko auf sich nehmen.

Der Transformationsprozess Chinas von einer Planwirtschaft zu einer Marktwirtschaft wurde durch drei grundlegende historische Bedingungen geprägt: erstens eine streng aufgebaute Hierarchiestruktur durch die Zentralverwaltung, zweitens das sowjetische Modell als Vorbild des verwirklichten Sozialismus und drittens das Primat der politischen Autorität vor der institutionellen Autorität. Vor diesem Hintergrund war es äußerst schwierig, einen plötzlichen Durchbruch zu erzwingen, es sei denn, dass gewaltsame Maßnahmen ergriffen wurden, wie es in der Sowjetunion der Fall war, was sich als unzumutbar erwiesen hat. Es blieb für China also nur die Option, die Flexibilität der Politik zu nutzen. Typisch dafür waren die „Sechs Bestimmungen des Provinzparteikomitees" der Provinz Anhui, die u. a. „Errichtung unterschiedlicher Verantwortungssysteme nach landwirtschaftlichen Tätigkeiten" und „Umsetzung des Verteilungssystems nach der Arbeitsleistung" umfassten und unterschiedlich interpretiert werden konnten. Da die Reformpolitiker diese und ähnliche Maßnahmen positiv betrachteten und weiterentwickelten, wurden die Reformen vorangetrieben. Die bestehenden Systeme und Institutionen hatten sowohl sinnvolle als auch unzweckmäßige Elemente, zwischen denen man bei den Versuchen, „Kantenball zu spielen", gut unterscheiden musste, um das Geeignete zu verbreiten und das Ungeeignete zu beseitigen. Ein Beispiel: Laut *Akt 74 des chinesischen Staatsrats vom Jahr 1979* sollten die Volkskommunen und Produktionsbrigaden direkt unterstellten Betriebe (Vorläufer der kommunalen Unternehmen) tatkräftig unterstützt und gefördert werden. Dementsprechend sollten Verwaltungsbüros auf der Provinz-, Stadt- und Landkreisebene errichtet werden. Diese Betriebe entwickelten sich gut, gerieten aber bald in Konflikt mit dem vorhandenen System. Im Landkreis Lushi, Provinz Henan (河南卢氏县) wurde beispielsweise eine Betriebsanlage zur Herstellung von Tungöl errichtet, die Produktionsmittel von den örtlichen Bauern einkaufte. Diese Einkäufe standen aber mit dem System des staatlichen An- und Verkaufs von Getreide in Konkurrenz. Ein Gerichtsverfahren wurde eingeleitet und erregte sogar Deng Xiaopings Aufmerksamkeit. Da die neue Politik von den Bauern begrüßt und unterstützt wurde, wurden gemäß der kurz danach bekannt gemachten Verlautbarung des Staatsrats das Ministerium für Getreide und die Dachorganisation der Ein- und Verkaufsgenossenschaften abgeschafft. Es gab jedoch auch negative Beispiele: Zu Anfang der Reform- und Öffnungsperiode griff die Schmuggelei beim Aufbau der exportorientierten Wirtschaft und bei der Errichtung von Sonderwirtschaftszonen um sich, da die Politik in mancher Hinsicht nicht klar ausformuliert war. Die Zentralregierung reagierte schnell darauf und ergriff Maßnahmen, die die wirtschaftliche Entwicklung gewährleisteten. Diese zwei Beispiele zeigen, dass die Strategie, „Kantenball zu spielen", eindeutige Überlegenheit hat, was von vielen Reformpraktikern bestätigt wurde. Liang Lingguang (梁灵光), der 1983 als Provinzgouverneur in Guangdong tätig war, hat in seinen Erinnerungen geschrieben: „Dass die Provinz Guangdong einen Schritt weiter geht als alle anderen Provinzen, ist der flexiblen, praxisorientierten Handlungsfähigkeit der lokalen Regierung und dem innovativen Umgang mit den Sonderregelungen, die von der Zentralregierung Guangdong eingeräumt wurden, zu verdanken."

Ähnlich wie die Strategie des „Kantenballspiels", hat sich die Taktik „Nach den Steinen tastend den Fluss zu überqueren" als erfolgreich erwiesen.

Im Anfangsstadium der Reformen gab es noch kein Gesamtkonzept auf höchster Ebene. Es wurde das Prinzip „Nach den Steinen tastend den Fluss zu überqueren" verfolgt: Experimente wurden durchgeführt und Fehlgriffe bereinigt. Auf der Arbeitssitzung des ZK der KP Chinas im Dezember 1980 meinte Chen Yun: „Wir müssen unser Land reformieren, aber in stetigem Schritt. [. . .] Wir müssen jederzeit Erfahrungen sammeln, d. h., ‚nach den Steinen tastend den Fluss überqueren' [. . .]."[7] Dieser Ansatz hat Deng Xiaopings Zustimmung gefunden. Davon inspiriert motivierte er später die Entscheidungsträger, „entschlossen zu versuchen und tapfer zu kämpfen" und „sich mit harter Arbeit eine neue Bahn zu brechen". „Nach den Steinen tastend den Fluss zu überqueren" ist eine Metapher, die besagt, dass man mutig an die Arbeit herangehen und ununterbrochen Lehren daraus ziehen muss. Als Leitgedanke des Befreiungsprozesses von alten Denkschemata und des Reformprozesses ist dieser Spruch inzwischen in ganz China bekannt.

Zurückblickend kann man sagen, dass die Einführung des zweigleisigen Preissystems, der preispolitische Durchbruch und die Öffnung nach außen wagemutige Versuche waren, aus denen man sowohl positive als auch negative Lehren ziehen kann. Das zweigleisige Preissystem führte beispielsweise dazu, dass Spekulationen mit Quoten und mit nicht gestempelten Schuldscheinen zunahmen.

7 Chen, Yun: 陈云文选 [Ausgewählte Werke von Chen Yun], Band III. China People's Publishing House, 1995, S. 279.

Dem gewünschten preispolitischen Durchbruch konnte Ende der 1980er Jahre nicht zum Erfolg verholfen werden. Bei der Öffnung nach außen hätte man Shanghai zu aller Anfang berücksichtigen sollen, so Deng Xiaoping. Diese und andere Beispiele bestätigen, dass es eine rationale und praxisorientierte Entscheidung ist, „nach den Steinen tastend den Fluss zu überqueren", da es für Chinas Reformen keine verfügbaren Bezugsgrößen gibt. Chinas Reformen gingen vom Versuch-und-Irrtum-Ansatz aus und verfolgten stets dieses Prinzip. Aber wenn die Reformen in eine neue Phase eintreten und immer komplexer werden, müssen parallele Reformmaßnahmen in verschiedenen Bereichen miteinander koordiniert werden. Die Reformen müssen systematisch vorangetrieben werden und bedürfen eines Gesamtkonzeptes auf höchster Ebene. Es ist jetzt auch Zeit für China, ein solches Top-Level-Design zu entwickeln, da China über reichliche Reformerfahrungen verfügt und eine klare Vorstellung von der Zukunft hat. Wenn der mutige Unternehmungsgeist auf unterster Ebene gut mit wohlüberlegten theoretischen Überlegungen und einem Erlass auf höchster Ebene kombiniert wird, können Chinas Reformen ohne Umwege vorangetrieben werden.

2

Nach den Steinen tastend den Fluss überqueren

Die Frühphase der Wirtschaftsreformen Chinas war an sich ein „dekonstruktiver" Prozess, in den „konstruktive" Elemente erfolgreich integriert werden konnten. Die Reformen vollzogen sich in dieser Phase von „außen" nach „innen", von „leichten" bis „schwierige" Aufgaben, wobei Methoden wie „Nach den Steinen tastend den Fluss überqueren", „Reiz-Reaktions-Modell" sowie „Versuch-und-Irrtum-Ansatz" zur Anwendung kamen. Branchen und Bereiche, die unter strikter Kontrolle der Planwirtschaft standen, konnten dadurch umgangen werden. Statt die härtesten „Knochen" anzupacken, konnte man zuerst in Bereichen, die nicht so streng geregelt sind, Durchbrüche schaffen. Das heißt, dass die Reformen zuerst in Bereichen außerhalb des traditionellen Wirtschaftssystems und in Randgebieten des vorhandenen Systems eingeleitet wurden. Dafür sprechen drei Gründe:

Erstens ist China ein riesiges Land mit einer hohen Bevölkerungszahl, dessen Wirtschaftsentwicklung äußerst ungleichmäßig ist. Hinsichtlich der Trag- und Anpassungsfähigkeit bestehen zwischen urbanen und ländlichen Regionen, zwischen Küstengebieten und Binnenland sowie zwischen staatlichen und nichtstaatlichen Unternehmen große Unterschiede. Das hat zur Folge, dass die Reformen unmöglich „im Gleichschritt" vorangehen. Vielmehr müssen sie gesondert angeordnet und stufenweise vorangetrieben werden.

Zweitens sind die Reformen in China breit gefächert und weitreichend. Das Gesamtprojekt ist so umfangreich und komplex, dass die Reformen der einzelnen Subsysteme nicht über Nacht gleichzeitig vollendet werden können. Vielmehr müssen Gestaltungsmöglichkeiten gefunden werden, die es zulassen, die Reformen schrittweise umzusetzen und zu vertiefen.

Drittens verfolgt China mit seinen Reformen das Ziel, die sozialistische Marktwirtschaft aufzubauen, wofür weder Theorien als Anleitung noch konkrete Fallbeispiele als Referenzen herangezogen werden können. Es ist daher erforderlich, die endogenen Reformkräfte der mannigfaltigen Wirtschaftssubjekte zu motivieren und die effektive Beteiligung des Volks kontinuierlich zu erweitern. Indem auf unterster Ebene mit Reformideen experimentiert wird, werden die verbundenen Risiken reduziert.

2.1 Reforminitiative: Von ländlichen Gebieten zu Städten

Dass die Agrarwirtschaft das Fundament einer Volkswirtschaft ist, trifft in China besonders zu. Zum Startpunkt der Reformen lebten ca. 80% der Chinesen auf dem Land. Ohne die Förderung der Eigeninitiative der Bauern und der Landwirtschaft war für die chinesische Wirtschaft eine schnelle Entwicklung undenkbar. Hinzu kam, dass die ländliche Wirtschaft überwiegend als Kollektivsystem organisiert und das Planwirtschaftssystem auf dem Land nicht so ausgeprägt war wie in Städten, wo die staatseigene Wirtschaft eine absolute dominante Rolle spielte. Das sind entscheidende Gründe dafür, warum die Wirtschaftsreformen Chinas in ländlichen Gebieten ansetzten.

2.1.1 Reformen der Agrarwirtschaft auf mikrowirtschaftlicher Ebene

Die Agrarreformen begannen mit der Umgestaltung des agrarwirtschaftlichen Verwaltungssystems durch die Neuregelung des Bodenbesitzes. Das kollektive Organisationsmodell, das durch „dreistufiges Eigentum (Volkskommune, Produktionsbrigade und Produktionsgruppe) mit Produktionsgruppe als Basis" gekennzeichnet war, wurde allmählich durch das System der vertragsgebundenen Haushaltsverantwortung ersetzt.

Der direkte Anlass war die folgenschwere Dürrekatastrophe Ende Sommer Anfang Herbst 1978 – die schlimmste der vergangenen hundert Jahre –, die die Einwohner der Provinz Anhui heimsuchte. Das Parteikomitee der Provinz beschloss, dass die Bauern das Ackerland, das nicht kollektiv erwirtschaftet werden konnte, pachten und bebauen durften. Wer ackerte, der erntete. Die Bauern mussten diese Ernten nicht an den Staat abliefern. Die Politik des „Landpachtens zum Getreideanbau" verlieh den Bauern neuen Elan und veranlasste in manchen Ortschaften, dass Produktionsverträge mit Produktionsgruppen, zum Teil sogar mit Haushalten abgeschlossen wurden.

Die Produktionsgruppe Xiaogang im Landkreis Fengyang (凤阳县小岗生产队), Provinz Anhui gilt als Prototyp für die Produktionsverträge mit Haushalten. Die damalige Produktionsgruppe umfasste 20 Haushalte mit über 100 Einwohnern. Um die Dürre überleben zu können, sahen sich die meisten Einwohner im Sommer 1978 gezwungen, betteln zu gehen. Ende 1978 handelten die risikobereiten Bauern von 18 Haushalten aus der Not heraus und schlossen eine schriftliche Vereinbarung: „Wir teilen den Boden an die Haushalte auf. Die Hausherren unterschreiben und stempeln das Papier. Wenn das in Zukunft machbar ist, verpflichtet sich jeder von uns, jährlich dem Staat die festgelegte Getreidemenge abzugeben und vom Staat kein Geld und keine Lebensmittel zu verlangen. Falls es misslingt, finden wir uns damit ab, selbst wenn wir im Loch sitzen müssen oder wenn es unseren Kopf kostet. Alle Mitglieder der Produktionsgruppe haben zugesagt, unsere Kinder bis zu 18 großzuziehen." 18 rote, heroisch wirkende Fingerabdrücke wurden gemacht. Gleich im selben Jahr wurde eine Produktionsmenge von 66 Tonnen Getreide im Dorf Xiaogang erzielt, was dem gesamten Ertrag im Zeitraum von 1966 bis 1970 entsprach.

Durch diese neue Praxis, die als Vorläufer der agrarwirtschaftlichen Reformen gilt, wurde den Dorfbewohnern in Xiaogang ermöglicht, „nach der Abgabe der Produktionsquote an den Staat und ans Kollektiv die Überschüsse für sich zu behalten". Das „Eis" der Planwirtschaft war auf dem Land gebrochen und das System der vertragsgebundenen Haushaltsverantwortung nahm landesweit seinen Anlauf. Bereits 1978 wurde das Haushaltsverantwortungssystem von 1.200 Produktionsgruppen in der Provinz Anhui übernommen, im drauffolgenden Jahr waren es 38.000, was ca. 10% der gesamten Produktionsgruppen der Provinz ausmachte. Bis Ende 1980 haben ungefähr 70% der Produktionsgruppen der Provinz Anhui dieses System eingeführt. Inzwischen hat es sich – teilweise öffentlich, teilweise heimlich – in vielen anderen Provinzen, beispielsweise in Sichuan, Guizhou, Gansu, in der Inneren Mongolei und in Henan, seinen Einzug gehalten. Bis zum Herbst 1980 haben landesweit ca. 20% der Produktionsgruppen die Produktion nach den Modellen „Haushaltsverantwortung für die Produktionsquote" und „volle Haushaltsverantwortung für die Produktion" organisiert und Ende 1981 belief sich der Anteil auf 50%.

Die oben erwähnten zwei Modelle des Systems der vertragsgebundenen Haushaltsverantwortung, die von Bauern initiiert wurden, durchbrachen das konventionelle Verwaltungssystem der chinesischen Agrarwirtschaft und gewannen die Unterstützung der Führungsschicht. Im Januar 1982 verabschiedete das ZK der KP Chinas das erste Dokument zu Agrarreformen, den sogenannten *Akt 1*, in dem eine Zwischenbilanz über die sich schnell entwickelnden Landreformen gezogen und ausdrücklich darauf hingewiesen wurde, dass alle Formen des Haushaltsverantwortungssystems „zum Verantwortlichkeitssystem der sozialistischen Kollektivwirtschaft gehören. Sie bekräftigen, dass sich mehrere Hundert Millionen von Bauern wünschen, gemäß chinesischen ländlichen Gegebenheiten die sozialistische Agrarwirtschaft zu entwickeln." Außerdem wurde betont, dass „das Verantwortlichkeitssystem der Kollektivwirtschaft auf die Dauer unverändert bleibt". Im *Akt 1* des ZK der KP Chinas vom Jahr 1983 wurde mit Nachdruck verkündet, dass das System der vertragsgebundenen Haushaltsverantwortung „eine großartige, schöpferische Leistung der chinesischen Bauern unter Führung der KP Chinas ist und eine neue Entwicklung der marxistischen Theorie zur Kollektivierung der Landwirtschaft darstellt." Die Bestätigung und Verpflichtung der Zentralregierung haben die in die Politik gesetzten Erwartungen der Bauern gerechtfertigt, sodass sich das System der vertragsgebundenen Haushaltsverantwortung weit verbreitet hat. Bis Ende 1983 wurde das System in 98% der chinesischen Dörfer umgesetzt.

Dank des Systems der vertragsgebundenen Haushaltsverantwortung konnten Missstände der kollektiven Bewirtschaftung, beispielsweise das „Trittbrettfahrer"-Phänomen überwunden werden. Da den Bauern als selbstständigen Wirtschaftssubjekten das Recht zuerkannt wurde, über Produktionsüberschüsse zu verfügen, waren sie motiviert, mehr Leistungen zu erbringen und somit sanken die Überwachungskosten der Produktion deutlich. Um den Bauern mehr Anreize zu bieten, in den Boden zu investieren, wurde die Vertragsdauer über die Bodenbewirtschaftung im Laufe der Zeit verlängert: Anfangs hatten die Verträge in der Regel nur eine Laufzeit von ein bis drei Jahren, 1984 wurde die Vertragsdauer auf 15 Jahre verlängert. 1993 wurde beschlossen, dass sich die Verträge nach Ablauf der 15-jährigen Vertragsdauer um weitere 30 Jahre verlängern werden. Um die vertragsgebundenen Landnutzungsverhältnisse zu stabilisieren, wurden die Bodennutzungsrechte der Bauern gesetzlich verankert. 2003 trat *das Gesetz der Volksrepublik China über die vertragsmäßige Bodenbewirtschaftung in ländlichen Gebieten* in Kraft, in dem vorgesehen wird, „den Bauern ein langfristiges Landnutzungsrecht zu gewährleisten". Dieser Meilenstein markiert, dass das System der vertragsgebundenen Haushaltsverantwortung gesetzlich verankert und geschützt ist, was von der politischen Kontinuität und Stabilität überzeugt, die wiederum die politische Glaubwürdigkeit erhöhen.

Die Reformen des agrarwirtschaftlichen Verwaltungssystems durch die Einführung des Systems der Haushaltsverantwortung auf Vertragsbasis steigerte die landwirtschaftliche Produktivität erheblich und setzte eine große Menge von Arbeitskräften frei, was die rasche Entwicklung der kommunalen Unternehmen ermöglichte, die eine Zeit lang für das rasante Wirtschaftswachstum Chinas sorgten. Laut Statistik verzeichneten die meisten landwirtschaftlichen Erzeugnisse im Zeitraum zwischen 1979 und 1984 einen deutlichen Anstieg: Die Getreideernte hat sich mit einer jährlichen Zuwachsrate von 4,95% um 33,6% erhöht, die Baumwolle hat mit einer jährlichen Zuwachsrate von 19,33% eine Zunahme von 188,8% erzielt und die Produktionsmenge von Ölpflanzen ist um 128,2% gestiegen, was einer jährlichen Zuwachsrate von 14,75% entsprach. Auch das Angebot an Fleisch hat sich mit einer jährlichen Zuwachsrate von 10,28% um 79,9% vermehrt. Das schnelle Wachstum der landwirtschaftlichen Erzeugnisse war unmittelbar dem System der vertragsgebundenen Haushaltsverantwortung zu verdanken. Forschungsergebnisse haben gezeigt, dass etwa die Hälfte der erzielten Zuwachsrate (42,2%) der chinesischen Landwirtschaft auf die gesteigerte Produktivität zurückzuführen war, die fast komplett den Vorteilen des Systems der vertragsgebundenen Haushaltsverantwortung zuzurechnen war.[1]

2.1.2 Schnelle Entwicklung und Anpassung der kommunalen Unternehmen

Das System der vertragsgebundenen Haushaltsverantwortung hat zusammen mit der Neugestaltung der Agrarpreise die Zunahme der Produktionsmenge durch

1 Vgl. McMillan, J., Whalley, J. & Zhu, L.: The impact of China's economic reforms on agricultural productivity growth. In: *Journal of Political Economy* 97 (4): 781–807, 1989; Fan, Shenggen: Effects of technological change and institutional reform on production growth in Chinese agriculture. In: *American Journal of Agricultural Economics* 73 (2): 265–275, 1991; Lin, Justin Yifu: Rural reforms and agricultural growth in China. In: *American Economic Review* 82 (1): 34–51, 1992; Wen, Guanzhong James: Total factor productivity change in china's farming sector: 1952–1989. In: *Economic Development and Cultural Change* 42 (1): 1–41, 1993; Huang, J. & Rozelle, S.: Technological change: the re-discovery of the engine of productivity growth in china's rural economy. In: *Journal of Development Economics* 49 (2): 337–369, 1996.

die Erhöhung der landwirtschaftlichen Produktivität bewirkt und das dadurch freigesetzte Kapital und Personal konnte für die Entwicklung der kommunalen Unternehmen ab den 1980er Jahren eingesetzt werden, die durch die Lockerung des traditionellen planwirtschaftlichen Ressourcenverteilungssystems einen erleichterten Zugang zu Rohstoffen und zum Markt hatten. Dank dieser günstigen Situation konnten sie sich schnell entwickeln: Von 1981 bis 1991 konnten sie jeweils eine durchschnittliche Jahreszuwachsrate in Höhe von 26,6%, 11,2% und 29,6% bezüglich der Anzahl der Betriebe, der Anzahl der Beschäftigten und des Gesamtproduktionswertes verzeichnen, wobei die Letztere dreifach so hoch war wie die Durchschnittsjahreszuwachsrate von Staatsunternehmen im selben Zeitraum. 1993 machte die Gesamtleistung der kommunalen Unternehmen 38,1% der industriellen Bruttoproduktion Chinas aus. Sie waren somit eine wichtige treibende Kraft für die rasante wirtschaftliche Entwicklung Chinas von 1980 bis Anfang der 1990er Jahre und der Überschuss an ländlichen Arbeitskräften wurde dadurch eine Zeit lang gut aufgefangen, weshalb einige Wissenschaftler darin einen der größten Erfolge der chinesischen Reformpolitik sehen.[2]

Eine Besonderheit ist, dass die chinesischen kommunalen Unternehmen – insbesondere die im Kollektiveigentum stehenden Unternehmen (repräsentativ sind die Unternehmen im Süden der Provinz Jiangsu) – aufgrund der historischen Gegebenheiten von Anfang an eine enge Beziehung mit der lokalen Regierung pflegen. In der Gründungsphase sorgte die Regierung vor Ort sogar für Kapital, Grundstück, Arbeitskräfte und andere Produktionsfaktoren für die Startinvestition und ernannte „fähige Menschen" als Verantwortliche. Dieses Kooperationsmodell zwischen lokalen Regierungen und Unternehmen wird als „lokalstaatlicher Korporatismus"[3] oder als „hybride Organisationsform" bezeichnet, da sie Aufgaben von administrativen Behörden und Marktakteuren in sich vereint. Es wird argumentiert, dass sich diese neuartige Eigentümerschaft als Übergangsform vom Staatlichen Sozialismus zur Marktwirtschaft aus einer schwachen Marktstruktur und einem unvollständigen marktwirtschaftlichen Wandlungsprozess ergeben hat.[4] Diese kommunalen Unternehmen werden auch

2 Sun, Laixiang: *Emergence of unorthodox ownership and governance structure in East Asia: an alternative transition path.* Research for Action, No. 38, UNU/WIDER, Helsinki, 1997.

3 Oi, Jean: Fiscal reform and the economic foundations of local state corporatism in China. In: *World Politics* 45 (1), 1992.

4 Nee, Victor: Organizational dynamics of market: hybrid forms, property rights and mixed economy in China. In: *Administrative Science Quarterly* 37 (1), 1992.

als „unklar definierte Kooperativen" oder „Gemeindeorganisationen"[5] bezeichnet. Wird die vergangene Entwicklung betrachtet, wird festgestellt, dass die einzigartige Eigentümerschaft der kommunalen Unternehmen eine höhere Produktivität im Vergleich zu Staatsunternehmen ermöglicht: Die Staatsunternehmen erzielten zwischen 1980 und 1992 ein jährliches TFP-Wachstum von schätzungsweise 2,5%, während das jährliche TFP-Wachstum von kollektiveigenen Betrieben (einschließlich kommunaler Unternehmen) bei etwa 7,15% lag.[6] Die hohe Produktivität der kollektiveigenen kommunalen Unternehmen hat großes Interesse bei in- und ausländischen Wissenschaftlern erregt, die von verschiedenen theoretischen Ansätzen – beispielsweise von der Vertragstheorie, Mechanismus-Design-Theorie oder von der Prinzipal-Agenten-Theorie – ausgehend diese Betriebe zu untersuchen versuchten, wobei ihre vorzügliche Anpassungsfähigkeit im wirtschaftlichen Transformationsprozess in den Vordergrund gerückt wurde.[7]

In einer unentwickelten Marktwirtschaft ist die „unbestimmte Eigentümerschaft" der kommunalen Unternehmen sinnvoll, d. h. eine rationale Entscheidung als Reaktion auf die Sonderbedingungen im Transformationsprozess. Mit der Marktentwicklung verliert diese Eigentümerschaft jedoch an Überlegenheit und ihre Nachteile werden immer deutlicher. Erstens sind Rechte und Pflichten bzw. die Haftungsfrage aller am Unternehmen Beteiligten nicht genau definiert,

5 Weitzman, Martin & Xu, Chenggang: Chinese township-village enterprises as vaguely defined cooperatives. In: *Journal of Comparative Economics* 18: 121–145, 1994.

6 Jefferson, Gary H., Rawski, Thomas & Zheng, Yuxin: 改革以来中国工业生产率变动趋势的估计及其可靠性分析 [Der Entwicklungstrend der industriellen Produktivität Chinas seit 1978: Schätzungen und ihre Zuverlässigkeitsanalyse]. In: *Economic Research Journal*, Nr. 12, 1995.

7 Vgl. Naughton, Barry: Chinese institutional innovation and privatization from below. In: *American Economic Review* 84 (2), 1994; Chang, Chun & Wang, Yijiang: The nature of the township-village enterprise. In: *Journal of Comparative Economics* 19: 434-452, 1994; Walder, Andrew: Local governments as industrial firms: an organizational analysis of china's transitional economy. In: *American Journal of Sociology* 101(2): 263-301, 1995; Li, Daokui: 转型经济中模糊产权理论 [Theorie der unbestimmten Eigentümerschaft in der Transformationswirtschaft]. In: *Economic Research Journal*, 1995, Nr. 4; Tian, Guoqiang: 中国乡镇企业的产权结构及其改革 [Die Eigentümerstruktur der chinesischen kommunalen Unternehmen und deren Reformen]. In: *Economic Research Journal*, 1995, Nr. 3; Che, Jiahua & Qian, Yingyi: Insecure property rights and government ownership of firms. In: *Quarterly Journal of Economics* 113 (2): 467-496, 1998.

sodass es oft an Anreiz und Überwachung mangelt. Zweitens tendieren die kommunalen Unternehmen dazu, die Ressourcen innerhalb der Kommune zu verteilen. Die Geschlossenheit der Ressourcenallokation verhindert den überregionalen freien Verkehr der Produktionsfaktoren und die Entstehung eines einheitlichen Marktes. Vor diesem Hintergrund begann seit Mitte der 1990er Jahre in vielen kommunalen Unternehmen eine „zweite Systemerneuerung", um die Eigentumsverhältnisse zu klären. Laut der statistischen Erhebung des Landwirtschaftsministeriums Chinas hat bis zum Jahr 2006 in 95% der 1,68 Mio. kommunalen Unternehmen ein Eigentumsübergang stattgefunden, wobei 200.000 Unternehmen die Rechtsform einer Aktiengesellschaft oder eines Partnerschaftsunternehmens auf Aktien erwarben und 1,39 Mio. in Privatbesitz übergingen. Die kollektiveigenen kommunalen Unternehmen – das beste Beispiel für die schrittweise Entwicklung der chinesischen Reformen – haben bis dahin in ihrer Übergangsrolle eine wichtige Aufgabe erfüllt.

2.1.3 Würdigung der Reforminitiative der Bauern

Während der chinesischen Agrarreformen in den letzten 40 Jahren wurde stets davon ausgegangen, Wünsche der Bauern zu berücksichtigen, ihre Interessen zu wahren und ihre Initiative zu fördern. Im auf dem 3. Plenum des XI. ZK der KP Chinas gebilligten *Beschluss über einige Fragen zur Beschleunigung der landwirtschaftlichen Entwicklung* wurde bekräftigt, dass die Regierung nach dem Willen des Volks zu handeln hat. Diese Richtlinie, dass das Volk im Mittelpunkt steht, spielt seitdem im ganzen Prozess der Agrarreformen eine zentrale Rolle. Wahlentscheidungen der Bauern wurde immer Priorität eingeräumt und für die Bewertung der Wahlentscheidungen der Bauern wurde berücksichtigt, ob sie die Produktivität und die nationale Stärke steigern sowie das Leben der Allgemeinheit verbessern können. All das hat sichergestellt, dass die Bauern ihre Initiative entfalten können. Von Anfang an stellte die chinesische Führungsspitze zwei Grundsatzregeln auf: Im wirtschaftlichen Aspekt sollten die finanziellen Interessen der Bauern und im politischen Aspekt ihre demokratischen Grundrechte geschützt werden. Vor diesem Hintergrund konnten die Bauern über eine Menge Grundsatzfragen, die von existenzieller Bedeutung für die Agrarreformen sind, entscheiden. Dazu gehören beispielsweise die Frage der Rechtspersönlichkeit der Unternehmen und Entwicklungsrichtung der Reformen und des institutionellen Aufbaus. Erst später wurden die Reformergebnisse in ländlichen Gebieten von den politischen Entscheidungsträgern zusammengefasst, als staatliche Normative festgesetzt und in ganz China verbreitet. Drei der bedeutendsten institutionellen Erneuerungen, nämlich das Zweiebenensystem der Wirtschaftsführung auf der Basis der vertragsgebundenen Haushaltsverantwortung, die Entstehung der kommunalen Unternehmen und der Aufbau der Basisdemokratie, sind auf die Eigeninitiative der Bauern zurückzuführen. Diese Erfahrungen sind später in die theoretischen Auseinandersetzungen der Führungsspitze eingeflossen, die darauf aufbauend Theorien, Regelungen und Institutionen erarbeitet hat. Diese Praxis zeigt, dass die Bauern nicht nur als landwirtschaftliche Subjekte und Wirtschaftssubjekte der dörflichen Wirtschaftsaktivitäten agieren, sondern auch Hauptakteure der Agrarreformen sind. Die Gewährung des freien Spielraums für die Bauern, sich von ideologischen und institutionellen Fesseln zu befreien und neue Ideen zur systematischen Umgestaltung beizutragen, ist ohne Zweifel eine Grunderfahrung, die für eine reibungslose Abwicklung der Agrarreformen gesorgt hat.[8]

Kurzum: Zwischen 1979 und 1983 befanden sich die ländlichen Gebiete in einem großen Umbruch. An die Stelle der kollektiven Landbewirtschaftung trat das zweistufige System, das eine zentrale und eine dezentrale Wirtschaftsführung vorsah, wobei die einzelnen Haushalte neben der Kollektivwirtschaft als wichtiger Teil der landwirtschaftlichen Produktion anerkannt wurden. Die Agrarreform, die die Produktivität auf dem Land gesteigert hatte, wirkte beispielgebend für die Wirtschaftsreformen Chinas. Mit dem *Beschluss über die Wirtschaftsreformen*, der von ZK der KP Chinas im Oktober 1984 bekannt gegeben wurde, wurde das Hauptgewicht der Wirtschaftsreformen von Land auf die Stadt verlagert.

2.2 Reformen der Unternehmen und Entwicklung der nicht-gemeineigenen Wirtschaft

Eine hervorragende Leistung der graduellen Reformen Chinas besteht darin, Marktteilnehmer und -subjekte zu fördern und zu unterstützen. Es war im Grunde genommen etwas leichter, den nicht-gemeineigenen Wirtschaftssektor zu entwickeln, als das alte System zu reformieren. Infolge der gravierenden systematischen Unterschiede zwischen dem nicht-gemeineigenen und gemeineigenen Sektor konnten sich die Neueinsteiger besser an die Marktbedingungen

8 Dazu mehr: Chen, Xiwen: 中国农村的经济体制改革 [Reform des Wirtschaftssystems in ländlichen Regionen Chinas]. In: Wang, Mengkui (Hrsg.): 中国经济转轨二十年 [*Zwangzig Jahre der wirtschaftlichen Transformation in China*]. Foreign Language Press, 1999.

anpassen. Folglich wurden in der Anfangsphase keine Maßnahmen in der vorherrschenden Staatswirtschaft ergriffen. Stattdessen wurde viel Gewicht auf die Entfaltung der nicht-gemeineigenen Wirtschaft gelegt. Durch Wettbewerb und Demonstrationseffekt, durch das Schaffen günstiger Rahmenbedingungen und durch Zulassung von Eigentumsübertragung sollte die Umstrukturierung der Staatsunternehmen, die im Rahmen des Planwirtschaftssystems gegründet wurden, beschleunigt werden, damit sie Anforderungen der sozialistischen Marktwirtschaft gerecht werden.

2.2.1 Entwicklung der nicht-gemeineigenen Wirtschaft

In den Anfangsjahren der Reformen haben sich die ersten Selbstständigen und privaten Unternehmer zugetraut, Hindernisse zu überwinden und sich außerhalb des vorhandenen Systems einen Weg gebahnt, um sich in der Nische zu positionieren. Sie waren innovative, risikofreudige und fleißige Wegbereiter der Reformen, deren Potential die chinesische Führungsspitze allmählich zur Kenntnis nahm. Um sie zu fördern, wurde die etwas ungünstige Politik im Rahmen des konventionellen Systems geändert, die strengen Restriktionen gelockert und ihr rechtlicher Status wurde anerkannt und zugesichert. Mit der Vertiefung der Reformen wurden neue fördernde Bedingungen geschaffen, damit sie sich weiter gut entfalten und am fairen Marktwettbewerb teilnehmen können.

Seit der Einführung der Reform- und Öffnungspolitik durchlief die Politik gegenüber der nicht-gemeineigenen Wirtschaft vier Entwicklungsphasen.

Phase I: 1978–1984. Die Selbstständigen wurden anerkannt und zugelassen. Gemäß der 1982 ratifizierten Verfassung der VR China sind „die selbstständig Erwerbstätigen in städtischen und ländlichen Gebieten, die gesetzmäßig ihre Wirtschaftstätigkeiten ausüben, eine Ergänzung der sozialistischen gemeineigenen Wirtschaft. Der Staat schützt ihre legitimen Rechte und Interessen. Der Staat lenkt, unterstützt und überwacht die Selbstständigen durch administrative Verwaltungsmaßnahmen." Somit erhielten die Selbstständigen einen rechtlichen Status.

Feature
Die Selbstständigen: Aus der Not eine Tugend machen

In der Startphase der Reformen sah sich China mit einer ernsthaften Arbeitsmarktsituation konfrontiert, da sieben bis acht Millionen gebildete junge Menschen vom Land in die Stadt zurückkehrten und dringend nach einer Arbeitsstelle suchten. Im Februar 1979 berief die Staatliche Verwaltung für Industrie und

Handel die erste Sitzung der Amtsleiter nach der Kulturrevolution ein, auf der u. a. der Vorschlag unterbreitet wurde, den Selbstständigen den Marktzugang zu gewähren und den Sektor der Individualwirtschaft zu beleben. Ein ausführlicher Bericht wurde dem ZK der KP Chinas und dem Staatsrat vorgelegt: „Die lokalen Regierungen, die behördliche Genehmigungen eingeholt haben, können nach Marktbedürfnissen unbeschäftigten Arbeitskräften, die einen formellen, ständigen Wohnsitz haben, die Erlaubnis erteilen, sich selbstständig zu machen, die Arbeit wie Reparatur, Kundendienst und Handarbeit auszuüben, unter der Bedingung, dass diese keine weiteren Mitarbeiter einstellen." Im März desselben Jahres wurde dieser Bericht nach der Bewilligung des ZK der KP Chinas und des Staatsrates in China ausgegeben. Das ist der erste durch das ZK der KP Chinas und den Staatsrat bestätigte Bericht über die selbstständige Erwerbstätigkeit. Trotz vieler Einschränkungen – ausdrücklich wurde die Einstellung von weiteren Mitarbeitern untersagt – stand das Licht für die Selbstständigen auf Grün. Bis Ende des Jahres waren 310.000 Selbstständige gewerblich registriert, mehr als doppelt so viele wie 1978. Im August 1980 fand die nationale Konferenz über Beschäftigungen, einberufen vom ZK der KP Chinas, statt, auf der die Richtlinie, „unter Gesamtplanung und Lenkung des Staates Arbeitsvermittlung durch Arbeitsbehörden, selbstorganisierte Beschäftigung auf freiwilliger Basis und selbstständige Beschäftigung zu vereinbaren", erarbeitet wurde. Unter der „selbstständigen Beschäftigung" ist die selbstständige Erwerbstätigkeit gemeint. Infolgedessen hat sich die Zahl der Selbstständigen in städtischen und ländlichen Gebieten rasant entwickelt. Ende 1980 waren 806.000 als Selbstständige tätig, mehr als Doppelte im Vergleich zum Vorjahr. Im Juni 1981 wurde auf dem 6. Plenum der *Beschluss über einige historische Fragen der Partei seit der Gründung der VR China* vom XI. ZK der KP Chinas angenommen, in dem steht: „Die staatseigene und kollektive Wirtschaft sind die grundlegenden Wirtschaftsformen Chinas, während die selbstständige Erwerbstätigkeit in bestimmten Bereichen eine notwendige Ergänzung der gemeineigenen Wirtschaft darstellt." Das ist das erste nachweisbare Dokument des ZK der KP Chinas, in dem die Rolle der Selbstständigen als „notwendige Ergänzung" ihren Niederschlag findet. Im Oktober dieses Jahres wurden vom ZK der KP Chinas und vom Staatsrat *Beschlüsse über Erschließung neuer Möglichkeiten und Belebung der Wirtschaft zur Beseitigung der städtischen Beschäftigungsprobleme* bekannt gegeben. Darin war vorgesehen, Reste linken Denkens in wirtschaftlichen Bereichen zu beseitigen und den Namen der Selbstständigen reinzuwaschen, damit die Produktivität steigt. „Die Selbstständigen sind sozialistische Arbeitende in China. Sie leisten unerlässliche Beiträge zum Aufbau des Sozialismus wie die Arbeitenden in staatseigenen und kollektiven Unternehmen, weshalb ihre Arbeit ebenfalls ehrenvoll ist. Hinsichtlich ihrer sozialen und politischen Stellung müssen sie mit den Arbeitenden in staatseigenen und kollektiven Unternehmen gleichbehandelt werden." Bis Ende 1981 machten sich landesweit 1,83 Mio. Haushalte mit 2,27 Mio. Beschäftigten selbstständig, mehr als doppelt im Vergleich zum Vorjahr.

Phase II: 1984–1992. Die Privatwirtschaft wurde anerkannt und zugelassen. Es wurde auf dem XIII. Parteitag der KP Chinas 1987 verkündet, dass „die Entwicklung von anderen Eigentumsformen neben dem Gemeineigentum als Hauptbestandteil und ggf. die Zulassung der Privatwirtschaft durch die reale Produktivität des Anfangsstadiums des Sozialismus bedingt sind. Erst dadurch kann die Wirtschaftsproduktivität gesteigert werden." Es wurde u. a. noch verwiesen: „Neben dem volkseigenen Eigentum sind alle anderen Eigentumsformen nicht zu viel, sondern unzureichend. Partnerschaftsunternehmen in städtischen und ländlichen Gebieten, die selbstständige Erwerbstätigkeit und die Privatwirtschaft müssen weiter gefördert werden." In der *Verfassung der Volksrepublik China (revidierte Fassung 1988)* wurde festgelegt, dass „der Staat der Privatwirtschaft erlaubt, im Rahmen der gesetzlichen Regelungen zu bestehen und sich zu entwickeln. Die Privatwirtschaft ist eine Ergänzung der sozialistischen gemeineignen Wirtschaft. Der Staat schützt die gesetzmäßigen Rechte und Interessen der Privatwirtschaft und lenkt, überwacht und verwaltet die Privatwirtschaft." Damit erhielt die Privatwirtschaft die erforderliche politische Legitimierung.[9]

Phase III: 1992–2002. Die nicht-gemeineigene Wirtschaft wurde allmählich zur gleichberechtigten Teilnahme am Marktwettbewerb zugelassen und ihre Bedeutung in der sozialistischen Marktwirtschaft wurde klargestellt. 1992 wurde auf dem XIV. Parteitag der KP Chinas die Notwendigkeit der Koexistenz verschiedener Eigentumsformen wiederholt bekräftigt. Auf dem 3. Plenum des XIV. ZK der KP Chinas wurde der *Beschluss über einige Fragen hinsichtlich des Aufbaus der sozialistischen Marktwirtschaft* verabschiedet, in dem festgelegt wurde, dass „der Staat Rahmenbedingungen für einen gleichberechtigten Wettbewerb aller Marktteilnehmer schafft und Unternehmen aller Art gleichbehandelt". 1997 zog die KP Chinas auf dem XV. Parteitag eine Zwischenbilanz der Eigentumsreformen in den vergangenen 20 Jahren und schrieb die „Dominanz des Gemeineigentums und gemeinsame Entwicklung verschiedener Eigentumsformen als grundlegendes Wirtschaftssystem Chinas im Anfangsstadium des

9 Ab der zweiten Hälfte des Jahres 1988 stieß die legitimierte Privatwirtschaft eine Zeit lang infolge des veränderten politischen Kurses jedoch auf eine Reihe Schwierigkeiten.

Sozialismus“ fest. Ferner wurde formuliert, dass „der nicht-gemeineigene Wirtschaftssektor ein wichtiger Bestandteil der sozialistischen Marktwirtschaft ist. Der nicht-gemeineigene Sektor, beispielsweise die selbstständige Erwerbstätigkeit und die privaten Unternehmen, sollen weiterhin gefördert und gelenkt werden, damit sie sich gesund entwickeln.“ Damit hebt sich das chinesische Konzept, das verschiedene Eigentumsformen mit Sozialismus vereinbart, grundsätzlich vom traditionellen Sozialismus ab, der den nicht-gemeineigenen Sektor ausschließt. Der Rahmen des traditionellen Sozialismus wird dadurch gesprengt, dass der nicht-gemeineigene Sektor in das sozialistische System aufgenommen, ihm zuerst eine ergänzende Rolle zugewiesen und im Laufe der Zeit seine Bedeutung für die Volkswirtschaft großgeschrieben wird. „Die Dominanz des Gemeineigentums und die gemeinsame Entwicklung verschiedener Eigentumsformen als grundlegendes Wirtschaftssystem Chinas im Anfangsstadium des Sozialismus“ wurde später in der *Verfassung der Volksrepublik China (revidierte Fassung 1999)* verankert. Es stand fest, dass „der nicht-gemeineigene Wirtschaftssektor im gesetzlichen Rahmen, beispielsweise die selbstständige Erwerbstätigkeit und die privaten Unternehmen, ein wichtiger Bestandteil der sozialistischen Marktwirtschaft ist“. Der Staat „schützt die gesetzmäßigen Rechte und Interessen der Selbstständigen und der Privatwirtschaft.“ Diese Neuordnung der nicht-gemeineigenen Wirtschaft als „systeminternes“ Element war für die chinesischen Wirtschaftsreformen von einschneidender Bedeutung.

Phase IV: von 2002 bis heute. Das politische Umfeld für die nicht-gemeineigene Wirtschaft wird weitergehend verbessert. In der *Verfassung der Volksrepublik China (revidierte Fassung 2004)* wurde der Akzent auf „Förderung“ und „Unterstützung“ der nicht-gemeineigenen Wirtschaft gelegt. 2005 wurde das erste amtliche Dokument dieser Art, nämlich *Meinung zur Förderung, Unterstützung und Lenkung der selbstständigen Erwerbstätigkeit, Privatwirtschaft und anderer nicht-gemeineigener Wirtschaft* bekannt gegeben, das den Übergang der einzelnen Fördermaßnahmen für die nicht-gemeineigene Wirtschaft in ein systematisches Rahmenwerk markierte. Es war darin vorgesehen, ein politisches Umfeld für den fairen Wettbewerb zu schaffen, indem den nicht-gemeineigenen Wirtschaftsakteuren der Zugang zu einigen bedeutenden Wirtschaftszweigen, die teilweise monopolisiert waren, gewährt wurde. 2007 wurde auf dem XVII. Parteitag der KP Chinas klargestellt, das dingliche Recht auf gleichberechtigter Basis zu schützen und den fairen Wettbewerb zwischen verschiedenen Eigentumsformen zu fördern, um ein neues Gefüge der gemeinsamen Entwicklung aller Eigentumsformen herauszubilden. Die erwähnten zwei Rahmenbedingungen, nämlich der gesetzlich geregelte gleichberechtigte Schutz des Eigentums und der faire wirtschaftliche Wettbewerb gaben einen wichtigen Anstoß zur Fortentwicklung der nicht-gemeineigenen Wirtschaft, die einen fairen Marktzugang und mehr Finanzierungschancen erhielten. Daraufhin wurde 2010 die *Meinung zur Förderung und Lenkung der gesunden Entwicklung der privaten Investitionen* bekannt gegeben. Demnach sollten die Bereiche und der Umfang der privaten Investitionen weitergehend erweitert werden. Außerdem sollte ein Marktumfeld mit gerechtem Marktzutritt und fairem Wettbewerb für die nicht-gemeineigene Wirtschaft geschaffen werden.

Es sei darauf hingewiesen, dass im wirtschaftlichen Transformationsprozess Marktrisiken und politische Risiken gleichzeitig bestehen, da sich Marktmechanismen noch herausbilden und das Investitionsumfeld noch nicht stabil genug ist. Um die Erwartungen der Investoren zu stabilisieren und ihnen Anreize zu bieten, müssen die Führungskräfte Chinas mittels Gesetze das Problem der bedingten Zusage lösen. Sie sollten die Vertragsabschlüsse anerkennen, ihren vertraglichen Verpflichtungen nachkommen und immer im gesetzlichen Rahmen ihre Verbindlichkeiten erfüllen. Um ihre politische Glaubwürdigkeit herzustellen, dürfen sie nicht das Hold-up-Problem nutzen, also kein ex post opportunistisches Verhalten ausüben und keinesfalls dürfen sie die Investorenrechte verletzen. Sie sollen den Investoren versichern, dass ihr privates Eigentum gesetzlich anerkannt und geschützt wird. Da die chinesischen politischen Entscheidungsträger dieses Problem wahrgenommen haben, wurden die gesetzlichen Regelungen zum Schutz des privaten Eigentums ständig verbessert und vervollständigt. In der *Verfassung der Volksrepublik China (revidierte Fassung 2004)* stand fest, dass „das rechtmäßig erworbene Privateigentum aller Bürgerinnen und Bürger gewährleistet“ wird. Im 2007 verabschiedeten *Sachenrecht* sind detaillierte Bestimmungen zum Schutz des Privateigentums enthalten, die eine solide rechtliche Grundlage für die Eigentumsrechte der Kapitalanleger bilden. All dies hat der Öffentlichkeit stärkere Anreize zu mehr Investitionstätigkeit geboten, und die schnelle Entwicklung der nicht-gemeineigenen Wirtschaft ist in dieser Hinsicht dem zuverlässigen politischen Investitionsumfeld zu verdanken.

Diese sogenannte „planexterne Entwicklungsstrategie“ mit der Zielvorgabe, außerhalb der Staatswirtschaft Durchbrüche zu erzielen, hat konstruktiv auf die Entwicklung der nicht-gemeineigenen Wirtschaft gewirkt, die inzwischen ein vitaler Bestandteil der mikroökonomischen Basis Chinas geworden ist. Bis Ende 2019 gab es landesweit 35.164.000 Privatunternehmen und 82.610.200 selbstständige Erwerbstätige. Der Anteil der nicht-staatseigenen, insbesondere der nicht-gemeineigenen Unternehmen an der Volkswirtschaft Chinas hat sich deutlich erhöht. Die Hälfte der jährlichen industriellen Mehrwertschöpfung Chinas wurde durch die nicht-gemeineigene Wirtschaft generiert, 3/4 oder sogar mehr der neu geschaffenen Arbeitsplätze sind der nicht-gemeineigenen Wirtschaft zu verdanken. Das Import- und Exportvolumen der nicht-gemeineigenen Wirtschaft belief sich auf ca. 3/4 des gesamten Außenhandelsvolumens Chinas und deren Anlageninvestitionen machten 2/3 der Gesamtanlageninvestitionen Chinas aus. Außerdem stammen mehr als 50 % der Steuereinnahmen aus dem nicht-gemeineigenen Sektor. Die nicht-gemeineigene Wirtschaft ist somit zu einem bedeutsamen Träger der Volkswirtschaft Chinas geworden.

Der Boom der nicht-staatseigenen Wirtschaft hat Impulse für die Restrukturierung der Staatsunternehmen gegeben. Das zeigt sich wie folgt:

Zum einen setzte die nicht-staatseigene Wirtschaft, die aufgrund ihres marktkonformen Verhaltens allgemein produktiver war als die Staatsunternehmen und somit in gewissem Grad als Benchmark oder Referenz für Kontrolle und Auswertung der Arbeitsleistungen der Staatsunternehmen diente, den Staatssektor unter zunehmenden Wettbewerbsdruck, sodass sich dieser gezwungen sah, Restrukturierungsmaßnahmen zu ergreifen. Dazu gehörten u. a. die Einführung der Körperschaftssteuer statt Gewinnabführung an den Staat, Einführung des Systems der vertragsgebundenen Führungsverantwortung und Übernahme des modernen Unternehmenssystems, die teilweise ohne den externen Druck der nicht-staatseigenen Wirtschaft unmöglich waren.[10] Einige Wissenschaftler vertraten die Meinung, dass der verschärfte Wettbewerb zwischen den Unternehmen, insbesondere zwischen den nicht-staatseigenen und staatseigenen Unternehmen zur Erhöhung der Produktivität der Staatsunternehmen beigetragen habe.[11]

Zum anderen schuf der nicht-staatseigene Sektor fördernde Bedingungen für die Restrukturierung des Staatssektors. Die dynamische Entwicklung der nicht-staatseigenen Unternehmen war konjunkturfördernd und leistete große Beiträge zu den öffentlichen Einnahmen, was die Staatsunternehmen vom finanziellen Druck entlastete. Darüber hinaus wurden zahlreiche Arbeitsstellen durch die auf Expansionskurs befindlichen nicht-staatseigenen Unternehmen geschaffen, was eine Wiederbeschäftigung der frei gewordenen Arbeitskräfte des Staatssektors ermöglichte. Somit konnten die Interessenkonflikte im Reformprozess der

10 Vgl. Jefferson, Gary H. & Rawski, Thomas: How industrial reform worked in China: the role of innovation, competition, and property rights. In: *Proceedings of the World Bank Annual Conference on Development Economics*, Washington D. C., World Bank, 1995, S. 129–156.

11 Li, Wei: The impact of economic reform on the performance of Chinese state enterprises, 1980–1989. In: *Journal of Political Economy* 105 (5): 1080–1106, 1997.

Staatsunternehmen entschärft und die Reformwiderstände minimiert werden. Außerdem konnten die dadurch entstandenen Betriebskosten gesenkt werden, indem die flexible, effektive Betriebsführung der nicht-staatseigenen Unternehmen den Staatsunternehmen als Paradebeispiel diente.

Dank dieser Anstöße vertiefte sich der Reformprozess des Staatssektors. Als Ergebnis formte sich ein neues Wirtschaftsgefüge mit gemischten Eigentumsformen, in dem „sich verschiedene Eigentumsformen gemeinsam entwickeln". Für eine Zeit lang ging es dabei um eine parallele Entwicklung verschiedener „Bausteine" der Wirtschaftssektoren und erst seit ein paar Jahren werden mikrostrukturelle Formen, die ineinander übergehen, angestrebt. Mit anderen Worten: Die geschlossenen Eigentümerstrukturen wurden und werden geöffnet, um inländischen privaten und ausländischen Investoren Beteiligungsmöglichkeiten an der Umstrukturierung der Staatsunternehmen zu gewähren, sodass zwischen staatlichem und nicht-öffentlichem Kapital interaktive Verhältnisse mit wechselseitiger Kapitalbeteiligung entstehen. Zahlreiche Neugründungen von gemischtwirtschaftlichen Unternehmen, vor allem von Aktiengesellschaften, sind nicht nur ein Ausdruck für die Erweiterung bzw. Vertiefung des Mischsystems Chinas, sondern auch ein Zeichen dafür, dass der gemeineigene, insbesondere staatseigene Sektor wirksame Methoden und Wege gefunden hat, mit der Marktwirtschaft kompatibel zu sein.

2.2.2 Reformen der Staatsunternehmen

Die Reformen der Staatsunternehmen nehmen im Rahmen der chinesischen Wirtschaftsreformen eine zentrale Stelle ein. Anders als die Agrarreformen, die von den Bauern initiiert wurden, wurde die Restrukturierung der Staatsunternehmen hauptsächlich durch die Regierung getrieben. Der Reformverlauf lässt sich in drei Phasen gliedern.

Phase I: 1978–1984. In dieser Phase wurde die Unternehmensführung schrittweise dezentralisiert und den Staatsunternehmen wurden gewisse Gewinnanteile zugewiesen. Die ersten Experimente fanden in der Provinz Sichuan 1978 (1979 landesweit) statt, wo die Staatsunternehmen mehr Entscheidungsbefugnisse (in erster Linie finanzielle Befugnisse) erhielten. Ab 1981 wurde das System der vertragsgebundenen Verantwortlichkeit im Industriesektor schrittweise eingeführt. 1983 wurde der erste Schritt der Steuern- und Gewinnreformen und im drauf folgenden Jahr der zweite Schritt in die Tat umgesetzt. Mit diesen Reformmaßnahmen der Dezentralisierung der Unternehmensführung und Gewinnzuweisungen an die Staatsunternehmen wurde das allgegenwärtige Plansystem durchbrochen. Die Staatsunternehmen konnten danach teilweise selbstständig entscheiden, was sie produzieren wollten. Gleichzeitig wurde ein limitiertes materielles Anreizsystem eingeführt.

Feature
Aufsehenerregendes Pilotprojekt zur Erweiterung des Selbstbestimmungsrechts der Staatsunternehmen in Sichuan

Es war im Oktober 1978 in der Provinz Sichuan. Sechs repräsentative Staatsunternehmen – das Stahlunternehmen Chongqing, der Betrieb für nahtloses Stahlrohr Chengdu, der Betrieb für Werkzeugmaschinen Ningjiang, das Chemieunternehmen Sichuan, die Stickstoffdüngemittelfabrik Xindu und die Seidenspinnerei Nanchong – wurden ausgewählt, um das geplante Pilotprojekt zur Erweiterung des Selbstbestimmungsrechts der Staatsunternehmen zu starten. Ziele des Experiments waren, geplante Gewinnziele der betroffenen Unternehmen einzeln zu überprüfen und zu bestimmen, das Jahreswachstum hinsichtlich der Produktionsmenge und der betrieblichen Einnahmen festzulegen und den betroffenen Unternehmen die Genehmigung zu erteilen, kleine Gewinnanteile nach Erfüllung des Jahresplans zurückzubehalten, einen Betriebsfonds auf der Grundlage der verbliebenen Gewinne zu errichten und niedrige Prämien an die Belegschaft zu zahlen. Die Gewährung dieser scheinbar geringfügigen Rechte hatte unerwartete Auswirkungen auf die Produktivitätssteigerung: Die Planvorgaben des vierten Quartals des Jahres wurden bei Weitem überschritten und das wirtschaftliche Potential war riesengroß. Diese Experimente markierten den Reformbeginn der Staatsunternehmen und somit den Beginn des wirtschaftlichen Transformationsprozesses in städtischen Gebieten.

Am 31. Januar 1979 gab das Parteikomitee der Provinz Sichuan das Dokument *Meinung zum Pilotprojekt zur Erweiterung des Selbstbestimmungsrechts der provinzialen Industrieunternehmen zur Beschleunigung des wirtschaftlichen Aufbaus* bekannt. Der Pilotversuch wurde von 6 auf 100 Unternehmen übertragen und darüber hinaus wurden 40 staatliche Handelsunternehmen einbezogen. Folgende Maßnahmen wurden ergriffen: Die Unternehmen durften neben den staatlichen Planvorgaben eigenständig einen Zusatzplan nach Marktbedürfnissen aufstellen und ggf. die staatlichen Planvorgaben korrigieren, falls sie nicht marktgerecht waren. Bezüglich des Materialmanagements durften die meisten Produktionsmittel auf dem Markt gehandelt werden. Ausnahmen bildeten die Produkte, die für die Nationalökonomie und für das Volk von existentieller Bedeutung waren, Mangelwaren und gefährliche Produkte wie Sprengstoffe, die vom Staat zentral eingekauft und verteilt wurden. Lieferverträge durften zwischen den einzelnen Unternehmen abgeschlossen werden, ohne die Behörden für Materialmanagement einschalten zu müssen. Die Unternehmen durften auf dem Markt nach eigenem Bedarf einkaufen und einen Teil ihrer Produkte verkaufen. Was die Gewinnverteilung zwischen dem Staat und den Unternehmen anging, durften die Unternehmen aufgrund ihrer Leistungsfähigkeit einen Gewinnanteil beibehalten, um eigenes Potential zu erschließen, sich zu erneuern, unternehmenseigene Sozialleistungen zu verbessern und Prämien an die Mitarbeiter zu zahlen, vorausgesetzt, dass die staatlichen Interessen gewährleistet wurden. In Bezug auf Personalmanagement durften die Unternehmen leitendes Personal mittlerer Ebene auswählen, Mitarbeiter angesichts ihrer Leistungen einstellen und schlecht qualifizierten Mitarbeitern kündigen.

Unmittelbar darauf fanden die Reformversuche in Staatsunternehmen in der Provinz Yunnan, Beijing u. a. statt. Bis Ende 1979 waren 4.200 Staatsunternehmen involviert und im folgenden Jahr 6.000, was ca. 16% aller Industrieunternehmen, 60% des Produktionswertes und 70% der Gewinne ausmachte. Am 2. September 1980 wurde der durch die Staatliche Kommission für Wirtschaft vorgelegte *Bericht über die Pilotprojekte zur Erweiterung des Selbstbestimmungsrechts der Staatsunternehmen und Vorschläge über die Zukunftsentwicklung* vom Staatsrat bestätigt. Vorgesehen war, die Maßnahmen zur Erweiterung des Selbstbestimmungsrechts in allen Staatsunternehmen umzusetzen, und ihnen damit mehr Entscheidungsbefugnisse in Sachen Personal, Finanzen, Material, Produktion, Lieferung und Absatz zu gewähren.

Phase II: 1984–1992. In dieser Phase vollzog sich die Trennung von Eigentumsrechten und Unternehmensführung. 1984 wurde auf dem 3. Plenum des XII. ZK der KP Chinas der *Beschluss über die Wirtschaftsreformen* verabschiedet, in dem der theoretische Ansatz der „angemessenen Trennung von Eigentumsrechten und Unternehmensführung" formuliert wurde. In den drauffolgenden drei Jahren wurden mehrere Reformmodelle zur Trennung von Eigentumsrechten und Unternehmensführung – darunter das Leihpachtsystem, die vertragsmäßige Bewirtschaftung des Unternehmens und das Verantwortungssystem der Betriebsanlagenwirtschaft – ausprobiert. Die Reorganisation der Staatsunternehmen nach der Rechtsform der Aktiengesellschaft kam in Gang. Neben Unternehmenszusammenschlüssen und -fusionen durften die Staatsunternehmen den Konkurs anmelden. Es war eine dynamische Phase im Reformverlauf der Staatsunternehmen.[12] Durch die Trennung von Eigentumsrechten und

12 Infolge des veränderten Kurses kamen die Reformen der Staatsunternehmen von der zweiten Hälfte 1988 bis Ende 1991 nur sehr langsam voran, und nur das Modell der

Unternehmensführung, die später hauptsächlich in Form der vertragsmäßigen Bewirtschaftung des Unternehmens praktiziert wurde, bekamen die Unternehmen mehr eigenständige Gewerbebefugnisse zugewiesen. Außerdem wurde das Leistungsanreizsystem, das die Belegschaft viel direkter anspornte, etabliert.

Phase III: von 1992 bis heute. Die Reformen gehen von der sogenannten „wirtschaftspolitischen Restrukturierung" in „institutionelle Innovationen" über. Die Reformmaßnahmen in der ersten und zweiten Phase waren nichts anderes als Strukturverbesserungen im Rahmen des bestehenden, traditionellen Systems, die nichts am grundlegenden System der Staatsunternehmen veränderte. Da die Maßnahmen nur die Oberfläche des Systems berührten, konnten keine effektiven Leistungsanreiz- und Kontrollsysteme errichtet werden, was schwere Folgen wie kurzfristiges Handeln und „Insiderproblematik" mit sich brachte. Es ging mit vielen Staatsunternehmen bergab. Anfang der 1990er Jahre erlitt ein Drittel der Staatsunternehmen Verluste, ein Drittel machte Scheingewinne und nur ein Drittel erzielte tatsächlich Gewinne. Die Staatsunternehmen benötigten dringend einen Ausweg aus dieser prekären Lage.

1993 wurde auf dem 3. Plenum des XIV. ZK der KP Chinas der *Beschluss über einige Fragen hinsichtlich des Aufbaus der sozialistischen Marktwirtschaft* verabschiedet, in dem die Reformrichtung der Staatsunternehmen klar formuliert wurde. Ein modernes System der Unternehmensführung mit „unmissverständlicher Klärung der Eigentumsrechte, deutlicher Festlegung aller Rechte und Pflichten, Trennung von Regierungs- und Unternehmenskompetenzen und wissenschaftlichem Management" sollte etabliert werden, um aus den Staatsunternehmen handlungsfähige Rechtspersonen und wettbewerbsfähige Marktteilnehmer zu machen. Mit diesem Dokument wurde der Grundstein für einen neuen Reformkurs gelegt, der auf Reformen der Eigentumsrechte und Erneuerungen der Unternehmensführung basierte. Die ersten Versuche zur Etablierung des modernen Systems der Unternehmensführung wurden 1994 in China unternommen. Zu den vorrangigen Maßnahmen gehörten die Umstrukturierung der staatlichen Unternehmen in die Rechtsform einer Aktiengesellschaft, die Verbesserung der Managementstruktur, die Klärung der Eigentumsverhältnisse,

vertragsmäßigen Bewirtschaftung des Unternehmens verzeichnete Erfolge. Erwähnenswert sind zwei Regelwerke, die in diesem Zeitraum verabschiedet wurden: Das eine ist das *Gesetz über die volkseigenen Industrieunternehmen*, in dem die Unternehmen als Hersteller und Betriebsführer gesetzlich anerkannt werden, das andere *Vorschriften über die Umgestaltung der Bewirtschaftungsmechanismen der volkseigenen Industrieunternehmen*, das einen Anschub für den Umwandlungsprozess gab.

die Festlegung der Investitionsträger des Staatsvermögens, die Umwandlung der staatlichen Unternehmen in Kapitalgesellschaften und die Einführung eines wissenschaftlichen, standardisierten unternehmensinternen Verwaltungsmodells. 1995 wurde auf dem 5. Plenum des XIV. ZK der KP Chinas die Forderung gestellt, „das Augenmerk darauf zu richten, die gesamte staatseigene Wirtschaft gut zu entwickeln, ihre Anordnung und Struktur umzugestalten, Großunternehmen tatkräftig zu unterstützen, die Kontrolle über Kleinunternehmen zu lockern und eine strategische Reorganisation staatseigner Unternehmen durchzuführen". Folglich beschränkten sich die Reformen nicht mehr auf einzelne Staatsunternehmen, sondern eine strategische Umstrukturierung der Gesamtanordnung der staatseigenen Wirtschaft wurde auf die Tagesordnung gesetzt. 2003 wurde auf dem 3. Plenum des XVI. ZK der KP Chinas der *Beschluss über einige Fragen hinsichtlich der Vervollständigung der sozialistischen Marktwirtschaft* angenommen, in dem die Einführung der modernen Eigentumsordnung mit „klarer Zuordnung des Vermögens, deutlicher Festlegung aller Rechte und Pflichten, strengem Schutz und unbehinderter Übertragung der Rechte" ihren Niederschlag fand. Demnach sollte die moderne Eigentumsordnung in Staatsunternehmen aufgebaut werden, was die Gründung und Entwicklung von gemischtwirtschaftlichen Unternehmen ermöglichen sollte. Darüber hinaus kam das Konzept bei der Restrukturierung der staatseigenen Anlagenwirtschaft zur Anwendung. Zusammenfassend lässt sich sagen, dass die Reformen der Staatsunternehmen seit 1992 nicht mehr den alten Weg der wirtschaftspolitischen Umstrukturierung und Gewinnumverteilung gehen. Vielmehr werden im Einklang mit den Zielen der sozialistischen Marktwirtschaft neue Möglichkeiten erprobt, um institutionelle Durchbrüche zu erzielen.

Einer groben Schätzung nach haben sich zurzeit ca. 85% bis 90% Kleinbetriebe, 50% bis 60% mittlere Unternehmen und mehrere Großunternehmen einer Umgestaltung der Eigentumsverhältnisse unterzogen. Laut der Statistik der Kommission des Staatsrats für Kontrolle und Verwaltung des Staatsvermögens machten die gemischtwirtschaftlichen Unternehmen 52% der gesamten zentralen Staatsunternehmen aus. Bis Ende 2012 waren bereits 378 zentrale Staatsunternehmen sowie Unternehmen mit einer Mehrheitsbeteiligung durch deren Tochtergesellschaften an der Börse zugelassen, wobei der Aktienanteil des nicht-staatseigenen Kapitals 53% betrug. Darüber hinaus gab es 681 börsennotierte Unternehmen mit einer Mehrheitsbeteiligung durch lokale Staatsunternehmen, bei denen der Aktienanteil des nicht-staatseigenen Kapitals bei über 60% lag. 2020 waren es 407 Aktiengesellschaften mit einer Mehrheitsbeteiligung von zentralen Staatsunternehmen und 760 börsennotierte Unternehmen mit einer Mehrheitsbeteiligung durch lokale Staatsunternehmen.

2.3 Das zweigleisige Preissystem und der Versuch eines preispolitischen Durchbruchs

Mit der Weiterentwicklung des Systems der vertragsgebundenen Verantwortung für Bodenbewirtschaftung und der Vertiefung der Reformen in Industrieunternehmen verschärften sich die Interessenkonflikte. Insbesondere trat die heikle Preisfrage zunehmend in den Vordergrund. Angesichts der extremen Preisverzerrung war es für die Wirtschaftsreformen Chinas eine dringende Aufgabe, Warenpreise richtig zu gestalten.

2.3.1 Das zweigleisige Preissystem

Zu Beginn der Preisreformen standen zwei Optionen zur Wahl: eine unvermittelte, plötzliche Preisfreigabe in einem Zug oder eine graduelle Preisfreigabe. Nach Abwägung entschieden sich die politischen Entscheidungsträger Chinas für die zweite Vorgehensweise, und zwar „Kombination von Preisanpassung und -freigabe mit Anpassung als Auftakt, gefolgt von Preisfreigabe in kleinen Schritten". Somit entstand ein „zweigleisiges Preissystem", in dem Planpreise und nicht-administrierte Preise parallel existierten, das dann in ein „eingleisiges Preissystem", nämlich freie Marktpreise übergehen sollten, wenn die Bedingungen reif wurden. Dieser Leitgedanke ergab sich aus folgenden Überlegungen: (1) Die Preisregulierung musste mit der Marktentwicklung im Einklang stehen. Eine voreilige Vorgehensweise sollte vermieden werden. (2) Für unterschiedliche Industriezweige und Produkte sollten unterschiedliche Reformmaßnahmen getroffen werden. (3) Zu berücksichtigen war ebenfalls, ob die öffentlichen Finanzen imstande waren, den Anforderungen gerecht zu werden und die Preisreformen zu meistern. Außerdem musste die Tragfähigkeit der Unternehmen und der Bevölkerung in Betracht gezogen werden.

Das zweigleisige Preissystem aus Planpreis und Marktpreis spielte eine außerordentliche Rolle für die Preisgestaltung von industriellen Produktionsmitteln. Für industrielle Konsumgüter war es nicht zwingend notwendig, da die Kontrolle über kleine Verbrauchsgüter bereits zu Anfang der Reformen gelockert wurde. Die An- und Verkaufspreise der meisten Agrarprodukte wurden mitten der 1980er Jahre auch gelockert, mit Ausnahme einiger weniger Agrarprodukte, hauptsächlich Getreide, für das das zweigleisige Preissystem lange Zeit existierte.[13] Deshalb war mit dem zweigleisigen Preissystem spezifisch die Preispolitik

13 Das zweigleisige Preissystem für Getreide nahm 1979 seinen Anfang, als die Politik der „Abnahme der Ankaufsmenge und Erhöhung der Preise" für Getreide eingeführt wurde. Im Jahr 1982 belief sich der Anteil des Getreides, das die Bauern

der industriellen Produktionsmittel gemeint, die ab 1984 in China sehr schnell und flächendeckend umgesetzt wurde und große Erfolge erzielte. Es war sozusagen eine Erfolgsgeschichte der graduellen, marktorientierten Neugestaltung des Preissystems.[14] Es existierten in diesem Zeitraum neben dem Planpreis noch nicht-administrierte Preise für dieselben Produktionsmittel in derselben Stadt. Für die Produktionsmittel, die zur Erfüllung der staatlichen Planvorgaben benötigt wurden, galt der Planpreis. Für die Mehrprodukte, die über die Planvorgaben hinausgingen und die Betriebe auf dem Markt absetzen durften, galt der Marktpreis. Damit sollten die bestehenden Preisverzerrungen beseitigt und notwendige Anreize und Preissignale freigesetzt werden. Gleichzeitig konnte die wirtschaftliche Stabilität durch die staatliche Kontrolle gewährleistet werden. Mit der Zunahme der Mehrprodukte über die Planvorgaben hinaus und der Entfaltung der nicht-staatseigenen Unternehmen nahm der Anteil der administrierten Preise ständig ab, während die Marktpreise an Bedeutung gewannen. Anfang der 1990er Jahre wurden die „zwei Gleise" der Preise zu „einem Gleis" zusammengeführt.

Dank des zweigleisigen Preissystems konnte das staatlich fixierte Preissystem gelockert werden. In der Praxis zeigte sich, dass sich der Abstand zwischen Plan- und Marktpreisen nach der Einführung des Systems stetig vergrößerte, wobei die Marktpreise eine immer wichtigere Rolle spielten. Mit der Weiterentwicklung der Marktwirtschaft wurden die zwei Gleise allmählich vereint und der Marktpreismechanismus etablierte sich letztendlich. Das zweigleisige Preissystem für industrielle Produktionsmittel wurde von vielen ausländischen Wissenschaftlern

zum ausgehandelten Preis an den Staat und direkt an die Nicht-Bauern verkauften, schon auf 24,2%. Die restlichen Teile wurden zum staatlich fixierten Preis bzw. zu einem erhöhten Preis bei Quotenüberschreitung an den Staat verkauft. Das waren die ersten Ansätze eines zweigleisigen Preissystems für Getreide. Das tatsächliche zweigleisige Preissystem für Getreide begann aber erst 1985, als der staatliche Einheitsankauf und -verkauf abgeschafft wurde. Stattdessen wurde vertraglich vereinbarter Ankauf betrieben. Für Mehrprodukte durften die Bauern mit den Behörden für Getreide den Verkaufspreis aushandeln. Dementsprechend gab es neben dem Vertragspreis noch einen ausgehandelten Preis. 2004 wurde der Getreidemarkt umfassend liberalisiert.

14 Das zweigleisige Preissystem für Produktionsmittel trug in gewisser Hinsicht zu Marktstörungen und aktiven Rent-Seeking-Aktivitäten bei. Einige empirische Studien haben belegt, dass positive Effekte des zweigleisigen Preissystems besser zur Geltung kommen, wenn die Preisdifferenzen nicht so groß sind.

sehr geschätzt. Wlodzimierz Brus, polnischer Wirtschaftswissenschaftler, sah auf der Konferenz, die 1985 auf dem Linienschiff „Bashan" abgehalten wurde[15], darin eine nützliche Erfindung Chinas. Er verglich es mit einer Brücke, über die das eine Preissystem problemlos in das andere übergehen konnte. Joseph Stiglitz, ein amerikanischer Ökonom, vertrat in seinem Ende der 1990er Jahre veröffentlichten Beitrag die Meinung, dass China beim Übergang des völlig verzerrten Preissystems zu einem Preissystem, das die Knappheit der Wirtschaftsressourcen widerspiegelt, mit dem zweigleisigen Preissystem einen genialen Lösungsansatz für den Anreiz der außerplanmäßigen Produktion gefunden habe.[16]

Feature
Moganshan-Konferenz: Debatte über Preisreformen

Die chinesischen Wirtschaftswissenschaftler diskutierten um 1984 über die Gestaltung der Preisreformen. In diesem Zusammenhang ist die Moganshan-Konferenz im September 1984 am Fuße des Berges Moganshan (莫干山) zu erwähnen, auf der das Übergangskonzept, später bekannt als „zweigleisiges Preissystem", unter jungen Ökonomen eine heftige Diskussion auslöste.

Die Konferenzteilnehmenden waren sich einig, dass eine Neugestaltung des Preissystems für Industrieprodukte notwendig war, wobei in erster Linie die Preise für Bergbauerzeugnisse erhöht werden sollten. Auch sollten Verbraucherpreise sowie öffentliche Abgaben reguliert werden, um die Probleme der Preisverzerrung und -subventionen der Agrarprodukte zu lösen. Im Hinblick auf die Preisreformen der Industrieerzeugnisse gewannen zwei Konzepte an Kontur: Das eine war die „Kombination von Preisanpassung und -freigabe mit Anpassung als Hauptmaßnahme" und das andere die „Kombination von Preisanpassung und -freigabe mit Freigabe als Auftakt und Anpassung als Folgemaßnahme". Die Ökonomen, die für Ersteres waren, wurden als „Kreis der Preisanpassung"

15 Vom 2. bis zum 7. September 1985 fand die „Internationale Konferenz zur makroökonomischen Steuerung", die von der Chinesischen Akademie der Sozialwissenschaften, der Chinesischen Forschungsgesellschaft der Wirtschaftsreformen und der Weltbank gemeinsam organisiert wurde, auf dem Linienschiff „Bashan" von Chongqing nach Wuhan statt. Folglich war sie als „Bashan-Linienschiff-Konferenz" bekannt.

16 Hier zitiert nach Zhang, Zhuoyuan: 中国的价格改革 [Die Preisreform in China]. In: Wang, Mengkui (Hrsg.): 中国经济转轨二十年 [Die wirtschaftliche Transformation in China seit 20 Jahren]. Foreign Language Press, 1999.

bezeichnet, während die Wissenschaftler, die sich für die zweite Variante aussprachen, als „Kreis der Preisfreigabe“ bekannt waren.

Tian Yuan (田源) und andere Experten des Forschungszentrums für Preise des Staatsrats unterbreiteten den Vorschlag, das stark verzerrte Preissystem durch umfangreiche Anpassungsmaßnahmen zu erneuern, für die sie viele Berechnungen und vergleichende Studien durchgeführt hatten. Zhou Xiaochun (周小川), Doktorand der Fakultät für Systems Engineering der Tsinghua-Universität, sowie Lou Jiwei (楼继伟) und Li Jian'ge (李剑阁), Masterstudenten der Chinesischen Akademie der Sozialwissenschaften, waren für Preisanpassungen in kleinen, aber schnellen Schritten und kontinuierliche Berichtigungen des Preissystems, um den Schockeffekt einzugrenzen und den Gleichgewichtspreis allmählich zu erreichen. Im Gegensatz dazu plädierte der „Kreis der Preisfreigabe“ um Zhang Weiying (张维迎), Masterstudent der Universität Nordwestchinas, für die Lockerung der Preiskontrollen in einem oder mehreren Schritten, um die Preisbestimmung durch den Markt zu ermöglichen.

Zwischen den beiden Kreisen entwickelte sich eine hitzige Kontroverse. Die Vertreter der Preisanpassung sprachen aus folgenden Gründen gegen die Preisfreigabe: Es sei in der Planwirtschaft unrealistisch, mit einem Schlag die Preiskontrolle abzuschaffen. Da der Markt Zeit bräuchte, sich zu entwickeln, sei es auf einem unvollständigen Markt schwierig, Gleichgewichtspreise bzw. optimale Preise zu erzielen. Die Vertreter der Preisfreigabe konnten diese Meinung jedoch nicht teilen. Sie vertraten die Auffassung, dass die Preisprobleme nicht von Grund auf durch Anpassungsmaßnahmen gelöst werden könnten, da die Probleme im vorhandenen Preissystem verwurzelt seien, das die Verbindung zwischen Angebot und Nachfrage unterbrochen habe. Die beiden Kreise haben vor und nach der Moganshan-Konferenz zahlreiche Texte verfasst und veröffentlicht, um ihre Ansichten bekannt zu machen, u. a. „Reformrichtung des chinesischen Preissystems und deren Modelle und Methoden“ (Lou Jiwei und Zhou Xiaochuan, *Journal für Wirtschaftsforschung*, 1984), „Zielmodelle der chinesischen Preisreformen“ (Guo Shuqing, *Journal fürs Aufbaustudium der Chinesischen Akademie der Sozialwissenschaften*, 1985) und „Zum Denkansatz der Preisfreigabe für die chinesischen Preisreformen“ (Zhang Weiying, *Review der Wirtschaftsforschung*, 1985).

Neben diesen zwei gegensätzlichen Meinungen entstand mit der Zeit eine dritte Meinung, die von Hua Sheng (华生), He Jiacheng (何家成), Zhang Shaojie (张少杰) und Gao Liang (高梁), Masterstudierende der Chinesischen Akademie der Sozialwissenschaften, sowie Jiang Yue (蒋岳), Masterstudent der Fakultät für Statistik der Renmin-Universität Chinas, vertreten wurde. Sie führten Untersuchungen durch, diskutierten das Pro und Kontra der beiden Konzepte und formten schließlich ihren eigenen Ansatz, nämlich den der „Kombination von Preisanpassung und -reform". Ihrer Meinung nach sollte das bereits geformte zweigleisige Preissystem für Produktionsmittel bewusst eingesetzt werden, um die Differenzen zwischen Plan- und Marktpreisen zu verkleinern. Außerdem sollte der Anteil der planmäßigen Versorgung der Produktionsmittel schrittweise verringert werden, während dem Markt immer mehr Freiraum gegeben werden sollte, damit die Plan- und Marktpreise schließlich vereinheitlicht werden könnten. Im Beitrag „Zum Weg der Preisreformen chinesischer Prägung", der von Hua Sheng u. a. in *Journal für Wirtschaftsforschung* 1985 veröffentlicht wurde, wurde das Konzept des zweigleisigen Preissystems ausführlich erläutert.

2.3.2 Versuch eines preispolitischen Durchbruchs

Um in kurzer Zeit ein gesundes Preissystem aufzubauen und die zwei Gleise zusammenzuführen, beschloss das Politbüro der KP Chinas in der Sitzung vom 30. Mai bis zum 1. Juni 1988, einen reformpolitischen Durchbruch im Preis- und Lohnsystem zu erzwingen und forderte den Staatsrat auf, einen konkreten Plan auszuarbeiten. Daraufhin legte die Preiskommission des Staatsrats einen Entwurf zur Preis- und Lohnreform vor, in dem vorgesehen war, innerhalb von ca. fünf Jahren den Engpass zu überwinden und ein marktgerechtes Preissystem aufzubauen. Ziel war es, dabei durch Lohn- und Gehaltserhöhungen und gegebenenfalls durch Prämien sicherzustellen, dass das reale Lebensniveau der Erwerbstätigen nicht sinkt. Nachdem dieser Entwurf auf der Ständigen Konferenz des Staatsrats vom 5. bis zum 9. August überprüft worden war, wurde er dem Politbüro der KP Chinas eingereicht, das vom 15. bis zum 17. August in Beidaihe (北戴河) tagte. Der Fünfjahresplan zur Neugestaltung des Preissystems wurde genehmigt. Das Kommuniqué darüber erschien in *People's Daily* vom 19. August, was die Bevölkerung in Panik versetzte. Aus Angst vor einer möglichen Preissteigerung begannen die Menschen, in großen Mengen einzukaufen und ihre Ersparnisse abzuheben.[17] Eine Welle der Unruhe ging durch ganz China.

17 Statistischen Angaben zufolge erhöhte sich das Umsatzvolumen des Wareneinzelhandels im August 1988 im Vergleich zum Vorjahr um 38,6%. Das jährliche Wachstum der einzelnen Handelsgüter war wie folgt: Baumwollstoff: 46,7%, Wollgewebe: 53%, Seidenstoff: 40%, langärmelige Unterhemden und lange Unterhosen aus Baumwolle: 92%, Sweater und Hosen aus Baumwolle: 74%, Streichgarn: 70%, Farbfernsehgeräte: 40%, Schwarz-Weiß-Fernseher: 64%, Waschmaschinen: 160%, Kühlschränke: 100%, Ventilatoren: 68%, Kassettenrekorder: 71%, Fahrräder: 52%,

Am 27. August berief das ZK der KP Chinas eine Notsitzung ein, auf der entsprechende Gegenmaßnahmen ausgearbeitet wurden und eine vorläufige Aussetzung der Preisreform beschlossen wurde. Der Staatsrat kündigte am 30. August an, in der zweiten Hälfte des Jahres keine neuen Preisangleichungsmaßnahmen zu ergreifen und die Preisreform im kommenden Jahr in kleinen Schritten voranzutreiben. Mit dieser „Notbremse" wurde dem Versuch des preispolitischen Durchbruchs ein Ende gesetzt.

Der Grund für den gescheiterten Versuch lag vor allem im ungünstigen Timing. Makroökonomisch betrachtet verzeichneten die Preise schon seit Anfang 1988 eine kontinuierliche Steigerung: Bereits im Februar wurde eine zweistellige Preissteigerungsrate (11,2%) erreicht und in den drauffolgenden drei Monaten belief sie sich jeweils auf 11,6%, 12,6% und 14,7%. Die einzelnen Maßnahmen, die vor dem Reformentwurf hintereinander ergriffen wurden, trieben die Preise noch schneller in die Höhe. Dazu gehörten zuerst die Preislockerungen für Schweinefleisch, Gemüse, Eier und Zucker und später wurde die Preiskontrolle über Zigaretten und alkoholische Markengetränke auch gelockert. Als Folge betrug die Preissteigerungsrate im Juni 16,5%, die sich im Juli auf 19,3% erhöhte. Die radikalen Reformmaßnahmen mit dem Ziel, das neue Preissystem „in einem Schritt" zu etablieren, führten unter dem massiven Inflationsdruck dazu, dass sich schnell die Erwartung einer hohen Inflation herausbildete[18], die eine durchgreifende Sanierung erschwerte.

In chinesischen Wirtschaftskreisen war es damals sehr umstritten, ob eine strukturelle Umgestaltung des Preissystems während der Inflation durchführbar sei. Einige Wissenschaftler waren überzeugt, dass die Inflation keine beachtenswerte Gefahr für die chinesische Wirtschaft darstellte. „Wenn das Wirtschaftswachstum als makroökonomische Zielvorgabe erste Priorität haben soll, ist die Inflation bis zu einem gewissen Grad nicht schlecht", so lautete eine Meinung im April 1988. „In den kommenden drei Jahren sollte die nachfrageorientierte Wirtschaftspolitik Chinas mit Wahrung der Preisstabilität als Hauptziel in eine angebotsorientierte Wirtschaftspolitik mit Wachstum und Strukturreformen als vorrangige Ziele übergehen. Daher sollte eine angemessen expansive Geld- und

Nähmaschinen: 58%. Die Spareinlagen nahmen im August 1988 nicht zu, sondern verringerten sich um 2,68 Milliarden CNY. Vgl. Wu, Li: 价格改革“闯关”及其受挫 [Zum Versuch des preispolitischen Durchbruchs und dessen Misserfolg]. In: http://www.hprc.org.cn/, 26. Januar 2010.

18 Im Mai 1988 wurden 100-Yuan-Banknoten durch die Chinesische Volksbank in Umlauf gesetzt, was die Inflationserwartungen vor dem Hintergrund der ständigen Preiserhöhung in gewissem Maße schürte.

Fiskalpolitik statt der restriktiven Geld- und Fiskalpolitik betrieben werden."[19] Am 1. Juli erschien ein Beitrag mit dem Titel „Ein weites Feld nach der risikobeladenen Überwindung des Engpasses" in *People's Daily*, in dem für die Preisfreisetzung plädiert wurde.

Die meisten Wissenschaftler waren jedoch der Meinung, dass die Preisreform ein relativ günstiges Umfeld benötige, ansonsten sei das Ganze zu riskant, was eventuell zu einer binnenwirtschaftlichen Preis-Lohn-Spirale führen und im schlimmsten Fall gesellschaftliche Unruhen verursachen könnte. Eine Politik der Inflation sei weder förderlich für ein nachhaltiges Wirtschaftswachstum noch vorteilhaft für einen reibungslosen Verlauf der Wirtschaftsreformen, ganz zu schweigen von der Zielerreichung des wagemutigen Versuchs des preispolitischen Durchbruchs.[20] Einige Ökonomen schlugen angesichts der gesamtwirtschaftlichen Lage Chinas vor, „vor einem zweiten Versuch die Wirtschaftsordnung wieder herzustellen". Ihre Ansatzpunkte lauteten: (1) Die Verteuerung der Produkte, die im letzten Vierteljahr 1987 im agrarwirtschaftlichen Bereich ansetzte, erstreckte sich auf andere Gebiete. (2) Der Engpass im Transportwesen und das unzureichende Angebot an Produktionsmitteln wurden immer schlimmer. (3) Gelegentliche Panikkäufe wurden getätigt und verbreiteten sich. (4) Die Spareinlagen hatten ein negatives Wachstum, was auf die Entstehung der Inflationserwartungen hindeutete.[21] Die Arbeitsgruppe der Wirtschaftswissenschaften der Chinesischen Akademie der Sozialwissenschaften entwickelte dafür einen Lösungsansatz und sprach sich für „Fortschritte in der Stabilität" aus. Im Gegensatz zu der Ansicht, „Reformen und Entwicklung in vollem Gang voranzutreiben und gewisse Inflation zu dulden, um eine schnelle Wirtschaftsentwicklung mit hohem Wachstum zu realisieren", waren die Wissenschaftler der Chinesischen Akademie der Sozialwissenschaften eher der Meinung, dass die Wirtschaftspolitik von 1988 bis 1900 zuerst darauf fokussieren sollte, das Wirtschaftsumfeld zu sanieren. Durch Inflationsbekämpfung und eine restriktive Fiskal- und Kreditpolitik sollte die wirtschaftliche Stabilität wiederhergestellt werden. Nachdem die

19 Vgl. *People's Daily*: 8. April 1988.

20 Vgl. Xue, Muqiao: 薛暮桥回忆录 [Xue Muqiaos Memoir]. Tianjin People's Publishing House, 1996. Siehe auch Liu, Guoguang: 正视通货膨胀问题 [Der Inflation ins Auge sehen]. In: *Economic Daily*, 5. April 1988.

21 Hier zitiert nach Wu, Jinglian: 当代中国经济改革教程 [Die Wirtschaftsreformen im gegenwärtigen China. Ein Kursbuch]. Shanghai Far East Publishers, 2010.

volkswirtschaftliche Ausgewogenheit erreicht worden sei, könnten die Reformen in großen Schritten vorangetrieben werden.[22]

Daraus lässt sich schlussfolgern, dass die „Stabilität die grundlegende Voraussetzung für die Reformen" ist. Mit anderen Worten: Für Reformen sind ein stabiles politisches und gesellschaftliches Umfeld sowie ein günstiges ökonomisches Umfeld notwendig. Bevor einflussreiche Reformmaßnahmen getroffen und umgesetzt werden, muss man ihre Auswirkungen auf alle gesellschaftlichen Bereiche voraussehen und andere Faktoren wie die Terminabstimmung, den Umfang und entsprechende Hilfsmaßnahmen berücksichtigen, sodass die Intensität der Reformen die soziale Tragfähigkeit nicht allzu sehr überspannt. Falls die Rahmenbedingungen noch nicht reif genug sind, sollen statt voreiliger Versuche gewissenhafte Vorbereitungen getroffen werden. Wie Deng Xiaoping im September 1988 bezüglich der Reformen erwähnte, sei die hohe Geschwindigkeit an sich gut, könne aber auch Probleme mit sich bringen. Die Inflation sei beispielsweise entstanden, da die Kontrolle nicht streng genug sei und es der KP Chinas an Erfahrungen mangele. Die Inflation habe es vor der Preisreform schon gegeben, da das Verhältnis zwischen dem Gesamtangebot und der Gesamtnachfrage nicht gut geregelt worden sei. Es sei Zeit, Erfahrungen zu sammeln, weiter voranzuschreiten, die Zunahme der Gesamtnachfrage und die Entwicklungsgeschwindigkeit unter Kontrolle zu bringen. Es fehle der Nation nicht an Wagemut, aber gegenwärtig seien Stabilität und Sicherheit gefragt. Ein Land mit einer Bevölkerungszahl von mehr als einer Milliarde brauche Stabilität. Bei jedem Schritt sollten daraus Lehren gezogen werden und bei Fehlleistungen sollten sie so bald wie möglich verbessert werden, damit aus kleinen Fehlern keine großen würden. Danach sollte gehandelt werden.[23]

Die Reformpraktiken in den letzten 40 Jahren haben gezeigt, dass die graduelle, auf Prinzipien der „getrennten Regulierung" und des „geordneten Testverfahrens" gebaute „inkrementelle Reform" die „marginale Entwicklung" der

22 Vgl. die Arbeitsgruppe für den Grundriss der Wirtschaftsreformen der Chinesischen Akademie der Sozialwissenschaften: 双向协同稳中求进——中国经济体制中期（1988–1995）改革纲要 [Realisierung von Synergieeffekten und Fortschritte in der Stabilität: Grundriss der mittelfristigen Wirtschaftsreformen Chinas (1988–1995)]. In: Liu, Guoguang (Hrsg.): 80年代中国经济体制改革与发展 [Reformen des Wirtschaftssystems und Entwicklung Chinas in den 1980er Jahren]. Economy & Management Publishing House, 1991.

23 Vgl. 邓小平思想年谱1988年 [Die Chronik von Deng Xiaopings Ideen: 1988]. In: http://cpc.people.com.cn/GB/69112/69113/69683/4723408.html.

marktwirtschaftlichen Ordnung fördert, bis sie schließlich die Planwirtschaft hinter sich lässt, ohne die vorhandene Interessenstruktur grundsätzlich und tiefgehend zu erschüttern. In diesem Prozess können die Marktkräfte und -vorteile gemäß des „Trickle-down-Effekts" und „Tintenausbreitungseffekts" in das traditionelle System eindringen und sich nach und nach ausbreiten, bis die Rahmenbedingungen für die sozialistische Marktwirtschaft ausgereift sind.

Nicht zu leugnen ist, dass durch die graduelle Reform das alte System für lange Zeit erduldet werden muss. Die Koexistenz des neuen neben dem alten System bringt neue Konflikte mit sich. Erstens wird dadurch dem alten System genug Zeit gegeben, gegen das neue zu kämpfen. Dabei kann das alte (insbesondere der hartnäckigste Teil) das neue möglicherweise unterdrücken oder aushöhlen, was den Reformprozess zur Stagnation bringen kann. Unter diesen Umständen können sich die Reformen nur schwer durchsetzen. Zweitens kann der lang andauernde Konflikt zwischen dem alten und neuen System von Marktteilnehmern genutzt werden, auf Arbitragegeschäfte einzugehen. Die Gewinner werden sich mit den Begünstigten des alten Systems zusammenschließen und eine Vertiefung der Reformen ablehnen, was ein weiteres Hindernis für die Reformen darstellen kann. In dieser Hinsicht ist es für die graduelle Reformstrategie von entscheidender Bedeutung, im Voranschreiten richtige Zeitpunkte, Schlüsselbereiche und bedeutende Schritte festzulegen, um „sprunghafte Veränderungen" einzuleiten.

3 Ganzheitliche Förderung der Reformen

Das Ziel, die sozialistische Marktwirtschaft aufzubauen, wurde im Oktober 1992 auf dem XIV. Parteitag der KP Chinas festgelegt. Nach intensiven Auseinandersetzungen und Vorbereitungen von mehr als einem Jahr wurde das Aktionsprogramm *Beschluss über einige Fragen hinsichtlich des Aufbaus der sozialistischen Marktwirtschaft* (50 Artikel) auf dem 3. Plenum des XIV. ZK der KP Chinas im November 1993 verabschiedet. Darin wurde die Reformstrategie des „sukzessiven Voranschreitens der Ganzheit mit etappenweisen Durchbrüchen" durch das Reformkonzept des „integralen Vorantreibens der Ganzheit mit Durchbrüchen in Schlüsselbereichen" ersetzt. Demnach sollten Reformmaßnahmen für fünf Schlüsselbereiche – Finanzen- und Steuersystem, Banksystem, Devisensystem, Staatsunternehmen und Sozialversicherung – ergriffen werden, um die Rahmenbedingungen für die Marktwirtschaft zu schaffen.

China, das Ende der 1970er Jahre die marktwirtschaftlich orientierte Reformpolitik einführte, begann Anfang der 1990er Jahre mit der konzeptuellen Gestaltung der Reformen in Richtung des Aufbaus der sozialistischen Marktwirtschaft. Chinas Wirtschaftsreformen wurden entschlossener und energischer vorangetrieben.

3.1 Plan vs. Markt

Von der Festlegung des Reformkurses im Jahre 1978 bis zur im Bericht des XIV. Parteitags der KP Chinas verankerten Zielsetzung, nämlich „Aufbau der sozialistischen Marktwirtschaft", zogen sich die Überlegungen über die Entscheidung zwischen Plan und Markt durch die gesamte Entdeckungsreise – sowohl auf theoretischer als auch auf praktischer Ebene.

Motiviert durch die Idee, „das Denken zu befreien und die Wahrheit in der Wirklichkeit zu suchen", setzten sich die Wirtschaftsexperten in den akademischen Kreisen im Zeitraum zwischen 1979 und 1981 sehr aktiv mit Beziehungen zwischen Markt- und Planwirtschaft auseinander und führten lebhafte wissenschaftliche Diskussionen. Viele Ökonomen übten aufgrund der Erfahrungen der Vergangenheit Kritik an der linken Auffassung, das Geldwesen abschaffen zu wollen. Stattdessen sollte das Wertgesetz im wirtschaftlichen Leben zur Anwendung kommen. Beispielsweise betonte Sun Yefang (孙冶方), dass das „Wertgesetz unter allen Gesetzen am Allerwichtigsten" sei, und Xue Muqiao (薛暮桥) schlug vor, das Wertgesetz und Marktmechanismen einzuschalten.[1] Im April 1979 fand der zweite nationale Workshop, der vom Wirtschaftsinstitut der Chinesischen Akademie der Sozialwissenschaften, Wirtschaftsinstitut der Nationalen Planungskommission (Vorläufer der Staatlichen Kommission für Entwicklung und Reform) und Institut für Philosophie und Sozialwissenschaften Jiangsu gemeinsam initiiert wurde, in der Stadt Wuxi, Provinz Jiangsu statt. Leitthema dieser Tagung war „Funktionen des Wertgesetzes in der sozialistischen Wirtschaft". Die teilnehmenden Ökonomen gelangten zu einem Konsens, dass die sozialistische Wirtschaft eine Art Warenwirtschaft darstelle. Die Produktionsmittel seien Wirtschaftsgüter, für die das Wertgesetz auch gelte und der Wettbewerb gehöre zu den inhärenten Mechanismen der sozialistischen Wirtschaft. Die Wirtschaftsgüter, der Warenwert, das Wertgesetz und die Marktmechanismen spielten in der sozialistischen Wirtschaft ebenfalls eine wichtige Rolle. In diesem Zusammenhang wurde vorgeschlagen, Wirtschaftssteuerungen durch Pläne und Märkte zu kombinieren.[2] Später wurde die Rolle des Marktes in der

1 Zhang, Zhuoyuan: 论争与发展：中国经济理论50年 [Debatte und Entwicklung: 50 Jahre der Wirtschaftslehre Chinas]. Yunnan People's Publishing House, 1999.

2 Vgl. Redaktion der *Economic Research Journal* (Hrsg.): 社会主义经济中价值规律问题讨论专辑 [Sonderausgabe zum Wertgesetz in der sozialistischen Wirtschaft], 1979.

sozialistischen Wirtschaft von den Theoretikern bekräftigt: Der Markt als Mittel der wirtschaftlichen Lenkung habe nicht zwangsläufig mit dem Kapitalismus zu tun und könne auch der sozialistischen Wirtschaft dienen.

1982 wurde im Bericht des XII. Parteitags der KP Chinas das Reformprinzip „Planwirtschaft als primäre Ordnung und Marktwirtschaft als sekundäre Ordnung" formuliert. Demnach sollte das traditionelle zentrale Planwirtschaftssystem umgestaltet werden, indem die Produktion und der Absatz einiger Produkte, für die keine Planvorgaben mehr vorlagen, durch den Markt bestimmt werden sollten. Damit wurde das konventionelle Verständnis von der absoluten Unvereinbarkeit von Plan- und Marktwirtschaft verworfen und der Monopolstellung der Planwirtschaft wurde ein Ende gesetzt. Trotzdem war es kein Missverständnis, dass in diesem Dokument die Planwirtschaft immer noch als Wesensmerkmal der sozialistischen Wirtschaft zugeschrieben wurde, in der die Wirtschaftsplanung eine Hauptrolle spielte, während die Marktelemente nur als Ergänzungsmittel dienten.

Im Prozess der theoretischen Auseinandersetzungen über die sozialistische Marktwirtschaft war das Jahr 1984 von entscheidender Bedeutung, als das XII. ZK der KP Chinas auf seinem 3. Plenum das programmatische Dokument, den *Beschluss über die Wirtschaftsreformen*, verabschiedete. Darin wurde bekräftigt, dass die sozialistische Wirtschaft Chinas „eine geplante Warenwirtschaft" auf der Grundlage des Gemeineigentums sei. Es wurde betont, dass mit der vollen Entfaltung der Warenwirtschaft, die eine unumgängliche Entwicklungsphase des Sozialismus darstelle, die Grundlage für die wirtschaftliche Modernisierung Chinas gelegt werden könne. Bei der Entwicklung der sozialistischen Wirtschaft waren die ökonomischen Gesetzmäßigkeiten, insbesondere das Wertgesetz zu verfolgen und die Marktmechanismen bewusst einzusetzen. Mittels des theoretischen Ansatzes der „geplanten Warenwirtschaft", für die das Wertgesetz als eine der Gesetzmäßigkeiten der Marktwirtschaft angesehen wurde, wurde die traditionelle Auffassung der Gegenüberstellung von Plan- und Warenwirtschaft überwunden. Diese Auffassung war bahnbrechend für die Weiterentwicklung der sozialistischen Wirtschaftstheorie und leistete einen entscheidenden Beitrag zu theoretischen Auseinandersetzungen über die Zielsetzungen der Wirtschaftsreformen, weshalb Deng Xiaoping diesen Beschluss sehr schätzte. Für ihn sei dieser Beschluss wirtschaftspolitisch gesehen ein gelungener Versuch der Integration der marxistischen Grundprinzipien in die chinesischen Praktiken.[3]

3 Yang, Shengqun (Hrsg.): 邓小平年谱 [Die Chronik Deng Xiaopings]. Central Party Literature Press, 2004, S. 1006.

Danach wurden Wirtschaftsmechanismen rund um die „geplante Warenwirtschaft" erschlossen. 1987 wurde auf dem XIII. Parteitag der KP Chinas die kohärente Einheit von Plan und Markt in der sozialistischen geplanten Warenwirtschaft bekräftigt, in der ein neues Modell des wirtschaftlichen Ablaufs, nämlich „Marktregulierung durch den Staat und Unternehmenslenkung durch den Markt"[4] zur Anwendung kommen sollte, womit sich die Stellung des Marktes im wirtschaftlichen Leben Chinas verbesserte.

Im Anschluss daran ging es bei der lebhaften Diskussion des Forschungskreises hauptsächlich darum, ob Plan oder Markt als grundlegender Mechanismus agieren sollte. Immer mehr Ökonomen gelangten zur Einsicht, dass der Markt nicht lediglich als ergänzendes Mittel funktionieren sollte. Sie glaubten, dass die Marktmechanismen mit der sozialistischen Wirtschaft konform seien. Ohne Marktmechanismen und Wertgesetz könne sich die sozialistische Wirtschaft nicht gut entwickeln. Der Markt decke alle gesellschaftlichen Bereiche und sei an sich kein Supplement der Wirtschaftsplanung.

1992 legte Deng Xiaoping in seinen Reden auf der Inspektionsreise nach Südchina seine Meinung zu Markt und Plan dar. Für ihn „besteht der wesentliche Unterschied zwischen Kapitalismus und Sozialismus nicht darin, ob mehr Plan oder mehr Markt ist. Planwirtschaft bedeutet nicht unbedingt Sozialismus, im Kapitalismus gibt es auch Pläne. Marktwirtschaft bedeutet nicht unbedingt Kapitalismus, im Sozialismus gibt es auch Märkte. Beide sind nur wirtschaftliche Maßnahmen."[5] Mit knappen Worten wurde die Frage, die lange Zeit das Denken der Chinesen einschränkte, erledigt. Zudem wurde die Frage, ob Marktwirtschaft kapitalistisch ist, ein für alle Mal geklärt. Somit konnten sich die Auseinandersetzungen über Markt oder Plan von den ideologischen Fesseln befreien und theoretische Barrieren aus dem Weg geräumt werden, sodass die Konzeption der sozialistischen Marktwirtschaft auf dem XIV. Parteitag der KP Chinas festgelegt werden konnte.

4 Diese Idee wurde von Gui Shiyong (桂世镛), Wang Jiye (王积业) und Li Chengrui (李成瑞) auf der durch die Nationale Planungskommission organisierten „Nationalen Konferenz über die Verwaltung der Makroökonomie" im Oktober 1986 zum ersten Mal vorgebracht.

5 Deng Xiaoping: 邓小平文选 [Ausgewählte Werke von Deng Xiaoping], Band III. China People's Publishing House, 1993, S. 373.

3.2 Kombination von Sozialismus und Marktwirtschaft

Die sozialistische Marktwirtschaft zeichnet sich dadurch aus, dass der Markt unter der Makrosteuerung des Staates eine entscheidende Rolle bei der Ressourcenallokation spielt. Gemäß dem Wertgesetz entwickeln sich Wirtschaftsaktivitäten, die auf das Verhältnis von Angebot und Nachfrage reagieren. Die leistungsstarken Marktsegmente bekommen durch Preis- und Wettbewerbsmechanismen mehr Ressourcen zugeteilt, die Unternehmen fühlen sich unter Druck gesetzt, aber zugleich auch motiviert, da nur die Wettbewerbsfähigen sich behaupten können, während die Marktversager ausgeschieden werden. Außerdem können Produktionen und Nachfragen besser aufeinander abgestimmt werden, indem der Markt auf wirtschaftliche Signale schneller reagiert.

Im sozialistischen Marktwirtschaftssystem vereint sich Sozialismus als fundamentales politisches System mit der marktwirtschaftlichen Ordnung. Es ist sowohl von sozialistischen Grundzügen als auch von Merkmalen einer modernen Marktwirtschaft geprägt. Das sozialistische Gepräge dieses Wirtschaftssystems zeigt sich vor allem darin, dass: (1) sich bezüglich der Eigentumsverhältnisse das Gemeineigentum als Hauptform parallel zu anderen Eigentumsformen entwickelt und (2) bei der Einkommensverteilung neben der Verteilung nach Arbeitsleistungen als Hauptform noch andere Verteilungsformen existieren. Grundsätzlich wird befürwortet, dass in einem ersten Schritt ein Teil der Bevölkerung durch ehrliche Arbeit und legale Wirtschaftstätigkeiten Vermögen erwirbt, um die Einkommensunterschiede auf angemessene Weise zu vergrößern, die Leistungsfähigkeit zu fördern und die soziale Gerechtigkeit aufrechtzuerhalten, ohne dass eine soziale Polarisierung entsteht. Am Ende soll dann letztendlich das Ziel des gemeinsamen Wohlstandes verwirklicht werden. Die moderne Marktwirtschaft hat folgende Hauptmerkmale: (1) Der Markt spielt eine entscheidende Rolle bei der Ressourcenallokation. (2) Preise, Angebot-Nachfrage-Verhältnisse, Wettbewerb u. a. Marktmechanismen werden bewusst eingesetzt. (3) Auf der mikroökonomischen Ebene sind Unternehmen selbstständige Marktakteure und Rechtspersonen. (4) Auf der makroökonomischen Ebene ergreift der Staat notwendige wirtschaftliche und rechtliche Maßnahmen, um die Wirtschaftsaktivitäten zu steuern. Durch die bewusste Kombination von Sozialismus und Marktwirtschaft kann auf der einen Seite die Überlegenheit des sozialistischen Systems zur vollen Geltung gebracht und auf der anderen Seite die fördernde

Funktion der Marktwirtschaft für die Entwicklung der Produktivität voll ausgeschöpft werden.

Die Zielsetzung des Aufbaus der sozialistischen Marktwirtschaft liegt in der Natur der Marktwirtschaft begründet, die sich in dreierlei Hinsicht von der traditionellen Planwirtschaft unterscheidet.

Erstens sorgt die Marktwirtschaft für starke Anreize. Die primitive Antriebskraft für wirtschaftliches Handeln bildet die Motivation, Vorteile zu gewinnen und Nachteile zu vermeiden. Das traditionelle Konzept der Planwirtschaft ging von der Annahme aus, dass die „ganze Gesellschaft ein großer Betrieb" sei, in dem die materiellen Interessen der Einzelnen eliminiert wurden. Da die Marktmechanismen völlig außer Kraft gesetzt worden waren und die Unternehmen nur nach staatlichen Planvorgaben produzieren und bewirtschaften durften, fehlten ihnen grundsätzlich die Anreize. Im Gegensatz dazu werden in der Marktwirtschaft durch Gewinnstreben der Marktakteure und durch Preis- und Wettbewerbsmechanismus starke Anreize für das persönliche Engagement zum wirtschaftlichen Aufbau geschaffen.

Zweitens sorgt die Marktwirtschaft für eine effiziente Informationsübertragung. Zugängliche, leicht übertragbare Informationen gelten als wichtige Voraussetzungen für den reibungslosen Verlauf der Wirtschaftstätigkeiten, aber in der Planwirtschaft existiert ein vertikaler Informationskanal der Weiterleitung der Planvorgaben von oben nach unten. Mit den vielen Übertragungsgliedern entstehen Probleme wie langsames Feedback, hohe Kosten und schwerwiegende Informationsverzerrung. Hingegen findet in der Marktwirtschaft eine horizontale Informationsübermittlung unter den einzelnen Wirtschaftssubjekten statt. Der Kommunikationskanal ist breit und der Weg ist relativ kurz. Außerdem agieren die Marktpreise als „Konjunkturbarometer". Mithilfe der Preissignale und anderer wichtiger Informationen sind Unternehmen entscheidungsfähig, ohne umfangreiche Informationen besitzen zu müssen. Insgesamt können die Informationen in der Marktwirtschaft schnell, wahrheitsgemäß, ohne Verzögerung und zu niedrigen Kosten weitergeleitet werden.

Drittens fördert die Marktwirtschaft den Verkehr der Produktionsfaktoren. In der Planwirtschaft sind die Produktionsfaktoren träge und können sich nicht dem realen Bedarf entsprechend frei bewegen. Im Rahmen dieser starren Struktur sind Komplementär- und Austauschmöglichkeiten der Produktionsfaktoren beinahe ausgeschlossen, was zur beträchtlichen Kluft zwischen der nominellen Gesamtmenge und der tatsächlich wirksamen Menge der Produktionsfaktoren führen kann. In der Marktwirtschaft existiert allerdings ein kontinuierlicher Bewegungsstrom der Produktionsfaktoren unter Unternehmen, Sektoren und Regionen, angetrieben durch das Gewinnstreben der Marktteilnehmenden und durch den Wettbewerbsdruck. Somit können die Lücken der gesellschaftlichen Nachfrage geschlossen und die ungenutzten Ressourcen genutzt werden, wodurch die Effizienz der Ressourcennutzung maximiert wird.

3.3 Ganzheitliche Förderung der Reformen

Mit der Zielsetzung der sozialistischen Marktwirtschaft wurde die entscheidende Rolle des Marktes bei der Ressourcenallokation unter der Makrosteuerung des Staates bekräftigt. Demnach sollte dem Markt mehr Spielraum gewährt werden. In diesem Zusammenhang wurden marktorientierte Reformen hinsichtlich der mikroökonomischen Basis, des Marktsystems, der staatlichen Verwaltung, des Systems der Einkommensverteilung und des Sozialabsicherungssystems weiter gefördert. Auf der Grundlage der Reformen der Eigentümerstrukturen, Umstrukturierung der Staatsunternehmen, Agrar- und Preisreformen wurden die Reformmaßnahmen auf andere Felder ausgeweitet, wobei der Schwerpunkt auf der koordinierten, systematischen Gestaltung der Reformen in den verschiedenen Bereichen lag.

3.3.1 Von der Entwicklung der Warenmärkte bis zur Förderung der Faktormärkte

3.3.1.1 Reformen der Kapitalmärkte

Als Erstes ist die Entwicklung der Kapitalmärkte zu nennen. 1981 durften Staatsanleihen wieder emittiert werden und 1988 wurde der Handel mit Staatsanleihen im Besitz der Privatpersonen aufgenommen. Seitdem entwickelt sich der chinesische Kapitalmarkt von einem eindimensionalen Emissionsmarkt für Staatsanleihen zu einem nationalen System von Kapitalmärkten für Aktien, Schuldverschreibungen und andere Formen von Wertpapieren, die sowohl an der Börse als auch außerhalb der Börse gehandelt werden können. Mit der Gründung des Markts für KMUs 2004, des ChiNext Market 2009, des National Equities Exchange and Quotations (NEEQ) als nationale Handelsplattform für OTC-Handel (bekannt als „neuer dritter Markt") und regionaler Märkte für Aktienhandel („vierter Markt") 2013 gewann ein Mehrebenen-Kapitalmarktsystem an Kontur. Der Aktienmarkt als Beispiel: Seit der Gründung der Börse Shanghai (SSE) 1990 und der Börse Shenzhen (SZSE) 1991 vergrößert sich der Aktienmarkt ständig. Von 1992 bis Ende September 2021 stieg die Anzahl der gelisteten

Unternehmen (A- und B-Aktien) von 53 auf 4506. Die Marktkapitalisierung erhöhte sich dementsprechend von 108,4 Milliarden CNY auf 86,7 Billionen CNY. Im Mai 2005 wurde der Reformprozess zur Eliminierung der Unterschiede zwischen handelbaren und nicht-handelbaren Aktien eingeleitet. 1.298 gelistete Unternehmen an der SSE und SZSE, die 98% aller gelisteten reformbedürftigen Unternehmen ausmachten, schlossen bis Jahresende 2007 diesen Prozess ab bzw. befanden sich noch auf dem Reformweg. Somit trat der Aktienmarkt in eine neue Entwicklungsphase ein.

Zweitens sind marktorientierte Reformen der Zinssätze zu erwähnen. Seit Mitte der 1990er Jahre wird dieser Prozess stetig vorangetrieben. Die konzeptuelle Idee war, zuerst die Zinssätze für Geld- und Anleihemärkte und dann für Einlagen und Kredite zu vermarktlichen. Zurzeit sind die Ziele – Vermarktlichung der Zinssätze für Geldmärkte (Interbanken-Angebotssätze, Diskontsätze, Rediskontsätze u. a.), für Anleihemärkte (Staatsanleihen, Bankanleihen, Unternehmensanleihen u. a.) und für Devisenmärkte – im Großen und Ganzen verwirklicht. Die Kontrollen über die variablen Kreditzinssätze wurden Mitte 2012 zweimal hintereinander gelockert und im Juli 2013 wurde die untere Grenze für Bankkredite (das 0,7-Fache des üblichen Kreditzinssatzes) mit Ausnahmen von Kreditgewährung für privaten Wohnungskauf abgeschafft, was auf die weitgehende Lockerung der Regulierung der Kreditzinssätze und auf mehr Preisbildungsspielraum für chinesische Kreditinstitute verwies. Für Depositenzinsen gab es eine obere Kontrollgrenze, aber durch Instrumente wie die Treuhandverwaltung von Vermögenswerten, Vertragseinlagen und Ausschreibungen für die Einlagen der Staatskasse wurden die Kontrollen de facto gelockert. Ein bahnbrechender Versuch wurde Mitte 2012 unternommen, indem die Banken ihre Zinssätze für Einlagen auf das 1,1-Fache des Leitzinssatzes erhöhen durften. Im November 2014 wurde der Spielraum der Kreditinstitute ein weiteres Mal vergrößert: Statt des 1,1-Fachen des Leitzinssatzes wurde das 1,2-Fache des Leitzinssatzes erlaubt. Im März und Mai 2015 durften die Banken ihre Zinssätze für Einlagen jeweils auf das 1,3- und 1,5-Fache des Leitzinssatzes erhöhen. Im Oktober desselben Jahres wurde die obere Grenze der Zinsen für Geschäftsbanken und für partnerschaftliche Kreditinstitute in ländlichen Gebieten abgeschafft. Formell gab es keine Kontrollen mehr über die Zinssätze.

Drittens ist die marktorientierte Entwicklung des Devisenkurses zu nennen. Anfang 1981 wurde das zweigleisige System für die Umrechnung von Fremdwährung eingeführt. Neben dem offiziellen festen Wechselkurs gab es noch einen internen Abrechnungspreis, mittel dessen das überbewertete Wechselkursniveau teilweise korrigiert werden sollte. Mit dem erhöhten Anteil der einbehaltenen Deviseneinnahmen wurden ab 1985 an vielen Orten Chinas Handelszentren für Fremdwährung gegründet, sodass sich neben dem offiziellen Wechselkurs lokale Umtauschkurse für Devisenhandel herausbildeten. Im Rahmen dieses zweigleisigen Systems konnten die Marktwechselkurse, die nach Angebot und Nachfrage auf dem Devisenmarkt gerichtet waren, allmählich Einfluss auf den offiziellen Wechselkurs üben. Die Marktkräfte kamen somit bei der Bildung des chinesischen Währungskurses immer mehr zum Tragen. Bis Ende 1993 wurde die Allokation von 80% der Fremdwährung durch Handelszentren für Fremdwährung realisiert. Am 1. Januar 1994 schnitt ein Reformschritt in das Devisenverwaltungssystem ein: Die Zurückbehaltung und Abführung der Devisen wurden abgeschafft und alle Devisengeschäfte wurden durch Devisenbanken abgewickelt. Somit entstand ein nationaler einheitlicher Devisenmarkt. Der offizielle Wechselkurs und inoffizielle Wechselkurse der Handelszentren für Fremdwährung gingen in ein einheitliches, marktorientiertes System des kontrollierten Floatings über. Die Marktkräfte kamen bei der Devisenallokation ins Spiel.

3.3.1.2 Marktorientierte Reformen der Arbeitsmärkte

Von Anfang an erlebten die Arbeitsmärkte in China eine rasante Entwicklung, die mit der Umstrukturierung der Eigentumsstrukturen, der schnellen Entwicklung der nicht im Gemeineigentum stehenden Wirtschaft, der Reformen des Beschäftigungssystems und dem graduellen Abbau der Barrieren für die Mobilität und Einstellung der von der Landwirtschaft freigesetzten Arbeitskräfte einherging. Die gängige Struktur der völligen Abtrennung der Stadt- und Landbevölkerung, die in der traditionellen Planwirtschaft keine Umzug- und Abwanderungsmöglichkeiten hatte, wurde ein für alle Mal aufgehoben. Die politischen Rahmenbedingungen für Beschäftigungsmöglichkeiten der freigesetzten Arbeitskräfte aus ländlichen Regionen und für die Neuanmeldungen der einst nicht in Städten registrierten Einwohner verbesserten sich ständig. Seit den 1990er Jahren steigt die Zahl der ländlichen Arbeitssuchenden in Städten jährlich um ein paar Millionen: Die Beschäftigung außerhalb ihres ständigen Wohnsitzes wird de facto einer der wichtigsten Wege der Binnenmigration der freigesetzten ländlichen Arbeitskräfte (Im Nettoeinkommen der Landbevölkerung pro Kopf erhöhte sich der Anteil der Löhne und Gehälter von 20,2% um 23,3% auf 43,5% zwischen 1990 und 2013). Schätzungsweise kam ein Drittel aller Industriearbeiter aus ländlichen Regionen. Obwohl das vorhandene System der Haushaltsregistrierung (kurz: Huji-System) noch gewisse Hindernisse bereitet und die Inanspruchnahme von Sozialleistungen noch unterschiedlich gestaltet ist, ist eine kontinuierliche Vertiefung der integrativen Entwicklung der städtischen und ländlichen Arbeitsmärkte in Sicht.

In diesem Prozess kam es allmählich zur Bildung eines Marktpreises für Arbeitsleistung. Zu Anfang wurden Reformmaßnahmen ergriffen, um die einheitlich organisierte, administrative Zuweisung der Arbeitsressourcen zu restrukturieren. Die Bereiche, in denen die Verteilung der Arbeitskräfte durch den Markt erfolgte, wurden Schritt für Schritt erweitertet. Für den nicht im Staatseigentum, insbesondere nicht im Gemeineigentum befindlichen Teil der Ökonomie, der außerhalb des traditionellen Systems herangewachsen war, galt von Anfang an das Marktprinzip bei der Allokation der verfügbaren Arbeitskräfte. Die durch Angebot und Nachfrage auf dem Arbeitsmarkt bestimmten Preise der Arbeitskräfte (Löhne und Gehälter) wurden dann vom Staatssektor als Bezugsgröße für die Festlegung seiner Preispolitik herangezogen. Zugleich wurde ab 1980 mit dem Arbeitsvertragssystem im Staatssektor experimentiert. 1986 wurden *Vorläufige Vorschriften über das Arbeitsvertragssystem in Staatsunternehmen* verabschiedet, die eine vertragliche Beschäftigung neuer Arbeitskräfte vorsahen. Dieser Schritt deutete darauf hin, dass bei der Allokation der verfügbaren Arbeitskräfte das zweigleisige System zum Tragen kam. Nachdem das *Arbeitsgesetz* 1995 in Kraft gesetzt und andere einschlägige gesetzliche Regelungen verabschiedet worden waren, wurde die vertragliche Beschäftigung auf alle Erwerbstätigen im Staatssektor übertragen. Somit wurde die Zusammenführung der beiden Gleise bei der Anordnung der verfügbaren Arbeitskräfte weitgehend verwirklicht. Die Angebots- und Nachfrageseite konnten auf der vertraglichen Grundlage eigenständig Entscheidungen treffen. Löhne und Gehälter der Beschäftigten standen nicht mehr unter Kontrolle der staatlichen Planvorgaben, sondern wurden durch Unternehmen und Arbeiter im Rahmen der staatlichen lohnpolitischen Orientierungswerte selbstständig festgelegt.

3.3.1.3 Marktorientierte Reformen der Bodenmärkte

Zuerst mussten die Bodenressourcen als Handelswaren anerkannt und das System der entgeltlichen Nutzung des Bodens umgesetzt werden. Im 1986 verabschiedeten *Bodenverwaltungsgesetz* waren zwei Landnutzungsmodelle vorgesehen: administrativer Transfer und entgeltlicher Erwerb. Als Nächstes wurde das öffentliche Handelssystem der Bodennutzungsrechte zu Marktpreisen eingeführt. Das System der Ausschreibung und Versteigerung der Nutzungsrechte des staatseigenen Bodens wurde 1987 zum ersten Mal umgesetzt. 1990 wurden *Vorläufige Vorschriften über Veräußerung und Übertragung der Nutzungsrechte des staatseigenen Bodens in städtischen Gebieten* bekannt gegeben. Demgemäß standen dafür drei Optionen, und zwar Vereinbarungen, Ausschreibungen und Versteigerungen, zur Wahl. Seit Mitte der 1990er Jahre wurde die Entwicklung der Bodenmärkte beschleunigt gefördert, mit dem Ziel, in einem größeren Umfang die Preisbildung der Bodennutzung durch Marktmechanismen zu etablieren. Im Jahr 1999 wurde das System der Ausschreibung, Versteigerung und Preisnotierung (AVP) für den staatseigenen Boden in den Provinzen Guangdong, Zhejiang und Jiangsu aufgestellt, 2002 traten die *Regelungen über Veräußerung der Nutzungsrechte des staatseigenen Bodens durch Ausschreibung, Versteigerung und Preisnotierung* in Kraft. Im Jahr 2004 wurde in der *Mitteilung über die fortgesetzte Überwachung des Gesetzesvollzugs hinsichtlich der Ausschreibung, Versteigerung und Preisnotierung der Nutzungsrechte des staatseigenen Bodens zum erwerbswirtschaftlichen Zweck* ausdrücklich formuliert, dass „die Nutzungsrechte des gesamten staatseigenen Bodens zum erwerbswirtschaftlichen Zweck durch AVP veräußert werden müssen". Damit etablierte sich landesweit das System der Veräußerung der Nutzungsrechte des staatseigenen Bodens durch AVP. 2006 wurde die Bodennutzung für industrielle Zwecke in das System aufgenommen. Daran lässt sich erkennen, dass sich die Preisreformen der Bodenressourcen kontinuierlich vertieft haben: von fehlenden Preisen bis zur Preisfindung, von der marktwidrigen Preisbildung durch Transfer und Vereinbarung bis zur Vermarktlichung der Bodennutzung durch öffentliche Ausschreibung und Versteigerung. Der Anteil des veräußerten Bodens durch AVP am gesamten veräußerten staatseigenen Boden erfuhr dadurch eine kontinuierliche Zunahme: 2015 belief er sich auf 92,3%. Darüber hinaus wurde die Landübertragung in den späten 1990er Jahren in ländlichen Gebieten eingeleitet. Chinesische Bauern haben in der Praxis mit mehreren neuen Modellen wie Untervergabe, Übertragung der Nutzungsrechte, Verpachtung (einschließlich Rückpacht durch Vertragsabschluss mit dem Dorfkomitee), Tausch der Grundstücke und Beteiligung mit Bodennutzungsrechten experimentiert. Mit der Zeit entstand der Markt für den freien Verkehr der Bodennutzungsrechte in ländlichen Gebieten und dementsprechend etablierte sich das System der „Trennung dreier Rechte" (三权分置), nämlich Trennung der Eigentums-, Vertrags- und Bewirtschaftungsrechte von landwirtschaftlichem Boden. Laut statistischen Angaben des Ministeriums für Landwirtschaft betrugen Ende Juni 2021 die im Umlauf befindlichen vertragsgebundenen Nutzflächen 380 Mio. Mu (亩, ein chinesisches Flächenmaß, entspricht ca. 667 qm oder 0,067 ha), was etwa 25,5 Mio. ha entspricht – ca. 28,8% der gesamten vertragsgebundenen Nutzflächen.

3.3.2 Von der Mikroebene bis zur Makroebene

Nachdem die Reformmaßnahmen auf der Mikroebene gewünschte Effekte erzielt hatten, fielen die Restriktionen auf der Makroebene besonders auf. Diese zeigten sich vor allem in der Verzerrung der makropolitischen Signale, auf die die marktfähigen Wirtschaftssubjekte nicht rational reagieren konnten. Vor diesem Hintergrund mussten die beschleunigten Reformen der Makroebene auf die Tagesordnung gesetzt werden. Ziel war es, die makropolitische Signalverzerrung zu berichtigen, sodass das makropolitische Umfeld mit Marktmechanismen und Reformen des mikroökonomischen Bewirtschaftungssystems übereinstimmt. Ein anderer Schwerpunkt lag in der Umgestaltung des makroökonomischen Verwaltungssystems der Regierung. Um das Ziel des Aufbaus der sozialistischen Marktwirtschaft zu verwirklichen, wurden viele Untersuchungen zum Aufbau und zur Vervollständigung der Makrosteuerung durchgeführt. In diesem Prozess wurde das Makrosteuerungssystem mit ökonomischen Hebeln als Hauptkontrollmaßnahmen errichtet und die direkte administrative Verwaltung wurde schrittweise durch die indirekte Verwaltung ersetzt.

3.3.2.1 Reformen des Fiskal- und Steuersystems

Mit Reformen des Fiskal- und Steuersystems sind vor allem eine Umstrukturierung der finanzpolitischen Macht zwischen Zentralregierung und lokalen Verwaltungen sowie Umstrukturierung des Steuer- und Haushaltssystems gemeint. Die Neugestaltung der Finanzbeziehungen aller Verwaltungsebenen, die als Kernaufgaben der Reformen des Fiskal- und Steuersystems galten, durchlief drei Phasen:

Die erste Phase begann Anfang der 1980er Jahre, als die Zentralregierung die finanziellen Befugnisse dezentralisierte und die Fiskalpolitik der pauschalen Verantwortung für das festgesetzte Budget betrieb. Diesem Prinzip zufolge wurden im Vorhinein die Kategorien der Einnahmen und Ausgaben, die im Jahresbudget der Zentralregierung und der Lokalverwaltungen enthalten sein sollten und die Bemessungsgrundlage für die Lokalverwaltungen festgelegt. Im finanzpolitisch zulässigen Rahmen kamen die Lokalverwaltungen für ihre Einnahmen und Ausgaben auf und versuchten, einen Haushaltsausgleich zu erzielen. Die Dezentralisierung der finanziellen Befugnisse trug dazu bei, dass die lokalen Regierungen motiviert waren, für die Finanzeinnahmen zu sorgen und die Einnahmequellen durch die Wirtschaftsförderung zu vermehren. Negativ war, dass der Anteil der staatlichen Finanzeinnahmen am Bruttoinlandsprodukt (BIP) und der Anteil der zentralen Finanzeinnahmen an nationalen Gesamteinahmen sanken, wodurch die staatliche finanzpolitische Funktion aufgrund mangelnder Finanzmittel geschwächt wurde. Noch schlimmer war, dass durch die geschwächte Steuerungsfunktion der Zentralregierung die Möglichkeit des wirtschaftlichen Separatismus eröffnet wurde.

In der zweiten Phase wurde mit der Neuregelung der Steuererhebung 1994 ein großer Fortschritt zum Aufbau der sozialistischen Marktwirtschaft erzielt. In diesem Jahr trat das Steuererhebungssystem mit getrennten Kompetenzen der zentralen und lokalen Behörden in Kraft: Je nach administrativen Kompetenzen wurden die Ausgaben der Zentralregierung und lokalen Regierungen festgesetzt. Nach dem Prinzip, dass die Finanzstärke mit den administrativen Kompetenzen übereinstimmen sollte, wurden die Steuern in „zentrale Steuern" (中央税), „lokale Steuern" (地方税) und „Gemeinschaftssteuern" (中央地方共享税) eingeteilt. Dementsprechend wurden zwei Systeme zur Steuererhebung und -verwaltung errichtet. Die Steuerrückerstattungssumme an die lokalen Regierungen mit einer jährlichen progressiven Zunahme wurde auf der Basis der lokalen Einnahmen 1993 festgelegt. Außerdem wurde ein offizielles System über den Finanztransfer der Zentralregierung an Lokalverwaltungen aufgestellt. Durch die Neuorganisation 1994 wurde der angepasste Rahmen für das Finanz- und Steuersystem gemäß den Anforderungen der sozialistischen Marktwirtschaft gesetzt. Die Finanzkraft der Regierungen, insbesondere der Zentralregierung wurde damit gestärkt. Aber es gab auch Probleme, hauptsächlich in dreierlei Hinsicht: Erstens wanderte für die Lokalverwaltungen die Finanzstärke nach oben, während die Zuständigkeiten nach unten verlagert wurde, sodass das Problem, dass die Aufteilung der Finanzstärke nicht der Verteilung der administrativen Aufgaben zwischen der zentralen und lokalen Ebene entsprach, immer deutlicher wurde. Zweitens führte die Schwächung der lokalen öffentlichen Verwaltungen zu einem unzureichenden Angebot an öffentlichen Basisdienstleistungen. Drittens mangelte es der Politik an Objektivität und Unparteilichkeit, da die Regeln für Transferzahlungen unklar waren.

Die dritte Phase begann Ende der 1990er Jahre, als neue Reformmaßnahmen ergriffen wurden, um ein öffentliches Finanzsystem zur Bereitstellung angeglichener öffentlicher Basisdienstleistungen aufzubauen. Dementsprechend wurden die Ausgaben für allgemeine Bildungspflicht, öffentliche Gesundheit mit medizinischer Grundversorgung, Sozialsicherung u. a. grundlegende öffentliche Dienstleistungen erhöht und der Prozess der fiskalpolitischen Abdeckung der ländlichen Bevölkerung wurde beschleunigt: Sämtliche Ausgaben für die allgemeine Bildungspflicht auf dem Land wurden durch öffentliche Gelder bestritten und das soziale Sicherungssystem in ländlichen Gebieten wurde ausgebaut. Da es bei der Verteilung der administrativen Aufgaben aller Regierungsebenen darum geht, öffentliche Bedürfnisse zu befriedigen, gelten die aktuellen Reformen der öffentlichen Finanzen als Vertiefung des Steuererhebungssystems mit getrennten Kompetenzen der zentralen und lokalen Behörden.

Zu den fiskalpolitischen Reformmaßnahmen gehörten u. a. noch: (1) Um die Steuerbelastung fair zu gestalten und ein schlankeres Steuersystem zu schaffen, wurde 1994 das Umsatzsteuersystem mit Mehrwertsteuer als Hauptform und Verbrauchs- und Gewerbesteuer als ergänzende Formen aufgebaut. Seit ein paar Jahren werden die Forschungen zur Umstrukturierung des Steuersystems vertieft. Im Fokus stehen unter anderem die Umgestaltung der Mehrwertsteuer vom Produkt-Typ zum Konsum-Typ, die Erweiterung der Mehrwertsteuer, Vereinheitlichung der Körperschaftssteuer für chinesische und ausländische Unternehmen in China, Vervollständigung der Ressourcensteuer, Umgestaltung der Steuer auf Mineralölerzeugnisse und versuchsweise Einführung der Immobiliensteuer. (2) Bezüglich des Haushaltssystems wurden mehrere Reformmaßnahmen getroffen: Haushaltsreform der Dienststellen, das zentrale Zahlungssystem der Staatskasse, Reform des öffentlichen Beschaffungswesens und Reform des getrennnten Verwaltungssystems der Einnahmen und Ausgaben. Die Doppik wurde in den öffentlichen Haushalt, Haushalt des Staatsfonds, des Staatsvermögens und des Sozialversicherungsfonds eingeführt.

3.3.2.2 Reformen des Finanzsystems

Die Reorganisierung der Finanzinstitute, Umstrukturierung des Finanzmarktes und Restrukturierung der staatlichen Makrosteuerung des Finanzwesens (einschließlich der Neuordnung des staatlichen Finanzaufsichtssystems und des Verwaltungssystems des staatlichen Finanzvermögens) sind wichtige Teilgebiete der chinesischen Reformen des Finanzsystems. Spricht man von der Restrukturierung der staatlichen Makrosteuerung des Finanzwesens, sind Reformmaßnahmen auf drei Ebenen zu nennen, die mit der sozialistischen Marktwirtschaft konform sind und Beiträge zum Aufbau und zur Vervollständigung der indirekten Steuerung des Finanzwesens leisten.

Als Träger der Steuerung des Finanzwesens agiert die Chinesische Volksbank (中国人民银行, People's Bank of China, PBOC), die die Zentralbankfunktion auszuüben hat und deren Aufgabenschwerpunkt darin liegt, das nationale Finanzwesen zu überwachen. Durch die Neuorganisation der Zentralbank wurde die geldpolitische Autorität der PBOC gestärkt: Die einstigen Zweigstellen der PBOC auf Provinzebene wurden 1998 auf wenige Filialen reduziert, die jeweils für ein größeres Gebiet zuständig sind, in dem Provinzgrenzen überschritten werden. Außerdem wurde die PBOC 1992, 1998 und 2003 jeweils von ihren Aufsichtsaufgaben bezüglich Versicherungsunternehmen, Wertpapiergesellschaften und Kreditinstituten entlastet, damit sie sich als Zentralbank auf ihre monetäre Funktion konzentrieren und ihre Unabhängigkeit verbessern konnte. Eine klare Trennung zwischen geldpolitischen Aufgaben und finanzpolitischen Aufsichtsaufgaben, insbesondere der Bankenaufsicht wurde damit realisiert.

In Bezug auf die Gegenstände der finanzpolitischen Steuerung vollzog sich die Trennung zwischen politisch gelenkten und kommerziellen Bankgeschäften: Wirtschaftspolitische Banken (sog. Policy banks) wurden gegründet, Spezialbanken wurden zu staatlichen Geschäftsbanken, Geschäftsbanken auf Aktien, regionale Geschäftsbanken sowie verschiedene Nichtbanken wurden und werden gefördert. In den letzten Jahren wurden die Reformen in staatseigenen Geschäftsbanken weiter vertieft: Die vier großen staatlichen Geschäftsbanken, nämlich Industrial and Commercial Bank of China (中国工商银行, ICBC), Agricultural Bank of China (中国农业银行, ABC), Bank of China (中国银行, BOC) und China Construction Bank (中国建设银行, CCB) erwarben alle den rechtlichen Status einer Aktiengesellschaft. Auch die Umstrukturierung wirtschaftspolitischer Banken wurde vorangetrieben: Aus der China Development Bank (国家开发银行, CBD) – einer der drei wirtschaftspolitischen Banken – wurde eine Geschäftsbank. Darüber hinaus wurden innovative Finanzinstitutionen gefördert: Neue Kreditinstitute in ländlichen Regionen und Gesellschaften für Kleinkredite sowie das Online-Banking als neue Organisationsform und Finanzgeschäftsmodell entwickeln sich ständig.

Was Steuerungsinstrumente betrifft, kommen immer mehr geldpolitische Instrumente wie Mindestreservesätze, Leitzinssätze und Offenmarktgeschäfte statt der Kreditvolumensteuerung zur Anwendung. Um die Marktmechanismen des Finanzsektors zu verbessern, wurde 1998 die Obergrenze für die Kreditvergabe der staatlichen Geschäftsbanken abgeschafft. Später wurde das Zwei-Konten-Modell der Kreditinstitute – eines für die Mindestreserven und eines für die Überschussreserven – durch ein Konto ersetzt. Die geldpolitischen Instrumente wurden vervielfältigt: Beispielsweise wurden durch die Zentralbank Wertpapiere emittiert, um die Emission der Basiswährung durch die vermehrten Reserven in ausländischer Währung abzudecken, womit ein operativer Rahmen für die Offenmarktgeschäfte chinesischer Prägung geschaffen wurde. Darüber hinaus entwarf die Zentralbank eine Reihe von zielgerichteten geldpolitischen Instrumenten und setzte diese daraufhin um: Anfang 2013 wurde der Regelbetrieb der Offenmarktgeschäfte durch zwei weitere Instrumente zur Steuerung von kurzfristigen Zinssätzen, nämlich kurzfristige Liquiditätssteuerungsoperationen

(Short-term Liquidity Operations, SLO) und ständige Darlehensfazilität (Standing Lending Facility, SLF) ergänzt. Mitte 2014 wurden verpfändete Zusatzkredite (Pledged Supplementary Lending, PSL) und mittelfristige Darlehensfazilität (Medium-term Lending Facility, MLF) als Instrumente zur Steuerung der mittelfristigen Zinssätze versuchsweise eingeführt.

Durch die oben genannten Maßnahmen wird ein Steuerungsrahmen für das Finanzwesen geschaffen, der den Anforderungen der sozialistischen Marktwirtschaft in weiten Teilen gerecht wird.

3.3.3 Fokusverschiebung: Von der Leistungsorientierung hin zur Gerechtigkeit

Die Beziehung zwischen Gerechtigkeit und Leistungsfähigkeit ist sowohl ein zentraler Forschungsgegenstand der Wirtschaftstheorien als auch eine Kernfrage der Reformpraxis. Seit der Einführung der Reform- und Öffnungspolitik gewinnt man mit der Reformpraxis neue theoretische Erkenntnisse und versucht, angepasste Grundlinien zur Regelung dieser Beziehung anzuwenden.

In der ersten Phase wurde das Gewicht vor allem darauf gelegt, Missstände des Egalitarismus zu beheben, weshalb „unter der Berücksichtigung der Gerechtigkeit die Leistungsfähigkeit oberste Priorität hat".

Die Fehlleistungen des traditionellen chinesischen Systems lagen darin begründet, zugunsten der Gerechtigkeit die Leistungsfähigkeit vernachlässigt zu haben, da man unter dem Begriff „Gerechtigkeit" eine gleichmäßige Einkommensverteilung verstand. Nach der Abschätzung der Weltbank lag der Gini-Koeffizient in chinesischen Städten 1980 bei 0,16[6], der auf einen ziemlich hohen Grad der Gleichverteilung hindeutete. Aufgrund dieses scheinbar egalitären Einkommensverteilungssystems wurden die Differenzen zwischen den einzelnen Akteuren eliminiert, was dazu führte, dass die Beiträge der Produktionsfaktoren (insbesondere der Arbeitskräfte) nicht entsprechend belohnt wurden. Diese Ungerechtigkeit beeinträchtigte bis zu einem gewissen Grad die ökonomische Dynamik und Potenz, sodass die Effizienz gering blieb.

Angesichts der Tatsache, dass der Egalitarismus im Rahmen des traditionellen Systems die Leistungsfähigkeit stark beeinträchtigte, unterlag die Beziehung zwischen Gerechtigkeit und Leistungsfähigkeit einer kritischen Selbstprüfung.

6 Hier zitiert nach Zhang Zhuoyuan (Hrsg.): 论争与发展：中国经济理论50年 [Debatte und Entwicklung: 50 Jahre der Wirtschaftslehre Chinas]. Yunnan People's Publishing House, 1999.

Im auf dem 3. Plenum des XII. ZK der KP Chinas verabschiedeten *Beschluss über die Wirtschaftsreformen* wurde auf die seit Langem vorhandenen theoretischen Fehldeutungen über Egalitarismus und gleichzeitigen Wohlstand sowie auf die inhärente Logik der „vorzeitigen Wohlhabenheit" und des „gemeinsamen Wohlstandes" eingegangen. Darin steht: „Der Sozialismus soll die schrittweise Erhöhung des materiellen und kulturellen Lebensniveaus der gesellschaftlichen Mitglieder gewährleisten, um am Ende das Ziel des gemeinsamen Wohlstandes zu erreichen. Aber der gemeinsame Wohlstand ist keinesfalls mit der absoluten Gleichheit gleichzusetzen. Er bedeutet auch nicht, dass alle Mitglieder zur gleichen Zeit und mit gleicher Geschwindigkeit reich werden. Wenn der gemeinsame Wohlstand als absolute Gleichheit und gleichzeitiger Wohlstand definiert würde, könnte er nie erreicht werden. Vielmehr würde es zwangsläufig zur gemeinsamen Armut führen. Nur wenn Regionen, Unternehmen und Menschen erlaubt ist, durch fleißige Arbeit zuerst reich zu werden, können sie als ermutigende Beispiele eine starke Sogwirkung auf die großen Massen ausüben, sodass immer mehr Menschen hintereinander reich werden."

Diese explizite Aussage war der Anstoß zur Loslösung von alten Auffassungen. Um die Missstände durch Egalitarismus und „gleichberechtigen Zugriff auf den großen Topf" ohne Berücksichtigung der erbrachten Leistungen zu beseitigen, wurde bei der Neubestimmung der Beziehung zwischen Gerechtigkeit und Leistungsfähigkeit das Hauptaugenmerk auf die Erhöhung der Effizienz und Verbesserung der Leistungen der Einsatzfaktoren, insbesondere der Arbeitskräfte gelegt. Die Verteilung richtete sich nach den Beiträgen der Produktionsfaktoren im Wertschöpfungsprozess (Zu Anfang waren mit dem Produktionsfaktor ausschließlich Arbeitskräfte gemeint, und mit der Vertiefung des Reform- und Öffnungsprozesses vollzog sich eine Veränderung der ökonomischen Strukturen, insbesondere der Eigentümerstrukturen. Dementsprechend wurden das Sachkapital sowie Technologien, Management und andere Faktoren, die mit dem Humankapital zusammenhängen, auch einbezogen.), um ihre Eigeninitiative und schöpferische Kraft zu stimulieren, das Volksvermögen zu vermehren und die Gerechtigkeit auf einem höheren Niveau zu erreichen. Auf dem XIII. Parteitag der KP Chinas wurde die Beziehung zwischen den beiden zum ersten Mal wie folgt formuliert: „Unter der Voraussetzung der Effizienzsteigerung soll die soziale Gerechtigkeit verwirklicht werden". Im *Beschluss über einige Fragen hinsichtlich des Aufbaus der sozialistischen Marktwirtschaft*, der auf dem 3. Plenum des XIV. ZK der KP Chinas verabschiedet wurde, wurde das Prinzip, dass „unter der Berücksichtigung der Gerechtigkeit die Leistungsfähigkeit oberste Priorität hat", festgeschrieben. Auf dem XV. Parteitag der KP Chinas wurde das Prinzip wiederholt bekräftigt.

Dank dieses Prinzips wurden die Schranken des Egalitarismus größtenteils durchgebrochen. Die gesellschaftliche Dynamik wurde freigesetzt und die Produktivität erhöhte sich. Das Volksvermögen vermehrte sich rasant, wovon man als Individuum profitierte: Das absolute Einkommen erlebte ein schnelles Wachstum und die Sozialleistungen verbesserten sich.

In der zweiten Phase stand aber die „soziale Gerechtigkeit" im Vordergrund, da sich die Schere des Realeinkommens ständig vergrößert hat.

Da in der ersten Phase zu viel Gewicht auf Effizienzsteigerung und Mehrung des Wirtschaftsvolumens gelegt wurde, wurde dabei die Gerechtigkeit, besonders die gerechte Einkommensverteilung außer Acht gelassen, was unvermeidlich zur Vergrößerung der Einkommensschere führte. Auffallend waren nicht nur die Einkommenskluft zwischen städtischen und ländlichen Gebieten und die regionale Entwicklungsdisparität, sondern das Einkommensgefälle zwischen verschiedenen Sektoren, Eigentümerstrukturen und sozialen Gruppen war auch offensichtlich. Obwohl die Vergrößerung der Einkommensschere im Transformationsprozess eine rationale, unvermeidliche Entwicklung darstellte, war sie teilweise durch Irrationalität und sogar Unfairness bedingt, was sich vor allem in Verteilungschancen (Ausgangspunkt der Verteilung) und Verteilungsregelungen (Verteilungsverfahren) zeigte. Mangelhafte Institutionen und Gesetze sowie unvollkommene politische Ordnung gaben außerordentlichem, nicht geregeltem Einkommen – beispielsweise illegalem Einkommen durch Aktivierung der Machtstellung und ungebührlichem Einkommen durch Monopolstellung – Raum. Wenn man dieser Entwicklung ihren freien Lauf gelassen hätte, wäre sie nicht nur in gesellschaftliche Konflikte gemündet, sondern sie hätte auch das ganze wirtschaftliche Anreizsystem zerstört, was sich nachteilig auf die Leistungsfähigkeit ausgewirkt hätte.

Vor dem Hintergrund, dass sich die Einkommensverteilung verschlechterte und das Gefälle zwischen Reichtum und Armut immer größer wurde, wurden die Forderungen der Gesellschaft nach Gerechtigkeit immer lauter. Auf dem XVI. Parteitag der KP Chinas wurde dann das Prinzip, dass „unter der Berücksichtigung der Gerechtigkeit die Leistungsfähigkeit oberste Priorität hat", nicht mehr ausdrücklich betont. Stattdessen sollte „bei der primären Verteilung die Leistungsfähigkeit und bei der Umverteilung die Gerechtigkeit im Vordergrund stehen", um dadurch das Problem der ungerechten Einkommensverteilung zu beheben. Gemäß dem Gebot, eine sozialistische, harmonische Gesellschaft aufzubauen, betonte das 4. Plenum des XVI. ZK der KP Chinas, „Gewicht auf die soziale Gerechtigkeit zu legen". Das 5. Plenum des XVI. ZK der KP Chinas hob hervor, „auf der Grundlage der wirtschaftlichen Entwicklung mehr Gewicht auf die soziale Gerechtigkeit zu legen, damit alle Menschen an den Früchten der Reform und Öffnung sowie an der sozialistischen Modernisierung teilhaben können." Der XVII. Parteitag der KP Chinas wies nachdrücklich darauf hin, „sowohl bei der primären Verteilung als auch bei der Umverteilung auf die Beziehung zwischen Leistungsfähigkeit und Gerechtigkeit zu achten und bei der Umverteilung mehr Wert auf die Gerechtigkeit zu legen." An diesen Aussagen mit gewisser Gewichtverschiebung lässt sich erkennen, dass die chinesischen politischen Entscheidungsträger aus der Praxis Erkenntnisse über die Beziehung zwischen Leistungsfähigkeit und Gerechtigkeit gewonnen und sie mit der Zeit verbessert haben.

Um der Zielvorstellung der sozialen Gerechtigkeit gerecht zu werden, wurden Reformmaßnahmen zur Einkommensverteilung und zur sozialen Sicherung ergriffen.

Bezüglich der Einkommensverteilung kam anstelle des Egalitarismus mit „gleichberechtigtem Zugriff auf den großen Topf" das System, in dem neben der dominierenden Verteilungsform nach der Arbeitsleistung noch andere Verteilungsformen bestehen und die Leistungen der Produktionsfaktoren ebenfalls berücksichtigt werden, zur Anwendung. Beiden Aspekten – Leistungsfähigkeit und Gerechtigkeit – wurde Rechnung getragen. Das rechtmäßige Einkommen wurde geschützt, während gesetzwidrige Einnahmen bekämpft wurden. Es galt, hohe Einkünfte auszugleichen und das Existenzminimum der einkommensschwachen Gruppen zu gewährleisten. Durch die Bemühungen in den letzten 40 Jahren wurde das konventionelle egalitäre Verteilungsgefüge aufgehoben. Ein neues Verteilungssystem, das sich in erster Linie nach der Arbeitsleistung richtet und durch andere Verteilungsformen ergänzt wird, hat sich etabliert. Nicht nur Kapital, Grund und Boden (bzw. dessen Nutzungsrechte) und andere traditionelle Produktionsfaktoren werden in den Verteilungsprozess einbezogen, sondern moderne Produktionsfaktoren wie Technologien und Management werden auch als „Humankapital", eine Art des Kapitalanteils mitberücksichtigt. In diesem Zusammenhang unterlag die Zusammensetzung der Einkommen der Bevölkerung, insbesondere der Stadtbevölkerung einem Wandel: Der Anteil von Arbeitseinkommen, die zwar immer noch die Haupteinkommensquellen darstellten, ist gesunken, während andere Einkünfte wie Betriebserträge und Erträge aus Grund und Boden zugenommen haben. Im Gleichklang der Leistungsfähigkeit und Gerechtigkeit verschob sich die Verteilung des Volkseinkommens zwischen Bevölkerung, Unternehmen und staatlichen Behörden zugunsten der Bevölkerung. Die im Jahr 2012 berichtete Verteilungsstruktur des Volkseinkommens zeigte, dass das Einkommen der Bevölkerung ca. 62% des Volkseinkommens ausmachte, während die Unternehmen und der Staat jeweils einen Anteil von etwa 18,5% und 19,5% hatten. Das war ein Hinweis darauf, dass die Bevölkerung wichtigste Inhaber der Spareinlagen geworden war. Außerdem waren mehrere Unternehmen dank ihrer positiven Betriebsergebnisse unabhängig, und der Staat akkumulierte seine fiskalpolitischen Kapazitäten zur funktionsfähigen Lenkung der Einkommensverteilung. All dies entsprach den Anforderungen des Übergangs von der Planwirtschaft zur sozialistischen Marktwirtschaft.

Im Bereich der sozialen Sicherung sollte ein mehrschichtiges soziales Sicherungssystem aufgebaut werden, das die Sozialversicherung, Sozialhilfe, Sozialfürsorge, Pflege spezieller Zielgruppen, gesellschaftliche gegenseitige Hilfe und persönliche Spareinlagen umfasste. Diese Reformidee wurde ab Mitte der 1990er Jahre beschleunigt in die Tat umgesetzt, um mit einer Art „Puffer" und „Sicherheitsnetz" für die marktwirtschaftliche Entwicklung Vorsorge zu treffen. Als Ergebnis etablierte sich das soziale Sicherungssystem mit Renten-, Kranken- und Unfallversicherung sowie der Sicherung des Existenzminimums. Besonders in der letzten Zeit wurden beachtliche Erfolge im Aufbau der neuen ländlichen genossenschaftlichen medizinischen Versorgung, der allgemeinen Krankenversicherung für Stadtbevölkerung, der Sicherung des Existenzminimums der Landbevölkerung und der einheitlichen allgemeinen Rentenversicherung für Stadt- und Landbevölkerung (durch Zusammenführung der neuen ländlichen Rentenversicherung und der Rentenversicherung für Stadtbevölkerung ohne Arbeitgeber) erzielt. Bis Ende 2017 ließen sich 401.990.000 Beschäftigte in der allgemeinen Rentenversicherung für Stadtbevölkerung versichern und insgesamt 512.550.000 waren in der einheitlichen allgemeinen Rentenversicherung für Stadt- und Landbevölkerung versichert. 1.176.630.000 Chinesen waren in der allgemeinen Krankenversicherung versichert, darunter 303.200.000 in der allgemeinen Krankenversicherung für Erwerbstätige und 873.430.000 in der allgemeinen Krankenversicherung für Stadt- und Landbevölkerung[7]. 187.840.000 waren gegen Arbeitslosigkeit, 227.260.000 gegen Unfall und 192.400.000 in der

7 2003 wurde für die Landbevölkerung die neue ländliche genossenschaftliche medizinische Versorgung und 2007 für Stadtbewohner ohne Arbeitgeber die allgemeine Krankenversicherung für Stadtbevölkerung errichtet. Die klare Trennung zwischen Stadt und Land hatten mehrere Probleme zur Folge, beispielsweise doppelte Versicherung, doppelte Beiträge und unfaire Behandlung. Im Januar 2016 wurde die *Meinung zur Vereinheitlichung der allgemeinen Krankenversicherung für Stadt- und Landbevölkerung* (Akt 3 des chinesischen Staatsrats vom Jahr 2016) verabschiedet, in dem die konzeptionelle Idee über die Zusammenlegung der getrennten Systeme

Mutterschutzversicherung versichert. Außerdem bezogen 12.640.000 Hilfe von der Existenzminimumsversicherung für Stadtbevölkerung und 40.470.000 Hilfe von der Existenzminimumsversicherung für Landbevölkerung. Damit wurde der Rahmen für das neue soziale Sicherungssystem geschaffen, dessen Abdeckungsbereiche sich ständig vergrößerten.

dargestellt wurde. Demzufolge sind die Mitglieder der neuen ländlichen genossenschaftlichen medizinischen Versorgung ab 2017 in der allgemeinen Krankenversicherung für Stadt- und Landbevölkerung versichert.

4 Entwicklung der offenen Wirtschaft

Zu Anfang der Reform und Öffnung erklärte Deng Xiaoping: „Die heutige Welt ist eine offene Welt. Ein wichtiger Grund, warum China nach der Industrierevolution der Westmächte rückständig war, besteht in der Politik der verschlossenen Tür. Nach der Gründung der VR China wurden wir von einigen Ländern blockiert und teilweise isolierten wir uns bewusst von der Außenwelt, was uns Schwierigkeiten bereitete. Unsere Erfahrungen der letzten 40 Jahre haben uns gelehrt, dass wir uns hinter verschlossenen Türen weder gut entwickeln noch etwas erreichen können. Es gibt zwei Arten von geschlossenen Türen: Wir schließen die Tür zu anderen Ländern, aber auch im Inland ist dies möglich. Das heißt, eine Region versperrt ihre Tür vor anderen Regionen oder eine Behörde vor anderen Behörden. Es geht beides nicht. Wir hoffen auf eine schnelle Entwicklung, aber mit einer zu schnellen Entwicklung wird doch nichts. Um uns möglichst schnell zu entwickeln, müssen wir im Inland die Wirtschaft beleben und gegenüber der Außenwelt die Öffnungspolitik betreiben."[1]

Es ist in China üblich, die Wendung „Reform und Öffnung" als ein Wort zu verwenden. In der Tat sind darin zwei Bedeutungsebenen, nämlich „Reform"

1 Deng Xiaoping: 邓小平文选 [Ausgewählte Werke von Deng Xiaoping], Band III. China People's Publishing House, 1993.

und „Öffnung" enthalten, wobei die Letztere ein wichtiges Element der Reformen darstellt. Die treibenden Kräfte dafür sind einerseits der Verwaltungsreformansatz der Zentralregierung von innen und andererseits die Anreizstruktur (bzw. Druck) von außen durch die Globalisierung, der sich China durch seine außenwirtschaftliche Öffnung ausgesetzt sieht. Die Globalisierung hat die Wirtschaftsentwicklung Chinas beschleunigt: Ohne diese wäre es undenkbar für China, innerhalb von 40 Jahren den Modernisierungsprozess abzuschließen, der in anderen Nationalstaaten 200 Jahre gedauert hat. Auch setzt die Globalisierung China unter Druck, seinen Reformprozess zu vertiefen.

4.1 Hintergrund und Entwicklungstrends der wirtschaftlichen Globalisierung

Der Begriff der „wirtschaftlichen Globalisierung" ist vielschichtig. Darunter versteht man in der Makrowirtschaft, dass Regierungen, Unternehmen, Einwohner und andere Wirtschaftsakteure aller Länder gleichberechtigt auf der Basis der allgemeingültigen ökonomischen Prinzipien über die Grenzen hinaus ihre Geschäftstätigkeiten zum gegenseitigen Nutzen abwickeln. In der Mikrowirtschaft werden damit die Entwicklungstendenzen der wechselseitigen Abhängigkeit der Volkswirtschaften als Folge des barrierefreien Verkehrs von Produkten, Dienstleistungen, Kapital, Technologien, Informationen, Arbeitskräften und anderen Faktoren bezeichnet, die sich in immer größeren Räumen frei bewegen können. Dazu gehören Außenhandel, internationale Direktinvestitionen, grenzüberschreitende Produktionen, Integration der Finanzmärkte und andere transnationale wirtschaftliche Aktivitäten.

Die wirtschaftliche Globalisierung an sich ist seit ein paar Dutzend Jahren kein neues Phänomen mehr. Wissenschaftlichen Untersuchungen zufolge sprach Polybios, ein griechischer Philosoph der Antike, bereits 200 v. Chr. von der Globalisierung: „In den vorangehenden Zeiten lagen die Ereignisse der Welt gleichsam verstreut auseinander [. . .]. Von diesem Zeitpunkt an aber wird die Geschichte ein Ganzes [. . .]". Seine Behauptung zeigt, dass die wirtschaftliche Globalisierung auf eine lange Geschichte zurückblickt. Tatsächlich hat Andre Gunder Frank in seinem Werk *ReOrient – Globalwirtschaft im Asiatischen Zeitalter*[2] hingewiesen, dass in der Zeit zwischen dem 14. und 18. Jahrhundert vor

2 Frank, Andre Gunder, übersetzt von Liu, Beicheng: 白银资本 [ReOrient – Globalwirtschaft im Asiatischen Zeitalter]. Central Compilation & Translation Press, 2000.

dem Aufstieg westlicher Macht eine globale Wirtschaftsordnung mit asiatischer Dominanz entstanden ist, in der China und Indien auf der Grundlage der landwirtschaftlichen Arbeitsteilung eine führende Rolle spielten. Erst im 19. Jahrhundert hat sich das neue transatlantische und interkontinentale Handelsnetzwerk mit zunehmendem Finanzverbund um Westeuropa, insbesondere um England etabliert. Handelswege für Industrieprodukte, landwirtschaftliche Erzeugnisse und Rohstoffe zwischen Industrienationen im Zentrum und Agrarstaaten an der Peripherie kamen zustande. Laut Angus Maddison[3] verzeichnete das Exportvolumen im Zeitraum zwischen 1870 und 1913 einen durchschnittlichen Jahreszuwachs von 3,4%. Außerdem war zu beobachten, dass beinahe in allen Ländern die Zunahme des Handels das Einkommens- bzw. das Wirtschaftswachstum überstieg, was als kennzeichnendes Merkmal für die beschleunigte Globalisierung mit enger Vernetzung aller Länder galt. Die Gegenmeinung behauptete jedoch, dass es dabei nicht um einen weltweiten Globalisierungsprozess ging, sondern nur entwickelte Länder davon betroffen waren.

Dank der rasanten Entwicklung der modernen Verkehrs-, Informations- und Kommunikationstechnologien verringern sich seit den 1970er Jahren ständig die Transaktionskosten, die durch geografische Entfernungen verursacht werden, was einen großen Beitrag zur Vergrößerung des Handlungsspielraums der Marktteilnehmer und zur Globalisierung leistet. Die wirtschaftlichen Aktivitäten werden immer „globaler", die Ressourcenallokation findet weltweit statt und die Arbeitsteilung geht über die nationalen Grenzen hinaus und beeinflusst das Produktionsverfahren direkt. Die Nationalität und Regionalität des Wirtschaftsgeschehens treten damit immer mehr in den Hintergrund.

Diese neue Runde der Globalisierung, die in den 1970er Jahren ihren Anfang nahm, ist durch folgende Merkmale gekennzeichnet:

Erstens agieren die Weltkonzerne als Hauptträger und Förderer der Globalisierung. Als „Weltbürger" im wahrsten Sinne des Wortes haben sie diesen Prozess maßgeblich beeinflusst: Da die territorialen Grenzen der Nationalstaaten überschritten sind, kann die Arbeitsteilung über die einzelnen Produkte hinaus in einem viel größeren Umfang strukturiert werden. Immer mehr international tätige Unternehmen streben an, durch Zerlegung der Wertschöpfungskette

3 Maddison, Angus, übersetzt von Wu, Xiaoying: 世界经济千年史 [Die Weltwirtschaft – eine Millenniumsperspektive]. Peking University Press, 2003.

die beste Produktionsstätte für einzelne Produktionsschritte zu finden, was zur Erschließung weiterer Produktionsräume und zur Beschleunigung des Verlagerungsprozesses der industriellen Produktion beiträgt. Die einzelnen Wirtschaftsakteure sind somit auf einen Teilprozess der Produktion spezialisiert und in der internationalen Arbeitsteilung klar positioniert. Sie arbeiten im Rahmen der internationalen Produktions- und Wertekette zusammen und beteiligen sich an der Gewinnverteilung. Diese Art der internationalen Arbeitsteilung lässt sich in Ostasien seit den 1980er Jahren am deutlichsten beobachten: In Japan wird das Kernstück des Produkts produziert, in Korea und in den fünf ASEAN-Staaten werden Zubehörteile hergestellt und schließlich wird in China die Montagearbeit ausgeführt.

Zweitens hat die Globalisierung einen dynamischen Strukturwandel mit sich gebracht. Seit den 1980er Jahren geht eine Welle von neuen Ideen wie Marktorientierung, Liberalisierung und Integration durch die ganze Welt. Besonders nach dem Zusammenbruch des Ostblocks unterlagen viele Volkswirtschaften einem einschneidenden Transformationsprozess hin zur Marktwirtschaft. Die geschlossene Planwirtschaft wurde nach und nach durch die offene Marktwirtschaft ersetzt, wobei internationale Handelsbarrieren abgebaut und neue Spielregeln zugunsten eines fairen globalen Wettbewerbs erarbeitet wurden. Ausländische Direktinvestitionen wurden in den meisten Nationalstaaten statt restriktiver Kontrolle mit Fördermaßnahmen begrüßt. All diese institutionellen Veränderungen förderten die Vertiefung der internationalen Arbeitsteilung, erhöhten die wechselseitige Abhängigkeit der Außenwirtschaft und beschleunigten den internationalen Kapitalfluss. Die Globalisierung trat in eine neue Entwicklungsphase ein.

Drittens ist diese Globalisierungsbewegung durch die Globalisierung der Arbeitskräfte gekennzeichnet. Diese neue Entwicklungstendenz begann ebenfalls in den 1980er Jahren, als sich immer mehr Entwicklungs- und Schwellenländer an der von den entwickelten Ländern dominierten internationalen Arbeitsteilung beteiligten. Als Folge hat sich das weltweite Angebot an Arbeitskräften schnell erhöht. Nach Angaben des US-amerikanischen Wirtschaftswissenschaftlers Richard B. Freeman würde die Zahl der verfügbaren Arbeitskräfte im Jahr 2000 etwa 1,46 Millionen betragen, wenn China, Indien und der Ostblock nicht an der globalen Wirtschaft beteiligt wären. Da diese Länder jedoch aktiv an der Weltwirtschaftsordnung teilnehmen, steigt die Zahl der weltweit verfügbaren Arbeitskräfte von 1,46 Millionen auf 2,92 Millionen und verdoppelt sich damit fast.

4.2 Auftakt der Öffnung nach außen

China hat mit dieser Globalisierungswelle Schritt gehalten. Dank der 1978 eingeleiteten Öffnungspolitik, die sich positiv auf den Reformprozess auswirkte, durchlief China in den letzten 40 Jahren eine nachhaltige, schnelle wirtschaftliche Entwicklung, indem es zwei Ressourcen und zwei Märkte – nämlich in- und ausländische – zur Erhöhung der Effizienz der Faktorenallokation nutzte.

Vor der Einführung der Reform- und Öffnungspolitik standen alle Handelsaktivitäten in China gemäß konkreten Planvorgaben der zentralen Planwirtschaft unter strenger Kontrolle der Zentralregierung. Die Nationale Planungskommission war der Planträger der Import-Export-Geschäfte und ein paar wenige staatseigene Außenhandelsfirmen, die dem Ministerium für Außenhandel unterstanden, waren für die Umsetzung der Pläne verantwortlich, da faktisch nur diese Firmen (einschließlich ihrer Zweigstellen) die Erlaubnis hatten, Handelsgeschäfte mit dem Ausland zu machen. Alle anderen Unternehmen hatten kein Recht auf Import und Export und durften daher keine Außenhandelsgeschäfte abwickeln. Statistiken zufolge waren bis Ende 1978 ca. 130 Außenhandelsfirmen (einschließlich aller Zweigstellen auf Provinz- und Stadtebene) in ganz China tätig, in deren Geschäftstätigkeiten sich die chinesischen Behörden oft einmischten, sodass es zwischen Unternehmen und Behörden oft keine klare Trennungslinie gab. Bezüglich Handelsgeschäften im Inland galt für Exportwaren das Ankaufssystem und für Importwaren das Zuweisungssystem. Die Außenhandelsfirmen kauften bei Zulieferfirmen oder Produzenten die Exportwaren auf, die nicht für die Absetzbarkeit der Waren, die Preise sowie Gewinn und Verlust aufkamen. Die durch die Außenhandelsfirmen importierten Waren wurden planmäßig den Nutzern zugewiesen, die keine Verantwortung für die Qualität und Leistungsfähigkeit der Waren hatten. Für alle möglichen Geschäftstätigkeiten, beispielsweise Ankauf von Exportwaren, Zuweisung von Importwaren, Export-Import-Geschäfte, Deviseneinnahmen und -ausgaben gab es strikte Planvorgaben, die einzuhalten waren. Bezüglich der Finanzverwaltung waren die öffentlichen Finanzen für Gewinn und Verlust verantwortlich und selbst die liquiden Mittel bekamen die Außenhandelsfirmen vom Finanzministerium zugewiesen. In Bezug auf die Preispolitik galten für den Binnenhandel die Planpreise und für den Außenhandel die international üblichen Marktpreise. Offensichtlich wurde dazwischen keine Verbindung hergestellt. Das führte dazu, dass die Menge der Ein- und Ausfuhr vom Wechselkurs und vom relativen Warenpreis abgekoppelt war und die Außenhandelsstruktur die komparativen Vorteile

Chinas nicht beachtete. Ein einleuchtendes Beispiel war, dass kapital- und ressourcenintensive Produkte bis in die 1980er Jahre hinein im Außenhandel die Hauptrolle spielten, obwohl Chinas Arbeitskräfte in Hülle und Fülle vorhanden waren. Neben der verzerrten Außenhandelsstruktur schrumpfte das relative Außenhandelsvolumen Chinas. Nach Lardys Berechnung sank der Anteil des chinesischen Handelsvolumens an der Weltwirtschaft von 1,5% 1953 auf 0,6% 1977[4].

Die Verzerrung der Außenhandelsstruktur und die Schrumpfung des Außenhandelsvolumens waren nur zwei Aspekte der Leistungsunfähigkeit des alten, starren Wirtschaftssystems. Als die verhängnisvolle Kulturrevolution vorbei war, herrschten in China eine allgemeine Aufbruchsstimmung und der Wunsch, die wirtschaftliche Entwicklung zu beschleunigen und das traditionelle Planwirtschaftssystem zu restrukturieren. Es wurde festgestellt, dass sich Wissenschaft und Technologie weltweit stetig entwickelt hatten, während es in China wirtschaftlich und politisch turbulent zuging. Einige Entwicklungsländer, insbesondere die asiatischen Schwellenländer in der Nachbarschaft, hatten sich auf schnelle Weise positiv entwickelt, wodurch sich der Lebensstandard der Bevölkerung erhöhte. Im Gegensatz dazu stagnierte die Wirtschaft in China und das Lebensniveau verbesserte sich nur ganz langsam. Zu den Erfahrungen dieser Länder gehörten die Öffnung nach außen, die aktive Teilnahme als Industriestandort am Prozess des globalen Industrietransfers, die Anziehung ausländischen Kapitals, die Einführung von ausländischen Technologien, die Entwicklung des Außenhandels, die Förderung der Öffnung der Finanzmärkte sowie Erhöhung der eigenen Konkurrenzfähigkeit im internationalen Wettbewerb. Angeregt durch diese aufschlussreichen Erfahrungen beabsichtigte China, von sich aus auf der Basis der Gleichberechtigung und des gegenseitigen Nutzens mit allen Ländern die wirtschaftliche Zusammenarbeit aufzubauen und erstklassige Technologien und Anlagen nach China einzuführen. Somit wurde der Öffnungsprozess der chinesischen Wirtschaft eingeleitet.

Da die Öffnung nach außen etwas Neues im Aufbauprozess der Volkswirtschaft Chinas darstellte, hatte China noch keine Erfahrungen, auf die es zurückgreifen konnte. Neben wirtschaftlichen Risiken und Unsicherheiten waren auch latente politische und ideologische Besorgnisse und Ängste vorhanden, weshalb es unmöglich war, alle Bereiche auf einmal zu öffnen. Stattdessen sollten

4 Lardy, Nicholas: *China in the world economy*. Washington D. C.: Institute for International Economics, 1994.

mildernde, aber innovative strategische Maßnahmen erschlossen werden. Im Jahr 1979 beschloss die Zentralregierung, Sonderwirtschaftszonen in Shenzhen, Zhuhai, Shantou und Xiamen zu errichten, die an der Küste unweit von Hongkong, Makao und Taiwan liegen und deshalb von dieser geografischen günstigen Lage profitieren konnten. In diesen vier Sonderwirtschaftszonen wurde mit der Öffnungspolitik experimentiert, um Erfahrungen zu sammeln und begehbare Wege zu erkunden. Tatsächlich vollzogen sich innerhalb von wenigen Jahren tiefgreifende Veränderungen in diesen vier Städten. Besonders zu erwähnen ist Shenzhen, das von einer unbekannten Kleinstadt an der Grenze schnell zu einer modernen Großstadt gewachsen ist und als Paradebeispiel für die Stadtentwicklung durch die Öffnungspolitik gilt.

Nachdem sich diese Experimente als erfolgreich erwiesen hatten, wurden sie schrittweise auf ganz China ausgeweitet: von der Küstenregion bis zu Regionen entlang Flüssen, von Grenzgebieten über Provinzhauptstädte im Landesinneren bis Mittel- und Westchina. Geografisch gesehen wurde die allseitige, umfassende Öffnung nach und nach realisiert.

Gleichzeitig unterlag der Außenhandel einer institutionellen Neugestaltung. Wie der Strukturwandel in anderen wirtschaftlichen Bereichen waren die außenwirtschaftlichen Reformen Anfang der 1980er Jahre durch Dezentralisierung und Gewinnzuweisung gekennzeichnet. Demgemäß erhielten die Ministerien der Zentralregierung und die Provinz- und Stadtregierungen die Erlaubnis, Außenhandelsfirmen zu gründen, um möglichst schnell Handelswege auszubauen. Im Jahr 1987 konzentrierten sich die Reformaufgaben darauf, die Außenhandelsunternehmen zu echten Marktteilnehmern zu machen; 1988 wurde das vertragsgebundene Verantwortungssystem für Außenhandel in Städten, Provinzen und autonomen Gebieten eingeführt. Beabsichtigt war, ein außenwirtschaftliches System mit unternehmerischer Eigenverantwortung für Gewinn und Verlust, Liberalisierung der Gewerbetätigkeit, Verbindung der Industrieproduktion mit Handelstätigkeiten und Implementierung des Agenturhandels aufzubauen. Dabei sollten vor allem die wirtschaftlichen Instrumente wie Wechselkurse und Steuern ins Spiel gebracht werden, um die Außenhandelsfirmen zu motivieren, für ihre Gewinne und Verluste aufzukommen.

Ferner wurden tiefgreifende Veränderungen bezüglich ausländischer Direktinvestitionen vorgenommen. Um ausländische Investoren in einem größeren Umfang anzuziehen, wurden Gesetze zur Förderung der Investitionen aus Hongkong, Makao und Taiwan sowie steuerliche Vergünstigungen gegenüber Unternehmen mit ausländischem Kapital verabschiedet: In den Jahren von 1979 bis 1994 wurden in China über 500 Verordnungen und Vorschriften zur Regelung der Außenwirtschaft bekannt gegeben, darunter mehr als 70 über das Investment des ausländischen Kapitals. Mit 65 Staaten unterzeichnete China ein Abkommen zum Investitionsschutz.[5]

4.3 Ein entscheidender Schritt zur wirtschaftlichen Öffnung: Chinas Beitritt zur WTO

Das Jahr 2001 war von großer Bedeutung für Chinas wirtschaftliche Öffnung: China wurde offiziell Mitglied der Welthandelsorganisation (WTO). 1,3 Mil. Chinesen wurden in die Weltwirtschaft involviert, was nicht nur enorme demografische Dividenden, sondern auch einen boomenden Verbrauchermarkt mit sich brachte. Der WTO-Beitritt hatte tiefgreifende Auswirkungen auf die wirtschaftliche Entwicklung Chinas, weshalb er als Scheidelinie des chinesischen Reform- und Öffnungsprozesses angesehen wurde.

China war eigentlich Gründungsmitglied des *General Agreement on Tariffs and Trade (GATT, Allgemeines Zoll- und Handelsabkommen),* Vorläufer der WTO. Am 6. März 1950 erklärte die Taiwaner Regierung, aus dem GATT auszutreten. Nachdem China 1971 seinen rechtmäßigen Sitz in der UNO wiedererlangt hatte, folgte eine Einladung des GATT, die jedoch von den politischen Entscheidungsträgern Chinas, die es nicht für nötig hielten, dem GATT als „Klub reicher Länder" beizutreten, abgelehnt wurde.

Mit der Etablierung der Reform- und Öffnungspolitik in den 1980er Jahren entwickelte sich der Außenhandel Chinas sehr schnell. Die komparativen Wettbewerbsvorteile in arbeitsintensiven Branchen wie der Textilindustrie wurden im Außenhandel deutlich: Das Exportvolumen der Textilbranche betrug ca. 30% des gesamten Exportvolumens. Das Problem war jedoch, dass China die Quote nicht erhalten konnte, weil es nicht Mitglied des Welttextilabkommens (bzw. des Multifaserabkommens) war. Um die Exportleistung zu erhöhen und die Wirtschaft zu entwickeln, beschloss die chinesische Regierung, zuerst das Multifaserabkommen zu unterzeichnen und dann einen Antrag auf die Mitgliedschaft im GATT zu stellen.

Im Juli 1986 wurde dieser Schritt getan, was Chinas feste Entschlossenheit und Zuversicht gegenüber der Welt zeigte, sich weiter zu öffnen und in die

5 Pei, Changhong: 中国开放型经济建立的经验分析 [Analyse der chinesischen Erfahrungen beim Aufbau einer offenen Wirtschaft]. In: *Research on Financial and Economic Issues*, 2009, Nr. 2.

internationale Gemeinschaft zu integrieren. Jedoch wurde China, dessen Exportmenge Jahr für Jahr zunahm, von nicht wenigen Ländern als latenter Wettbewerber angesehen. Es vermehrten sich die Dumpingvorwürfe und dementsprechend Antidumpingmaßnahmen gegen China. Darüber hinaus hatten ausländische Unternehmen auf dem chinesischen Markt mit Problemen zu kämpfen, da die Rahmenbedingungen in China anders waren. Unter diesen Umständen war es für China äußerst schwierig, ins GATT aufgenommen zu werden. Insbesondere waren die Entwicklungsländer durch die Uruguay-Runde verpflichtet, ihre Länder beim WTO-Beitritt umfangreich und durchgreifend zu öffnen, um die wirtschaftlichen Rahmenbedingungen für ausländische Unternehmen zu verbessern.

In diesem Zeitraum stellte das Misstrauen gegen das chinesische Wirtschaftssystem ein weiteres Hindernis für Chinas WTO-Beitritt dar. In der Regel legt ein antragstellendes Land einen Bericht über seine Wirtschaftspolitik und sein Handelssystem vor und das GATT leitet dann das Verfahren der Inspektion, das ein bis zwei Monate dauert. Long Yongtu (龙永图), Verhandlungsführer bei der Wiederaufnahme Chinas als Vertragspartei des GATT und dem Beitritt des Landes zur WTO, zufolge zog es im Falle Chinas bis zu sechs Jahren hinaus. Der Hauptgrund dafür sei gewesen, dass viele Länder China den Status einer Marktwirtschaft nicht zuerkannten und das chinesische Modell bzw. die „Warenwirtschaft mit integrierten Steuerungen durch Pläne und Märkte" bei den westlichen Ländern keine Anerkennung gefunden hatte. Mit der Zielsetzung des Aufbaus der sozialistischen Marktwirtschaft, die auf dem XIV. Parteitag der KP Chinas 1992 festgelegt wurde, sollte diesem Prozess ein Ende gesetzt werden.

Um die Regelkonformität mit der WTO zu erzielen und das Vertrauen der Verhandlungspartner zu gewinnen, wurde der wirtschaftliche Liberalisierungsprozess in China beschleunigt. Von 1994 bis 2001 wurden die institutionellen Rahmenbedingungen für die offene Wirtschaft verbessert, die unilaterale Handelsliberalisierung eingeführt und das tarifäre Niveau deutlich gesenkt, was einen wesentlichen Beitrag zur Einordnung Chinas in das multilaterale Regelwerk der WTO leistete. Zu den wichtigen Reformmaßnahmen gehörten u. a.: (1) Die Außenhandelsfirmen mussten die Devisen nicht mehr an die oberen Instanzen abführen. Das Kontrollsystem der Devisenquoten und die Zurückbehaltung der Devisen durch Außenhandelsgeschäfte wurden abgeschafft und alle Devisengeschäfte wurden durch Devisenbanken abgewickelt. (2) Am 1. Juli 1994 trat das *Außenhandelsgesetz der Volksrepublik China* in Kraft, das der gesetzmäßigen Lenkung der Außenhandelsgeschäfte zugrunde liegt. Das Außenhandelsrecht wurde qualifizierten staatseigenen Industrieunternehmen, Forschungsinstituten, Handelsunternehmen und Unternehmen für Rohstoffe und Industriegüter eingeräumt. Neben der Abschaffung der Planvorgaben für die Außenhandelsfirmen wurde der Import-Export-Handel so weit wie möglich freigegeben. (3) Die staatlichen Außenhandelsgesellschaften wurden nach den Organisationsprinzipien moderner Unternehmen umgestaltet. Pilotprojekte wie die Umstrukturierung von Unternehmen in Aktiengesellschaften wurden aktiv unterstützt: Wer die Voraussetzungen erfüllt, kann ordnungsgemäß als GmbH oder als AG reorganisiert werden.

Mit diesen wirtschaftlichen Öffnungsmaßnahmen wollte die chinesische Regierung einen weiteren Anstoß zum inländischen Reformprozess geben. Im April 1999 meinte Ministerpräsident Zhu Rongji (朱镕基) während seines Staatsbesuchs in den USA, dass ein vollkommener Wettbewerb die chinesischen Staatsunternehmen und Banken unter Druck setze, sich prinzipiell umzuorganisieren. Die neue Konkurrenzsituation durch Chinas Mitgliedschaft in der WTO könne eine schnelle, gesunde wirtschaftliche Entwicklung Chinas herbeiführen.

In diesem Prozess war der positive Verhandlungsabschluss zwischen den USA und China im November 1999 ein Markstein. Am 13. und 15. November 1999 empfing Ministerpräsident Zhu Rongji die amerikanischen Verhandlungsdelegationen jeweils unter Leitung von Charlene Barshefsky, Handelsvertreterin der Vereinigten Staaten, und Gene Sperling, Leiter des Nationalen Wirtschaftsrates im Weißen Haus und nahm persönlich an der bilateralen Verhandlungsrunde teil. Im Rahmen dieser einmaligen historischen Chance wurden zwischen den beiden Verhandlungsparteien der Warenhandel, Dienstleistungshandel, Finanzen, Telekommunikation, audiovisuelle Produkte, Bank- und Versicherungswesen, Distributionen und noch viel mehr einvernehmlich vereinbart. Die amerikanisch-chinesische Vereinbarung über Chinas WTO-Beitritt wurde erfolgreich abgeschlossen.

Von da an bis 2001 wurden die abschließenden Schritte hinsichtlich Chinas WTO-Beitritt durchgeführt. Ein umfassendes Dokument, das für alle Parteien verbindliche Rechte und Pflichten im Rahmen der chinesischen WTO-Mitgliedschaft festlegte, wurde konzipiert und dem Gremium zur Ratifizierung vorgelegt. Am 10. November 2001 wurde Chinas Aufnahme in die WTO bei der vierten Ministertagung der WTO in Doha beschlossen.

Das Versprechen einhaltend hat die chinesische Regierung seitdem weitere wirtschaftspolitische Anpassungsmaßnahmen zur Restrukturierung des Außenhandelssystems ergriffen. (1) Mehrere gesetzliche Regelungen und Verordnungen zum Außenhandel wurden überprüft und geändert, um die Transparenz der Außenhandelspolitik zu gewährleisten. Bis Ende 2002 haben knapp 30 dem Staatsrat direkt unterstehende Abteilungen 1.400 Verordnungen und

Vorschriften über die Außenwirtschaft überprüft, wobei 559 aufgehoben und 197 novelliert wurden. (2) Durch Neudefinition der Regierungsaufgaben wurde die behördliche Verwaltung der Außenwirtschaft der Realität besser angepasst. Import-Export-Geschäfte konnten entweder von Außenhandelsfirmen, deren Geschäftsfelder vom Ministerium für Außenhandel überprüft und genehmigt werden mussten, oder von Industrieunternehmen, die durch Eintrag im Register der Behörden für Außenhandel auf Provinzebene ein Recht auf Ein- und Ausfuhr ihrer eigenen Produkte und Zubehörteile erwarben, abgewickelt werden. (3) Die Liberalisierung des Handels wurde beschleunigt, und angepasste Verwaltungsmaßnahmen für Import-Export-Geschäfte wurden umgesetzt. Im Einklang mit seinen Zugeständnissen beim WTO-Beitritt hat China die Einfuhrzölle auf Industrieprodukte erheblich gesenkt und nicht-tarifäre Handelshemmnisse abgebaut. Ab dem 1. Januar 2002 wurden Importzölle für mehr als 5300 Produkte herabgesetzt und der ungewichtete Durchschnittszollsatz auf 12% gesenkt. Der Durchschnittszollsatz für Industriegüter und landwirtschaftliche Erzeugnisse sank jeweils von 14,17% auf 11,16% und von 18,19% auf 15,16%. Selbst der gewichtete Durchschnittszollsatz sank von 99,15% um 41,15% auf 51,16%. Etwa 73 % der in der Liste der steuerpflichtigen Waren aufgeführten Erzeugnisse waren davon betroffen. In Bezug auf Maßnahmen gegen nicht-tarifäre Handelshemmnisse wurden beispielsweise die mengenmäßigen Einfuhrbeschränkungen abgeschafft. (4) Die rechtlichen Rahmenbedingungen wurden vervollständigt. Am 6. April 2004 wurde auf der 8. Sitzung des Ständigen Ausschusses des X. Nationalen Volkskongresses das *Außenhandelsgesetz* revidiert, da einige Klauseln Chinas WTO-Versprechen widersprachen und einige mit WTO-Vorschriften unvereinbar waren. Gleichzeitig wurden neue Bestimmungen zum Umsetzungsverfahren und zur Wahrung der Rechte Chinas als WTO-Mitglied angenommen.

Durch die Vervollständigung der gesetzlichen Regelungen für den Außenhandel, die deutliche Senkung der Einfuhrzölle, die schrittweise Öffnung des Handels mit Dienstleistungen, die Verbesserung der Rahmenbedingungen für ausländische Investitionen, den Schutz des geistigen Eigentums und die Verbesserung der Transparenz hat China schrittweise die WTO-Liberalisierungsanforderungen erfüllt und eine WTO-konforme Wirtschaftsordnung geschaffen.

Angetrieben durch die damit einhergehende wirtschaftspolitische Restrukturierung und Handelsliberalisierung konnte China seit 2002 einen schnellen Zuwachs an Außenhandelsvolumen, ausländischen Direktinvestitionen und der Abhängigkeit vom Außenhandel verzeichnen. Das offene Wettbewerbsumfeld ermöglichte China, seine Faktoren effektiv einzusetzen, seine komparativen

Wettbewerbsvorteile auszubauen und die Vorteile des Nachzüglers zu nutzen, sodass China viele „Dividenden" der Globalisierung zuteilwurden.

4.4 Chinas Erfahrung im Öffnungsprozess: Graduelle und planmäßige Öffnung

Dank der geplanten Öffnung im Rahmen des sukzessiven Reformprozesses hat China eine Erfolgsgeschichte geschrieben, wie sich ein Nationalstaat der Globalisierung anpassen, aktiv am globalen Wettbewerb teilnehmen und davon profitieren kann. Prinzipiell lassen sich zwei Grundsätze zusammenfassen: Erstens muss die Öffnung des Handels von Schutzmaßnahmen begleitet werden und zweitens darf der Finanzsektor nur schrittweise geöffnet werden. Durch die planmäßige Öffnung, die dem wirtschaftlichen Entwicklungsniveau Chinas entspricht, wird einerseits Chinas Teilhabe an der Globalisierung gewährleistet und andererseits werden die möglichen Schockeffekte und sogar Krisensituationen durch die Globalisierung vermieden.

4.4.1 Geschützte Öffnung des Handels

Die Öffnung verspricht kein wirtschaftliches Wachstum. Nur mit vorsichtigem Vorgehen, schrittweiser Öffnung und konstanter Reformwilligkeit kann daraus Nutzen gezogen werden. Eine durchgreifende Liberalisierung bzw. umfassende Öffnung, wie sie Lehrbücher oder ausländische Experten beschreiben, führt zu Konflikt- und Krisensituationen, wenn begleitende Reformmaßnahmen fehlen und die eigene Realität nicht berücksichtigt wird. Nach Friedrich Lists Erziehungszollargument sollten junge, sich entwickelnde Industrien solange geschützt werden, bis sie sich im internationalen Wettbewerb behaupten können. Die Nationalstaaten, die mit der Öffnung Erfolge verbuchen können, haben ausnahmslos dieser Wirtschaftspolitik Beachtung geschenkt. Wie A. H. Amsden und R. Wade in ihren Werken hingewiesen haben, haben der Staat Südkorea und die Region Taiwan, die bekannt für die erfolgreiche exportorientierte Außenhandelspolitik sind, in den 1960er Jahren wirtschaftspolitische Maßnahmen ergriffen, die bei Weitem über die Sicherung des freien Marktwettbewerbs hinausgehen.[6] Vielmehr

6 Amsden, A. H.: *Asia's next giant: South Korea and late industrialization*. New York: Oxford University Press, 1989; Wade, R.: *Governing the market: economic theory and the role of government in East Asian industrialization*. New Jersey: Princeton University Press, 1990.

wurden die industriellen Prioritäten ohne Weiteres festgelegt und entsprechende Maßnahmen wie Subventionen, Handelsrestriktionen, administrative Anleitungen, Förderung der Staatsunternehmen und Steuerung der Kreditvergabe getroffen, um gemäß den nationalen Zielvorgaben die erhofften Wettbewerbsvorteile zu erzielen. Interventionen sind keine Rettungsmaßnahmen für verfallende Industrien, aber notwendige Strategien in der Übergangsphase für junge, aufstrebende Unternehmen, die ihnen zu wettbewerbsfähigen Global Playern verhelfen sollen, indem die sich erfolgreich entwickelnden Staaten Schutzmaßnahmen ergreifen, die den Industrien genug Zeit geben, ihre Produkte zu diversifizieren und in neuen Bereichen zu experimentieren. Der Ausdruck „geschützte Öffnung des Handels" betont, dass die Öffnung dem wirtschaftlichen Entwicklungsniveau entsprechen muss.

Die Öffnung Chinas ist ein Paradebeispiel dafür. Gemessen an Importzöllen kann man feststellen, dass China Schritt für Schritt den Handelssektor geöffnet hat. Laut Untersuchungen hat der Schutzgrad des Handels in China in den letzten Jahren mit der schrittweisen Zollsenkung abgenommen.[7] Abbildung 4-1 zeigt, dass das allgemeine Tarifniveau im Zeitraum zwischen 1992 und 2007 von 42,1% auf unter 10% gesunken ist. Der Öffnungsprozess Chinas wurde und

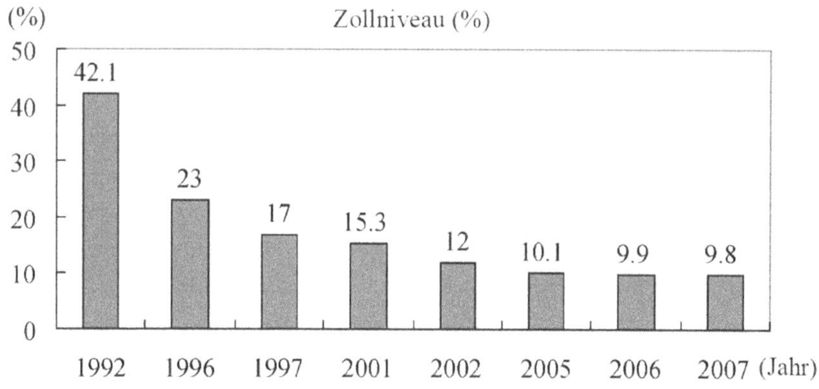

Abbildung 4-1: Zollsenkung in China
Quelle: Daten vor 2001 stammen von Zhang Xiaojings Beitrag *WTO und Chinas Wirtschaft: Ein Überblick*, Arbeitsbericht Nr. 99-005 des Forschungsinstituts über die Volkswirtschaft am Nationalen Reformfonds. Daten ab 2001 sind auf der offiziellen Webseite des Handelsministeriums Chinas abgerufen.

7 Jin, Xiangrong & Lin, Chengliang: 对中国历次关税调整及其有效保护结构的实证分析 [Eine empirische Untersuchung zur Zollregelung Chinas und zu deren effektiver Schutzstruktur]. In: *The Journal of World Economy*, 1999, Nr. 8.

wird von Schutzregelungen begleitet, jedoch ist der Protektionismus immer mehr in den Hintergrund getreten.

Zwei Aspekte sind noch zu erläutern. Erstens sind handelspolitische Schutzmaßnahmen strukturell bedingt. Das heißt, dass die Tarifzölle von Branche zu Branche sehr verschieden sein können. Beispielsweise lag der Zollsatz für Farbfernseher 1994 bei 0, während für Motorräder 120% Zolltarif verlangt wurden (exklusive nicht-tarifärer Handelshemmnisse) (siehe Tabelle 4-1). Zweitens gehören neben Importzöllen noch viele nicht-tarifäre Handelshemmnisse zu handelspolitischen Schutzmaßnahmen.

Devisenkontrollen und Wechselkurssubventionen zählten eine Zeit lang zu den Hauptinstrumenten. Ein Beispiel: 1994 importierte die Zentralregierung Weizen, Düngemittel, Speiseöl, Zucker und andere Produkte zum Wechselkurs 5,8 CNY / US-Dollar, während der fixe Wechselkurs bei 8,6 CNY / US-Dollar lag. Die Wechselkurssubventionen dieser Art waren damals ziemlich üblich. Außerdem durften die chinesischen Unternehmen vor 1994 noch Gewinnanteile aus Außenhandelsgeschäften für sich zurückzubehalten, als die offiziellen und inoffiziellen Wechselkurse noch nicht vereinheitlicht wurden. Obwohl das im Januar 1994 abgeschafft wurde, durften die Unternehmen diese zurückbehaltenen Finanzmittel zum Wechselkurs 5,8 CNY / US-Dollar umtauschen, um Waren aus anderen Ländern zu importieren.

Wenn man diese nicht-tarifären Handelshemmnisse wie Devisenkontrollen und Wechselkurssubventionen mit einbezieht, verdoppelte sich das tatsächliche allgemeine Tarifniveau im Jahr 1994. Die oben angeführte Tabelle (Tabelle 4-1) zeigt, dass das allgemeine Tarifniveau 1994 bei 21,74% lag. Wurden die nicht-tarifären Handelshemmnisse umgerechnet, machten sie 21,55% aus.

Der Handelsprotektionismus ist in erster Linie auf Import gerichtet, aber der Export kann ebenfalls „geschützt" werden. In dieser Hinsicht kann man die 1985 eingeführte Ausfuhrvergütung als steuerpolitische Maßnahme zur Förderung der Konkurrenzfähigkeit der exportorientierten Unternehmen und zur Verbesserung des Exporthandels ansehen.[8] Es war üblich für chinesische Industrieunternehmen, die Exportvergütung zu beantragen. Für gewöhnliche Ausfuhrgeschäfte

8 Es herrscht eine gängige Meinung, dass die Ausfuhrvergütung keine Exportförderung sei, sondern eine Maßnahme zur Gleichbehandlung von Exportunternehmen. Die Abschaffung der Ausfuhrvergütung stelle eher eine Diskriminierung gegenüber Exportunternehmen dar, was marktverzerrend wirke. Aber nicht zu leugnen ist, dass die gewährleistete Ausfuhrvergütung zu einem relativen hohen Steuersatz den Exporthandel tatsächlich gefördert hat.

	Allgemeines Schutzniveau (t+n)	Zollsatz (t)	nichttarifäre Handelshemmnisse (n)
Rapsöl	113,6	25	88,60
Zucker	141,4	30	111,40
Alkoholfreie Getränke	105,56	65	40,56
Furnierplatten	46,10	20	26,10
Wolle und Wollstrang	19,20	15	4,20
Farbfernseher	18,59	0	18,59
Videorekorder	54,27	8	46,27
Motorräder	131,20	120	11,20
Klimaanlagen	104,73	90	14,73
Stahlerzeugnisse	38,76	15	23,76
Kupfer und Kupfererzeugnisse	17,15	10	7,15
Aluminium und Alu-Produkte	27,49	18	9,49
Benzin	35,24	9	26,24
Diesel	24,70	6	18,70
Diammoniumphosphat (DAP)	72,40	0	72,40
Kunstfaser	22,01	15	7,01
Naturkautschuk	42,90	30	12,90
Synthesekautschuk	42,90	30	12,90
Kunststoff	36,59	25	11,59
PKWs	134,20	110	24,20
Erdöl	18,19	1,5	16,69
Mikrocomputer	13,02	7	6,02
Farbfernsehröhre	33,59	15	18,59
Weizen	72,40	0	72,40
Speicherprogrammierbare Steuerung	20,98	12	8,98
Gesamtergebnis	43,29	21,74	21,55

Quelle: Zhang, Shuguang, Zhang, Yansheng & Wan, Zhongxin: 中国贸易保护代价的实证分析 [Eine empirische Untersuchung zu Kosten der handelspolitischen Schutzmaßnahmen in China]. In: Economic Research Journal, 1997, Nr. 2.

Tabelle 4-1: Handelspolitische Schutzmaßnahmen in China (tarifäre und nicht-tarifäre Handelsbeschränkungen)

wurde das zweifelsohne zurückerstattet. Wenn es sich um Veredelungsindustrien handelte, konnten die Unternehmen Ausfuhrvergütung erhalten, wenn sie bei der Verarbeitung lokale Rohstoffe oder Produkte verwendeten. Mit der Erhöhung der Ausfuhrvergütung hat sich die internationale Wettbewerbsfähigkeit der chinesischen Produkte und der exportorientierten Unternehmen erhöht.[9]

Die Marktzutrittsbeschränkungen stellen eine andere Art Schutz dar, dem die Abfolge des chinesischen Öffnungsprozesses – von der Öffnung des Handels hin zur Öffnung des Finanzsektors – Rechnung trug. In einem Nationalstaat entwickeln sich in der Regel zuerst die verarbeitenden Industrien und dann der Dienstleistungssektor, wofür selbst entwickelte Länder keine Ausnahmen darstellen. Die Entwicklungsländer, die normalerweise über eine große Menge von Arbeitskräften als komparative Vorteile verfügen, können demnach zuerst mit den entwickelten Ländern in arbeitsintensiven verarbeitenden Industrien konkurrieren, da die Öffnung dieses Sektors keine großen Probleme mit sich bringen wird. Im Falle Chinas bedeutet es, zuerst den Handelssektor zu öffnen. Der Dienstleistungssektor, insbesondere der Finanzsektor mit niedriger Wettbewerbsfähigkeit wurde nach Chinas WTO-Zusage in kleinen Schritten nach und nach geöffnet.

Im Hinblick auf Chinas Öffnung lässt sich feststellen, dass China durch die geschützte Öffnung, die mit dem Entwicklungsniveau Chinas vereinbar war, positive Ergebnisse erzielte: Das Exportvolumen nahm zu, einige Industriebranchen erlebten einen schnellen Zuwachs und die gesamte Wettbewerbsfähigkeit erhöhte sich. Obwohl dieser Prozess im Allgemeinen erfolgreich war, durfte man nicht übersehen, dass die Wirtschaftslage durch die Schutzmaßnahmen zum Teil verzerrt war, weshalb die nationale Regierung bei der Gestaltung der Schutzmaßnahmen die Verringerung der wirtschaftlichen Verzerrung und die Steigerung der Effizienz berücksichtigen muss.

4.4.2 Schrittweise Öffnung des Finanzsektors

Gemäß der Anordnung der wirtschaftlichen Öffnung folgte auf die Öffnung des Handels die Öffnung des Finanzsektors. In den 1990er Jahren war in China zwar

9 China hat seit Jahren einen Handelsbilanzüberschuss erwirtschaftet und zugleich wird das Problem des extensiven Wachstumsmodus immer offensichtlicher. Vor diesem Hintergrund hat die chinesische Regierung die exportfördernden Maßnahmen revidiert. Dazu gehören die schrittweise Senkung und Abschaffung der Ausfuhrvergütung.

die schnelle Zunahme des Import- und Exportvolumens am BIP und damit die Herausbildung einer exportorientierten Volkswirtschaft zu beobachten, aber mit der Öffnung des Finanzsektors wurde sehr vorsichtig vorgegangen. 1996 wurde die Konvertibilität der laufenden Posten in China realisiert, und die Kapitalregulierung wird seit der asiatischen Finanzkrise schrittweise gelockert. Nach Angaben der Chinesischen Volksbank wird China die angekündigten Liberalisierungsmaßnahmen konsequent umsetzen und die Kapitalkonvertierbarkeit stetig vorantreiben, um die Öffnung des Finanzsektors zu fördern und die hochqualitative Entwicklung der Realwirtschaft besser zu unterstützen.

Im Jahr 2001 wurde die Devisenkontrolle gelockert: Chinesische Unternehmen und Einwohner konnten Devisen kaufen, um In- und Auslandskredite, Auslandsschulden und Kredite aus konvertierbaren Auslandsanleihen frühzeitig zu tilgen. Chinesische Unternehmen durften darüber hinaus Devisen kaufen, um strategische Investitionen im Ausland zu finanzieren. Die Studierenden, die auf eigene Kosten ein Bachelor- oder Aufbaustudium im Ausland machen wollten, durften Devisen im Wert von 20.000 US-Dollar bzw. US-Dollar-Äquivalenten kaufen (zuvor waren es nur 2.000 US-Dollar), um die Studiengebühren und Nebenkosten zu finanzieren (seit 2005 liegt die Obergrenze für die universitären Nebenkosten außer den Studiengebühren bei 20.000 US-Dollar).

2002 wurde das Programm der Qualifizierten Ausländischen Institutionellen Investoren (合格境外机构投资者制度, Qualified Foreign Institutional Investors, QFII) auf dem chinesischen Kapitalmarkt eingeführt. Demnach dürfen Gebietsfremde auf dem chinesischen Aktienmarkt (A-Aktien) tätig sein, wenn sie einschränkende Bedingungen erfüllen.

Im Jahr 2003 ging die chinesische Regierung einen Schritt weiter: Im Inland ansässige Personen, die bei chinesischen Kreditinstituten Kredite in Fremdwährung erhielten, mussten sich bei der Tilgung nicht mehr ins Register eintragen, um die behördliche Genehmigung einzuholen. Die chinesischen Unternehmen durften ihre Devisenguthaben durch Projektverträge, Transportleistungen, Provisionen, internationale Ausschreibungen und andere Geschäftstätigkeiten im Ausland für sich behalten. In einigen Provinzen und Regionen wurde das Investitionsvolumen im Ausland von einer Million auf drei Millionen US-Dollar erhöht. Ohne Ausfuhrerlaubnis der Staatlichen Devisenverwaltung durfte man 5.000 US-Dollar bzw. US-Dollar-Äquivalente mit ins Ausland nehmen, das war eine Erhöhung um 3.000 US-Dollar. Genehmigungsbedürftig waren erst Summen ab 10.000 US-Dollar, eine Zunahme von 6.000 US-Dollar. Wenn man aus dem Ausland zurückkehrte, waren bis zu 5.000 US-Dollar (bzw. US-Dollar-Äquivalente) nicht meldepflichtig, was einer Erhöhung von 3.000 US-Dollar entsprach.

Im Jahr 2004 wurde dem Nationalen Sozialversicherungsfonds (全国社会保障基金, National Social Security Fund, NSSF), der ein Vermögen von ca. 17 Mil. US-Dollar verwaltete, und anderen chinesischen Versicherungsgesellschaften die Erlaubnis erteilt, einen begrenzten Anteil ihres Anlagenportefeuilles auf internationalen Finanzmärkten zu investieren. Zugleich wurde internationalen Kreditinstituten erlaubt, für Investitionstätigkeiten im Ausland chinesische Währung aufzubringen. Die in China agierenden internationalen Unternehmen durften ihre Devisenbestände zusammenlegen, sie in Form von Treuhandkrediten in China umverteilen oder ausländischen Institutionen darleihen. Außerdem dürfen Chinesen, die ins Ausland ausgewandert sind, und Gebietsfremde, die in China Vermögen geerbt haben, das persönliche Vermögen überführen.

Um den Bedarf der chinesischen Unternehmen an Devisen zu befriedigen und die Kosten, die durch Devisenablieferungs- und -anmeldepflicht entstanden sind, zu senken, beschloss die Staatliche Devisenverwaltung 2005, die Verwaltung über die Leistungsbilanz der Fremdwährungskonten zu restrukturieren: (1) Die Abrechnungsfrist für internationale Devisenzugänge wurde von 10 Arbeitstagen auf 90 Arbeitstage verlängert; (2) Immer mehr Unternehmen wurde das Recht eingeräumt, nach der tatsächlichen Lage ihrer Leistungsbilanz über Devisen zu verfügen.

Die *Provisorische Regelung zur Verwaltung von ausländischen Investitionstätigkeiten der qualifizierten inländischen institutionellen Investoren*, die am 20. Juni 2007 durch die Nationale Aufsichtskommission für das Wertpapierwesen (中国证监会, China Securities Regulatory Commission, CSRC) verabschiedet wurde, galt als Türöffner für sogenannte qualifizierte inländische institutionelle Investoren (合格境内机构投资者, Qualified Domestic Institutional Investor, QDII) der Wertpapierhändler und Fonds. Bereits Ende September 2007 wurde ein QDII-Gesamtbetrag im Wert von 42,17 US-Dollar realisiert.

Gemäß dem WTO-Versprechen wurde die Öffnung der chinesischen Finanzmärkte 2001 in die Wege geleitet. Bis Ende 2006 wurden die Marktzutrittsbeschränkungen völlig abgeschafft. Die Inhaberschaft, Eigentumsform und Betriebsführung der ausländischen Bankinstitute wurden nicht mehr infrage gestellt. Sie durften dem Prinzip der Inländerbehandlung nach CNY-Geschäfte für chinesische Kunden abwickeln. Da in der Übergangsphase Banken, Versicherungen und Wertpapierwesen der Marktzugang schrittweise gewährt wurde, waren keine Schockeffekte für chinesische Finanzdienstleister entstanden.

Dank der schrittweisen Öffnung der Finanzmärkte konnte China die Asienkrise recht gut überstehen. Angesichts der Tatsache, dass der Kapitalabfluss, der mit der Öffnungsstrategie „Going Global“ und der Aufwertung und Überschussliquidität der chinesischen Währung einhergeht, großen Einfluss auf die Stabilität der inländischen Finanzen ausüben kann, muss die Bedeutung der graduellen Öffnung der Kapitalkonten in dieser Hinsicht immer wieder betont werden.

4.5 Neue Entwicklungstrends der offenen Volkswirtschaft

4.5.1 Neue Herausforderungen der offenen Volkswirtschaft

Ein mehrschichtiges Gefüge der wirtschaftlichen Öffnung kam in den letzten 40 Jahren in China zustande: von den Sonderwirtschaftszonen über die Küstenregionen bis zu Regionen entlang Flüssen, von Grenzgebieten über Provinzhauptstädte im Landesinneren bis nach Mittel- und Westchina. Im Rahmen der WTO-konformen wirtschaftspolitischen Ordnung hat China aktiv am Globalisierungsprozess teilgenommen, sich diese einmalige Chance zunutze gemacht und dabei hervorragende Leistungen erzielt. In Anbetracht des wirtschaftlichen Umfangs konnte China ein schnell zuwachsendes Außenhandelsvolumen verzeichnen: China war nicht nur Exportweltmeister, sondern belegte auch den zweiten Platz im Import. Die Direktinvestitionen im Ausland nahmen in den letzten Jahren auch rasant zu: 2014 wurde China zu einem Nettokapitalexporteur, dessen reale Direktinvestitionen im Ausland das Investitionsvolumen des Auslandskapitals in China übertrafen (dem Handelsministerium zufolge beliefen sich die chinesischen Direktinvestitionen im Ausland, einschließlich Reinvestitionen durch Drittinstitutionen, auf ca. 140 Mil. US-Dollar, das waren ca. 20 Mil. US-Dollar mehr als das Investitionsvolumen des Auslandskapitals in China).

Trotz dieser Errungenschaften sieht sich China als offene Volkswirtschaft vor gewaltige Herausforderungen gestellt.

Hinsichtlich der internationalen Arbeitsteilung befinden sich mehreren Untersuchungen – beispielsweise I. Gill[10] und der Weltbank[11] – zufolge Länder im mittleren Bereich der Arbeitsteilung mit mittlerem Einkommen im Zwischenraum zwischen Ländern mit niedrigem Einkommen als komparativen Kostenvorteilen und sehr innovativen Ländern mit hohem Einkommen. Diese Positionierung bringt eine Art „Vakuum der komparativen Wettbewerbsvorteile"

10 Gill, I., Kharas, H. u. a.: *An East Asian renaissance: Ideas for economic growth.* The International Bank for Reconstruction and Development / Weltbank, 2007.

11 Die Weltbank: *Robust recovery, rising risks.* East Asia & Pacific Update, Washington D. C.: Die Weltbank, 2010.

mit sich, sodass die Länder mit mittlerem Einkommen an den Rand gedrängt und von der internationalen Arbeitsteilung ausgeschlossen werden. Daraus resultiert der Begriff „Falle des mittleren Einkommens". Dies trifft gerade auf China zu. In den letzten Jahren hat sich China von einer einkommensschwachen zu einer Nation mit mittlerem Einkommen entwickelt. Mit der Erhöhung des Pro-Kopf-BIP kamen China allmählich seine komparativen Kostenvorteile in arbeitsintensiven Branchen abhanden, während es sich Wettbewerbsvorteile in technik- und kapitalintensiven Branchen noch nicht angeeignet hat. Um sich der Herausforderung der „Falle des mittleren Einkommens" stellen zu können, sieht sich China genötigt, auf die Ausweitung der Öffnung zu setzen, die Rückwirkung auf die marktorientierten Reformen ausüben wird. Durch „schöpferische Zerstörung" soll die Marktdynamik gestärkt und durch freien Marktwettbewerb sollen leistungsfähige Unternehmen ausgewählt werden. Das ist der einzige Weg für China, neue komparative Kostenvorteile in der internationalen Arbeitsteilung zu finden und auszubauen, wodurch sich das Land von der Falle des mittleren Einkommens befreit.

In der Post-Krisenzeit waren die entwickelten Nationen aktiv dabei, wirtschaftliche Entwicklungsmodelle und Weltordnungspolitik neu zu gestalten, um ihre Vorteile im internationalen Wettbewerb zu sichern. Zu Recht konnte man behaupten, dass China absichtlich davon ferngehalten wurde. Als Beispiel dienen die von den entwickelten Nationen verhandelten Abkommen, darunter die Transpazifische Partnerschaft (TPP), die Transatlantische Handels- und Investitionspartnerschaft (TTIP) und das Abkommen über den Handel mit Dienstleistungen (TiSA), die zu erkennen gaben, dass sie sich als Gemeinschaft mit dem gegenwärtigen Globalisierungsprozess und mit der vorhandenen Weltordnung nicht zufriedengaben. Eine neue „heilige Allianz" wurde gebildet, um neue Regeln festzusetzen. Aber China wurde hiervon ausgeschlossen. Durch den Ausschluss sah sich China im neuen Zeitalter mit neuen Herausforderungen konfrontiert.

4.5.2 Freihandelszone in Shanghai und ihre Erweiterung

Angesichts der oben dargestellten Gegebenheiten ergriff China die Initiative, in Shanghai eine Freihandelszone zu errichten. Dies zeigte eindeutig, dass die chinesische Regierung gegenüber der neuen inländischen Entwicklung und der veränderten Weltlage eine positive Haltung hatte und sich ganz nach den Umständen richtete: Zum einen erklärte sich China bereit, an neuen Verhandlungsrunden über die neue Weltordnung teilzunehmen, und zum anderen wurde eines der bedeutendsten Gebiete auf dem chinesischen Territorium ausgesucht, um mit TPP- und anderen neuen Regelungen zu experimentieren, damit „Entwicklung, Reformen und Innovationen durch die wirtschaftliche Öffnung gefördert und reproduzierbare und anwendbare Sachkenntnisse, die der nationalen Entwicklung dienen, erworben werden können." Kurz gesagt: Damit sollen neue Wettbewerbsvorteile Chinas in der internationalen Arbeitsteilung erkannt und gefunden werden. Am 27. September 2013 verkündete der Staatsrat offiziell das Konzept über die Errichtung der chinesischen Pilot-Freihandelszone in Shanghai, was den Beginn einer neuen Phase der chinesischen Öffnung markierte.

Der Öffnungsprozess Chinas lässt sich in vier Phasen einteilen: (1) 1980 wurden Sonderwirtschaftszonen in Shenzhen und anderen drei Städten errichtet. Darauf folgte die Öffnung der Küstenregion mit der Erschließung und Öffnung Pudongs als Höhepunkt. Festen Schrittes ging China den Weg der außenwirtschaftlichen Öffnung. Von da an bis zum offiziellen WTO-Beitritt Chinas wurde diese Phase als „wirtschaftspolitische Öffnung" (政策性开放) bezeichnet. Charakteristisch dafür waren Sondergenehmigungen und Vergünstigungen für bestimmte Geschäftsfelder, Regionen und Industrien, um zielgerichtet ausländisches Kapital, Technologien, Management und Märkte einzuführen und schrittweise eine exportorientierte Volkswirtschaft aufzubauen. (2) Ende 2001 begann mit dem offiziellen WTO-Beitritt Chinas die Phase der „institutionellen Öffnung" (制度性开放). Die Hauptmerkmale dieser Periode waren, dass China Regelwerke, Institutionen, Vorgehensweisen und Erfolgsmethoden (sogenannte „Best Practice") der entwickelten Nationen annahm, um sich in die Weltwirtschaft zu integrieren. In dieser Zeit fingen chinesische Unternehmen an, sich aufgrund ihrer Erfahrungen in der Akquisition weltweit zu betätigen. (3) Mit dem Start des Pilotprojekts – nämlich der Freihandelszone in Shanghai – wurde ein neues Kapitel aufgeschlagen. Auf der Grundlage der gesammelten Erfahrungen in der zweiten Öffnungsphase wurde der „vollständige Aufbau einer offenen Volkswirtschaft" als Ziel gesetzt. Aus China soll eine verantwortungsvolle Nation werden, die in der Weltgemeinde aktiv mitwirkt und einen wichtigen Beitrag zum gemeinsamen Wohlstand leistet. (4) Die Erfahrungen der Freihandelszone Shanghai kamen in einem größeren Umfang zur Anwendung. Angesichts der Tatsache, dass die Freihandelszone Shanghai eine Reihe von innovativen institutionellen Maßnahmen hinsichtlich der Verwaltung von ausländischen Investitionen durch die Negativliste, Erleichterung des Handels, Öffnung des Finanzdienstleistungssektors und Verbesserung der Regulierungsaufgaben der Regierung ergriffen hatte, die reproduzierbar und praktisch umsetzbar waren, beschloss die chinesische Regierung am 12. Dezember 2014, die Erfahrungen auf andere

Freihandelszonen zu übertragen, um die außenwirtschaftliche Öffnung auf ein höheres Niveau zu bringen. Dabei wurde das Pilotprojekt Shanghai weiter gefördert. Die Negativliste wurde weitgehend reduziert, d. h., dass im Dienstleistungssektor und in modernen Verarbeitungsindustrien weitere Öffnungsmaßnahmen ergriffen wurden, unter denen einige im ganzen Bezirk Pudong umgesetzt wurden. Zweitens sollten außer der gesetzlichen Revidierung 28 praktische Erfahrungen bezüglich Investitionen, Handelstätigkeiten, Finanzen, Öffnung des Dienstleistungssektors sowie begleitende und nachträgliche Überwachung landesweit verbreitet werden. In anderen Sonderverwaltungszonen unter Aufsicht der Zollbehörden wurden sechs neue Maßnahmen zur Zollaufsicht sowie zur Qualitätskontrolle und Quarantäne eingeführt. Drittens wurden auf der Basis bestehender Industriezonen drei weitere Freihandelszonen in Guangdong, Tianjin und Fujian zu Testzwecken errichtet, in denen das bewährte Modell von Shanghai implementiert wurde und mit neuen Maßnahmen zur Befriedigung der lokalen Bedürfnisse und zur Erfüllung der vorgesehenen Aufgaben experimentiert wurde. Beispielsweise wurde in der Freihandelszone Qianhai, Shenzhen (深圳前海自贸区), das Gewicht nicht nur auf den Finanzsektor gelegt, sondern die moderne Logistik, IT-Dienstleistungsbranche sowie technische und kulturelle Innovationen zählten ebenfalls zu ihren Schwerpunkten. Im Gegensatz dazu sah die Freihandelszone Tianjin vor, die Handelstätigkeiten zu erleichtern, weshalb sie sich in erster Linie auf die Öffnung des Dienstleistungs- und Finanzsektors konzentrierte.

China befindet sich zurzeit in einer kritischen Phase der wirtschaftlichen Umstrukturierung. Mit Freihandelszonen als neuem, innovativem Entwicklungsmotor wird die chinesische Wirtschaft als offene Volkswirtschaft neue Entwicklungskräfte schöpfen, Nutzen von der neuen Globalisierungswelle ziehen und damit die inländischen Reformen mit einem kräftigen Wachstum vorantreiben.

4.5.3 Die Seidenstraßeninitiative

Wenn es bei der Errichtung und Erweiterung der Freihandelszone Shanghai um Chinas interne Maßnahmen als Reaktionen auf die neue internationale Wirtschaftslage in der Post-Krisenzeit geht, kann die Seidenstraßeninitiative zur Förderung der umfassenden Öffnung als Chinas globale Antwort verstanden werden.

Die Seidenstraßeninitiative, bekannt als Belt and Road Initiative (BRI), sieht vor, einen Wirtschaftsgürtel entlang der alten Seidenstraße auf dem Landweg und parallel dazu eine maritime Seidenstraße des 21. Jahrhunderts über dem Seeweg aufzubauen, um den Anforderungen der neuen wirtschaftlichen

Entwicklungsphase[12] an die regionale Entwicklung und Öffnung gerecht zu werden. Auf der einen Seite wurde Chinas exportorientierte Wirtschaft durch die deutliche Abnahme der Auslandsnachfrage angesichts der globalen Wirtschaftskrise beeinträchtigt. Auf der anderen Seite brachte die wirtschaftliche Hyperentwicklung Chinas neue Probleme wie Strukturschwächen und Überkapazitäten mit sich, die einen großen Druck auf die Wirtschaft ausübten. Darüber hinaus strebten die USA, Europa, Japan und andere entwickelte Nationen an, neue Regelungen für zwischenstaatliche Wirtschafts- und Handelsbeziehungen zu erarbeiten und damit eine neue internationale Wirtschaftsordnung herzustellen, was sich in vieler Hinsicht nachteilig auf Chinas Entwicklung auswirkte. Angesichts der neuen Normalität im Inland und der neuen Weltwirtschaftslage ergriff die chinesische Regierung diese Initiative, die einen neuen Entwicklungsweg für die regionale Entwicklung und Öffnung aufzeigte und dem Wirtschaftswachstum in der neuen wirtschaftlichen Normalität neue Impulse verlieh.

Durch die Seidenstraßeninitiative wird China einerseits den Öffnungsprozess von Osten nach Westen beschleunigen, um den Handelsverkehr und die wirtschaftlichen Kooperationen zwischen China, insbesondere zwischen westlichen Regionen Chinas und Mittel- und Westasien sowie Osteuropa zu fördern (Wirtschaftsgürtel entlang der alten Seidenstraße). Andererseits wird China seine wirtschaftlichen Beziehungen zu Südostasien pflegen und weiterentwickeln und diese schrittweise auf Südasien und Afrika ausbauen (maritime Seidenstraße). Die Seidenstraßeninitiative ist somit ein entscheidender Schritt im Rahmen von Chinas umfassender Öffnung. Durch Vernetzung und Konnektivität der Infrastruktur der Länder entlang der Seidenstraße soll die Verteilung von Produktionsfaktoren und Handelsprodukten optimiert, die Wirtschaftsintegration der Regionen gefördert und ein größerer Markt für Entwicklung, Umwandlung und Transfer chinesischer Industrien gewährleistet werden. Um das Problem der Kapitalknappheit beim Aufbau der Infrastruktur zu lösen, wurde ein neuer Finanzierungsmechanismus aufgestellt: Als konstruktive Ergänzung zur Weltbank, Asiatischen Entwicklungsbank und anderen Finanzinstituten gründete China mit vielen Ländern zusammen die Asiatische Infrastrukturinvestmentbank (AIIB) und den offenen Seidenstraßenfonds, was der Kapitalausfuhr Chinas, der effektiven Nutzung hoher Devisenreserven (knapp vier Billionen US-Dollar) und der Internationalisierung der chinesischen Währung zugutekommen

12 Damit ist die wirtschaftliche neue Normalität gemeint, auf die im Nachhinein noch eingegangen wird.

sollte. Auf der Grundlage der bereits umgesetzten Projekte wird China nach wie vor auf Dialog und Konsultation, gemeinsame Mitwirkung und Teilhabe, Win-win-Kooperationen sowie Austausch und gegenseitiges Lernen setzen, um mit den Anrainerstaaten der Seidenstraße eine gemeinsame hochqualitative Entwicklung zu verwirklichen. Dabei wird der Akzent auf Ideen wie Umweltverträglichkeit, Offenheit, Nachhaltigkeit und Innovation gelegt, und maßgeschneiderte Projekte, die der hochqualitativen Entwicklung, dem Wohlhaben der Menschheit und der Nachhaltigkeit förderlich sind, werden tatkräftig unterstützt. Die Seidenstraßeninitiative ist kein „Solospiel" Chinas, sondern ein „Chor" aller beteiligten Länder. Sie sollte mit ihren praxisbezogenen Projekten allen Ländern zugutekommen und große Beiträge zum Aufbau der Schicksalsgemeinschaft der Menschheit leisten. Angesichts der Tatsache, dass die USA, Europa, Japan und andere entwickelte Nationen eine neue Wirtschaftsordnung anstreben (z. B. TPP, TTIP und TiSA), kann China mit der Seidenstraßeninitiative die „Einkesselung" durchbrechen und mehr Kooperationsmöglichkeiten in Bezug auf Ressourcen und Märkte verwirklichen. Dank dieses Konzepts entsteht neben der EU und der Nordamerikanischen Freihandelszone eine dritte Säule im Machtdreieck, was die Bildung einer neuen globalen Wirtschaftslage beschleunigt und die wirtschaftliche Globalisierung tiefgreifend beeinflusst.[13]

4.5.4 Schwerpunkte der weiteren Maßnahmen zur Förderung der offenen Wirtschaft

Zur Förderung der offenen Wirtschaft wird China in Zukunft den Schwerpunkt auf folgende vier Bereiche legen:

Erstens wird China mit der globalen Welle der technologischen Revolution Schritt halten und aktiv auf die Herausforderungen der internationalen Arbeitsteilung reagieren. China wird die Chance der dritten industriellen Revolution nutzen, seine Vorteile in neuen Forschungsbereichen ausbauen, das Produktionsniveau bzw. das technische Niveau und die unabhängige Innovationsfähigkeit der Unternehmen erhöhen, seine Wettbewerbsvorteile auf die beiden Ende der globalen Wertschöpfungskette mit höherem Mehrwert verlagern, um den Wandel von „Made in China" in „Designed in China" herbeizuführen. Somit wird sich China den großen Herausforderungen der neuen internationalen Arbeitsteilung stellen, die einerseits durch bewusstes Aufrechterhalten der Überlegenheit der

13 Li, Yang & Zhang, Xiaojing: 失衡与再平衡 [Ungleichgewicht und Rebalancieren]. China Social Science Press, 2013.

entwickelten Nationen und andererseits durch den Nachholbedarf der Schwellenländer bedingt ist.

Zweitens wird China eine aktive Rolle bei der Neugestaltung der internationalen Ordnung spielen und eigene Ideen zur „Global Governance" einbringen. Vom strategischen Ansatzpunkt ausgehend soll China seine Partizipation an internationalen Angelegenheiten stärken und sein Mitspracherecht aktiv anwenden, um zur Schaffung einer gerechteren internationalen Wirtschafts- und Währungsordnung sowie Weltpolitik beizutragen, die gesunde und sichere externe Rahmenbedingungen für eine nachhaltige Entwicklung der chinesischen Wirtschaft schaffen soll.

Drittens soll der Dienstleistungssektor weiter geöffnet und dessen Produktivität gesteigert werden. Der Öffnungsgrad des Finanzsektors und anderer moderner Dienstleistungsbranchen sowie der Grad der Internationalisierung der chinesischen Währung sollen erhöht werden. Durch die Zulassung von Drittanbietern wird der Wettbewerb auf chinesischen Märkten verschärft werden, wodurch die Produktivität der Dienstleistung verbessert werden kann. Insbesondere sollen industrielle Dienstleistungsangebote dereguliert werden, damit sie eine schnelle Entwicklung erleben und ihre unterstützende Funktion für die Industrieunternehmen besser entfalten können.

Zuletzt werden die Freihandelszone Shanghai (einschließlich der Erweiterung) und die Seidenstraßeninitiative vorangetrieben, um einen Ausweg aus der „Einkesselung Chinas" durch die entwickelten Nationen zu finden. Die Gründung der AIIB, des Bankenkonsortiums der Shanghaier Organisation für Zusammenarbeit, der Neuen Entwicklungsbank (auch BRICS Development Bank), des Seidenstraßenfonds, des regionalen Sicherheitsnetzwerks für Finanzen u. a. verfolgen – wie die Errichtung der Freihandelszone Shanghai und die Seidenstraßeninitiative – das Ziel, der neuen Normalität der wirtschaftlichen Öffnung Rechnung zu tragen und dabei eine führende Rolle zu spielen, um die Einkesselung der entwickelten Volkswirtschaften unter Führung der USA zu durchbrechen. Ein neuer Weg für Chinas Außenhandel, Auslandsinvestitionen, industrielle Restrukturierung und künftige Entwicklung soll damit geebnet werden.

5 Institutionelle Reformen der Makrosteuerung

Richtet man den Blick auf den Reformprozess des chinesischen makroökonomischen Verwaltungssystems, lässt sich feststellen, dass es sich dabei nicht um einen einseitigen Lernprozess vom Westen handelt, sondern wechselseitige Beziehungen zwischen China und Westen bestehen. Dieses Voneinander-Lernen nahm aber erst später seinen Anlauf, zu Anfang musste sich China jedoch mit der Rolle eines Schülers abfinden und vom Westen lernen, da das Konzept der Makrosteuerung, das in einem ziemlich langen Zeitraum der chinesischen Regierung Kummer bereitete, für China völlig fremd war. Die „Fehlleistungen" der chinesischen Regierung lagen hauptsächlich daran, dass der „Boden" Chinas anders war als der in westlichen Ländern. Nach dem Ausbruch der Finanzkrise 2008 änderte sich diese Situation grundsätzlich. Einige Länder begannen zu überlegen, von China die Erfahrungen in Makrosteuerung zu lernen, da die Hauptströmungen der wirtschaftlichen Theorien und die Politik der Globalsteuerung dadurch erschüttert wurden und die Stärken der chinesischen Makrosteuerung zutage traten.

China, dessen makroökonomisches Verwaltungssystem sich in einem dynamischen Entwicklungsprozess befindet, darf sich nicht mit dem Status quo zufriedengeben, auch wenn einige Länder ihre Lernbereitschaft erklärt haben. In der Tat handelt es sich bei den chinesischen Besonderheiten oft um spezielle

Erfahrungen unter bestimmten Konstellationen bestimmter Entwicklungsphasen, die nicht verallgemeinert werden können und sich auf die internationale Gemeinschaft kaum übertragen lassen. Wichtig ist zu erkennen, was durch institutionelle Restrukturierungen außer Kraft war bzw. noch zu verbessern ist und was system- und zeitkonform ist. Das ist die Logik, die die Reformen des makroökonomischen Verwaltungssystems zu verfolgen haben.

5.1 „Von China die Makrosteuerung lernen"

Mit der Einführung der Reform- und Öffnungspolitik verschafften sich moderne Wirtschaftslehren Zugang zu China. Seitdem galten chinesische Wirtschaftswissenschaftler einige Zeit lang als Zuhörer, Anhänger und Nachahmer der Hauptströmungen der westlichen makroökonomischen Theorien und Politik. Unter denen gab es einige, die dafür plädierten, in China eine „standardisierte" Marktwirtschaft nach dem Prototyp im Mainstream-Lehrbuch aufzubauen, um die Rahmenbedingungen für die gängige Globalsteuerung zu schaffen. In dieser Hinsicht war es geradezu lächerlich, wenn man vor zehn Jahren darüber sprechen wollte, wie exemplarisch und mustergültig die chinesischen Erfahrungen für die Welt seien. Jedoch wurde das durch die globale Finanzkrise 2008 geändert.

Wie die Weltwirtschaftskrise 1929 war diese Finanzkrise nicht nur eine wirtschaftlicher Art, sondern sie stellte die makroökonomischen Konzeptionen und die Politik der Globalsteuerung auf eine harte Probe. Auf theoretischer Ebene waren konkurrierende Ideen und Schulen in eine heftige Auseinandersetzung involviert. Die zeitweise dominierende Neoklassik wurde stark kritisiert, und Krugman, Stiglitz und andere Keynesianer griffen wieder auf Keynes zurück. George Soros' „Institute for New Economic Thinking" (INET) brachte viele Andersgesinnte unter ein Dach, die die neoklassische Ökonomie reflektierten und kritisierten. Trotz dieser noch nie da gewesenen kritischen Welle vertraten Lucas, Taylor, Maskin, Mishkin und andere Volkswirte eher die Meinung, dass der Ausbruch der Finanzkrise kein Versagen der Wirtschaftstheorien bedeutete. Sie behaupteten, dass die Finanzkrise keinesfalls die Grundprinzipien der bewährten Volkswirtschaftslehren aufhebe oder außer Kraft setze. Vielmehr werde die „Hypothese effizienter Märkte" bestätigt.

Das harte Aufeinanderprallen verschiedener theoretischer Erklärungsansätze galt ebenfalls für die wirtschaftspolitische Neugestaltung: Ökonomen und politische Entscheidungsträger stürzten „mutig in eine neue Welt" hinein, in der es mehr Probleme als Lösungsansätze gab, da die Politik einer neuen

Globalsteuerung noch nicht Kontur gewann. Für Bernanke, den ehemaligen US-Notenbankpräsidenten sei diese Krise nicht auf die vorherrschende volkswirtschaftliche Lehrmeinung, sondern auf die wirtschaftspolitische Gestaltung und Umsetzung zurückzuführen.[1] Es sah so aus, dass die Krise mit ihren tief greifenden Auswirkungen eine eingehende Analyse der Wirtschaftspolitik forderte, obwohl die theoretischen Auseinandersetzungen noch keine eindeutige Antwort liefern konnten. Es waren Aufgaben der wirtschaftspolitischen Untersuchungen, neue makroökonomische Rahmenbedingungen aufzustellen, die Kluft zwischen wirtschaftstheoretischen Ansätzen und der politischen Umsetzung zu überbrücken und die Leistungsfähigkeit der makroökonomischen Politik zu steigern.

Dabei kamen viele Volkswirte der Lehrmeinung zur Einsicht, dass die traditionelle makroökonomische Politik, die allzu sehr auf gesamtwirtschaftliche Leistungsindikatoren wie die Preisstabilität fokussiert ist, die wirtschaftliche Stabilität bei Weitem nicht gewährleisten könne. Daneben sollten strukturelle Indikatoren wie die Struktur der Produktionsleistungen, die Wertänderung der Vermögenswerte, der Leverage-Effekt und externe Ungleichgewichte berücksichtigt werden. Die Nichtbeachtung dieser strukturellen Probleme bei der Gestaltung der makroökonomischen Politik sei am Ausbruch der Finanzkrise in den entwickelten Volkswirtschaften schuld.

Die wirtschaftliche Performance Chinas seit mehr als zehn Jahren geht mit den wirtschaftstheoretischen Auseinandersetzungen einher. Während die meisten entwickelten Volkswirtschaften von der wirtschaftlichen Depression geplagt waren, erzielte China, das die westliche makroökonomische Politikgestaltung nicht blind übernahm, mit der Politik der Makrosteuerung, die sich durch Strukturanpassungsmaßnahmen auszeichnete, ziemlich gute Leistungen. Aus Abbildung 5-1 ist ersichtlich, dass die gesamtwirtschaftliche Entwicklung, gemessen sowohl an der Wachstumsrate des BIP als auch an der Inflationsrate, ab Mitte der 1990er Jahre keine großen Konjunkturschwankungen zeigte. Mit einer Wachstumsrate von über 7% bewegte sich die Volkswirtschaft in einem angemessenen Schwankungsbereich auf einem ziemlich hohen Niveau. Die hohe Inflationsrate von über 10%, die vor 1995 regelmäßig einkehrte, war beinahe beseitigt. Zusammenfassend kennzeichnete sich Chinas gesamtwirtschaftliche Lage durch „hohes Wachstum, niedrige Inflationsrate und gleichmäßige Schwankungen". Einigen chinesischen Wissenschaftlern zufolge sei die stabile Entwicklung der chinesischen Wirtschaft einerseits auf die Optimierung der wirtschaftlichen Struktur

1 Bernanke, Ben: 金融危机对经济学的启示 [Auswirkungen der Finanzkrise auf die Wirtschaft]. In: *Comparative Studies* 2010, Nr. 5.

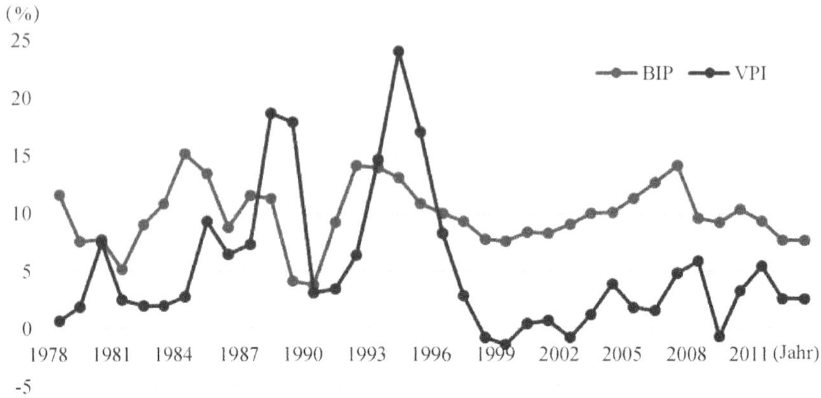

Abbildung 5-1: BIP-Wachstumsrate und Verbraucherpreisindex (VPI) in China (1978–2013)

und auf die Vertiefung der systematischen Reformen zurückzuführen, andererseits sei sie der Verbesserung der Politikgestaltung der Makrosteuerung zu verdanken.[2] Außerdem fiel diese Entwicklungsphase mit der Phase der „Großen Mäßigung" (Great Moderation) der globalen Wirtschaftsentwicklung zusammen. Das gute „Glück" der globalen Wirtschaft wurde der stabilen Entwicklung der chinesischen Wirtschaft zuteil.

Die Disparitäten der wirtschaftlichen Leistungen zwischen China und westlichen Ländern stellten die Begriffe, Kategorien, Grundsätze und Konzepte der vorherrschenden makroökonomischen Wirtschaftslehre, die lange Zeit als goldene Regel galt, in Zweifel. Auch die wirtschaftspolitischen Regelungen, Richtlinien und Mechanismen, die früher als Maßstab dienten, wurden in Schatten gestellt. Vor diesem Hintergrund plädierte Prof. Frankel, Wirtschaftswissenschaftler der

2 Dong, Yun: 体制转轨与中国经济波动形态的变化 [Transformationsprozess und Konjunkturschwankungen in China]. In: *China Opening Journal*, 2011, Nr. 2; Fang, Fuqian: 国有经济改革与中国经济波动的平稳化 [Reformen der Staatswirtschaft und Stabilisierung der Konjunkturschwankungen in China]. In: *Management World*, 2012, Nr. 3; Lin, Jianhao: 中国宏观经济波动的"大稳健"——时点识别与原因分析 [„Große Stabilität" der Konjunkturschwankungen in China: Identifizierung der Zeitpunkte und deren Ursachen]. In: *China Economy Quarterly*, 2013, Nr. 2; Yin, Jianfeng: 21世纪中国经济周期平稳化现象研究 [Zur Stabilisierung des chinesischen Konjunkturzyklus im 21. Jahrhundert]. In: *Social Sciences in China*, 2010, Nr. 4.

Harvard University dafür, Erfahrungen der aufstrebenden Märkte zu sammeln, um den makroökonomischen Mainstream zu retten.[3] Roach, der ehemalige Präsident von Morgan Stanley Asien, schrieb unter dem Titel „Von China die Makrosteuerung lernen" Folgendes: Alle Länder und Regionen auf der Welt haben zuzuhören, wie China mit seinen wirtschaftspolitischen Strategien und Maßnahmen Erfolge erzielte. Diese Aussagen zeigten, dass die Erfolgsgeschichten Chinas großes Interesse bei den westlichen Wirtschaftstheoretikern der Hauptströmungen geweckt haben. Das chinesische Gedankengut mit seinen praktischen Erfahrungen ist aufschlussreich für die Rekonstruierung der wirtschaftspolitischen Rahmenbedingungen der Globalsteuerung und für die Neugestaltung der Makroökonomie.[4]

5.2 Makrosteuerung chinesischer Prägung

Die Makrosteuerung Chinas hat eine gewisse Ähnlichkeit mit der Politikgestaltung der Globalsteuerung der entwickelten Volkswirtschaften, weist zugleich aber auch typische Merkmale einer Volkswirtschaft, die sich im Transformations- und Entwicklungsprozess befindet. Wu Jinglian[5] zufolge sei die chinesische Politikgestaltung der Makrosteuerung, die auf die 1980er Jahre zurückging, stark von westlichen Wirtschaftstheorien beeinflusst. Einige Empfehlungen, die ausländische Ökonomen für die Gestaltung des wirtschaftspolitischen Rahmens der chinesischen Makrosteuerung vorgebracht hatten, wurden nach eingehenden Diskussionen von den chinesischen Entscheidungsträgern angenommen. Darauf wird später eingegangen. Im folgenden Teil werden zuerst die chinesischen Besonderheiten der Makrosteuerung unter die Lupe genommen.

An der Bezeichnung lässt sich schon die Einzigartigkeit des chinesischen makroökonomischen Steuerungssystems erkennen. Der Begriff „Makrosteuerung"

3 Frankel, Jeffrey: *Monetary policy in emerging markets: A survey.* NBER Working Paper No. 16125, 2010.

4 Zhang, Xiaojing & Dong, Yun: 重构宏观经济政策框架：探索与争论 [Rekonstruierung der wirtschaftspolitischen Rahmenbedingungen für die Makroökonomie: Untersuchungen und Auseinandersetzungen]. In: *Comparative Studies*, 2013, Nr. 3.

5 Wu, Jinglian: 中国政府在市场经济转型中的作用 [Zur Rolle der chinesischen Regierung im marktwirtschaftlichen Transformationsprozess]. In: *National Economic Management*, 2004, Nr. 9.

(宏观调控) ist eine wirtschaftliche Terminologie chinesischer Prägung, die in dieser Art in westlichen Ländern nicht zu finden ist. 1985 von Edwin R. Lim, Wu Jinglian und anderen Ökonomen auf der „Bashan-Linienschiff-Konferenz" vorgeschlagen, sollte sie die Leitgedanken „Steuerung" (调) und „Kontrolle" (控) in sich vereinen und dadurch das chinesische Konzept von anderen konzeptionellen Ideen abheben. Unter „Steuerung", die der modernen Konzeption der Globalsteuerung entsprang, verstand man, durch indirekte Maßnahmen das wirtschaftliche Geschehen zu regulieren, während mit „Kontrolle" die Funktion der Zentralregierung als Wächter der Volkswirtschaft bekräftigt und die chinesischen Besonderheiten in der Übergangsphase hervorgehoben wurden.[6] Seitdem findet der Begriff „Makrosteuerung" allgemein Anwendung, mit dem das Engagement der chinesischen Regierung zur Regulierung der makroökonomischen Wirtschaftstätigkeiten beschrieben wird.

Stellt man die chinesische Politik der Makrosteuerung der Wirtschaftspolitik der entwickelten Länder gegenüber, sind die chinesischen Besonderheiten deutlich zu erkennen. Zusammenfassend lassen sich folgende vier Aspekte skizzieren.

5.2.1 Diversifikation der Ziele der Makrosteuerung

Nachdem John Maynard Keynes' Hauptwerk *Allgemeine Theorie des Zinses, der Beschäftigung und des Geldes* (1936) erschienen war, sind die Verhältnisse zwischen dem gesamtwirtschaftlichen Güterangebot und der Gesamtnachfrage sowie deren Auswirkungen auf den Konjunkturzyklus für die Wirtschaftstheoretiker der makroökonomischen Lehre der entwickelten Nationen ein wichtiger Forschungsgegenstand geworden. Im Fokus stehen die wirtschaftlichen Indikatoren wie Wachstumsrate, Inflationsrate und Beschäftigung, die durch die Relation zwischen der Gesamtnachfrage und potentiellen gesamtwirtschaftlichen Angeboten bestimmt werden. Dementsprechend hat sich die makroökonomische Politik der entwickelten Volkswirtschaften zum Ziel gesetzt, das Problem der konjunkturellen Schwankungen zu lösen. Durch „Nachbesserung der Fehler und Mängelbeseitigung" sowie durch „Optimierung von Überschüssen und Fehlbeständen" sollte die Gesamtnachfrage an das potentielle gesamtwirtschaftliche Güterangebot angepasst werden, wobei das Ist-Angebot nachhaltig mit dem Soll-Angebot in Übereinstimmung stehen soll. Spezifische wirtschaftliche Probleme sind dann Gegenstand der einschlägigen Wirtschaftspolitik: Beispielsweise

6 Lim, Edwin R.: 中国改革开放过程中的对外思想开放 [Gedankenbefreiung im chinesischen Reform- und Öffnungsprozess]. In: *Comparative Studies*, 2008, Nr. 6.

sucht die Antimonopolpolitik die strukturellen Probleme der Industrien zu lösen, während fehlende Anreize der Unternehmer durch klare Abgrenzung der Eigentumsrechte und Eigentumsschutz gestärkt werden sollen. In diesem Sinne hat die makroökonomische Politik der entwickelten Nationen einen ziemlich „schmalen" Handlungsspielraum und kann nur kurzfristige Schwankungen der Gesamtwirtschaft bewältigen.

Im Gegensatz dazu zeichnet sich die chinesische Politik der Makrosteuerung durch breit gefächerte Zielvorgaben aus. Im *Beschluss des ZK der KP Chinas über einige wichtige Fragen zur umfassenden Vertiefung der Reformen*, der auf dem 3. Plenum des XVIII. ZK der KP Chinas verabschiedet wurde, steht fest: „Die Hauptaufgaben der Makrosteuerung liegen darin, das gesamtwirtschaftliche Gleichgewicht aufrechtzuerhalten, die Koordinierung wichtiger wirtschaftlicher Strukturen und Optimierung des Arrangements der Produktivkräfte zu fördern, Beeinträchtigungen durch konjunkturelle Schwankungen abzumildern, regionalen und systematischen Risiken vorzubeugen, Markterwartungen zu stabilisieren und dadurch eine nachhaltige gesunde Entwicklung der Wirtschaft zu realisieren." Demnach hat die chinesische Politik der Makrosteuerung einerseits die Konjunkturschwankungen und andererseits das Upgrading der Industrien im Auge. Angestrebt wird neben der kurzfristigen wirtschaftlichen Stabilität auch die langfristige nachhaltige gesunde Entwicklung. In einer Volkswirtschaft wie China, das sich im Transformationsprozess von der Plan- zur Marktwirtschaft befindet, ist die makroökonomische Stabilität von entscheidender Bedeutung für die Reformen. Dafür müssen institutionelle Ursachen für die Konjunkturschwankungen ermittelt werden, um sie durch Reformmaßnahmen zu beseitigen. Ferner haben die politischen Entscheidungsträger das vorhandene Verwaltungssystem der makroökonomischen Steuerung ständig zu erneuern und zu verbessern, um ein wissenschaftlich begründetes, effizientes Konzept für die Entscheidungsfindung der Makrosteuerung zu entwickeln. Die Makrosteuerung in China ist also mit den politischen Systemreformen eng verknüpft. Die wichtigsten Aufgaben der Makrosteuerung sind, kurz gesagt, die Beziehungen zwischen Reformen, Entwicklung und Stabilität zu balancieren: Die Stabilität bildet die Voraussetzung, die Entwicklung ist das Ziel und die Reformen sind Mittel zum Zweck.[7] Die Interdisziplinarität dieser drei Aufgabenfelder geht bei Weitem

7 1995 wurde auf dem 5. Plenum des XIV. ZK der KP Chinas zum ersten Mal auf die Beziehungen zwischen Reformen, Entwicklung und Stabilität eingegangen, welche bei der „Regelung einiger wichtiger Beziehungen im sozialistischen Modernisierungsprozess" erste Priorität hatten.

über die Makrosteuerung im engeren Sinne hinaus und bezieht sich auf Mikroökonomie, industrielle Betriebswirtschaftslehre, Wachstumsökonomie, Transformationstheorie u. a. wirtschaftswissenschaftliche Lehren. Alle wirtschaftlichen Probleme, die den Charakter der Allgemeinheit, Dringlichkeit, Ganzheitlichkeit und strategischer Bedeutung haben, sind Gegenstand der Makrosteuerung. Offensichtlich hat sich die Makrosteuerung Chinas von den Fesseln der Lehrmeinung der westlichen Länder befreit, die sich auf die kurzfristige Wirkung, gesamtwirtschaftliche Leistung, Konjunkturschwankung, Trends und einzelne Maßnahmen fokussiert und dabei die langfristige Wirkung, Struktur, Entwicklung, Grundlagen und Mechanismen unterschätzt. Stattdessen wird in China bei der Verfolgung der Ziele „Reformen, Entwicklung und Stabilität" der Akzent auf die Koordinierung zwischen kurzfristiger und langfristiger Wirkung, zwischen Gesamtvolumen und Struktur, Schwankung und Entwicklung, Maßnahmen und Mechanismen, Wirtschaft und Gesellschaft sowie zwischen Mensch und Natur gesetzt.

5.2.2 Strukturelle Makrosteuerung

Da das Marktsystem der entwickelten Nationen durch relative Vollkommenheit, hohe Homogenität und ziemlich ausgeglichenes Wachstum gekennzeichnet ist, wird bei der Globalsteuerung das Hauptaugenmerk auf die Lenkung des wirtschaftlichen Gesamtvolumens gerichtet, während die Strukturpolitik kaum zur Anwendung kommt. Für die herrschende Meinung im Westen wirkt die Strukturpolitik, beispielsweise die Industriepolitik, marktverzerrend. In den Entwicklungsländern ist es aber völlig anders: Unvollkommene Märkte, schneller Wandel der Wirtschaftsstruktur, hohe Heterogenität und unausgewogenes Wachstum sind ihre kennzeichnenden Merkmale, die die Regierung veranlassen, strukturelle Maßnahmen zu ergreifen.

Die Strukturprobleme in China haben erstens mit dem wirtschaftspolitischen System zu tun. Systembedingte Fragen wie staatseigene und nicht-staatseigene Wirtschaft, Systemwandel und zweigleisiger Übergang, Beziehungen zwischen Zentralregierung und lokalen Verwaltungen sowie Beziehungen zwischen Regierung und Märkten müssen geklärt werden. Zweitens handelt es sich um die Wirtschaftsstruktur im weiteren Sinne. Zu diesen Problemen gehören u. a.: (1) die demografische Struktur (Alterungsprobleme); (2) das Stadt-Land-Gefälle; (3) die Industriestruktur bzw. die unausgewogene Entwicklung der Landwirtschaft, Industrie und Dienstleistung; (4) die regionale Struktur bzw. die unausgewogene Entwicklung der Regionen; (5) die Verteilungsstruktur

(Verteilung des nationalen Einkommens und die Kluft zwischen Arm und Reich); (6) die Wachstumsstruktur (unausgeglichene In- und Auslandsnachfrage sowie irrationale Struktur des Faktoreinsatzes). Durch diese strukturbedingten Probleme und den drastischen Strukturwandel sieht sich China genötigt, strukturelle Anpassungsmaßnahmen zu ergreifen. Dafür sprechen drei Gründe. Erstens ist es durchaus möglich, dass die Lenkung des Gesamtvolumens versagt, da die wirtschaftliche Grundlage für die Makrosteuerung und der politische Übertragungsmechanismus durch den Strukturwandel anders werden. Zweitens verursacht der schnelle Strukturwandel starke Schwankungen der Rendite und ständige Bewegung der Produktionsfaktoren. Unter diesen Umständen wird die Wirtschaftsstruktur leicht aus dem Gleichgewicht geraten, falls die Preissignale unvollständig und irreführend sind. Schließlich handelt es sich beim Strukturwandel und beim wirtschaftlichen Ungleichgewicht nicht nur um kurzfristige Stabilitätsprobleme. Vielmehr muss man die kurzfristige Makrosteuerung mit dem mittel- und langfristigen wirtschaftlichen Entwicklungsplan verbinden, für den die Strukturanpassungen von maßgeblicher Bedeutung sind.

Problemorientierte strukturpolitische Ansätze wurden erarbeitet.

Bezüglich systembedingter Fragen muss man einsehen, dass sich China immer noch in der zweigleisigen Übergangsphase befindet und die wirtschaftliche Transformation noch nicht vollendet ist. Dementsprechend wurde das zweigleisige Steuerungskonzept entwickelt, das administrative Anweisungen und marktwirtschaftliche Steuerungsmechanismen in sich vereinte. Zum einen gewannen marktorientierte, indirekte Regelwerke wie wirtschaftliche und rechtliche Maßnahmen als Teile der Makrosteuerung an Bedeutung. Zum anderen waren traditionelle administrative Anweisungen nie völlig aufgehoben, auch wenn sie immer mehr zurückgedrängt wurden. Schließlich gingen sie als dritte Stütze neben fiskal- und finanzpolitischen Steuerungsmaßnahmen in das chinesische System der Makrosteuerung ein. Indem die Staatsunternehmen, lokalen Regierungen und die Nationale Kommission für Entwicklung und Reform ihre jeweiligen Aufgaben wahrnehmen, werden Markt- und Verwaltungssteuerung miteinander kombiniert, was der Makrosteuerung chinesischer Art ein eigenes Gepräge verleiht.

Angesichts der problematischen Wirtschaftsstruktur mussten neben der Steuerung des Gesamtvolumens noch Strukturmaßnahmen ergriffen werden. Die Industrie-, Handels-, Devisen- und Regulierungspolitik (z. B. Energiesparen und Emissionsreduzierung), Kapitalkontrolle, strenge Finanzaufsicht und neutrale Geldpolitik, die den Charakter staatlicher Interventionen und struktureller

Anpassung haben, waren alle förderlich für das wirtschaftliche Wachstum und für die gesamtwirtschaftliche Stabilität.[8]

5.2.3 Harmonisierung dreier Ziele – Reformen, Entwicklung und Stabilität

Dem Wesen nach ist der wirtschaftliche Transformations- und Entwicklungsprozess Chinas ein Harmonisierungsprozess dreier Ziele – Reformen, Entwicklung und Stabilität. Um die Vereinbarkeit von diesen drei Zielen erfolgreich zu gestalten, agiert die Makrosteuerung als Hauptschlüssel. Dabei muss sich China mit einem etwaigen langsameren Wachstumstempo und mit Mehrkosten über einen kurzen Zeitraum abfinden, dennoch ist das ständige Wachstum in den vergangenen 40 Jahren zu bewundern. Verglichen mit der Schocktherapie, die auf rapide Privatisierung und rigide Fiskalpolitik setzt, kann man feststellen, dass das langfristige, stabile Wachstum in China dem ganzheitlichen Konzept, das Reformen, Entwicklung und Stabilität in sich vereint, dem graduellen Reformweg und der maßgeschneiderten Makrosteuerung zu verdanken ist. Das dreidimensionale ganzheitliche Denken unterscheidet sich sehr von den westlichen Mainstream-Wirtschaftslehren, die ihren Akzent ausschließlich auf Produktivität und Leistungsfähigkeit setzen.

Daran wird sich China noch lange Zeit halten. Am 8. Juli 2014 forderte Xi Jinping, Generalsekretär der KP Chinas, auf der Arbeitsbesprechung von den anwesenden Wirtschaftsexperten, den Abgleichpunkt zwischen Reformen, Entwicklung und Stabilität präzise zu definieren, den Gleichgewichtpunkt zwischen kurzfristigen Zielen und langfristiger Entwicklung exakt zu ermitteln, den Ansatzpunkt für Reformen und Entwicklung richtig zu erfassen und den Verbindungspunkt zwischen wirtschaftlicher, gesellschaftlicher Entwicklung und Verbesserung des Volkslebens genau zu bestimmen. Ausgehend von dieser dreidimensionalen Perspektive kann man dann die Ursachen, Besonderheiten, Begrenztheiten und Zukunftstrends der Makrosteuerung Chinas richtig begreifen.

8 Zhang, Xiaojing, Li, Cheng, Chang, Xin & Zhang, Ping: 后危机时代的中国宏观调控 [Makrosteuerung Chinas in der Post-Krisenzeit]. In: *Economic Research Journal*, 2010, Nr. 11.

5.2.4 Strategische Planung neben der Fiskal- und Geldpolitik

Nach 40-jähriger Entwicklung hat sich in China allmählich ein Rahmen fürs makroökonomische Verwaltungssystem herausgebildet. In Anbetracht der Entscheidungsfindung und Umsetzungsmechanismen verfügen die Zentrale Führungsgruppe für Finanzen und Wirtschaft und der Staatsrat über die höchsten Entscheidungsbefugnisse, während der „Dreigespann", nämlich die Nationale Kommission für Entwicklung und Reform, das Finanzministerium und die Chinesische Volksbank die ausführenden Organe sind, deren Aufgabenverteilung wie folgt aussieht: Die Nationale Kommission für Entwicklung und Reform mit ihren umfassenden Aufgabenbereichen, die die meisten makro- und mikroökonomischen Gebiete abdecken, spielt eine führende Rolle, während sich das Finanzministerium und die Chinesische Volksbank bei der Politikgestaltung und bei der Umsetzung der Nationalen Kommission für Entwicklung und Reform unterordnen, da einzelne wirtschaftliche Maßnahmen der nationalen strategischen Planung unterliegen. Ohne Genehmigung der Nationalen Kommission für Entwicklung und Reform dürfen weder Finanzmittel des Finanzministeriums noch Bankkredite als Investment gewährt werden.

Das dreidimensionale Steuerungsmodell, das der strategischen Planung, Fiskal- und Geldpolitik Rechnung trägt, ist charakteristisch für China. Dabei dient „die staatliche Entwicklungsstrategie und -planung als Richtschnur, die Fiskal- und Geldpolitik als Hauptinstrumente. Darüber hinaus soll das Zusammenwirken der Fiskal-, Geld-, Industrie- und Preispolitik sowie anderer wirtschaftspolitischer Maßnahmen gestärkt werden."[9] Offensichtlich ist das chinesische Konzept umfangreicher als die Fiskal- und Geldpolitik in der westlichen Mainstream-Wirtschaftslehre. Man kann inzwischen aber in einigen entwickelten Volkswirtschaften beobachten, dass sie Gewicht auf die strategische Planung und Industriepolitik legen, statt sie als Marktverzerrungen zu betrachten, wie die Lehrmeinung geglaubt hat. Es liegt auf der Hand, dass sich Parallelen zwischen diesen Ländern und China ziehen lassen.

9 习近平主持召开经济形势专家座谈会 [Xi Jinping beruft eine Expertensitzung zur Wirtschaftsentwicklung ein]. In: http://www.xinhuanet.com/politics/2016-07/08/c_1119189505.htm.

5.3 Institutionelle Reformen der Makrosteuerung im Einklang mit der konzeptionellen Ideengeschichte

Die institutionellen Reformen der Makrosteuerung stehen in einem wechselseitigen Verhältnis zur konzeptionellen Ideengeschichte: Sie beeinflussen und unterstützen einander. Gerade diese Wechselbeziehung bildet die grundlegende Triebkraft für die Restrukturierung der Makrosteuerung Chinas. Blickt man auf die makroökonomische Stabilisierung der letzten 40 Jahre zurück, lassen sich drei Entwicklungsstufen skizzieren: Die erste Phase begann Ende der 1970er Jahre und dauerte bis Anfang der 1990er Jahre. In diesem Zeitraum wurde die Makrosteuerung eingeführt und versuchsweise eingesetzt. Die zweite Phase umfasste wiederum 10 Jahre, und zwar von Anfang der 1990er Jahre bis Anfang des 21. Jahrhunderts, als das System der Makrosteuerung Kontur gewann. Darauf folgte die dritte Phase bis zum XVIII. Parteitag der KP Chinas, in der die konzeptionellen Ideen der Makrosteuerung unverändert blieben. Nach dem XVIII. Parteitag der KP Chinas trat die Makrosteuerung in die Phase der neuen Normalität ein.

5.3.1 Einführung der „Makrosteuerung" und Zusammenstoß mit planwirtschaftlichen Ideen (1978–1992)

In China ging die Makrosteuerung als neue Verwaltungsaufgabe der Regierung mit dem wirtschaftlichen Transformationsprozess einher.

Es hieß in marxistischen Klassikern, der Kommunismus könne kapitalistische Konjunkturschwankungen und Wirtschaftskrisen durch die Organisation einer planmäßigen, proportionalen Produktion beseitigen. Demnach galten planmäßige, proportionale Produktionen als Goldene Regel der Planwirtschaft. Zwischen den 1950er und 1970er Jahren unterlagen alle Wirtschaftstätigkeiten in China der Intervention und Kontrolle der zentralen Planung, und die Zentralregierung spielte bei der Allokation der Finanzmittel und aller wirtschaftlichen Ressourcen eine maßgebliche Rolle. Folglich waren alle wirtschaftlichen Probleme „makroökonomischer Art" und die mikroökonomische Politik war nahezu identisch mit der makroökonomischen Politik. Die Steuerung des Gesamtvolumens und die marktwirtschaftliche Politik im Sinne der modernen Makroökonomie waren weder möglich noch nötig. Als Beispiel ließ sich das wirtschaftliche Verwaltungssystem anführen: Die Nationale Planungskommission spielte als Agent der Zentralregierung bei der Ressourcenallokation eine entscheidende Rolle, während das Finanzministerium als „Kassierer" der Nationalen Planungskommission wirkte und die Zentralbank höchstens als „Dienstmädchen" dem

Finanzministerium beistand. Vor 1978 war die Chinesische Volksbank die einzige Bank in China. Während der Kulturrevolution war sie vorübergehend dem Finanzministerium direkt untergeordnet und konnte nur als Abteilung des Finanzministeriums begrenzte Aufgaben erledigen. In diesem Fall konnte von einer Fiskal- und Geldpolitik kaum die Rede sein. Es war deshalb kein Wunder, dass das makroökonomische Verwaltungssystem in der Anfangsphase in China bestimmte Merkmale einer Übergangswirtschaft aufwies. Das war auch der wichtigste Grund, warum die chinesische Makrosteuerung mehr Ziele verfolgte als das „Glätten" der zyklischen Konjunkturschwankungen und warum strukturelle Anpassungsmaßnahmen sehr häufig zum Einsatz kamen.

Als die Unwirtschaftlichkeit der Planwirtschaft bei der Ressourcenallokation immer deutlicher an den Tag kam, lag es den chinesischen Entscheidungsträgern auf höchster Ebene sehr an, Kenntnis von der Beziehung zwischen Plan- und Marktwirtschaft zu nehmen, um sie erfolgreich zu gestalten. Ende der 1970er Jahre wurde der wirtschaftliche Transformationsprozess von der Plan- zur Marktwirtschaft in China eingeleitet. Der Unternehmungsgeist wurde schrittweise freigesetzt, Betriebe konnten gewissermaßen selbstständig Entscheidungen treffen und mikroökonomische Tätigkeiten unterschieden sich nach und nach von makroökonomischen Aufgaben. Es gehörte sich dann, das makroökonomische Verwaltungssystem nach chinesischen Gegebenheiten zu entwerfen und zu implementieren. Mit der Rehabilitation der Chinesischen Volksbank 1978 als selbstständiges Bankinstitut wurde der Grundstein für den Aufbau des modernen Geld- und Finanzsystems gelegt.

Zu Anfang der Reform und Öffnung spielte die Planwirtschaft mit staatseigenen Unternehmen immer noch eine dominierende Rolle in der Volkswirtschaft, die gemäß dem Leitgedanken der „planmäßigen, proportionalen Produktionen" verwaltet wurde. Auf die überhitzte Konjunktur mit einer VPI-Zunahme um 7,5% reagierte die Zentralregierung 1980 in erster Linie mit administrativen Anweisungen: Einschränkung der Investitionsbauprojekte, Reduzierung der Haushaltsausgaben, Stärkung der Kontrolle der Bankkredite und Sperrung der Depositenkonten der Unternehmen. Darüber hinaus hatte die Chinesische Volksbank bis 1984 nicht nur die Aufgaben einer Zentral- und Geschäftsbank, sondern war auch ein ausführendes staatliches Organ. Die Geldpolitik auf dieser Basis auszuarbeiten und umzusetzen, würde sich letztendlich nur als Fehlschlag herausstellen.

Von 1982 bis 1985 wurde die Rolle der Märkte schrittweise von der Zentralregierung anerkannt. Im Bericht des XII. Parteitags der KP Chinas (1982) wurde das Reformprinzip „Planwirtschaft als primäre Ordnung und Marktwirtschaft als sekundäre Ordnung" formuliert. Dementsprechend schwächte sich das Element des „Plans" in der Konzeption der „planmäßigen, proportionalen Produktionen mit umfassender Ausgewogenheit" ab und wurde in Wirklichkeit auf „proportionale Produktionen mit umfassender Ausgewogenheit" reduziert. Im Dokument *Planvorschläge des ZK der KP Chinas für den 7. Fünfjahresplan zur wirtschaftlichen und gesellschaftlichen Entwicklung Chinas* (1985) stand beispielsweise geschrieben: „Es muss daran festgehalten werden, dass die Gesamtnachfrage und das gesamtwirtschaftliche Angebot im Gleichgewicht sind und die Akkumulation in einer angemessenen Proportion zum Verbrauch steht. [. . .] In den einzelnen Bereichen wie Haushalt, Darlehen, Produktionsmitteln und Devisen ist das Gleichgewicht aufrechtzuerhalten und zwischen den Bereichen muss ebenfalls eine umfassende Ausgewogenheit erreicht werden." Es blieb dabei nur zu fragen, was für eine Rolle die Regierung spielen sollte, als die Märkte anstelle der Planvorgaben eine immer größere Rolle spielten. Zu diesem Zeitpunkt waren sich die Entscheidungsträger über die Fehlleistungen der direkten administrativen Verwaltung der Planwirtschaft im Klaren, weshalb sie beschlossen, die Volkswirtschaft durch ökonomische Hebel indirekt zu verwalten und zu steuern. Damit wurde der Keim für die marktorientierte indirekte Steuerung gelegt. Im *Beschluss des ZK der KP Chinas über die Wirtschaftsreformen* (1984) wurde nachdrücklich darauf hingewiesen: „Je belebter die Wirtschaft wird, desto mehr Gewicht muss auf die Makrosteuerung gelegt werden [. . .] In der Vergangenheit pflegten wir, durch administrative Vorgaben die Wirtschaft voranzutreiben, wobei die ökonomischen Hebel für lange Zeit in Vergessenheit gerieten."

Gemäß der konzeptionellen Idee der marktorientierten Marktsteuerung wurde die Chinesische Volksbank ab 1. Januar 1984 ausschließlich mit den Aufgaben einer Zentralbank betraut. Sie wurde von ihren kommerziellen Geschäftsbankaufgaben entlastet, die auf die neu gegründete Industrial and Commercial Bank of China übertragen wurde. Im Jahr 1985 wurden gesetzliche Mindestreserven der Banken ins Leben gerufen. Diese wirtschaftspolitischen Maßnahmen zeigten, dass die Geldpolitik in China ihre Grundform annahm. Anzumerken war, dass sich die Geschäftsbereiche der Chinesischen Volksbank zu der Zeit auf Spareinlagen, Kredite und Emission von Bargeld einschränkten und „Währung" als wirtschaftliche Terminologie in der chinesischen Wirtschaftstheorie und -politik eher unbekannt war. Insofern konnte man noch nicht behaupten, dass China damals schon eine Geld- und Währungspolitik im ökonomischen Sinne hatte.

Um den chinesischen Reformkurs für die Makrosteuerung festzulegen, lernte China viel von den westlichen entwickelten Ländern. Dabei war die im

September 1985 von der Chinesischen Akademie der Sozialwissenschaften, der Chinesischen Forschungsgesellschaft der Wirtschaftsreformen und der Weltbank gemeinsam veranstaltete „Internationale Konferenz zur makroökonomischen Steuerung" (bekannt als „Bashan-Linienschiff-Konferenz") ein Meilenstein. Mehrere Ökonomen von Weltrang, chinesische Beamte und Wirtschaftswissenschaftler einigten sich nach intensiven Diskussionen über folgende Punkte:

(1) Der Hauptinhalt der Neuausrichtung lautete, dass die Regierung die makroökonomische Steuerung neu gestalten sollte, da die Kontrolle über mikroökonomische Akteure bereits gelockert war. Die indirekte Verwaltung mit wirtschaftlichen und rechtlichen Maßnahmen als Hauptinstrumenten und administrativen Unterweisungen als ergänzenden Mitteln sollte die direkte Verwaltung mit Planvorgaben ersetzen.

(2) Als Instrumente der Makrosteuerung sollten in erster Linie fiskal- und geldpolitische Maßnahmen zur Anwendung kommen. In der Regel wird bei der überhitzten Konjunktur, also wenn die Gesamtnachfrage größer ist als das gesamtwirtschaftliche Angebot, eine restriktive Fiskal- und Geldpolitik betrieben, um die Geld- und Kreditmenge zu verknappen. Bei der abgekühlten Konjunktur, wenn das gesamtwirtschaftliche Angebot größer ist als die gesamtwirtschaftliche Nachfrage, wird eine expansive Fiskal- und Geldpolitik betrieben, die förderlich für Haushaltsdefizite und Kreditausweitungen ist. Es gilt, je nach der wirtschaftlichen Lage die Fiskal- und/oder Geldpolitik umzusetzen. Angesichts der Tatsache, dass sich China 1985 mit der Gefahr einer hohen Inflationsrate konfrontierte, sollten restriktive Fiskal-, Geld- und Einkommenspolitik umgesetzt werden.

(3) Die Marktmechanismen im Rahmen der Makrosteuerung erwiesen sich als leistungsstärkstes System, das für die Optimierung der Ressourcenallokation nützlich sein wird. Deshalb konnten sie bei der Formulierung der mittel- und langfristigen Reformziele in China als Bezugsgröße herangezogen werden. Diese Diagnose zeigte eine Konformität mit den Marktreformen seit 1979 und machte deutlich, dass eine grundlegende Umgestaltung der Planwirtschaft notwendig war.

(4) Um die indirekte Verwaltung der Volkswirtschaft durch die Regierung effektiv zu gestalten, mussten die Reformen der Staatsunternehmen vertieft werden. Daneben musste die nicht-gemeineigene Wirtschaft gefördert werden, um aus jedem Unternehmen einen unabhängigen Marktteilnehmer zu machen, der als Interesseneigner auf die

Marktsignale, beispielsweise auf die Zinssätze, Währungskurse und Preise schnell reagieren und entsprechende Gegenmaßnahmen ergreifen konnte. Dafür sollte die weiche Budgetbegrenzung für die Staatsunternehmen, die immer ein Auge auf den Markt und ein anderes auf die Regierung hat, abgeschafft werden.

(5) Der Aufbau eines wirksamen makroökonomischen Verwaltungssystems war angewiesen auf ein vollständiges Marktsystem, in dem Finanz- und Arbeitsmärkte zwei wichtige Teilmärkte bildeten. Zu den vorgeschlagenen Maßnahmen gehörten u. a. die Neugestaltung der Preisbildungsmechanismen und Preissysteme, Aufbau und Verbesserung des wirtschaftlichen Informations- und Aufsichtssystems, die Vervollständigung der Einkommensverteilungspolitik und die Verhinderung einer übermäßigen Expansion der Nachfrage.

Der erreichte Konsens hatte weitreichenden Einfluss auf die Politikgestaltung der Makrosteuerung in China. Einige wichtige Empfehlungen wurden von den politischen Entscheidungsträgern angenommen. Im 1985 veröffentlichten Dokument *Planvorschläge des ZK der KP Chinas für den 7. Fünfjahresplan zur wirtschaftlichen und gesellschaftlichen Entwicklung Chinas* war vorgesehen, im „Primärstadium" der Wirtschaftsreformen eine solide makroökonomische Politik umzusetzen, um Voraussetzungen für das reibungslose Vorantreiben der Reformen zu schaffen. Es wurde außerdem nachdrücklich darauf hingewiesen, dass „die staatliche direkte Verwaltung der Unternehmen durch indirekte Verwaltung, hauptsächlich durch wirtschaftliche und rechtliche Maßnahmen ersetzt werden soll. Wenn es nötig ist, können auch administrative Unterweisungen eingesetzt werden, um das Wirtschaftsgeschehen zu kontrollieren und zu steuern."

Dementsprechend erhöhte die Regierung 1985 neben der Einschränkung des Investitionsumfangs und Kontrolle des Konsumfonds zweimal hintereinander die Zinssätze, um der überhitzten wirtschaftlichen Entwicklung mit einem VPI-Zuwachs von 9,3% entgegenzuwirken. Damit kamen wirtschaftliche Maßnahmen bei der Regulierung der Wirtschaftstätigkeiten zur Wirkung. Das Problem war, dass diese geldpolitische Maßnahme nicht ganz effektiv umgesetzt wurde, worin das Vorzeichen vom Wiederkehren der überhitzten Konjunktur verborgen lag.

Als die restriktiven geldpolitischen Maßnahmen zum Scheitern verurteilt waren, wurde die „vertragsmäßige Bewirtschaftung des Unternehmens" als neue Form der Unternehmensführung Mitte 1987 in die Staatsunternehmen eingeführt. Das führte wieder zur wirtschaftlichen Überhitzung. Als der Versuch des preispolitischen Durchbruchs 1988 gescheitert war, verschlechterte sich die Situation. Es kam zu einem wahren Ansturm auf Banken und zu Panikkäufen. Der VPI stieg um 18,8%, und eine neue Inflationswelle, und zwar die dritte seit der Einführung der Reform- und Öffnungspolitik, ergriff das ganze Land. Im 3. Vierteljahr 1988 beschloss die Regierung, die Investitionsbauprojekte stark zu reduzieren, den Genehmigungsprozess von außerplanmäßigen Bauprojekten zu bremsen, Unternehmen, darunter insbesondere Treuhandanstalten zu sanieren, die Kaufkraft der gesellschaftlichen Gruppen einzuschränken, die Preiskontrolle zu stärken und den Höchstpreis für wichtige Produktionsmittel festzulegen. Die Zentrale Notenbank begann ebenfalls, die restriktive Geld- und Kreditpolitik umzusetzen. Neben der strengen Kontrolle und Überprüfung von Darlehen wurden eine Zeit lang den kommunalen Unternehmen keine Kredite mehr gewährt. Der Mindestreservesatz wurde angehoben, die Zinssätze zweimal erhöht und die inflationssichere Geldanlage eingeführt. Mithilfe dieser rigiden Maßnahmen wurde die gewünschte Wirkung erzielt: Das Geldangebot nahm nicht mehr so schnell zu, VPI nahm stark ab und das Wirtschaftswachstum ging auf ca. 4% zurück. Eine negative Folge war, dass die Erwerbslosenquote ihren zweiten Spitzenwert seit der Reform und Öffnung erreichte. Kurz gesagt, diese Regulierungsmaßnahmen ermöglichten der chinesischen Volkswirtschaft nur eine „harte Landung".

Zu dieser Zeit prallten die Ideen der Plan- und Marktwirtschaft heftig aufeinander. Der Grundgedanke der „proportionalen Produktionen mit umfassender Ausgewogenheit" und die Idee der indirekten, marktorientierten Steuerung existierten nebeneinander. Es war ein „Potpourri" der Meinungen im wahrsten Sinne des Wortes. Angesichts der Tatsache, dass starke Konjunkturschwankungen auftraten und politische Bewegungen großen Einfluss auf die Wirtschaftspolitik hatten, gewann der Gedanke der administrativen Steuerung für einige Zeit an Bedeutung, während in Marktelementen nur Hilfsinstrumente für die Makrosteuerung gesehen wurden. Im Bericht des XIII. Parteitags der KP Chinas (1987) wurde das Hauptkonzept „Marktregulierung durch den Staat und Unternehmenslenkung durch den Markt" vorgebracht, das zu erkennen gab, dass die Regierung bei der Ressourcenallokation und im gesamtwirtschaftlichen Leben immer noch die Rolle des „höchsten Überwachers" spielte, während Märkte und Unternehmen auf der wirtschaftlichen Bühne nur ihre vorgegebenen Rollen spielen konnten. Dieser Grundgedanke wurde im Dokument *Planvorschläge des ZK der KP Chinas für die Zehn-Jahre-Planung und den 8. Fünfjahresplan zur wirtschaftlichen und gesellschaftlichen Entwicklung Chinas*, das 1990 auf dem 7. Plenum des XIII. Parteitags der KP Chinas angenommen wurde, wieder bestätigt: „Die Hauptaufgaben der staatlichen Wirtschaftsverwaltung bestehen darin, Pläne und Konzepte für die wirtschaftliche Entwicklung rational zu erstellen, Zielvorgaben der Makrosteuerung festzulegen, die Industriepolitik, Regionalpolitik und andere wirtschaftspolitische Maßnahmen richtig zu erarbeiten, die umfassende Ausgewogenheit zu erreichen, gewichtige Verhältnisse zu koordinieren und einschlägige wirtschaftliche, rechtliche und administrative Maßnahmen zu ergreifen, um das Wirtschaftsgeschehen zu lenken und zu steuern."

5.3.2 Etablierung der Makrosteuerung und „weiche Landung" (1993–2002)

Drei Jahre sind seit dem Zeitpunkt der im vorherigen Kapitel beschriebenen Entscheidungen vergangen: Inzwischen wurden wirtschaftliche Konsolidierungsmaßnahmen ergriffen, Deng Xiaoping hielt „Reden auf der Inspektionsreise nach Süden" und der XIV. Parteitag der KP Chinas fand statt. All diese Geschehnisse stimulierten die chinesische Wirtschaft 1993/94, einen neuen Anlauf zu nehmen, was aber schnell zu einer neuen Runde der Überhitzung führte. Die Hauptprobleme ließen sich sehr komprimiert als „4-W, 4-H, 4-K und 1-U"[10] zusammenfassen, was eine heftige Debatte im chinesischen wirtschaftstheoretischen Kreis auslöste. Von hohem Stellenwert war die im Juni 1993 in Dalian abgehaltene „Internationale Konferenz zur makroökonomischen Steuerung Chinas", die nach der „Bashan-Linienschiff-Konferenz" einen weiteren Meilenstein in der chinesischen Wirtschaftsgeschichte setzte. Nach sechs-monatigen intensiven Vorbereitungen nahmen mehrere renommierte Ökonomen und Wirtschaftsexperten die Einladung an. Darunter waren u. a. Franco Modigliani, Nobelpreisträger für Wirtschaftswissenschaften, Prof. Nicholas Stern der London School of Economics

10 „4-W" steht für vier Wellen, die sich auf die Entwicklungswellen der Immobilien, Erschließungszonen, Kapitalbeschaffung und Aktien beziehen. „4-H" steht für vier hohe wirtschaftliche Indexzahlen: hohe Investitionen, hohes industrielles Wachstum, hohe Geldemission und Kreditvergabe sowie hohe Preiserhöhung. „4-K" als Abkürzung für vier Knappheiten gibt Hinweis auf die Knappheit der Transportkapazität, Energien, wichtigen Rohstoffe und des Kapitals. Mit „1-U" wird die gesamte Situation als „unordentliche Wirtschaftsordnung, insbesondere unordentliche Finanzordnung" bezeichnet. Vgl.: Liu, Guoguang & Liu, Shucheng: 论"软着陆" [Zur „weichen Landung"]. In: *People's Daily*, 7.1.1997.

(LSE), Prof. Lawrence Lau Juen-yee der Stanford-Universität und Kwoh-Ting Li, der als „größter Initiator für das wirtschaftliche Wunder Taiwans" bekannt war. Auf dieser Konferenz wurde ein Reformpaket mit Erhöhung der Zinssätze der Spareinlagen und Kredite auf ein positives Zinsniveau, Einführung des Kreditlimits und Preisreformen erarbeitet. Nach der Konferenz hatte der Ministerpräsident Zhu Rongji ein Gespräch mit Kwoh-Ting Li, der viele Vorschläge unterbreitete. Dazu gehörten beispielsweise die klare Abgrenzung der Steuereinnahmen zwischen Zentralregierung und lokalen Regierungen, Sanierung der Zentralbank, Vereinheitlichung der offiziellen und inoffiziellen Wechselkurse und Beitritt in IMF. Die Hauptgedanken, auf die sich die Wirtschaftsexperten auf der Konferenz in Dalian einigten, bildeten den Bezugsrahmen für die umfassende Restrukturierung der chinesischen Wirtschaft in einer kritischen Phase. Kurz danach verabschiedete der Staatsrat am 24. Juni desselben Jahres nach wiederholten Konsultationen und Diskussionen die *Meinung zur aktuellen Wirtschaftslage und zur Stärkung der Makrosteuerung in China* (bekannt als „16 Artikel"). Schon nach einem halben Jahr war die Wirkung sichtbar. Die Anzahl der neuen Bauprojekte begann zu sinken, die Zunahme des Geldangebots stieg nicht mehr so schnell an und unkontrollierte Kreditvergabe und Kapitalbeschaffung wurden grundsätzlich beseitigt. Zu beachten war, dass es in 13 von den gesamten 16 Artikeln um wirtschaftliche Maßnahmen, also um indirekte Steuerung geht: Mithilfe von Wirtschaftsgesetzgebung, wirtschaftspolitischen Maßnahmen und Instrumenten vollzog sich ein Wandel der Makrosteuerung unter marktwirtschaftlichen Bedingungen. Dieser Maßnahmenkatalog galt als die „erste chinesische Antwort auf die Prüfung" der sozialistischen Marktwirtschaft, die als Wirtschaftssystem in China festgeschrieben war. Mit diesem guten Anfang wurde der Grundstein für die weiteren Reformkonzepte der chinesischen Makrosteuerung gelegt. Im November 1993 wurde das 3. Plenum des XIV. ZK der KP Chinas abgehalten, das den *Beschluss über einige Fragen hinsichtlich des Aufbaus der sozialistischen Marktwirtschaft* ratifizierte. Die darin enthaltenen Reformmaßnahmen bezüglich Staatsunternehmen, Haushalt und Steuern, Finanzen und Investitionen zielten darauf ab, durch Vertiefung der Reformen ursächliche institutionelle Mängel für die wirtschaftliche Überhitzung zu beseitigen. Zusammen mit den „16 Artikeln" erzielte dieser Beschluss positive Wirkung: 1996 blieb der VPI ziemlich stabil und ein hohes Wirtschaftswachstum wurde realisiert. Damit gelang der chinesischen Wirtschaft eine sogenannte „weiche Landung", die Liu Guoguang und Liu Shucheng zufolge den makroökonomischen Regulierungsmaßnahmen zu verdanken sei, mittels derer die Zentralregierung die hohe Inflationsrate in der zweiten Hälfte 1993 erfolgreich bekämpfte.[11] Aufgrund der Tatsache, dass die Regierung die Hauptaufgaben forcierte, wirtschaftliche Spitzenwerte rechtzeitig unter Kontrolle brachte, eine restriktive Politik betrieb und ggf. Anpassungsmaßnahmen ergriff, wurde die „weiche Landung" verwirklicht.

Neben dieser neuen makropolitischen Kursrichtung mit effektiven operativen Maßnahmen war die Restrukturierung des makroökonomischen Verwaltungssystems ebenfalls auffällig. Mehrere bedeutende Reformmaßnahmen zwischen 1994 und 1998 legten den Grundstein für das moderne makroökonomische Politiksystem Chinas. Sie umfassten u. a. die Einführung des Trennungssystems bei der Erhebung und Aufteilung der Steuern, die Neubestimmung der Rolle und Funktion der Zentralbank, die Bekanntmachung des ersten Indikatorsystems für Geldversorgung, die Trennung zwischen wirtschaftspolitischen Banken und Geschäftsbanken, die Einführung der flexiblen Wechselkurse bei der Devisenverwaltung und die Abschaffung des Kreditlimits. Mittels dieser makroökonomischen fiskal- und geldpolitischen Maßnahmen wurde die Leistungsfähigkeit der Regierung im Hinblick auf die Makrosteuerung verbessert und ein Makrosteuerungssystem chinesischer Prägung geschaffen, bei dem die Nationale Planungskommission, das Finanzministerium und die Zentralbank zusammenwirken, um Makrosteuerungsfunktionen wahrzunehmen. Seitdem werden die Fesseln der traditionellen Planwirtschaft abgeworfen und bei der Politikgestaltung der Makrosteuerung kommen immer mehr indirekte Steuerungselemente zum Einsatz.

Die Wirtschaftslage Chinas unterlag 1997 einem grundlegenden Wandel: Das vorherrschende Problem der Unterversorgung war zum Teil gelöst und stattdessen trat das periodisch auftretende Problem der unzureichenden Nachfrage zutage. Hinzu kam die asiatische Finanzkrise, die Chinas Wirtschaftsentwicklung stark beeinflusste: Eine drohende wirtschaftliche Rezession mit Deflation erschwerte China, seine Wirtschaft zu beleben. Um diesem Trend entgegenzuwirken, beschloss die Regierung, die Inlandsnachfrage durch eine „aktive Fiskalpolitik" und „stabile Geldpolitik" zu stimulieren. Die Verwaltung der Gesamtnachfrage wurde somit zum Schlüssel der Makrosteuerung. Da die Leistungsfähigkeit der Geldpolitik angesichts des hohen Anteils der faulen Vermögenswerte in staatlichen Geschäftsbanken und der Turbulenzentwicklung der

11 Liu, Guoguang & Liu, Shucheng: 论"软着陆" [Zur „weichen Landung"]. In: *People's Daily*, 7.1.1997.

globalen Finanzmärkte als Folge der Asienkrise stark eingeschränkt war, wurde die Fiskalpolitik in dieser Runde in den Mittelpunkt gerückt. Für die chinesischen Entscheidungsträger sei die aktive Fiskalpolitik das unmittelbarste und effektivste Mittel zu Erhöhung der Inlandsnachfrage, solange die Zahlungsfähigkeit der Regierung gewährleistet werde.[12] Am folgenden Zitat lassen sich die Überlegungen der Entscheidungsträger erkennen: „Wir werden die Infrastruktur ausbauen und die Investitionen durch die Staatsfinanzen erhöhen [. . .] Straßenbau, Eisenbahnbau, Umweltschutz, städtebauliche Entwicklung, das sind keine sich wiederholenden Baumaßnahmen. [. . .] Da die Amortisationszeit dieser Bauprojekte ziemlich lang ist, müssen sie vom Staat finanziert werden. Dadurch können die Überkapazitäten ausgenutzt werden. Diese Idee haben wir im letzten Jahr[13] schon gehabt. Das Konzept der expansiven Fiskalpolitik mit dem Ziel der Wirtschaftsförderung durch Erhöhung der Nachfrage wurde von Keynes initiiert und von Roosevelt in die Tat umgesetzt. Wie der Staat sein Geld verwendet, ist eine Kunst."[14]

Zusammenfassend lässt sich sagen, dass das chinesische System der Makrosteuerung im Rahmen der sozialistischen Marktwirtschaft im Zeitraum von 1993 bis 2003 schrittweise etabliert wurde. Die „weiche Landung" 1993 bildete den Ausgangspunkt und der Beginn einer neuen Runde markierte das Ende dieser Phase. Die Beziehung zwischen Markt und Plan wurde endgültig geklärt: Dem Markt wurde offiziell die fundamentale Rolle bei der Ressourcenallokation zugesprochen, während sich der Plan immer mehr zurückzog, wobei bestimmte Planinstrumente als integrativer Bestandteil der Politikgestaltung der Makrosteuerung weiter im Einsatz waren. Ein Gefüge der Makrosteuerung mit Planvorgaben, fiskal- und geldpolitischen Instrumenten kam zustande. Da die Reform- und Regulierungsmaßnahmen gut aufeinander abgestimmt waren, wurde die Vereinbarkeit zwischen den Zielen „Reformen, Entwicklung und Stabilität" verwirklicht.

12 Vgl. Zhu, Rongji: 2000年国务院政府工作报告[Tätigkeitsbericht der Regierung 2000], erstattet am 5. März 2000 auf der 3. Tagung des IX. Nationalen Volkskongresses.

13 Genau gesagt 1997.

14 Zhu, Rongji: 关于当前经济形势的若干问题（1998年10月20日）[Zu einigen Fragen der aktuellen Wirtschaftslage Chinas (20.10.1998)]. In: Zhu, Rongji: 朱镕基讲话实录（第三卷）[Zhu Rongjis Reden], Band III. People's Publishing House, 2011.

5.3.3 Stabilisierung der konzeptionellen Ideen der Makrosteuerung (2003–2012)

Entscheidungsträger nehmen Finanzrisiken immer sehr ernst. Im *Tätigkeitsbericht der Regierung* 2003 stand: „Ein wichtiger Grundsatz für die wirtschaftspolitische Arbeit lautet, Einnahmen und Ausgaben im Gleichgewicht zu halten und Ausgaben in den Grenzen der Einnahmen zu halten. Die aktive Fiskalpolitik und die langlaufenden Staatsanleihen für groß angelegte Infrastruktur in den letzten Jahren waren eher Sonderregelungen unter speziellen Umständen. Wir müssen uns daran halten, kein Defizit im laufenden Budget auflaufen zu lassen und Defizite im Kapitalbudget in Grenzen zu halten, die am Jahresanfang festgelegt werden."[15] Demnach ergriff die Zentralregierung eine Reihe von geld- und finanzpolitischen Maßnahmen, beispielsweise die Abgrenzung der Geschäftsbereiche der Kreditinstitute, Klassifizierung der Kreditvergabe nach einem 5-Stufen-Schema und Sanierung von Nichtbanken, um eventuellen Finanzrisiken vorzubeugen. Die politischen Entscheidungsträger waren der Auffassung, dass die Risikobewältigung in gewisser Hinsicht Rahmenbedingungen für eine funktionsfähige Geldpolitik schaffen könne.[16]

Neben der verstärkten Steuerung der Gesamtnachfrage rückte das Verhältnis zwischen Staatsunternehmen und Makrosteuerung immer mehr in den Mittelpunkt. 1999 wurde auf dem 4. Plenum des XV. ZK der KP Chinas der *Beschluss über einige bedeutende Fragen hinsichtlich Reformen und Entwicklung der Staatsunternehmen* angenommen, in dem dieses Verhältnis eingehend erläutert wurde. Demnach habe die Makrosteuerung vor allem „das gesamtwirtschaftliche Volumen im Gleichgewicht zu halten. Durch Ankurbelung der Inlandsnachfrage, Markterschließung in städtischen und ländlichen Gebieten sowie durch Vermehrung der Beschäftigungsmöglichkeiten soll eine schnelle, gesunde wirtschaftliche Entwicklung ohne starke Wachstumsschwankung gefördert werden, um ein vorteilhaftes wirtschaftliches Umfeld für die Entwicklung der Staatsunternehmen zu schaffen." Die Staatswirtschaft „hat eine dominierende Stellung in wichtigen

15 *Zhu, Rongji:* 2003年国务院政府工作报告[Tätigkeitsbericht der Regierung 2003], erstattet am 5. März 2003 auf der 1. Tagung des X. Nationalen Volkskongresses.

16 Der *Tätigkeitsbericht der Regierung* 2000 forderte, die Finanzreformen zu vertiefen, die Finanzordnung zu konsolidieren, finanzpolitische Regulierung zu stärken, Finanzrisiken vorzubeugen und zu bewältigen sowie die Wirtschaftlichkeit zu erhöhen, um gute Rahmenbedingungen für eine funktionsfähige Geldpolitik zu schaffen.

Branchen und in Schlüsselbereichen, die so wichtig für die Volkswirtschaft sind wie die Lebensader für einen Menschen. Sie spielt eine tragende, führende und fördernde Rolle für die gesamtwirtschaftliche Entwicklung und somit eine maßgebliche Rolle bei der Verwirklichung der Ziele der Makrosteuerung."[17] Kurz gesagt: Durch Makrosteuerung sollte ein stabiles Makroumfeld für die Reorganisation und Entwicklung der Staatsunternehmen erschafft werden, während die Staatsunternehmen eine Schlüsselrolle bei der Verwirklichung der Ziele der Makrosteuerung spielen sollten.

Seit 2003 bleiben die konzeptionellen Ideen der Makrosteuerung auf höchster Entscheidungsebene ziemlich konstant und es gibt keine großen Änderungen. Bei der Umsetzung hat die chinesische Regierung, die immer mehr Wert auf die Makrosteuerung legt, mit der Zeit viel Erfahrung gesammelt und der Makrosteuerung mehr Aufgaben unterstellt. Drei Aspekte zeichneten die Makrosteuerung Chinas zwischen 2003 und 2012 aus.

Erstens wurden in der Konjunkturphase der wirtschaftlichen Blüte vorbeugende restriktive Anpassungsmaßnahmen ergriffen. Der *Tätigkeitsbericht der Regierung* 2004 wies darauf hin: „Bei der wirtschaftlichen Steuerung muss man situationsgerecht und differenziert herangehen. [. . .] Einerseits muss gewährleistet werden, dass die makroökonomische Politik konstant und stabil bleibt, und andererseits müssen wirtschaftspolitische Schwerpunkte und deren Einsatzmöglichkeiten je nach der Wirtschaftslage zeit- und sachgerecht angepasst werden. Unter der zeitgerechten Anpassung versteht man, die Steuerungsmaßnahmen zur rechten Zeit bekannt zu geben, mögliche Gefahren an der unbedeutenden Winzigkeit zu erkennen und sie im Keim zu ersticken. Unter der sachgerechten Anpassung versteht man, flexibel zu sein, statt die Notbremse zu ziehen oder alles über einen Kamm zu scheren."[18] Offensichtlich versuchten die chinesischen Entscheidungsträger, die Konjunkturpolitik im Sinne des Keynesianismus zu gestalten: Auf mikroökonomischer Ebene wurde die Privatwirtschaft unterstützt, die Preise freigesetzt und der Wettbewerb gefördert und auf makroökonomischer Ebene wurde die antizyklische Politik umgesetzt, mittels derer die wirtschaftlichen Schwankungen geglättet werden sollten. In diesem Punkt unterschied sich China von den entwickelten Volkswirtschaften, die sich von der antizyklischen

17 中共中央关于国有企业改革和发展若干重大问题的决定 [Beschluss des ZK der KP Chinas über einige bedeutende Fragen hinsichtlich Reformen und Entwicklung der Staatsunternehmen].

18 Wen, Jiabao: 2004年国务院政府工作报告 [Tätigkeitsbericht der Regierung 2004], erstattet am 5. März 2004 auf der 2. Tagung des X. Nationalen Volkskongresses.

Konjunkturpolitik abwandten und zum wirtschaftspolitischen Laisser-faire hinwandten.

Zweitens spielten die direkten administrativen Instrumente, die einen unentbehrlichen Bestandteil des gegenwärtigen Systems der Makrosteuerung bildeten, weiterhin eine große Rolle. Der *Tätigkeitsbericht der Regierung* 2005 betonte, dass die Regierung „die Genehmigung der Bodennutzung und die Kreditvergabe streng zu überwachen, die Expansion der Investitionsnachfrage zu kontrollieren sowie blinde Investitionstätigkeiten in bestimmten Branchen und wiederholende Projekte auf niedrigem Niveau zu unterbinden“ hatte.[19] Der *Tätigkeitsbericht der Regierung* 2007 bekräftigte, „die Makrosteuerung zu stärken und zu verbessern. Der Schwerpunkt liegt darin, das Investitionsvolumen in Anlagevermögen zu kontrollieren, die Kreditvergabe zu lenken und im Prozess der Strukturoptimierung das gesamtwirtschaftliche Gleichgewicht zu fördern“[20]. Der Bericht des XVII. Parteitags der KP Chinas wies mit Nachdruck darauf hin, dass „die nationale Planung, Pläne und Industriepolitik bei der Makrosteuerung eine führende Rolle spielen sollten.“ Offensichtlich haben sich die chinesischen politischen Entscheidungsträger bei der Politikgestaltung der Makrosteuerung konsequent daran gehalten, strukturpolitische Maßnahmen mit gesamtwirtschaftlichen Instrumenten zu verbinden sowie administrative Mittel mit marktorientierten Elementen zu kombinieren. Die Vielfalt der Instrumente war auf Chinas Entwicklungsstand zurückzuführen: Als Entwicklungsland steht China nicht nur vor den Aufgaben der Entwicklung, sondern hat auch noch zahlreiche Probleme im Reformprozess zu bewältigen.

Drittens war die Makrosteuerung für die chinesischen Politiker ein breit aufgefasster Begriff, der die Kehrseite von „Marktmechanismus“ darstellte und alle maßgeblichen Entscheidungen zur Korrektur von Marktversagen beinhaltete, egal, ob es sich dabei um die gesamtwirtschaftliche Stabilitätspolitik oder um einzelne Regulierungsmaßnahmen handelt. Mit anderen Worten: Für die Entscheidungsträger war die Regierung die makropolitische Instanz, die in der Makrosteuerung ihre Aufgaben als Verwalter der Wirtschaftsgesellschaft sah. In diesem Fall erwies sich die Makrosteuerung als Substitut für staatliche

19 Wen, Jiabao: 2005年国务院政府工作报告 [Tätigkeitsbericht der Regierung 2005], erstattet am 5. März 2005 auf der 3. Tagung des X. Nationalen Volkskongresses.

20 Wen, Jiabao: 2007年国务院政府工作报告 [Tätigkeitsbericht der Regierung 2007], erstattet am 5. März 2007 auf der 5. Tagung des X. Nationalen Volkskongresses.

Interventionen. Im *Tätigkeitsbericht der Regierung* 2011 fand dieser Gedanke seinen Niederschlag: „Sowohl das gesunde Marktsystem als auch die effektive Makrosteuerung sind notwendige Bestandteile der sozialistischen Marktwirtschaft. Mehr Markt oder mehr Regierung, das hängt von der Situation ab. Im Kampf gegen die internationale Finanzkrise hat es sich als richtig erwiesen, Makrosteuerung zu stärken und zu verbessern. Dadurch wurden Marktverzerrungen rechtzeitig korrigiert, das Marktversagen kompensiert und das sprunghafte Auf und Ab der Wirtschaft vermieden."[21]

5.3.4 Makrosteuerung in der neuen Normalität (2013 –)

Unter Mitwirkung von mehreren strukturellen Faktoren, darunter Preiserhöhung der Produktionsfaktoren, Schrumpfung der Vorteile des Nachzüglers, Verminderung der „Dividenden" der Globalisierung und strukturbedingte Schwerpunktverlagerung von der verarbeitenden Industrie auf den Dienstleistungssektor ging das Wachstumspotential der chinesischen Wirtschaft zurück, die in die Phase der neuen Normalität der „strukturbedingten verlangsamten Entwicklung" überging. Um die nachhaltige, gesunde wirtschaftliche Entwicklung weiter zu gewährleisten, musste die Regierung unter diesen Umständen voraussehen, wie sich der Abwärtstrend des potentiellen Wachstums entwickelt, den Kurs der Makrosteuerung rechtzeitig ändern und einen zu schnellen Rückgang des Wirtschaftswachstums verhindern. Dementsprechend war die makropolitische Richtlinie Chinas darauf ausgerichtet, „die Geschwindigkeit zu stabilisieren und die Effizienz zu steigern", statt eine „stabile, ziemlich schnelle Entwicklung" anzustreben. Mit der „Stabilisierung der Geschwindigkeit" war gemeint, das Wirtschaftswachstum in einem angemessenen Bewegungsraum zu stabilisieren (Festlegung des Spektrums der potentiellen Wachstumsrate) und ggf. das Wachstumsziel anzupassen. Es wurde nicht danach getrachtet, die potentielle Wachstumsrate zu überschreiten. Dank dieses stabilen, freien makroökonomischen Umfeldes mag China gut imstande sein, unter Anleitung des „Wissenschaftlichen Entwicklungskonzepts" die Strategie der umfassenden, tief greifenden Umstrukturierung umzusetzen. Mit der „Effizienzsteigerung" war gemeint, mehr Akzent auf Qualitätserhöhung, Kostensenkung und

21 Wen, Jiabao: 2011年国务院政府工作报告 [Tätigkeitsbericht der Regierung 2011], erstattet am 5. März 2011 auf der 4. Tagung des XI. Nationalen Volkskongresses.

Produktivitätssteigerung zu legen, um die Verteilung des Nationaleinkommens zu verbessern und um finanziellen Risiken vorzubeugen. Im Mittelpunkt dieses konzeptionellen Gedankens steht, den Rückgang des Wirtschaftswachstums durch Verbesserung der Qualität und Erhöhung der Leistungsfähigkeit wettzumachen, die Akkumulation des Volksvermögens zu fördern und das Gemeinwohl zu erhöhen. In diesem Zusammenhang sollte die Verwaltung der gesamtwirtschaftlichen Nachfrage nicht mehr den einzigen Ausgangs- bzw. Anhaltspunkt der Makrosteuerung darstellen, stattdessen sollte das gesamtwirtschaftliche Angebot zunehmend berücksichtigt und durch die koordinierte Umsetzung der Fiskal-, Geld-, Industrie- und Preispolitik sowie anderer politischer Instrumente gesteuert werden. Wenn die Volkswirtschaft den Grenzwert zu überschreiten drohte, sollte die gesamtwirtschaftliche Nachfrage unter Kontrolle gebracht werden, um die konjunkturellen Schwankungen zu glätten. Wenn sich die Wirtschaft innerhalb des vorbestimmten Spektrums bewegte, sollte die Lenkung der Angebotsseite als Hauptschlüssel der Makrosteuerung zur Qualitätsverbesserung und Effizienzsteigerung dienen. Dabei handelte es sich nicht nur um die Neugestaltung der Industriepolitik, sondern es war von fundamentaler Bedeutung, die unternehmerische Vitalität und Marktdynamik durch institutionelle Reformen anzukurbeln, die Beziehung zwischen Regierung und Markt zu klären und die Unternehmer zu marktorientierten Reorganisationen anzuregen. Folglich wird das Alte aus dem Gleichgewicht geraten und das Neue ins Gleichgewicht kommen. Darüber hinaus werden neue Reformdividenden generiert, die Leistung des gesamten chinesischen Wirtschaftsangebots verbessert und ein solides Wirtschaftswachstum erzielt. In Anbetracht dieser veränderten Situation müssen die institutionellen Reformen der Makrosteuerung weiter vorangetrieben werden.

Noch nicht da gewesene Besonderheiten kennzeichneten die Makrosteuerung Chinas in der neuen wirtschaftlichen Normalität. Auf Entscheidungsebene wurde Nachdruck darauf gelegt, mit fester Entschlossenheit einen stabilen wirtschaftlichen Aufschwung zu garantieren, einzelne Wirtschaftsakteure anzuregen, die Gesamtwirtschaft zu stabilisieren und die soziale Sicherung zu stärken, zielgerichtete Steuerung mit der Lenkung der zulässigen Spanne zu kombinieren, begleitende Reformmaßnahmen bei der Makrosteuerung zu ergreifen, Koordinierungsmechanismen der Politikgestaltung der Makrosteuerung aufzubauen, Zielbestimmung und Politikgestaltung der Makrosteuerung zu institutionalisieren. Das waren sozusagen Neuheiten der Makrosteuerung Chinas in der neuen wirtschaftlichen Normalität.

5.4 Grundlogik der institutionellen Reformen der Makrosteuerung

Die Treibkräfte, die die institutionellen Reformen der Makrosteuerung Chinas mitgestalteten, waren mannigfaltig. Dazu gehörten u. a. das Umdenken der Entscheidungsträger, die Transformation des Wirtschaftssystems, die Fortentwicklung der chinesischen Wirtschaft und die in- und ausländische Konjunkturentwicklung. Dank der Mitwirkung dieser Faktoren hat sich die Makrosteuerung chinesischer Prägung schrittweise vervollständigt.

Erstens ist das Umdenken der Entscheidungsträger zu nennen, das unmittelbar den ersten Anstoß zu institutionellen Reformen der Makrosteuerung gab.

Von 1979 bis 1997 vollzog sich ein Umdenkprozess der Entscheidungsträger bezüglich der Makrosteuerung. Von der Idee der „planmäßigen, proportionalen Produktionen mit umfassender Ausgewogenheit" über „Marktregulierung durch den Staat und Unternehmenslenkung durch den Markt" bis zur Bekräftigung der „fundamentalen Rolle der Märkte bei der Ressourcenallokation im Rahmen der sozialistischen Makrosteuerung", schlugen sich diese konzeptionellen Änderungen in den wirtschaftspolitischen Maßnahmen nieder. Die Marktelemente, die anfangs völlig abgelehnt waren, fanden allmählich Anerkennung und bauten sich aus, während die Planelemente zurückgedrängt und nur Teile davon aufbewahrt wurden. Auf dieser Grundlage formte sich das neue System der Makrosteuerung im Rahmen der sozialistischen Marktwirtschaft. Von 1998 bis 2012 wurde die Rahmenordnung, die im Kern unverändert blieb, kontinuierlich vervollständigt. Hinsichtlich der aktiven Fiskalpolitik, Notwendigkeit der wirtschaftspolitischen Steuerung in Zeiten der Hochkonjunktur und Anwendbarkeit der administrativen Zielvorgaben gelangten die Entscheidungsträger zur klaren Einsicht. Sie konnten viele Erfahrungen sammeln und ihre Fachkompetenzen waren ausgereift. Ein Gefüge der Makrosteuerung mit Planvorgaben, fiskal- und geldpolitischen Instrumenten kam zustande. 2013 wurde die konzeptionelle Idee der Entscheidungsträger durch neue Elemente bereichert, die der chinesischen Wirtschaftslage in der neuen Normalität Rechnung trug. Dazu zählten u. a. Qualitätserhöhung und Produktivitätssteigerung, mehr Lenkung der Angebotsseite, Gewährleistung eines stabilen wirtschaftlichen Aufschwungs mit fester Entschlossenheit, Anregung einzelner Wirtschaftsakteure, Stabilisierung der Gesamtwirtschaft und Stärkung der sozialen Sicherung, Kombination der zielgerichteten Steuerung mit der Lenkung der zulässigen Spanne, begleitende Reformmaßnahmen bei der Makrosteuerung, Aufbau der Koordinierungsmechanismen der wirtschaftspolitischen Maßnahmen sowie Institutionalisierung der Zielbestimmung und Politikgestaltung der Makrosteuerung.

Zweitens stellte der graduelle Systemwandel die Grundkraft für die institutionellen Reformen der Makrosteuerung dar.

Der reibungslose Übergang von der Plan- zur Marktwirtschaft setzt ein stabiles makroökonomisches Umfeld voraus, d. h., die Stabilität der Gesamtlage stellt eine notwendige Kondition für die Wirtschaftsreformen dar. In China ging die wirtschaftliche Umstrukturierung mit dem graduellen Systemwandel einher. Angesichts der Tatsache, dass der Staats- und Nicht-Staatssektor, Plan- und Marktelemente nebeneinander existierten, war die zweigleisige Steuerung ein Muss. Einerseits sahen die politischen Entscheidungsträger in Marktkräften, die im Laufe der marktorientierten Reformen zunahmen, Kernelemente der Makrosteuerung. Ausgehend davon, dass die Marktorientierung beim Aufbau des Systems der Makrosteuerung eine zentrale Rolle spielen sollte, legten sie viel Gewicht auf indirekte Mittel und Wege wie wirtschaftliche und rechtliche Maßnahmen. Andererseits wurden die traditionellen planwirtschaftlichen Elemente zwar immer mehr zurückgedrängt, aber darauf wurde nie völlig verzichtet, da China im Systemwandel begriffen war. Sie wurden ebenfalls in das chinesische Konzept der Makrosteuerung aufgenommen und standen den politischen Entscheidungsträgern zur Wahl. Plan und Markt fanden sich unter der Fahne der Makrosteuerung zusammen und das Gefüge der Makrosteuerung mit strategischer Planung, fiskal- und geldpolitischen Instrumenten kam schließlich zustande. Die Besonderheiten der chinesischen Makrosteuerung finden ihren Niederschlag gerade in der kombinierten Steuerung durch Markt und administrative Zielvorgaben, indem die Staatsunternehmen, lokale Regierungen und die Nationale Kommission für Entwicklung und Reform jeweils ihre Funktionen erfüllen.

Drittens übte der Strukturwandel im Laufe der Wirtschaftsentwicklung großen Einfluss auf die Makrosteuerung Chinas aus.

Zur Bekämpfung diverser struktureller Probleme musste die Regierung differenzierte Handlungsmaßnahmen ergreifen. Daraus resultierte, dass neben der Steuerung des Gesamtvolumens noch Strukturmaßnahmen getroffen werden mussten. Typische strukturpolitische Maßnahmen, beispielsweise die Industrie-, Handels-, Devisenpolitik, Kapitalkontrolle und strenge Regulierungspolitik wurden dann in die Toolbox der Regierung aufgenommen.

Die Mängel des vorhandenen Systems der Makrosteuerung sollten jedoch nicht übersehen werden. Es fehlten Indikatoren zur Messung der Qualität und Effizienz der wirtschaftlichen Entwicklung und zur Messung der Erhöhung des allgemeinen Lebensstandards und des ökologischen Aufbaus. Positive Wirkungen einiger politischer Maßnahmen wurden durch negative Wirkungen anderer politischer Maßnahmen neutralisiert und ab und zu überlagerten sich die negativen Wirkungen. Die Standardisierung und Institutionalisierung der Politikgestaltung der Makrosteuerung sowie deren Umsetzung gingen nur zögernd voran. Die Wirtschaftspolitik kam in der Praxis nicht gut zum Tragen. Es fehlten noch Rechtsschutz und Rechtsverbindlichkeit bei der mangelhaften Umsetzung der makroökonomischen Steuerungsmaßnahmen. All diese Probleme beeinträchtigten die Wissenschaftlichkeit und Wirksamkeit der Makrosteuerung. Vor diesem Hintergrund stand es auf der Agenda Chinas, gemäß den Anforderungen des 3. Plenums der XVIII. ZK der KP Chinas die Reformen umfassend zu vertiefen, die Funktion der Regierung umzugestalten, ein solides, effektives Verwaltungssystem der Makrosteuerung chinesischer Prägung mit indirekten marktwirtschaftlichen Maßnahmen als Hauptinstrumente aufzubauen, um dem Ziel, dass „der Markt bei der Ressourcenallokation eine entscheidende Rolle spielt", gerecht zu werden. Konkret gesagt, stand Folgendes im Vordergrund: (1) Das System der Makrosteuerung mit fiskal- und geldpolitischen Maßnahmen als Hauptinstrumenten sollte unter der Berücksichtigung der nationalen Entwicklungsstrategie und Planung als strategische Ausrichtung weiter vervollständigt werden, wobei die Fiskal-, Geld-, Industrie- und Preispolitik koordiniert zur Anwendung kommen sollte. (2) Die Institutionalisierung der Zielbestimmung und Politikgestaltung der Makrosteuerung sollte vorangetrieben werden. (3) Der Partizipationsmechanismus an der internationalen Koordinierung der einzelstaatlichen makroökonomischen Politik sollte beschleunigt geformt werden. (4) Die Reformen der Investitionstätigkeiten sollten vertieft werden, und dem Unternehmen sollte der Status als Investor anerkannt werden. (5) Das System zur Bewertung der Ergebnisse muss weiterentwickelt werden.

Das chinesische Gefüge der Makrosteuerung verfügt über einzigartige Vorteile und hat in der Praxis mit guten Ergebnissen seine Überlegenheit bewiesen. Da sich China immer noch in der Übergangsphase befindet, sieht sich China ggf. gezwungen, administrative Maßnahmen ergreifen zu müssen, da der Systemwandel noch nicht abgeschlossen ist und der marktwirtschaftliche Transmissionsmechanismus nicht zügig funktioniert. Mittels dieser nicht-marktwirtschaftlichen Maßnahmen können zwar die notwendigen Ressourcen kurzfristig schnell und effektiv organisiert werden, um externe Effekte anzugehen, aber langfristig und gesamtwirtschaftlich gesehen können sehr viele negative Effekte erzeugt werden, wenn die Makrosteuerung zu sehr von administrativen Verwaltungsmaßnahmen abhängig ist. Die Marktmechanismen können ihre grundlegende Funktion bei der Ressourcenallokation nicht entfalten, die Finanzrisiken vermehren sich, die Wirtschaftsstruktur wird verzerrt, und der Nährboden für Korruptionen und neue Konjunkturschwankungen wird bereitet – um nur einige Beispiele zu nennen.

6 Systemwandel und neue Entwicklungsformen

Für Chinas Reformpraxis der vergangenen 40 Jahre war der wirtschaftliche Aufbau die zentrale Aufgabe. Um die wirtschaftliche Entwicklung zu fördern, wurden eine Menge Reformmaßnahmen getroffen. Neue Anreize, aber auch Verbindlichkeit wurden durch institutionelle Umgestaltung für die Wirtschaftsteilnehmenden geschaffen, wodurch die Produktivität stark befreit und entwickelt wurde. Zur Bewertung der erzielten Leistungen galt, ob die wirtschaftliche Leistungsfähigkeit und der allgemeine Wohlstand verbessert wurden. In diesem Prozess gelangte man in China zu einem tieferen Verständnis des konzeptionellen Inhalts und der Reichweite des Begriffs „Entwicklung". Neben der wirtschaftlichen Entwicklung standen die gesellschaftliche Entwicklung, die koordinierte Entwicklung zwischen Mensch und Natur sowie die umfassende Entwicklung der Menschheit auf dem Programm. Kurz gesagt, ein modernes, integriertes Entwicklungskonzept mit vier zentralen Dimensionen kam zustande. Außerdem war es für die Vertiefung der Reformen erforderlich, die wirtschaftlichen Entwicklungsformen zu ändern.

6.1 Entwicklung als Zielausrichtung der Reformen

Das anvisierte Ziel der Reformen ist die Entwicklung. Hier geht es vor allem um die wirtschaftliche Entwicklung, die die Grundlage für Entwicklungen in anderen Bereichen bildet. Als mit der Reform und Öffnung gestartet wurde, wurde die Aufgabe des wirtschaftlichen Aufbaus ins Zentrum gerückt. Dass die wirtschaftliche Entwicklung erste Priorität genoss, basierte auf historischen Erfahrungen und Lehren. Dazu sagte Deng Xiaoping: „Der Schlüssel zur Lösung aller Probleme liegt in der Entwicklung Chinas."[1] Oder an einer anderen Stelle: „Die Entwicklung ist die harte Wahrheit."[2] Um die wirtschaftliche Entwicklung zu fördern, wurde in China der Sozialismus chinesischer Prägung als Weg, das Anfangsstadium des Sozialismus als Entwicklungsstadium und die „Drei-Schritte-Strategie" als Entwicklungsstrategie festgelegt.

Die „Drei-Schritte-Strategie" ist ein sich entwickelndes Konzept. In Dengs Ära sah die Strategie wie folgt aus: Als erster Schritt (1981–1990) sollte das Bruttosozialprodukt gegenüber 1980 verdoppelt und die Ernährungs- und Bekleidungsfrage der Bevölkerung gelöst werden. Der zweite Schritt war, von 1991 bis 2000 das Bruttosozialprodukt wieder zu verdoppeln, sodass die Bevölkerung in bescheidenem Wohlstand leben konnte. Als dritter Schritt sollte bis Mitte des 21. Jahrhunderts das durchschnittliche Pro-Kopf-Bruttosozialprodukt das Niveau eines mittelmäßig entwickelten Landes erreichen, das Volk sollte ein Leben in relativem Wohlstand führen und die Modernisierung des Landes sollte im Großen und Ganzen abgeschlossen sein. Im auf der 4. Tagung des VIII. Nationalen Volkskongresses verabschiedeten Programm *Der 9. Fünfjahresplan zur wirtschaftlichen und gesellschaftlichen Entwicklung Chinas und der langfristige Plan bis zum Jahr 2010* (1996) wurden die Entwicklungsziele für die nächsten 5 bzw. 15 Jahre formuliert: Erstens sollte im 9. Fünfjahreszeitraum der zweite strategische Schritt im nationalen Modernisierungsprozess vollständig verwirklicht werden. Die Bevölkerungszahl sollte bis 2000 nicht auf 1,3 Milliarden ansteigen und das durchschnittliche Pro-Kopf-Bruttosozialprodukt sollte gegenüber 1980 vervierfacht werden. Zweitens sollte die Armut im Großen und Ganzen beseitigt werden, sodass das Volk ein Leben in bescheidenem Wohlstand führen konnte. Drittens sollte der Aufbau des modernen Unternehmertums beschleunigt werden

1 Deng Xiaoping: 邓小平文选 [Ausgewählte Werke von Deng Xiaoping], Band III. China People's Publishing House, 1993, S. 265.

2 Ebenda, S. 377.

und die sozialistische Marktwirtschaft sollte grundsätzlich etabliert werden, sodass eine bessere materielle und technische Grundlage für den dritten strategischen Schritt im neuen Jahrhundert geschaffen wird. Viertens sollte sich das Bruttosozialprodukt bis 2010 gegenüber 2000 verdoppeln. Die Bevölkerungszahl sollte unter 1,4 Milliarden bleiben. Das Volk sollte ziemlich gut situiert sein und das System der sozialistischen Marktwirtschaft weitgehend vervollständigt werden. 1997 wurde auf dem XV. Parteitag der KP Chinas die „neue Drei-Schritte-Strategie" vorgebracht: Der erste Schritt war, in den ersten zehn Jahren des 21. Jahrhunderts das Bruttosozialprodukt gegenüber 2000 zu verdoppeln. Das Volk, das in bescheidenem Wohlstand lebte, sollte noch wohlhabender sein und ein vollständiges System der sozialistischen Marktwirtschaft sollte errichtet werden. Der zweite Schritt sah vor, dass sich die Volkswirtschaft Chinas in kommenden zehn Jahren, also bis zum 100. Jubiläum der Gründung der KP Chinas weiterentwickele und sich alle Regelwerke vervollständigten. Im dritten Schritt sollte China, dessen Modernisierungsprozess bis Mitte des 21. Jahrhunderts, und zwar bis zum 100. Jahrestag der Staatsgründung, im Wesentlichen abgeschlossen sein sollte, zu einem reichen, starken, demokratischen und kultivierten sozialistischen Staat aufgebaut werden. 2002 wurde auf dem XVI. Parteitag der KP Chinas verlautbart, dass das Bruttoinlandsprodukt bis zum Jahr 2020 auf der Grundlage der Strukturoptimierung und Effizienzsteigerung vervierfacht und eine Gesellschaft mit bescheidenem Wohlstand auf einem höheren Niveau für alle Einwohner aufgebaut werden sollte. Der XVII. Parteitag der KP Chinas modifizierte 2007 die Ziele geringfügig: Anstatt des BIP sollte das Pro-Kopf-BIP auf der Grundlage der Strukturoptimierung, Effizienzsteigerung, Energieeinsparung und Umweltschonung bis zum Jahr 2020 gegenüber 2000 vervierfacht werden. 2012 fand der XVIII. Parteitag der KP Chinas statt, der höhere Ansprüche an Chinas wirtschaftliche und gesellschaftliche Entwicklung sowie an die umfassende Vollendung des Aufbaus einer Gesellschaft mit bescheidenem Wohlstand stellte. Geplant war, auf der Grundlage der verstärkten Balancierung, Koordinierung und Nachhaltigkeit das BIP und Pro-Kopf-Einkommen der Stadt- und Landbevölkerung bis 2020 gegenüber 2010 zu verdoppeln. Zum ersten Mal wurde die Verdopplung des Pro-Kopf-Einkommens der Stadt- und Landbevölkerung als strategisches Ziel im Bericht des Parteitags der KP Chinas festgelegt, was das Konzept der wissenschaftlichen Entwicklung, das die Menschen in den Mittelpunkt stellt, reflektierte. Außerdem trug diese Zielvorgabe der neuen Anforderung der balancierten Entwicklung zwischen dem nationalen und persönlichen Wohlstand Rechnung. Statistischen Angaben zufolge war das Bruttoinlandsprodukt im Jahr 2020 das 10,1-Fache des Bruttoinlandsprodukts aus dem

Jahr 2000, und das Ziel, die Gesamtwirtschaftsleistung zu vervierfachen, wurde erfolgreich erreicht. Aufgrund dieser Tatsache wurde im Bericht des XVIII. des Parteitags der KP Chinas zum ersten Mal formuliert, dass das Ziel einer Gesellschaft mit bescheidenem Wohlstand in China realisiert wurde.

Ohne Reformen kann sich China nicht entwickeln. Für Deng Xiaoping hatten alle Reformen nur ein Ziel: Die Produktionsverhältnisse und der Überbau, welche der Produktivitätsentwicklung nicht gerecht werden, seien zu beseitigen. Es ging ihm also darum, alle Störfaktoren für die wirtschaftliche Entwicklung wegzuräumen und die Produktivität zu befreien. Über den inneren Zusammenhang zwischen Reformen und Entwicklung meinte er: Nur durch Reformen, die direkte Treibkraft und solide Basis für die Entwicklung seien, könnten Barrieren der Produktivitätsentwicklung entfernt werden. Die Entwicklung sei das Ziel der Reformen und ohne Entwicklung hätten die Reformen eigentlich keinen Sinn.

In den letzten 40 Jahren hat China problemorientierte Handlungsmaßnahmen ergriffen, um die mikroökonomische Grundlage, das Marktsystem, das administrative, insbesondere das makroökonomische Verwaltungssystem, das Verteilungssystem sowie das soziale Sicherungssystem zu restrukturieren, mit denen ein weiträumiger Spielraum für die wirtschaftliche Entwicklung geschaffen wurde.

(1) Das BIP und Pro-Kopf-BIP zeichneten ein deutliches Wachstum ab. Von 1978 bis 2013 erhöhte sich das BIP von 364,5 Milliarden CNY auf 56,8845 Billionen CNY. Das war ein Zuwachs um das 25-Fache, gemessen am vergleichbaren Preis. 1978 belegte China mit seinem BIP im internationalen Vergleich den 10. Platz. 2010 kam China auf den zweiten Platz. Das Pro-Kopf-BIP stieg von 381 CNY auf 41,908 CNY, ein Anstieg um das 17-Fache, gemessen am vergleichbaren Preis. 1995 und 1997 verwirklichte China vorzeitig das Ziel der Verdopplung des Bruttosozialprodukts und Pro-Kopf-Bruttosozialprodukts gegenüber 1980 und 2007 vorzeitig das Ziel der Verdopplung des Bruttosozialprodukts gegenüber 2000.

(2) Der Prozess der Industrialisierung und Urbanisierung ging voran. Im Zeitraum zwischen 1978 und 2013 sank der Anteil der Wertschöpfung des primären Wirtschaftssektors von 28,2% auf 10% und die Beschäftigungsrate ging von 70,5% auf 31,4% zurück, während der Anteil der Wertschöpfung des tertiären Wirtschaftssektors von 23,9% auf 46,1% stieg und sich die Beschäftigungsrate von 12,2% auf 38,5% erhöhte. Nach den vorhandenen statistischen Aufzeichnungen seit 1990 spielte der

sekundäre Wirtschaftssektor mit über 50% des BIP eine führende Rolle für die gesamte Wirtschaftsentwicklung. Von 1978 bis 2013 erhöhte sich der Urbanisierungsgrad von 17,92% um 35,81% auf 53,73%, das entsprach einem durchschnittlichen Jahreszuwachs von 1,02%. Inzwischen nahm die Stadtbevölkerung um 558,66 Millionen zu, was einem durchschnittlichen Jahreszuwachs von 15,96 Millionen entsprach.

(3) In Bezug auf das Allgemeinwohl nahm das Einkommen um ein Vielfaches zu, die Ernährungs- und Bekleidungsfrage der Bevölkerung wurde generell gelöst und der bescheidene Wohlstand allgemein verwirklicht. Von 1978 bis 2013 verzeichnete das verfügbare Jahreseinkommen pro Kopf der Stadtbevölkerung einen Zuwachs von 343,4 CNY auf 26.955,1 CNY und das Nettoeinkommen der Landbevölkerung erhöhte sich von 133,6 CNY auf 8.895,9 CNY, eine Zunahme um das 11,3- und 11,9-Fache gemessen am vergleichbaren Preis. Der Engel-Koeffizient der ländlichen Haushalte sank von 67,7% auf 37,7%, während der Engel-Koeffizient der städtischen Haushalte von 57,5% auf 35% fiel. Obwohl sich die (absolute) Armutsgrenze von 100 CNY auf 1.274 CNY des Jahresnettoeinkommens pro Kopf erhöhte, ging die Zahl der Landbevölkerung, die in extremer Armut lebten, von 250 Millionen auf 82,49 Millionen zurück. Die Armutsquote sank von 30,7% 1978 auf 8,5% 2013. Diesbezüglich schätzte die Weltgemeinschaft Chinas Arbeit und Leistung sehr hoch.

Das Erfolgsmodell Chinas, das die wirtschaftliche Transformation und Entwicklung in den letzten 40 Jahren gut miteinander verband, zog internationale öffentliche Aufmerksamkeit auf sich und fand in akademischen Kreisen Beachtung. Das Foreign Policy Centre, der bekannte britische Thinktank in London, veröffentlichte 2004 den Beitrag *Beijing-Konsens* von Joshua Cooper Ramos, hochrangigem Berater der amerikanischen Investmentbank Goldman Sachs für wirtschaftspolitische Themen. Darin wurde das bewährte Modell Chinas zur Ankurbelung der wirtschaftlichen Entwicklung auf der Grundlage der kontinuierlichen Reformen in den vergangenen 20 Jahren eingehend dargestellt. Es wurde u. a. versucht, aufzuzeigen, inwiefern sich dieses Modell vom „lateinamerikanischen Entwicklungsmodell" auf der Basis des „Washington-Konsens", vom russischen „Schocktherapie"-Modell und zum Teil auch vom „ostasiatischen Entwicklungsmodell" unterschied. Zwar musste der „Beijing-Konsens" noch genau definiert und systematisch untersucht werden, aber diese neue Formulierung zeigte eine gewisse Anerkennung der Weltgemeinschaft für das chinesische

Entwicklungsmodell – für die „Reformmaßnahmen rund um die wirtschaftliche Entwicklung und Entwicklung durch die wirtschaftliche Transformation".

6.2 Weiterentwicklung des Begriffsinhalts der „Entwicklung" und Sublimation der neuen Konzeption der „Reform"

Das anvisierte Ziel der Reformen ist die Entwicklung. Der Inhalt und die Reichweite der konzeptionellen Idee „Entwicklung" werden mit der Zeit erweitertet und vertieft, da neue Einsichten über Entwicklungstheorien gewonnen werden und sich die Entwicklungssituation verändert. Verfolgt man die entwicklungstheoretische Auseinandersetzung weltweit, kann man den theoretischen Entwicklungsgang wie folgt feststellen.

6.2.1 Wachstumstheorie

Die Entwicklungstheorien, die nach dem Zweiten Weltkrieg entstanden sind, diskutierten vor allem, wie unentwickelte Länder entwickelte Länder aufholen könnten. Der Fokus lag dabei auf dem Zuwachs des wirtschaftlichen Gesamtvolumens und die Entwicklung war mit dem wirtschaftlichen Wachstum gleichgesetzt. In den früheren Werken der Entwicklungstheorien, beispielsweise in W. Arthur Lewis' *Die Theorie des wirtschaftlichen Wachstums* (1955) und Walt W. Rostows *Stadien wirtschaftlichen Wachstums – Eine Alternative zur marxistischen Entwicklungstheorie* (1960) wurden das Wachstum des Bruttosozialprodukts und die Zunahme des Pro-Kopf-Volkseinkommens als das wichtigste oder gar das einzige Kriterium angesehen. In der Praxis könnte sich jedoch ein „Wachstum ohne Entwicklung" abzeichnen, was zu erkennen gab, dass Wachstum und Entwicklung nicht identisch waren. 1966 veröffentlichte der amerikanische Ökonom Robert W. Clower seine Forschungsergebnisse über die wirtschaftliche Entwicklung Liberias unter dem Titel „Wachstum ohne Entwicklung", in dem er darauf hinwies, dass die Erhöhung des Pro-Kopf-Einkommens in Liberia auf ausländische Investitionen in die Ölbeförderung und auf Ölexport nach Europa und Amerika zurückzuführen sei, was keine Auswirkung auf den nationalen technischen Stand, auf die Akkumulation des Humankapitals und Produktionen in anderen wirtschaftlichen Bereichen habe. Das vermehrte Einkommen durch den Ölexport erhöhe nicht das allgemeine Lebensniveau, es vergrößere vielmehr das Wohlstandsgefälle.[3] Im UNDP-Bericht über die menschliche Entwicklung 1996 wurde die Beziehung zwischen dem wirtschaftlichen Wachstum und der menschlichen Entwicklung eingehend diskutiert. Fünf Situationen, in denen ein wirtschaftliches Wachstum ohne Entwicklung erfolgt, wurden skizziert: (1) Beschäftigungsfreies Wachstum, das nicht ausreichende Arbeitsplätze schafft und ggf. sogar den Arbeitsmarkt verschlechtert; (2) Stimmloses Wachstum, das die Mitsprache der Öffentlichkeit an der öffentlichen Verwaltung und die freie Meinungsäußerung nicht fördert; (3) Rücksichtsloses Wachstum, das die unfaire Einkommensverteilung verschärft, wodurch neue Armut entstehen kann; (4) Wurzelloses Wachstum, das schädliche Wirkung auf die kulturelle Diversität hat, eine kulturelle Krise im eigenen Land in sich birgt und Völkerkonflikte verursachen kann; (5) Zukunftsloses Wachstum, das die Ökologie, Ressourcen und Umwelt zerstört und die Nachhaltigkeit des wirtschaftlichen Wachstums beeinträchtigt.[4]

6.2.2. Theoretische Ansätze der sozioökonomischen Entwicklung

Da sich die sozialen Konflikte um 1960er Jahre verschärften, wurde bei der entwicklungstheoretischen Auseinandersetzung der Akzent auf „soziale Struktur und soziale Probleme" gesetzt. Die Hauptvertreter dieser theoretischen Ansätze waren der Meinung, dass die Entwicklung ein koordiniertes, systematisches Projekt aller Bereiche einer Wirtschaftsgesellschaft darstelle. H. W. Singer, der den Begriff „soziale Entwicklung" prägte, wies in seinem Beitrag *Social development: Key growth sector* (1965) darauf hin, dass alle Bereiche der sozialen Entwicklung, beispielsweise Bildung, Gesundheit und Ernährung zu beachten seien. Für ihn hätten die unentwickelten Länder nicht nur das Problem des Wachstums, sondern auch das Problem der Entwicklung. Zur Entwicklung gehörten neben dem Wachstum noch andere Veränderungen. Die Veränderungen ergäben sich nicht nur im wirtschaftlichen Bereich, sondern auch im sozialen und kulturellen Bereich. Es seien nicht nur quantitative, sondern auch qualitative Veränderungen. Wichtig sei, dass sich die Lebensqualität der Bevölkerung verbessere.[5]

3 Clower, R. W.: *Growth without development: An economic survey of Liberia*. Northwestern University Press, 1966.
4 Entwicklungsprogramm der Vereinten Nationen: *Human development report*. New York: Oxford University Press, 1996.
5 Singer, H. W.: Social development: Key growth sector. In: *International Development Review* 1965, 7 (1): 5.

I. Adelman und C. T. Morris versuchten in ihrem Werk *Society, politics and economic development – A quantitative approach* (1967) die Entwicklung aus der Perspektive der Interaktion zwischen Wirtschaft, Gesellschaft und Politik zu analysieren. Sie kamen mittels der Faktorenanalyse, die kaum von Ökonomen verwendet wurde, zum Ergebnis, dass das wirtschaftliche Entwicklungsniveau mit einigen maßgebenden soziopolitischen Variablen zusammenhänge.[6] D. Seers wies in seinem Beitrag *The meaning of development*, den er der 11. Weltkonferenz der Internationalen Entwicklungsorganisation (IDA) vorlegte, darauf hin, dass die Entwicklung die Aufgabe haben sollte, Armut, Ungleichheit und Arbeitslosigkeit zu beseitigen. Mit seinen Worten: „Was die Entwicklung einer Nation angeht, lassen sich folgende Fragen stellen: Was ist denn mit der Armut passiert? Was ist denn mit der Arbeitslosigkeit passiert? Und was ist denn mit der Ungleichheit passiert? Wenn die Kennzahlen dafür sinken, hat sich das Land zweifelsohne gut entwickelt. Wenn sich ein oder zwei Aspekte weiter verschlechtern, insbesondere wenn sich alle drei Aspekte verschlimmern, ist es unglaublich, dies als ‚Entwicklung' zu bezeichnen, selbst wenn das Durchschnittseinkommen pro Kopf um ein Vielfaches zunimmt."[7] Das UNO-Forschungsinstitut für soziale Entwicklung (UNRISD) plädierte in seiner 1970 veröffentlichten Studie *Contents and measurements of socioeconomic development* für eine Entwicklung, die das wirtschaftliche Wachstum mit dem gesellschaftlichen Wandel verbinde. Ob eine Entwicklung positiv sei, könne sie an 16 sozioökonomischen Indikatoren gemessen werden.[8] M. P. Todaro vertrat im Buch *Economic development in the Third World* (1977) die Meinung, dass die Entwicklung keineswegs ein reines Wirtschaftsphänomen sei. Es gehe dabei nicht nur um das materielle und wirtschaftliche Leben der Bevölkerung, sondern um die Berücksichtigung vieler anderer Aspekte. Die Entwicklung sei ein mehrdimensionaler Prozess, der die Reorganisation und Restrukturierung des wirtschaftlichen und gesellschaftlichen Systems beinhaltet.[9] Angesichts dieser neuen Phase der Entwicklungstheorien wurden in vielen Ländern die „sozialen Indikatoren" bei der wirtschaftspolitischen Gestaltung herangezogen.

6 Adelman, I. & Morris, C. T.: *Society, politics and economic development – A quantitative approach*. Baltimore, Md.: Johns Hopkins University Press, 1967.

7 Seers, D.: The meaning of development. In: *International Development Review* 1969, 11 (4): 3-4.

8 UNO-Forschungsinstitut für soziale Entwicklung: *Contents and measurements of socioeconomic development*. Geneva: UNRISD, 1970.

9 Todaro, M. P.: *Economic development in the Third World*. Longman, 1977.

6.2.3 Theorie der nachhaltigen Entwicklung

Um 1970 setzten die Probleme des Bevölkerungszuwachses, der Ressourcenknappheit und Umweltverschmutzung die Menschheit unter größeren Druck, weshalb die Entwicklungstheorie um die Idee der „generationsübergreifenden Koordinierung" bzw. „Nachhaltigkeit" erweitert wurde. 1972 erstellte das Forschungsteam um Donella H. Meadows am Massachusetts Institute of Technology im Auftrag des Club of Rome die erste Studie dieser Organisation, *Die Grenzen des Wachstums*, die sich kritisch mit Auswirkungen und Folgen des wirtschaftlichen Wachstums auf die natürliche Umwelt der Menschheit auseinandersetzte. Der Forschungsarbeit zufolge werde der Zuwachs der Weltwirtschaft voraussichtlich in den kommenden 100 Jahren die Grenzen erreichen, da die Weltbevölkerung, Getreideerzeugung, Investition, Umweltverschmutzung mit dem Rohstoffverbrauch eine exponentielle Zunahme statt eines linearen Wachstums verzeichnen. Damit die Welt nicht wegen der ökologischen Überbelastung zusammenbreche, sei die Kontrolle des Wachstums im Sinne von „Nullwachstum" die beste Methode.[10] Die darin vorgeschlagene „angemessene, nachhaltige und ausgewogene Entwicklung" bildete dann die Grundlage für die Theorie der Nachhaltigkeit. 1981 legte Lester R. Brown, Direktor des amerikanischen Worldwatch Institute, in seinem Werk *Aufbau einer nachhaltigen Gesellschaft* das Konzept der Nachhaltigkeit ausführlich dar.[11] 1987 veröffentlichte die Weltkommission für Umwelt und Entwicklung der Vereinten Nationen unter dem Vorsitz der ehemaligen norwegischen Ministerpräsidentin, Frau Brundland, den Perspektivbericht *Unsere gemeinsame Zukunft*, der von den Prinzipien „Fairness, Dauerhaftigkeit und Allgemeinheit" ausging und eine Entwicklung, die „den Bedürfnissen der heutigen Generation entspricht, sowie die Möglichkeiten künftiger Generationen nicht gefährdet, ihre eigenen Bedürfnisse zu befriedigen und ihren Lebensstil zu wählen" als nachhaltig erachtete. Diese Definition der Nachhaltigkeit fand bald darauf weltweit Anerkennung. Auf der 1992 in Rio de Janeiro abgehaltenen Konferenz der Vereinten Nationen über Umwelt und Entwicklung, an der 183 Nationalstaaten und Regionen teilnahmen, wurden *Die Rio-Erklärung über Umwelt und Entwicklung* und *Agenda 21* beschlossen. Diese zwei programmatischen Dokumente zeigten, dass ein breiter Konsens über Nachhaltigkeit erreicht wurde und viele Länder und Regionen diese als wichtige

10 Meadows, D. L. u. a.: *The limits to growth*. New York: Universe Books, 1972.

11 Brown, L. R.: *Building a sustainable society*. New York: Norton and Co., 1981.

Leitidee für die Ausarbeitung der wirtschaftlichen und gesellschaftlichen Entwicklungsstrategien betrachteten.

6.2.4 Menschenorientierte Entwicklungstheorien

Um 1980 begannen die Wissenschaftler, ethnische Prinzipien in die Entwicklungstheorien zu integrieren, die auf die „humanistische Fürsorge" ausgerichtet waren. Im Fokus standen neben dem materiellen Wachstum auch die Vergrößerung der menschlichen Freiheit, die Erhöhung der Fähigkeit und die Entfaltung des Humanpotentials. Bereits 1971 wies D. Goulet in seinem Werk *The cruel choice: A new concept in the theory of development* darauf hin, dass das Konzept der Entwicklung drei zentrale Werte bzw. grundlegende Aspekte umfasse: menschliche Existenz, Selbstwertgefühl und Freiheit. Die menschliche Existenz sei die Grundlage, d. h., dass die Grundbedürfnisse zum Leben erfüllt würden. Das Selbstwertgefühl bedeute Selbstachtung und Selbstständigkeit, womit man das Abhängigkeitsgefühl und das Gefühl des Kontrolliert-Werdens überwinden könne. Wenn man Freiheit erlange, habe man mehr Möglichkeiten, sein Schicksal selbst zu entscheiden, da man nicht mehr in Armut, Unwissenheit und Demut lebe.[12] Der französische Ökonom F. Perroux betonte in seiner Publikation *A new concept of development: basic tenets* (1983), dass die Entwicklung „ganzheitlich", „umfassend" und „inhärent" sei. Eine wahre Entwicklung sei dann möglich, wenn sich die Wirtschaft, Gesellschaft, Menschheit und Natur koordiniert und gemeinsam entwickelten. Außerdem vertrat er die Meinung, dass „die umfassende Entwicklung des Menschen" als Wertorientierung und Hauptziel der Entwicklung angesehen werden solle. Anders gesagt, im Mittelpunkt dieses Konzepts stünden die Werte, Bedürfnisse und Potentiale des Menschen. Das Ziel der Entwicklung sei, die Grundbedürfnisse des Menschen zu befriedigen, die Lebensqualität zu verbessern und die vielseitige Entwicklung alle Mitglieder der Gemeinschaft zu fördern.[13] A. Sen, der 1998 mit dem Nobelpreis für Wirtschaftswissenschaften ausgezeichnet wurde, fasste in seiner Veröffentlichung *Development as freedom* (1999) sein Verständnis von „Entwicklung" programmatisch zusammen. Für ihn sei die Ausweitung menschlicher Freiheit sowohl primäres Ziel als auch Hauptmittel für die Entwicklung. Da die Ausweitung menschlicher Freiheit als primäres Ziel gelte, sei Entwicklung vor allem ein Prozess, in dem

12 Goulet, D.: *The cruel choice: A new concept in the theory of development.* New York: Atheneum, 1971.

13 Perroux, F.: *A new concept of development: basic tenets.* London: Croom Helm, 1983.

man seine Fähigkeiten („capabilities"), Freiheit in vollen Zügen genießen bzw. ein wertvolles Leben führen zu können, verbessere. Die Ausweitung menschlicher Freiheit als Hauptmittel bedeute, dass man über politische Freiheit (politische und bürgerliche Rechte), wirtschaftliche Freiheit (wirtschaftliche Bedingungen), soziale Freiheit (soziale Chancen), transparente Freiheit (Gewährleistung der Transparenz) und protektive Freiheit (Sicherstellung der Schutzmaßnahmen) verfüge, die einem zu einem freieren Leben verhelfen und seine gesamten „capabilities" verbessern können.[14] Aufgrund dieser neuen Überlegungen wurde der erste UNDP-Bericht *Human Development Report* 1990 veröffentlicht. Daraus ging der „Human Development Index" (HDI) hervor, der u. a. Lebenserwartung bei der Geburt, Alphabetisierungsrate bei Erwachsenen, Einschulungsrate der Grund-, Mittel- und Hochschule, das reale Pro-Kopf-BIP (Dollar-Kaufkraftparität) umfasste, um die Entwicklung der Menschheit zu bemessen. Mit der Zeit fanden diese Indikatoren in vielen Nationalstaaten immer stärkere Beachtung.

An dieser kurzen Darstellung kann man erkennen, dass das Verständnis der Entwicklung in den letzten 60 Jahren immer mehr von „materiellen" Werten abwich und den „Menschen" in den Mittelpunkt rückte. Mit dem Entwicklungskonzept war nicht nur die Wirtschaftsentwicklung gemeint – die soziale und nachhaltige Entwicklung und sogar die menschliche Entwicklung wurden auch in Betracht gezogen. Man gewann mit der Zeit ein umfassenderes Bild von „Entwicklung".

Dank dieser neuen Ausrichtung der theoretischen Ansätze wurden in China in den letzten Jahren Anstrengungen unternommen, angesichts des nationalen Entwicklungsniveaus das Entwicklungskonzept zu revidieren und das wirtschaftliche Entwicklungsmodell zu erneuern. Das eindimensionale Konzept der Wirtschaftsentwicklung wurde durch das integrierte vierdimensionale Entwicklungskonzept, das die wirtschaftliche, gesellschaftliche Entwicklung, die koordinierte Entwicklung zwischen Mensch und Natur und die umfassende Entwicklung der Menschheit zu vereinen sucht, ersetzt. Außerdem bedeutete dieser Paradigmenwechsel eine Abkehr von der extensiven hin zum intensiven, von der unausgewogenen hin zur ausgewogenen und von der nicht-nachhaltigen hin zur nachhaltigen Entwicklung. Das Ziel der Reformen ist die Entwicklung. Die Erweiterung bzw. Vertiefung des Begriffsinhalts und -umfangs von Entwicklung bereicherte nicht nur den Inhalt der Reformen, sondern förderte

14 Sen, A.: *Development as freedom*. New York: Alfred A. Knopf Inc., 1999.

auch das Verständnis der Reformstrategien. Die Entwicklung und Erneuerung der Reformansätze spiegeln sich hauptsächlich in folgenden zwei Aspekten wider:

(1) Es gilt, verschiedene gesellschaftliche Interessengruppen einheitlich zu berücksichtigen und den Interessenausgleich zu regulieren. Im Grunde genommen handelt es sich bei Reformen um Ausgleich der Interessen. In der Frühphase der Reformen fand bereits der Interessenausgleich statt, sodass die meist betroffenen Interessengruppen mehr oder weniger von der Reformpraxis profitieren konnten. Trotzdem konnten aber einige fundamentale strukturelle Widersprüche mit dem vorhandenen Verteilungssystem aufgrund der tief verwurzelten institutionellen Hindernisse und niedrigen Produktivität nicht ganz überwunden werden. Darüber hinaus war die wirtschaftliche Entwicklung nicht ausgeglichen und der graduelle Reformprozess hatte noch gewisse Schwächen, was dazu führte, dass neue Konflikte zwischen neuen Interessengruppen entstanden. Besonders auffällig waren Dissonanz und Disharmonie zwischen Stadt und Land, zwischen unterschiedlichen Regionen, zwischen unterschiedlichen Gruppen, zwischen wirtschaftlicher und gesellschaftlicher Entwicklung, zwischen Menschen und Natur sowie zwischen inländischer Entwicklung und Öffnung nach außen. Einige Bereiche waren sogar von gewisser „Unausgeglichenheit" geprägt. Falls diese Probleme nicht gelöst würden, hätten sie nicht nur einen schädlichen Einfluss auf den Aufbau der vollständigen sozialistischen Marktwirtschaft, sondern würden auch die Gesamtlage der wirtschaftlichen Entwicklung und der gesellschaftlichen Stabilität beeinträchtigen. Um verschiedenste Interessen zu berücksichtigen und zu koordinieren, wurde die Idee der „einheitlichen Planung", die als Ausgangspunkt der neuen Reformaufgaben galt, für das neue Reformkonzept entwickelt.

(2) Es gilt, die Menschen sich vielseitig entwickeln zu lassen. Karl Marx zufolge bestehe das Wesen der neuen Gesellschaft darin, dass die Menschen „sich frei und umfassend entwickeln" könnten. In den vergangenen Reformphasen fand die Vereinbarkeit der wirtschaftlichen Entwicklung und der umfassenden Entwicklung der Menschheit als einheitliches Leitprinzip keine Erwähnung. Das neue Reformkonzept, das von höheren Idealen ausging, wies die Richtung der institutionellen Innovationen in der neuen Ära. Das Ziel war, nicht nur das materielle und kulturelle Leben der Bevölkerung zu verbessern, sondern auch eine bessere Qualifikation jedes Einzelnen zu fördern. Außerdem sollte nicht nur die

koordinierte Entwicklung der Menschheit und Natur gewährleistet werden, sondern auch die Beteiligung der Bevölkerung in Unternehmen, Nachbarschaftsgemeinschaften und am staatlichen Aufbau der „Vollendung der Demokratie" sollte systematisch unterstützt werden. Diese konzeptionelle Idee wirkte richtungsweisend für die Vertiefung der wirtschaftlichen, kulturellen, sozialen und politischen Reformen Chinas.

6.3 Enge Verbindung zwischen wirtschaftspolitischen Innovationen und Innovationen der Entwicklungsmodelle

Betrachtet man die Entwicklung in China, kann man feststellen, dass die Reformen zwar die Wirtschaftsentwicklung tatkräftig gefördert, aber auch einige Probleme mit sich gebracht haben. Außerdem waren diverse strukturelle Verzerrungen zu beobachten. Zu den wichtigsten Problemen zählten: (1) Im Hinblick auf die Nachfragestruktur wurde das Wirtschaftswachstum hauptsächlich durch Investitionen und Export stimuliert, während die Konsumgüter, insbesondere der Konsum der Inländer wenig dazu beitrugen. (2) Im Hinblick auf die Industriestruktur war die Dienstleistung immer noch unterentwickelt. Der Dienstleistungssektor für Industrien konnte den Bedarf kaum decken. Die industrielle Leistungs- und Wettbewerbsfähigkeit war noch zu verbessern. (3) Im Hinblick auf die Struktur der Inputfaktoren wurde das Wirtschaftswachstum hauptsächlich durch den massiven Einsatz von Produktionsfaktoren (einschließlich Naturressourcen) auf Kosten der natürlichen Umwelt erzielt. Die Optimierung der Wirtschaftsstruktur und Ressourcenallokation sowie technische Innovationen spielten dabei nur eine geringe Rolle. (4) Im Hinblick auf das Stadt-Land-Gefüge und die Regionalstrukturen war die Einkommensschere zwischen Stadt und Land immer noch sehr groß. Das Stadt-Land-Gefälle war tief verwurzelt, besonders auffällig war das Huji-System mit den verbundenen Sozialleistungen. Außerdem unterschieden sich die Bodennutzungsrechte in städtischen und ländlichen Gebieten. Das Problem des regionalen Ungleichgewichts existierte immer noch. Die Regionen in Ostchina befanden sich nach wie vor in einer herrschenden Stellung, gemessen an den wirtschaftlichen Indikatoren (bspw. das regionale Bruttoprodukt, Investitionen in Anlagegüter, Außenhandel und lokale Steuereinnahmen). (5) Im Hinblick auf die gesellschaftliche Entwicklung war die Einkommensverteilung ein ernstes Problem. Aus der Sicht der dynamischen Analyse sank die intergenerationale Einkommensmobilität tendenziell, was zur Verfestigung der sozialen Schichten und Interessengruppen führen könnte. (6) Im Hinblick auf die Nachhaltigkeit waren strukturelle Probleme aufgrund der Knappheit der natürlichen Ressourcen immer deutlicher. Genauer gesagt: Es mangelte dem traditionellen Entwicklungsmodell an Koordination, Gleichgewicht und Nachhaltigkeit. Nur durch die Vertiefung der Reformen wäre es möglich, die fundamentalen institutionellen Hindernisse für die Erneuerung der Entwicklungsformen zu beseitigen und politische Unterstützung für die Überwindung der Strukturprobleme zu leisten.

Erstens müssen die Reformen um das Ziel der „koordinierten Entwicklung" vorangetrieben werden.

Dabei muss in erster Linie die Nachfragestruktur verbessert werden. Vor allem ist es wichtig, den Konsum, in erster Linie die Konsumnachfrage der Inländer zu stimulieren. Die niedrige Konsumnachfrage war einerseits auf die Einkommensverteilung und andererseits auf die mangelhaften öffentlichen Dienste der Regierung zurückzuführen. Die unzureichenden Ausgaben der Regierung für Bildung, medizinische Versorgung, Beschäftigung und Sozialsicherung haben sich in vieler Hinsicht negativ auf die Konsumbereitschaft der Bevölkerung ausgewirkt: Die Bevölkerung war stark motiviert, ihre Einnahmen vorbeugend zurückzulegen, statt Geld für den gegenwärtigen Konsum auszugeben. Zweitens wirkte sich dies nachteilig auf die Humankapitalakkumulation aus. Die „capabilities" der Arbeitskräfte und ihre „Verhandlungsstärke" bei der Primärverteilung wurden eingeschränkt. Drittens erwies sich dies als nachteilig auf die Beschäftigungsmöglichkeiten der ländlichen Arbeitskräfte in Städten, was sie daran hinderte, Städter zu werden. Somit konnte das massive Investitions- und Nachfragepotential im Urbanisierungsprozess nicht freigesetzt werden. In diesem Zusammenhang muss die Regierung ihre öffentlichen Dienste weiter stärken und den externen Effekt der öffentlichen Ausgaben gut nutzen. Durch Restrukturierung der öffentlichen Ausgaben wird die Zunahme des privaten Konsums in Sicht kommen.

Zweitens muss die Industriestruktur optimiert werden, wobei der Dienstleistungssektor, insbesondere der moderne Dienstleistungssektor gefördert werden muss. Dass der Dienstleistungssektor unentwickelt war und insbesondere die Dienstleistung für Industrien nur nachhinkend kam, hing eng mit der Monopolstellung einiger Branchen zusammen. In nicht wenigen Dienstleistungsbranchen waren Unternehmen verhindert, sich Zugang zum Markt zu verschaffen. Da die Hindernisse bei Weitem noch nicht aufgehoben waren, befanden sich die „Newcomer" in einer ungünstigen Lage im Wettbewerb mit den bereits etablierten Unternehmen. Da die ehemaligen Monopolunternehmen über absolute

Wettbewerbsvorteile eines früheren Markteintritts (bspw. Kontrolle über den „Engpass" in der Produktionskette und über die Infrastruktur) verfügten, konnten sie den neuen Marktakteuren Wettbewerbshindernisse in den Weg legen, sodass ein effektiver Leistungswettbewerb nicht zustande kommen konnte. Vor diesem Hintergrund war es schwierig für private Unternehmen und privates Kapital, sich Zutritt zu Dienstleistungsbranchen zu verschaffen, die immer noch von Staatsunternehmen dominiert und sogar monopolisiert wurden. Die Statistik von 2013 belegte, dass der staatliche Beteiligungsbestand 43,6% der gesamten Investitionen in Dienstleistungen betrug (ländliche Haushalte ausgenommen).

Die Dienstleistungsbranchen in China lassen sich in 14 Kategorien unterteilen. In sieben Kategorien, nämlich Groß- und Einzelhandel (11,5%), Hotel- und Gaststättengewerbe (12,9%), Immobilien (23,4%), Serviceangebote für Einwohner, Reparatur und anderes (29,5%), Leasing und Businessdienst (29,5%), wissenschaftliche Forschung und technische Dienstleistung (38,7%) sowie Kultur, Sport und Unterhaltungsbranche (45,4%) war der staatliche Beteiligungsbestand weniger als 50%, aber in den anderen sieben Kategorien hatte die Staatswirtschaft eine absolute Mehrheit. In Wasserwirtschaft, Umwelt und öffentliche Einrichtungen (77,7%), Transport, Lagerung und Postwesen (76,9%), Bildung (74,1%), öffentliche Verwaltung, Sozialsicherung und soziale Organisationen (72,6%) sowie in Gesundheits- und Sozialwesen (72%) belief sich der staatliche Beteiligungsbestand sogar auf über 70%. Um diesen Zustand zu ändern, muss der Tertiärsektor gründlich neugestaltet werden. Indem die Monopolstellung bestimmter Dienstleister aufgehoben und der Marktzugang erleichtert wird, kann das nicht-gemeineigene Kapital mehr Möglichkeiten haben, am Marktwettbewerb der Dienstleistungsbranchen teilzunehmen.

Drittens müssen das Stadt-Land-Gefüge und die Regionalstrukturen umgestaltet werden. Der Fokus soll auf hochqualitative Urbanisierung chinesischer Städte, insbesondere die Verstädterung der Bevölkerung, ausgerichtet werden, die gegenwärtig sehr unvollständig entwickelt ist. Im Jahr 2012 betrug der Urbanisierungsgrad in China 52,57%, wenn bei der statistischen Erhebung die ständige Wohnbevölkerung in Städten gezählt wurde. Jedoch lag diese Kennziffer nur bei 35,29%, wenn ausschließlich die Stadtbevölkerung im städtischen Huji-System berücksichtigt war. Die Differenz zwischen diesen zwei Kennzahlen als Indikatoren für den Urbanisierungsgrad vergrößerte sich zwischen 2000 und 2012 von 10,5% auf 17,3%. Anders gesagt, es gab 234 Millionen Chinesen (ca. 17,28% der Gesamtbevölkerung), die im Jahr 2012 zwar dauerhaft in Städten lebten und wohnten, jedoch nicht im städtischen Huji-System erfasst waren. Das bedeutete, dass dieser Teil der Bevölkerung aufgrund des existierenden Huji-Systems keinen gleichberechtigen Zugang zu den öffentlichen Grundleistungen in Städten hatte, da nur diejenigen, die im Huji-System aufgenommen waren, das Recht hatten, Sozialleistungen zu beziehen.

Vor diesem Hintergrund muss der strategische Schwerpunkt der Urbanisierung in Zukunft von der einfachen Erhöhung der Einwohnerzahl auf die Vergrößerung der Deckungsbereiche der öffentlichen Leistungen verlagert werden. Den ländlichen Arbeitskräften soll der Status der Stadtbewohner anerkannt werden, sodass der Abstand zwischen dem Urbanisierungsgrad der ständigen Wohnbevölkerung in Städten und dem Anteil der nichtlandwirtschaftlichen Haushalte an der Gesamtbevölkerung verkleinert bzw. beseitigt wird. In Wirklichkeit wehrten sich viele Regierungen auf lokaler Ebene dagegen, das Huji-System zu lockern und die Verbindung zwischen dem Huji-System und einst zugehörigen Sozialleistungen zu trennen, da sie sich mit der Herausforderung konfrontiert sahen, mit den vorhandenen Finanzeinnahmen die zunehmenden öffentlichen Dienstleistungen bereitstellen zu müssen. In dieser Hinsicht soll das Fiskal- und Finanzsystem zugunsten der Verbesserung der sozialen Dienstleistungen restrukturiert werden. Die Finanzbeziehungen zwischen Zentralregierung und lokalen Regierungen müssen gemäß der angemessenen Aufgabenverteilung neu definiert werden. Es müssen lokale Steuerquellen festgelegt werden. Darüber hinaus müssen die Staatsunternehmen erhöhte Gewinnanteile in die staatlichen Finanzen einzahlen, um die Ausgaben für das Gemeinwohl, vor allem für die soziale Sicherheit, zu finanzieren.

Zudem müssen die Reformen um das Ziel der „innovativen Entwicklung" vorangetrieben werden.

Ob sich das nachhaltige Wirtschaftswachstum in China verwirklichen lässt, hängt davon ab, ob das „exogene Wachstum" durch „endogenes Wachstum" ersetzt werden kann. Dabei spielen die Innovationen eine fundamentale Rolle. Damit technische Innovationen wirklich als treibende Kraft für die nachhaltige Entwicklung dienen, müssen aus der wirtschaftspolitischen Sicht zwei Probleme gelöst werden: Sowohl Anreize als auch Preise müssen richtig gestaltet werden.

Zuerst wird die Gestaltung der Anreize unter die Lupe genommen.

Allgemein gesehen mangelt es an Anreizen für Innovationen. Das zeigt sich hauptsächlich in zwei Aspekten:

(1) Die Anreizfunktionen des Rechtssystems für das geistige Eigentum werden nur ungenügend ins Spiel gebracht. Um technische Innovationen zu schützen, ist das Rechtssystem für das geistige Eigentum von maßgeblicher Bedeutung. Ohne Schutzmaßnahmen für das geistige Eigentum

können die „Spill-over-Effekte“ der technischen Erneuerungen der Unternehmen nicht angemessen belohnt werden, was zum weitverbreiteten „Trittbrettfahren“ führen kann. In diesem Fall haben die Unternehmen wenig Innovationsbereitschaft und ziehen eher vor, nachzuahmen und zu kopieren. Obwohl China seit Mitte der 1980er Jahre den Schutz des geistigen Eigentums verstärkt, wurden die Schutzmaßnahmen nicht ganz effektiv umgesetzt, sodass die Anreizfunktionen nur begrenzt zur Geltung kommen.

(2) Das Vergütungssystem des Humankapitals und das Anreizsystem der Eigentumsrechte sind unvollkommen. Bei technischen Innovationen und Erneuerungen gehen Unternehmer, Techniker, Ingenieure und andere Inhaber des Humankapitals große Risiken ein und sie übernehmen auch große Verantwortung. Ihre schöpferische Arbeit muss anerkannt werden und bei der Honorar- und Eigentumsverteilung entsprechend zum Tragen kommen. Die Tatsache ist jedoch, dass das Humankapital nicht richtig geschätzt wird, sodass die Komplexität der Arbeit und der Beitrag zum Unternehmen bei der Einkommensverteilung nicht hinreichend ins Kalkül gezogen wird. Als Folge verlieren die Inhaber des Humankapitals an Bereitschaft, technische Erneuerungen zu tätigen und Risiken zu übernehmen. Das ist heutzutage de facto ein großes Hindernis für viele Unternehmen geworden, ihre Innovationsfähigkeit zu entfalten.

Um ein vollkommenes Anreizsystem für Innovationen aufzubauen, muss zuerst das Rechtssystem zum Schutz des geistigen Eigentums vervollständigt werden. Um eine glaubwürdige Abschreckung zu erreichen und die Kosten für rechtswidriges Verhalten zu erhöhen, müssen härtere Strafen verhängt werden. Ein wissenschaftlich fundiertes Evaluations- und Anreizsystem für Innovationen und Erneuerungen, beispielsweise die Kapitalbeteiligung in Form der Fachkenntnisse oder Aktienoptionen, muss errichtet werden, um den Prozess der „Kapitalisierung des technischen Wissens“ zu fördern und das technische Personal zu Innovationen zu ermutigen.

Demnächst wird auf die Preisgestaltung eingegangen.

In der Marktwirtschaft geben Marktpreise Signale für die Ressourcenallokation. Die Entwicklungen in Ländern wie Japan und Korea sowie in der Region Taiwan haben China gezeigt, dass ein Wandel vom extensiven zum intensiven Wachstumsmodell möglich ist, wenn die Marktmechanismen gut funktionieren und den relativen Preisen der Produktionsfaktoren ein freier Lauf gewährt wird. Aber in China konnten die Preise die Knappheit der Produktionsfaktoren, die

Angebot-Nachfrage-Verhältnisse und den Grad der Umweltbelastung noch nicht richtig spiegeln, da die Regierung des Öfteren direkt in den Markt eingriff, was zu gewissen Preisverzerrungen der Produktionsfaktoren führte. Da die Preise für Grund und Boden, Kapital und andere Produktionsfaktoren mehr oder weniger unterschätzt waren, tendierten die Marktakteure, diese preisgünstigen materiellen Faktoren einzusetzen und hatten kaum Motivationen bzw. Druck, Innovationen und Erneuerungen zu betreiben.

Um diese Situation zu verbessern, muss vor allem eine richtige Preisgestaltung erfolgen. Der Markt für Produktionsfaktoren muss weiterentwickelt und vervollständigt werden, damit ein leistungsfähiger Preismechanismus zustande kommt und sich die Preise der Produktionsfaktoren dem wahren Gleichgewicht von Angebot und Nachfrage nähern. Daraufhin können die Unternehmen selbstständig rational auf die Marktsignale reagieren und entscheiden. Die Wirtschaftssubjekte werden ihre Erwartungen korrigieren und ihr Verhalten anpassen. Somit kann ein dynamischer Mechanismus mit nachhaltiger Erneuerungskompetenz zustande gebracht werden.

Darüber hinaus ist es von entscheidender Bedeutung, die Rolle der Regierung in diesem Prozess zu klären. Auf der einen Seite muss man zugeben, dass bestimmte externe Effekte nicht durch Märkte erzeugt und gewährleistet werden können. Beispielsweise wird der technische Ausbau eines Unternehmens andere Marktteilnehmer mit allgemeinen Kenntnissen versorgen oder der Ausbau der Infrastruktur kann die Transaktionskosten der Unternehmen verringern und die Rentabilität der Investitionen verbessern. Da diese Effekte unter Marktbedingungen nicht unbedingt zu erzielen sind, ist es ein Muss für die Regierung, ihre Rolle im wirtschaftlichen Upgrading und bei der technischen Erneuerung wahrzunehmen. Auf der anderen Seite muss jedoch betont werden, dass die Regierung im industriellen und technischen Selektionsprozess ihre Eingriffsermächtigung nicht zu sehr in Anspruch nehmen soll. In den letzten Jahren förderte die Regierung tatkräftig die Entwicklung der strategischen „New Economy". Dabei stellte die Regierung oft Entwicklungspläne für die betroffenen Branchen auf, ausgehend von ihrer Einschätzung der Angebot-Nachfrage-Verhältnisse und von ihrer Prognose der zukünftigen Marktentwicklung. Angesichts der Tatsache, dass die Zukunftsentwicklung unsicher ist und die Regierung nur über eingeschränkte Rationalität verfügt, war die Umsetzung jedoch kaum möglich. Ziemlich sicher ist, dass gewisse Elemente der Planwirtschaft immer noch im Spiel waren, als die Regierung mit ihrer Einschätzung und Kontrollfunktion an die Stelle von Marktmechanismen trat. Einige aufstrebende ökonomische Branchen wie Photovoltaik erlebten in den letzten Jahren sprunghaftes Auf und Ab, was zum Teil darauf zurückzuführen war, dass durch Interventionen der Regierung auf eine falsche technische Entwicklung gesetzt wurde und massive, wiederholte Investitionen betrieben wurden. Im Falle, dass die Industriepolitik erforderlich ist, soll zwischen selektiver und funktionaler[15], zwischen direkter und indirekter Industriepolitik unterschieden werden, um dem Versagen der Staatstätigkeit vorzubeugen. Hauptsache ist, dass die Industriepolitik ein Instrument zur Bereinigung des Marktversagens ist und die Marktmechanismen nicht völlig ersetzen kann. Mit anderen Worten: Die Regierung darf bei der Umsetzung der Industriepolitik den Markt nicht ersetzen. Vielmehr sollen die Marktsignale gestärkt und private wirtschaftliche Tätigkeiten gefördert werden.

Des Weiteren müssen die Reformen um das Ziel der „nachhaltigen Entwicklung" vorangetrieben werden.

Um die Ressourcen und Umwelt effizient zu nutzen und zu schützen, müssen Wirkungsmechanismen des Marktsystems erschlossen werden. Beispielsweise muss das Umwelthaftungsrecht einschließlich Eigentums- und Handelsrechte vervollständigt werden.

Für Naturressourcen, insbesondere für die ökologische Umwelt gab es lange Zeit keine klar definierten Eigentumsrechte, da diese und andere immaterielle Vermögensgegenstände als „öffentliche Güter" angesehen wurden, deren wirtschaftliche Werte nicht erfasst wurden. Das war darauf zurückzuführen, dass das „Eigentumsrecht" vermeintlich als etwas Greifbares und Materielles galt, das im Begriff „materielles Eigentum" seinen Niederschlag fand. Ausgehend von der Annahme, dass die ökologischen Umweltressourcen unbegrenzt, kostenlos und ggf. sehr günstig seien, wurden sie in der Realität in den meisten Fällen kostenfrei verwendet. Die Leistungsempfänger konnten daraus Nutzen ziehen, ohne extra vergüten zu müssen, selbst wenn die Interessen des Anbieters beschädigt wurden. Folglich konnte von der Eigentumsübertragung keine Rede sein, was zu einer „Tragödie des Gemeineigentums" in der damaligen Generation und zwischen den Generationen führte.

Was die Eigentumsübertragung und den freien Handel der Eigentumsrechte angeht, besteht das Hauptproblem in der unvollständigen Preisgestaltung. Am Beispiel von Bodenschätzen lässt sich feststellen, dass folgende Kostenfaktoren nicht in der Kostenrechnung berücksichtigt waren: (1) Kosten für die Nutzung der Bodenschätze. In einem sehr langen Zeitraum konnten die meisten

15 Lall, S.: Industrial policy: The role of government in promoting industrial and technological development. In: *UNCTAD Review*, 1994, S. 65–90.

Bergbau-Unternehmen, vor allem die Staatsunternehmen das Bergrecht unentgeltlich erwerben. Die Steuersätze für die Bergbau-Unternehmen waren auch ziemlich niedrig. Obwohl in den letzten Jahren das entgeltliche Erwerbssystem für die Erschließung der Bodenschätze eingeführt und neue Auflagen zur Abbauentschädigung und neue Steuersätze für den Bergbau festgesetzt wurden, waren sie immer noch auf einem niedrigen Niveau. (2) Kosten für das Umweltmanagement und für die Umweltsanierung. Da es an Normen für die Abbauentschädigung fehlte, bezogen viele Bergbau-Unternehmen das Umweltmanagement und die ökologische Sanierung nach der Schließung der Zechen noch nicht als Produktionskosten ein. Diese Kosten, für die eigentlich die Unternehmen aufkommen müssen, wurden externalisiert. (3) Sicherheitskosten. Da die Bergbau-Unternehmen de facto nicht als Hauptträger der Sicherheit agierten, waren sie nicht veranlasst, in die Sicherheit zu investieren. (4) Personalkosten. Das Lohnniveau und die Sozialleistungen der Beschäftigten der Bergbau-Unternehmen waren ziemlich niedrig, da die Schutzmaßnahmen zur Wahrung der Interessen der Beschäftigten, insbesondere der Beschäftigten aus ländlichen Gebieten, unzureichend waren. Da die oben erwähnten Kosten nicht ganz ins Kalkül gezogen wurden, waren die Preise für Rohstoffressourcen in der Regel niedrig, was zur übermäßigen Förderung und Nutzung der Bodenschätze und somit zur schlimmen Umweltbelastung führte.

Folglich soll das System zur Bestimmung der Umwelteigentumsrechte nach dem Prinzip, dass „die Umwelt auch einen Preis hat", vervollständigt werden. Zwei Grundprinzipien sind zu beachten: (1) Wer – egal, ob das eine Region, ein Unternehmen oder eine Einzelperson ist – einen Beitrag zur Gestaltung der sauberen Umwelt leistet, dem werden die Erträge der Umwelteigentumsrechte zuteil. (2) Wer – egal, ob das eine Region, ein Unternehmen oder eine Einzelperson ist – die externe Umwelt beansprucht, muss dem Eigentümer entsprechende Kosten zahlen. Wichtig ist, einschlägige Mechanismen zum Interessenausgleich der Umwelteigentumsrechte zu etablieren. Dazu zählen der direkte horizontale Interessenausgleich zwischen dem Anbieter und Empfänger der ökologischen Leistungen und der indirekte vertikale Interessenausgleich durch die staatliche Regulierung. Im ersten Fall geht es um eine marktorientierte Verwirklichung der Eigentumsrechte: Da die Interessen klar abgegrenzt sind, zahlen die Leistungsempfänger direkt dem Anbieter bzw. dem Eigentümer Nutzungsgebühren. Im letzteren Fall geht es um staatliche Umweltabgaben und andere Ausgleichsleistungen, um Spill-over-Effekte der Eigentumsrechte durch Transferleistungen zu kompensieren, falls die Grenzen der Interessen noch ungeklärt sind.

Außerdem ist es ein gerechter Anspruch an Rohstofflieferanten und Bergbau-Unternehmen, die tatsächlich angefallenen Kosten bei der Ressourcengewinnung zu übernehmen. Die externalisierten Kosten werden wieder internalisiert und somit können die Verkaufspreise unter Berücksichtigung aller Kosten gebildet werden. Konkret gesagt muss Folgendes umgesetzt werden: (1) Der Umfang des entgeltlichen Erwerbs der Bergrechte soll weiter ausgebaut, die Reform der Ressourcensteuer vertieft und der Gebührentarif für Erschließungs- und Bergrechte und Steuersätze für Abbauentschädigung sachgemäß erhöht werden. Gleichzeitig sollen Probleme wie unbegründete Steuerermäßigung für Abbauentschädigungen, grundlose Preisermäßigung für Erschließungs- und Bergrechte sowie Zahlungsrückstände beschleunigt gelöst werden. Ziel ist es, die Kosten der Ressourcen in Anschlag zu bringen. (2) Ein Verantwortlichkeitssystem für das Umweltmanagement und die ökologische Sanierung soll in Bergbau-Unternehmen eingeführt werden, die sich verpflichten, Umsatzanteile für die ökologische Kompensation und Wiederherstellung zurückzulegen. Möglicherweise können Ökosteuern erhoben werden. Ziel ist es, die Kosten der Umwelt einzukalkulieren. (3) Die Rolle der Bergbau-Unternehmen als Hauptträger der sicheren Förderprozesse soll gestärkt werden. Ihnen soll auferlegt werden, Mittel für die Produktionssicherheit zurückzulegen und mehr in die Unternehmenssicherheit zu investieren. Ziel ist es, die Kosten der Sicherheit in Betracht zu ziehen. (4) Die Schutzmechanismen zur Wahrung der Interessen der Beschäftigten der Bergbau-Unternehmen sollen vervollständigt werden, die sich veranlasst sehen, Löhne mit Sozialleistungen sicherzustellen. Ziel ist es, die Personalkosten richtig zu ermitteln und zu berücksichtigen.

Zusätzlich müssen die Reformen um das Ziel der „menschenorientierten Entwicklung“ vorangetrieben werden.

Die Reformen laufen eigentlich darauf hinaus, produktive Kräfte und Menschen zu befreien. Im ersteren Fall geht es um die Befreiung der produktiven Kräfte vom alten System und im letzteren Fall geht es um die Befreiung der Menschen vom gefesselten Zustand. Wenn in den früheren Phasen der Reformen der Fokus auf die Freisetzung der produktiven Kräfte ausgerichtet war, soll die Idee der „vielseitigen Entwicklung der Menschen“, die als komplexes, ganzheitliches Konzept in den Mittelpunkt des gegenwärtigen und auch zukünftigen Reformprogramms gerückt wird, als Richtlinie für institutionelle, systematische Innovationen dienen. Der Schwerpunkt dieser „Innovationen“ liegt sowohl auf menschlichen materiellen Lebensbedürfnissen als auch auf geistigen Bedürfnissen und Anforderungen nach Erhöhung der persönlichen Qualifikationen. Sie sollen sicherstellen, dass das Recht auf Existenz und auf wirtschaftliche Entwicklung einerseits und das Recht auf kulturelles Leben und auf soziale Entwicklung andererseits verbessert werden. Darüber hinaus wird dabei auf das menschliche Bedürfnis, am politischen und gesellschaftlichen Leben teilzunehmen, Rücksicht genommen, um zu gewährleisten, das Recht auf politisches Engagement und auf gesellschaftliche Partizipation zu verbessern. In diesem Zusammenhang sollen Politikinnovationen, die das Volk in den Vordergrund stellen, eine umfassende systematische Erneuerung sein, die dem wirtschaftlichen, sozialen, kulturellen und politischen Aspekt Rechnung trägt. Bezüglich des Wirtschaftssystems müssen die Institutionen, die direkt mit dem Gemeinwohl zu tun haben, umgebaut werden.

Die Reform der Einkommensverteilung soll weiter gefördert werden.

In letzter Zeit wurde die Verteilung nach dem Prinzip der Kombination der Verteilung nach der Arbeitsleistung mit der Verteilung nach der Leistung der Produktionsfaktoren unter Berücksichtigung von Effizienz und Gerechtigkeit umstrukturiert. In der neuen Reformperiode sind folgende Ziele anvisiert: das Einkommen nach Beiträgen der Produktionsfaktoren zu verteilen, die Einkommensquellen der Bevölkerung zu vervielfältigen, eine gerechte Einkommensverteilung zu gewährleisten und die Einkommensschere zu verringern. Gegenwärtig sollen die Einkommensanteile der Bevölkerung am Nationaleinkommen und die Anteile von Löhnen und Gehältern an der Primärverteilung weiter erhöht werden. Dafür werden Lösungsansätze aus drei Perspektiven erarbeitet.

Erstens sollen den Einwohnern die Erträge aus Produktionsfaktoren gesichert werden. Die Arbeitskraft als Produktionsfaktor soll gemäß dem Beitrag entlohnt werden und das Recht der Bauern auf Grund und Boden soll gewahrt werden. Zweitens soll die Rolle der Regierung bei der Umverteilung stärker zum Tragen kommen. Dabei gilt es, einerseits die Einkommensteuerreform weiter voranzutreiben und andererseits das Umverteilungssystem der Einkommen aus Vermögen im Gemeineigentum zu verbessern. Drittens sollen neue Möglichkeiten der Einkommenserhöhung eröffnet werden. Allerlei institutionelle Hindernisse für Arbeitsbeschaffung, insbesondere die Chancenungleichheit bei der Beschäftigung, Bildung und Gesundheitswesen durch Mobilitätshindernisse und mangelhafte öffentliche Dienste sollen beseitigt werden. Anstrengungen sollen unternommen werden, um die Fähigkeit der Arbeitenden zur wirtschaftlichen Beteiligung, Einkommensentwicklung und Vermögensbildung zu verbessern.

Daneben soll die Reform des sozialen Sicherungssystems weiter gefördert werden.

Das Hauptproblem des derzeitigen sozialen Sicherungssystems liegt darin, dass nicht die gesamte Bevölkerung Sozialleistungen beziehen kann. Nehmen wir die Rentenversicherung als Beispiel: Die Rentenversicherung für städtische Erwerbstätige, die seit mehreren Jahren in Kraft ist, erweist sich immer noch als lückenhaft, ganz zu schweigen von der Rentenversicherung für Landbevölkerung und für ländliche Arbeitskräfte, die eine tiefgreifende Wandlung benötigt. Das Primärziel ist also, die institutionellen Lücken zu schließen und ein soziales Sicherungssystem aufzubauen, das sowohl städtische als auch ländliche Einwohner abdeckt. Während das soziale Sicherungssystem für städtische Erwerbstätige und Einwohner kontinuierlich verbessert wird, soll sich das soziale Sicherungssystem beschleunigt von Städten auf die ländlichen Gebiete ausweiten.

Das chinesische soziale Sicherungssystem ist aus dem Nichts entstanden. Bei der Verbesserung des Angebots der sozialen Sicherheit sind jedoch Populismus und Wohlfahrtsdenken abzuwehren. Das angemessene Niveau der Sozialleistungen muss festgelegt werden, damit die finanzielle Nachhaltigkeit der Regierung nicht gefährdet wird. Außerdem kann ein übermäßiges soziales Sicherungssystem Probleme wie negative Anreize und Moral-Hazard-Probleme mit sich bringen, welche die Vitalität und Wettbewerbsfähigkeit der Wirtschaft schwächen würden.

Neben den Reformen der Einkommensverteilung und des sozialen Sicherungssystems sollen die Politikinnovationen auch in anderen Bereichen wie Beschäftigung, Bildung, Gesundheit und Sicherheit (Produktionssicherheit, Lebensmittel- und Arzneimittelsicherheit sowie Umweltsicherheit u. a.), die mit dem Leben des Volks direkt zu tun haben, erfolgen. Ausgangspunkt ist der Aufbau eines wirksamen Systems der öffentlichen Dienste, das den Einwohnern den gleichberechtigten Zugang zu grundlegenden öffentlichen Dienstleistungen garantiert.

7 Chinas Reformen aus globaler Sicht

Mit seinem Reformprogramm zog China weltweit Blick auf sich. Mit dem Zusammenbruch des Ostblocks Ende der 1980er und Anfang der 1990er Jahre wurde Chinas Reformweg oft dem des Ostblocks vergleichend gegenübergestellt, wobei China mit seinem Wachstumswunder oft als Paradebeispiel für einen erfolgreichen Transformationsprozess galt. Mit Blick in die Zukunft muss China seine erzielten Errungenschaften beiseitelegen und Probleme und Herausforderungen, welche die graduellen Reformen (die inkrementellen Reformen, marginalen Reformen oder peripheren Reformen) mit sich gebracht haben, ins Auge sehen. In dieser Hinsicht gehört es, über die Diskussionen über graduelle und radikale Reformen hinauszugehen und problemorientiert die Logik der Reformen, die sich gegenwärtig im „tiefen Wasser" mit erhöhtem Schwierigkeitsgrad befinden, zu erforschen.

7.1 Grunderfahrung der graduellen Reformen Chinas

Chinas Wirtschaftsreformen mit hohem Wirtschaftswachstum und stabiler politischer Lage sind durch Gradualismus, die wertvollste Erfahrung der chinesischen Reformen in den letzten 40 Jahren, gekennzeichnet. Dem steht die radikale Umwälzung bzw. die sogenannte Schocktherapie im Ostblock gegenüber. Es wurde und wird immer noch über die Ursachen fürs Scheitern der Schocktherapie wie über den gehbaren Reformweg diskutiert, und es bleibt nicht zu leugnen, dass die Schocktherapie wirtschaftliche Stagnation und beinahe den wirtschaftlichen Zusammenbruch herbeigeführt hat.

Der grundsätzliche Unterschied zwischen graduellen und radikalen Reformen besteht darin, dass sich in China die neuen Strukturen bzw. die neuen wirtschaftlichen Elemente (marktorientierte Preisbildung und Förderung der nicht-gemeineigenen Wirtschaft) neben dem alten System oder um das alte System entwickelt haben, da dieses wegen seiner Starrheit schwer zu erneuern war. Mit dem Erstarken der neuen Wirtschaftskräfte, dem Strukturwandel und der Verbesserung des wirtschaftspolitischen Umfeldes war die Zeit für die Umstrukturierung des alten Systems herangereift. Die radikalen Reformen im Ostblock verfolgten jedoch von Anfang an das Ziel, das alte System umzugestalten, um den Weg fürs Heranwachsen des neuen Systems zu ebnen.

Wie oben dargestellt, waren die chinesischen Reformen nicht darauf ausgerichtet, das Alte zu dekonstruieren. Vielmehr sollten die neuen Elemente am „Rand" oder in den „Spalten" des alten Systems heranwachsen, bis ihr erhöhter Anteil an der gesamten Volkswirtschaft den Anstoß zu herantastenden Reformen des Alten geben konnte. In diesem Prozess von außen nach innen erhöhte sich der Schwierigkeitsgrad des Reformprogramms, das im Rahmen des vorhandenen alten Systems sehr vorsichtig voranging und in Verlauf, Geschwindigkeit und Reihenfolge den Charakter des Gradualismus erwies. Das Ergebnis war die zeitweilige Koexistenz der alten und neuen Strukturen. Die Duldung des alten Systems war mit der Überlegung verbunden, dass die gesellschaftlichen Widerstände minimiert wurden, wenn die Interessengruppen des alten Systems nicht berührt wurden. Außerdem konnte ein reibungsloser Übergang gewährleistet werden, da die neuen Strukturen nicht über Nacht entstehen konnten.

Die vielseitigen Reformmaßnahmen in China lassen sich zusammenfassend auf zwei Ansätze, nämlich den „zweigleisigen Übergang" (双轨过渡) und „Versuch-und-Verbreiten-Ansatz" (试验推广) (anders gesagt: „Nach den Steinen tastend den Fluss überqueren") zurückführen.

Unter dem „zweigleisigen Übergang" versteht man die „Herausbildung neuer Wirtschaftskräfte außerhalb des Systems" (体制外生长) und „inkrementelle Reformen" (增量改革). Mit der „Herausbildung neuer Wirtschaftskräfte außerhalb des Systems" ist gemeint, neue marktführende Segmente außerhalb des planwirtschaftlichen Systems zu entwickeln, die später als Hauptträger der Marktreformen agieren sollten. Im marktorientierten Reformprozess Chinas kann man Aufkommen neuer Wirtschaftskräfte außerhalb des bestehenden Systems in folgenden Bereichen beobachten: Bezüglich der Eigentumsrechte sind nicht-gemeineigene Wirtschaftseinheiten neben dem staatlichen Sektor zugelassen worden. Bei der Preisbildung konnten Verkaufspreise für einige neue Produkte von Herstellern und Anbietern selbstständig festgesetzt werden. In Bezug auf die Marktorganisation durften sich freie Märkte neben der planmäßigen Allokation und Distribution entwickeln. Bei der Einkommensverteilung ist neben der Verteilung nach der Arbeitsleistung die Verteilung nach der Leistung der Produktionsfaktoren anerkannt worden. Die erfolgreiche zweigleisige Reformpraxis der Preisbildung, bekannt als „zweigleisiges Preissystem“, wurde im Verlauf der Wirtschaftsreformen auf andere Bereiche – Außenhandelssystem, Arbeitsmarkt- und Beschäftigungspolitik, Eigentumsverhältnisse, soziales Sicherungssystem, Wohnungspolitik etc. – übertragen. Gesamtwirtschaftlich gesehen hat das bedeutendste zweigleisige Eigentumssystem bzw.die Koexistenz von staatlichem und nicht-staatlichem Eigentum sowie eines gemeineigenen und nicht-gemeineigenen Sektors weitreichendsten Einfluss auf die Förderung der Reformen in anderen Gebieten und auf die Entwicklung der Marktmechanismen.

Bei inkrementellen Reformen handelt es sich nicht um die Umverteilung der vorhandenen Vermögensbestände, sondern um die marktorientierte Verteilung der Überschüsse. Die neuen Strukturen als Zuwachs können sich dadurch vergrößern, während der Anteil der planwirtschaftlichen Strukturen sinkt. Folgendes wurde in die Tat umgesetzt: Die Staatsunternehmen und Bauern durften nach der Erfüllung der Abführungspflicht an den Staat selbstständig den Verkaufspreis, die Distribution und Verteilung der Umsatzerlöse der Mehrprodukte bestimmen. Für die Personalverwaltung in Staatsunternehmen galten „alte Methoden für alte Betriebsangehörige und neue für neue Beschäftigte“. Das heißt, für die alten Betriebsangehörigen waren die verdeckten „Vertragsbedingungen“ zwischen dem Staatsunternehmen und der Belegschaft im Rahmen des planwirtschaftlichen Systems gültig, während das neue Arbeitsverhältnis auf dem freien Vertragsabschluss zwischen dem Unternehmen und dem Beschäftigten basiert.

Der „Versuch-und-Verbreiten-Ansatz“ besagt, die Marktreformen zuerst in begrenztem Umfang (in einer Region, in einem Sektor oder innerhalb eines Unternehmens) zu erproben und die gewonnene Erfahrung dann in einem größeren Umfang und eventuell im ganzen Staat zu verbreiten. In den meisten Fällen wurden die wirtschaftspolitischen Reformmaßnahmen nicht flächendeckend umgesetzt, sondern es wurde vorerst mit Pilotprojekten experimentiert. Wenn die Versuche positive Ergebnisse erbrachten, Erfahrungen gesammelt wurden und die Maßnahmen allgemein anerkannt waren, wurden sie in größerem

Umfang umgesetzt. Als Beispiel lassen sich das vertragsgebundene Haushaltsverantwortungssystem, die vertragsmäßige Bewirtschaftung des Unternehmens, die Errichtung der Sonderwirtschaftszonen und das gegenwärtig in Chengdu und Chongqing durchgeführte Experiment mit der einheitlichen Planung für die Stadt- und Landentwicklung anführen. Mit diesen lokalen Experimenten wird ein Fenster zum Reformprogramm geöffnet und sie können einen „Dominoeffekt" der wirtschaftspolitischen Umorientierung erzeugen. Dank dieser Methodik, die auf Experimentieren basiert, können die Reformen nach dem zunehmenden Schwierigkeitsgrad „vom Punkt in die Fläche" und „von der Oberfläche bis in die Tiefe" ausgeweitet werden. Als größter Vorteil lässt sich die stetige Entwicklung der Reforminitiativen verbuchen, ohne dabei auf großen Widerstand, Druck und latente Risiken zu stoßen, die eine voreilige Herangehensweise mit sich bringen würde.

7.2 Radikale Umwälzung des Ostblocks und deren Konsequenzen

Chinas graduellen Reformen stehen die radikalen Reformen (bzw. die sogenannte Schocktherapie) im Ostblock gegenüber, die das Ziel verfolgen sollten, innerhalb einer kurzen Zeitspanne sämtliche planwirtschaftliche Regelwerke zu beseitigen und mittels radikaler Übergangsmaßnahmen (bspw. wirtschaftliche Liberalisierung, Privatisierung des Eigentums und Stabilisierung der Gesamtlage) Rahmenbedingungen für die Marktwirtschaft bereitzustellen. Die Wirtschaftsordnung sollte mit einem Zug von der Plan- zur Marktwirtschaft übergehen, weshalb dieser Ansatz auch als „Big Bang" bezeichnet wird.

7.2.1 Schocktherapie in Russland

In den 1980er Jahren ist das Wirtschaftswachstum in der Sowjetunion schon unter 3% oder sogar noch mehr gesunken und in einigen Wirtschaftsbranchen zeichnete sich sogar ein negatives Wachstum ab. Unter diesen Umständen wurde in der Sowjetunion eine groß angelegte Wirtschaftsreform eingeleitet, die in zwei Phasen unterteilt war. In der ersten Phase (1985–1991) erwies sich die sukzessive Reform als Fehlschlag. Darauf folgte 1992 die zweite Phase, in der die Schocktherapie umgesetzt wurde. Nach dem Zusammenbruch der Sowjetunion hatten die russischen Entscheidungsträger eigentlich unterschiedliche Reformkonzeptionen erarbeitet, um politische und wirtschaftliche Schwierigkeiten zu überwinden.[1] Die Schocktherapie wurde von Grigory Yavlinsky in seinem bekannten „500-Tage-Programm" vorgebracht, in dem vorgeschlagen war, innerhalb von 500 Tagen die Privatisierung der Produktionsmittel, Liberalisierung der Preise und freie Konvertierbarkeit der russischen Währung Rubel in drei Schritten zu verwirklichen, um den Übergang von der Plan- zur Marktwirtschaft herbeizuführen. Dieses Programm fand Anerkennung und Unterstützung bei Boris Yeltsin und anderen Politikern und die Russische Föderation erklärte offiziell, das 500-Tage-Programm mit der Schocktherapie in die Tat umzusetzen.

7.2.1.1 Liberalisierung der Preise

Die Schocktherapie betraf in erster Linie die Liberalisierung der Wirtschaft, die durch Liberalisierung der Preise, Liberalisierung des Handels und freie Konvertierbarkeit des Rubels in die Wege geleitet wurde. Die treibende Kraft war die Liberalisierung der Preise, in der radikale Reformer die Trennlinie zwischen sukzessiven und radikalen Reformen sahen. Der Einfluss des Preisbildungsmechanismus auf die russische Wirtschaftsentwicklung lässt sich wie folgt skizzieren: In der Planwirtschaft mit Gemeineigentum als Hauptform des Eigentums standen die Verkaufspreise der wichtigen Waren unter der Kontrolle des Staates und das Preisniveau blieb ziemlich stabil. Die Liberalisierungspolitik veränderte grundsätzlich die vorhandene Preislage und erlaubte Unternehmen, vertragsmäßig Preise festzusetzen, was zu starken Preisschwankungen und hohen Inflationsraten führte. Positiv war, dass sich das Marktsystem allmählich etablierte. Die Liberalisierung der Preise ermöglichte in Russland den Übergang zur Marktwirtschaft, aber dafür musste man das Chaos auf dem Markt und die hohe Inflationsrate in Kauf nehmen, auch wenn das kurzfristig war.

7.2.1.2 Privatisierung des Eigentums

Um den Transformationsprozess zur freien Marktwirtschaft so schnell wie möglich zu vollenden, wurde die Politik der Massenprivatisierung 1992 in Russland betrieben: Auf die erste Etappe von 1992 bis 1994, bekannt als Voucher-Etappe, folgte im Juli 1994 die zweite Etappe, in der es zu Versteigerungen und Auktionen von Staatsvermögen an Bieter kam.

1 Guo, Liancheng: 俄罗斯经济转轨与转轨时期经济论 [Wirtschaftliche Transformation in Russland und Wirtschaftstheorien der Übergangszeit]. The Commercial Press, 2005, S. 171.

Durch die Voucher-Privatisierung waren die Eigentumsverhältnisse Russlands grundlegend verändert. Ein großer Teil der staatlichen Aktiva wurde privatisiert und die Entstaatlichung der Wirtschaft war im Großen und Ganzen abgeschlossen. Damit wurde die Grundlage für eine freie Marktwirtschaft geschaffen. Jedoch blieben die Probleme, die Produktivität zu erhöhen und die benötigten Investitionen für die nationale Wirtschaftsentwicklung zu gewinnen, ungelöst, da die Betriebsführung nicht automatisch von leistungsfähigen Geschäftsführern übernommen wurde. Die gesamtwirtschaftliche Lage dieser Zeit war durch hohe Inflationsrate, sinkende Produktionsmenge und „schnelle Privatisierung" geprägt. Das Ziel der zweiten Etappe war, staatliche Anteile, Grund und Boden sowie Immobilien in Unternehmen zu privatisieren. Nachdem *Das Gesetz der Russischen Föderation zur Privatisierung von staatlichem und kommunalem Eigentum* verabschiedet worden war, konnten die Staatsaktiva, die sich der staatlichen Kontrolle entzogen, vermarktlicht werden. Auf dieser Grundlage sollten die Märkte ihre Allokationsfunktion entfalten. Anders als die Voucher-Etappe ging die Privatisierung in dieser Periode etwas langsamer voran. Staatliche Vermögenswerte wurden nicht mehr unentgeltlich abgegeben, sondern sollten gegen Bezahlung erworben werden. Es war vorgeschrieben, dass jedes Unternehmen Aktien im Wert von 15% bis 20% des eingetragenen Kapitals zur Versteigerung und Ausschreibung anbieten sollte, um bereitwillige Holdinggesellschaften anzuziehen. In dieser Zeit war die Massenprivatisierung trotz des langsamen Tempos im Großen und Ganzen vollendet, wie es in vielen einschlägigen Dokumenten bestätigt wurde.

7.2.1.3 Stabilisierung der Gesamtlage

Die Liberalisierung der Wirtschaft und Privatisierung des Eigentums führten zwangsläufig zu hohen Inflationsraten. Um dem und der damit zusammenhängenden wirtschaftlichen Rezession entgegenzuwirken, wurden Maßnahmenpakete zur Stabilisierung der Gesamtlage als die Schocktherapie unterstützende Maßnahmen eingeleitet.

Phase I: Die Volkswirtschaft zeigte Probleme wie Volatilität, Hyperinflation und große Haushaltsdefizite auf. Die Hauptaufgabe der ersten Phase bestand darin, die gesamtwirtschaftliche Stabilität zu gewährleisten. Mithilfe der Liberalisierungsmaßnahmen konnte der Kollaps des russischen Haushaltssystems Anfang 1992 vermieden werden. Der immense „Währungsdruck" wurde eliminiert und die Inflation in Grenze gehalten. Die Gesamtnachfrage wurde gedämpft, die Investitionen eingedämmt, sodass allmählich ein Gleichgewicht zwischen Angebot und Nachfrage hergestellt wurde. Durch Preisänderungen normalisierte sich der Verbrauchermarkt. Die restriktive Geldpolitik und Fiskalpolitik waren erforderlich für die Inflationsbekämpfung.

Phase II: Diese Phase begann mit der stabilen Finanzpolitik und endete mit der in der russischen Geschichte noch nie da gewesenen Finanzkrise im August 1998. Während dieser Zeit wurde die Inflationsrate auf einem niedrigen Niveau gehalten und die Finanzlage stabilisierte sich allmählich. Aber die Reforminitiatoren sahen sich immer noch mit zwei grundlegenden Problemen im Bereich Finanzen und Kreditwirtschaft konfrontiert. Die zu hohen Haushaltsausgaben auf allen Ebenen stellten das erste Problem dar. Um die hohen Defizite abzubauen, sah sich die Regierung veranlasst, mehr Steuern zu erheben, was die legalen Wirtschaftstätigkeiten eindämmte, die Schattenwirtschaft intensivierte und die Grundlage für Investitionen ins Wanken brachte. Das zweite Problem war, dass durch das Wirtschaften dieser Periode kein Finanzmittel für eine langfristige, stabile Entwicklung bereitgestellt wurde. In der Konjunkturphase der wirtschaftlichen Blüte verwandeln sich oft Teile kurzfristiger Kredite in langfristige Investitionen. Je größer diese Variante ist, desto anfälliger ist das Bankensystem. Das war ein Auslöser der Finanzkrise in Russland. Um die Tilgungsprobleme des Kredit-Geld-Systems zu beseitigen, tendierte die Geldpolitik dazu, die Geldmenge zu erhöhen. Mit der Geldmenge als leitendem Indikator fiel der Zentralbank schwer, Zinssätze als derivative Indikatoren zu bestimmen. Auffällig war, dass der Staat zu der Zeit eine riesengroße Geldmenge für Projektfinanzierung benötigte. Die Vertrauenswürdigkeit des russischen Finanzsystems ging zurück und die Regierung sah sich gezwungen, eine überaus restriktive Geldpolitik umzusetzen. Diese abnormale Härte führte aber zur wirtschaftlichen Rezession. Haushaltsdefizite und Unwirksamkeit der Haushaltspläne waren erhebliche Probleme für die mittel- und langfristige Wirtschaftsentwicklung Russlands. Angesichts der hohen Haushaltsausgaben wurden die Zinssätze allein nach dem kurzfristigen Anleihenmarkt festgelegt und alle anderen Zinssätze orientierten sich nach dem staatlichen Anleihenmarkt. Die Zentralbank versagte völlig. All dies führte schließlich zum Zusammenbruch des kurzfristigen staatlichen Anleihenmarkts und eine neue Runde der Inflation kam zustande. Die finanzpolitischen Maßnahmen blieben erfolglos.

Phase III: In dieser Phase wurde die makroökonomische Stabilisierungspolitik zur Krisenbekämpfung umgesetzt. Das Scheitern der Finanzpolitik forderte eine neue Bewertung der Kredit- und Geldpolitik Russlands. Offensichtlich lag das monetäre Problem in erster Linie in der Unwirksamkeit der Haushaltspolitik, die enorme Haushaltsdefizite mit sich gebracht hatte. Somit stellte sich Russland eine dringende Aufgabe, die Einnahmen der Staatskasse zu verbessern. Um die inflationäre Wirtschaftsentwicklung zu bremsen und den Wechselkurs der russischen Rubel zu stabilisieren, wurde durch die Zentralbank der Russischen Föderation eine restriktive Geldpolitik in Gang gesetzt. Neben kräftigen Interventionen auf Devisenmärkten bemühte sich die Zentralbank, durch Einschränkung der Zuwachsgeschwindigkeit des inländischen Netto-Vermögens die Geldschöpfung zu dämpfen. 2000 begann die Inflation sich zu verlangsamen. Außerdem war der Inflationsprozess stark zyklisch bedingt, was in gewisser Hinsicht mit der staatlichen Rückzahlung der Auslandsverschuldung zu tun hatte. Das primäre Ziel der Geld- und Kreditpolitik der Zentralbank der Russischen Föderation war nämlich, die Inflationsrate schrittweise zu senken. Der Rückgang der Haushaltsdefizite und die Verlangsamung der Inflation waren erste Anzeichen einer glatten Wirtschaftsentwicklung in Russland. Im Jahr 2001 hatte der russische Staatshaushalt 0,4% Überschüsse und die jährliche Inflationsrate lag bei ca. 18,6%.

7.2.2 Radikale Reformen in mittel- und osteuropäischen Ländern

Die radikalen Reformen in mittel- und osteuropäischen Ländern bezogen sich auf die Preisbildung, Eigentumsrechte und Finanzen.

7.2.2.1 Preisfreigabe für 90% der Waren und Dienstleistungen und Etablierung des marktorientierten Preisbildungsmechanismus

Die osteuropäischen Länder begannen 1990, die Warenpreise zu liberalisieren. Mit Ausnahmen von einigen wenigen Wirtschaftsgütern, die für die nationale Wirtschaft und für das Leben der Bevölkerung von besonderer Bedeutung waren, standen mehr als 90% der Waren und Dienstleistungen nicht mehr unter der Kontrolle der Regierung. Der marktorientierte Preisbildungsmechanismus hat sich im Großen und Ganzen etabliert. Obwohl die Warenpreise in diesen Ländern durch Liberalisierung des Außenhandels und der Währungskurse vom internationalen Preisniveau beeinflusst waren, blieb die inländische Marktordnung fast unberührt, da sich der Wettbewerbsmechanismus etabliert hat. Probleme wie willkürliche Preiserhöhungen konnten von selbst gelöst werden. Durch die Preisreformen wurden erforderliche Bedingungen für die Entfaltung der Marktmechanismen geschaffen.

7.2.2.2 Grundlegende Veränderungen der Eigentümerstrukturen und Eigentumsrechte und Garantie des Rechtsstatus der Marktteilnehmer

Grundsätzlich gab es drei Vorgehensweisen für die Umgestaltung der Eigentümerstrukturen in osteuropäischen Ländern: Privatisierung der Staatsunternehmen,

Restrukturierung der Eigentumsrechte der Staatsunternehmen und Zutrittsberechtigung von neuen privaten Unternehmen. Der Weltbank zufolge lassen sich grundlegende Veränderungen der Eigentümerstrukturen seit 1990 in osteuropäischen Ländern beobachten. In den meisten osteuropäischen Ländern haben die privaten Unternehmen (einschließlich Unternehmen mit Belegschaftsaktien oder mit einer staatlichen Kapitalbeteiligung von unter 50%) 1995 mehr als die Hälfte des BIP erzeugt. Am schnellsten hat sich die Tschechische Republik entwickelt. Im Rahmen der „Voucher-Privatisierung" hat sich der Output des privaten Sektors auf 69% des BIP erhöht. Neben der Privatisierung und Zutrittsberechtigung von neuen privaten Unternehmen wurden die verbleibenden Staatsunternehmen neu strukturiert. Im ersten Schritt sahen sich die Unternehmen durch stärkere Budgetbeschränkungen gezwungen, wirtschaftlich zu tätigen. Im zweiten Schritt wurde das System der Eigentumsrechte restrukturiert: Die Aufteilung der Eigentumsrechte und Risikoübernahme wurde eingeführt. Durch diese Reformmaßnahmen im Management und in der Eigentumsordnung sind die Staatsunternehmen befähigt, als anpassungsfähige Akteure auf Märkten zu agieren.

7.2.2.3 Schaffung der Grundlage für Aufbau und Entwicklung der Märkte für Kapital und andere Produktionsfaktoren durch bahnbrechende Erfolge der Finanzreformen

Die Finanzreformen in osteuropäischen Ländern haben sich in folgenden drei Bereichen konzentriert. Erstens wurden die Staatsbanken saniert, wobei ein zweistufiges Bankensystem aufgebaut wurde. Die Zentralbank war im Allgemeinen von Staatsfinanzen entkoppelt und nicht mehr für die Defizitfinanzierung zuständig. Zu ihren Aufgaben gehört, selbstständig Banknoten herauszugeben und die nationale Geldpolitik zu bestimmen und durchzusetzen. Gleichzeitig wurden alle anderen Banken außer der Zentralbank kommerzialisiert. Aber im Umgang mit faulen Krediten und mit der Kapitalberichtigung haben diese Länder große Unterschiede gezeigt und inzwischen sehr unterschiedliches Entwicklungsniveau erreicht. Dabei haben Ungarn und Polen beide große Fortschritte erzielt. Zweitens wurden die Banken entweder privatisiert oder neuen privaten Banken wurde Zugang zum Markt gewährt. Im Rahmen der oben erwähnten „Voucher-Privatisierung" wurden fünf Staatsbanken in Tschechien und in der Slowakei privatisiert. Durch Verkauf wurden zwei Staatsbanken in Polen und vier Staatsbanken in Ungarn privatisiert. Trotz dieser Erfolge ging der Privatisierungsprozess der Bankinstitute in diesen Ländern nicht zügig voran. Gewisse Fortschritte wurden bezüglich der Zutrittsberechtigung von neuen privaten und ausländischen Banken erzielt. 1994 gab es in Tschechien und Polen jeweils 16 private, ausländische und Joint-Venture-Banken, die Bankgeschäfte entwickeln durften. Drittens wurde die Entwicklung der Kapitalmärte gefördert. Das Angebot an Wertpapieren wurde vergrößert, die Nachfrage erweitert und institutionelle Rahmenbedingungen für Transaktionen verbessert. Die Reformen sind zwar schon angelaufen, aber insgesamt ist noch nicht viel erreicht worden.

7.2.3 Konsequenzen des radikalen Übergangs

Dank der graduellen Reformen hat China große Erfolge erzielt, während der Ostblock hohe Kosten für die Schocktherapie in Kauf nehmen musste. Nach einer Untersuchung der Europäischen Bank für Wiederaufbau und Entwicklung (EBWE) waren nur 30% der Befragten in den 29 Transformationsländern (Länder der GUS und osteuropäische Länder) der Meinung, dass ihre Lebensqualität besser sei als vor 15 Jahren bzw. vor dem Übergang.[2]

Statistiken zufolge erreichte nur die Hälfte der betroffenen Länder 2004, also 15 Jahre nach dem Übergang, das BIP des Jahres 1989. Auffällig ist Russlands BIP, das nur ca. 80% des BIP vom Jahr 1989 ausmachte. In der Ukraine war es ungefähr 50%. In Polen hat sich die Wirtschaft am besten erholt und entwickelt: Das BIP belief sich auf 140% im Vergleich zum Jahr 1989. Neben Polen haben die Slowakei, Slowenien, Ungarn und andere Länder auch ein ziemlich gutes Ergebnis abgeschnitten. Zeitlich betrachtet war Polen das erste Land, in dem sich die Wirtschaft zu erholen begann (ca. 1991), gefolgt von Ungarn (ca. 1993).

Neben dem Rückgang des BIP öffnete sich die Einkommensschere in diesen Ländern weiter (siehe Tabelle 7-1). Die extreme Kluft zwischen Arm und Reich, gemessen am Gini-Koeffizienten, ist in der Ukraine zu beobachten, wo der Gini-Koeffizient um 0,24 gestiegen ist. In Kirgisistan, Russland und Estland ist der Gini-Koeffizient ebenfalls viel gestiegen, jeweils um 0,145, 0,142 und 0,124, während der Gini-Koeffizient in Polen mit einem leichten Anstieg von weniger als 0,03 fast unverändert blieb.

2 Hier zitiert nach: Lin, Yifu: 发展与转型：思潮、战略和自生能力——E007年在剑桥大学"马歇尔讲座"上的演讲 [Entwicklung und Transformation: Trends, Strategien und Entwicklungsfähigkeit – Marshall Lecture 2007]. In: Lin, Yifu: 经济发展与转型：思潮、战略和自生能力 [Wirtschaftliche Entwicklung und Transformation: Trends, Strategien und Entwicklungsfähigkeit]. Peking University Press, 2008.

Staat	vor dem Übergang	nach dem Übergang	Abstand
Polen	0,272	0,301	0,029
Slowakei	0,174	0,223	0,049
Tschechien	0,194	0,254	0,060
Ungarn	0,248	0,308	0,060
Rumänien	0,233	0,280	0,047
Estland	0,230	0,354	0,124
Belarus	0,228	0,288	0,060
Kasachstan	0,257	0,354	0,097
Bulgarien	0,228	0,317	0,089
Litauen	0,225	0,324	0,099
Russland	0,238	0,380	0,142
Kirgisistan	0,260	0,405	0,145
Lettland	0,225	0,320	0,095
Ukraine	0,233	0,473	0,240

Quelle: Keane, Michael P. & Prasad, Eswar S.: *Inequality, transfers and growth: New evidence from the economic transition in Poland*, IMF working paper, WP / 00 / 117, 2000.

Tabelle 7-1: Gini-Koeffiziente des Ostblocks vor und nach dem Übergang

Polen und Ungarn gehören zu den Ländern, die den Transformationsprozess ziemlich gut überstanden haben. Das war zum großen Teil darauf zurückzuführen, dass die Schocktherapie verworfen war und stattdessen die Strategien des Gradualismus umgesetzt wurden. G. W. Kolodko, der ehemalige erste stellvertretende Ministerpräsident und Finanzminister in Polen und zugleich ein berühmter Ökonom hat das deutlich zum Ausdruck gebracht: „Polen hat Erfolge erzielt, weil wir die Schocktherapie aufgegeben haben, nicht umgekehrt. Ohne Zweifel ist die Schocktherapie ein Misserfolg. Das Denken und Handeln danach führten zum Einbruch der Produktion. Die Schocktherapie muss für diese miserablen Zustände verantwortlich gemacht werden."[3]

3 Kolodko, G. W., übersetzt von Liu, Xiaoyong u. a.: 从休克到治疗——后社会主义的政治经济 [From Shock to Therapy: The Political Economy of Postsocialist Transformation]. Shanghai Yuandong Press, 2000, S. 37.

Beispielsweise wurde in Polen das Wechselkurssystem nach dem Ansatz der kleinen Schritte umgebaut. Innerhalb von zehn Jahren wurden fast alle möglichen Formen der Wechselkursanpassungen erprobt: Von einer starren Bindung der polnischen Währung an den US-Dollar bis zur Bindung an einen Währungskorb, von der gleitenden Wechselkursanpassung mit Bindung an einen Währungskorb über kontrolliertes Floating hin zu flexiblen Wechselkursen. Fünf Jahre lang war das System gleitender Wechselkursanpassung innerhalb einer engen Bandbreite in Kraft, um den Markt auf die weitere Entwicklung vorzubereiten. In den darauffolgenden fünf Jahren wurde die Bandbreite schrittweise vergrößert und die Flexibilität der Wechselkurspolitik und die Elastizität des Wechselkurssystems gestärkt. Durch die Stufenflexibilität der polnischen Währung Zloty war die Zeit für die Einführung des freien Wechselkurssystems herangereift. Dank dieser geldpolitischen Maßnahmen verlief der Übergangsprozess vom fixen zum flexiblen Wechselkurs ziemlich ruhig und stabil.[4]

7.3 Weshalb ist die Schocktherapie misslungen?

Warum ist der erwartete Erfolg der Schocktherapie in manchen Ländern ausgeblieben? Das wird bis heute im theoretischen Kreis sehr kontrovers diskutiert. Drei Hauptgründe sind zu erwähnen: (1) Vernachlässigung der Bedeutung der institutionellen Grundlage; (2) Vernachlässigung der wichtigen Rolle der Regierung; (3) Unmöglichkeit der gleichzeitigen Verwirklichung der vorgesehenen drei Ziele.

7.3.1 Vernachlässigung der Bedeutung der institutionellen Grundlage

Wenn in einem Nationalstaat die institutionellen Rahmenbedingungen für die Liberalisierung-, Privatisierungs- und Stabilisierungspolitik fehlen, kann selbst durch entsprechende Politikausgestaltung nicht die gewünschte Wirkung erzielt werden. In Russland und anderen Transformationsländern war es ein heikles Problem, den Übergang zu meistern, ohne dass es zu wirtschaftlichen und gesellschaftlichen Unruhen kam. Noch schwieriger war, die politische Unterstützung der breiten Massen zu gewinnen, da der Reformprozess mit einer Menge von

4 Wang, Yu: 经典的波兰汇率制度渐进改革 [Die graduelle Reform des polnischen Wechselkurssystems als klassisches Beispiel]. In: *China Forex* 2004, Nr. 7.

Unsicherheiten und unerwarteten Veränderungen verbunden war. In dieser Hinsicht sei ein starkes politisches System nicht zu unterschätzen.[5] Zu Beginn des Übergangs sei der Liberalisierungsgrad nicht maßgebend, vielmehr zähle die institutionelle Fähigkeit eines Landes. Trotz unterschiedlicher Ausgangsbedingungen sei der Produktionsrückgang meistens den schlechten Verhältnissen nach dem wirtschaftlichen Übergang zuzuschreiben, die durch den institutionellen Kollaps entstanden sind. Wenn sich der Liberalisierungsprozess und das starke politische System gegenseitig nicht ergänzen könnten, vermöge die Wirtschaftsentwicklung keine positiven Ergebnisse zu erzielen. Die institutionelle Fähigkeit baue in hohem Maße auf Demokratie und Rechtsstaatsprinzip auf. Laut datengestützten Untersuchungen könnten sowohl ein autoritäres als auch ein demokratisches Regierungswesen starken Rechtsschutz gewähren und funktionsfähige Systeme garantieren. Wenn das Rechtsstaatsprinzip eher schwach sei, könne eine autoritäre Regierung die Leistungsfähigkeit der Systeme besser gewährleisten als ein demokratisches Regierungswesen. Wenn eine demokratisch aufgebaute Regierung den Liberalisierungsprozess nicht vollende, sei deren institutionelle Fähigkeit am schwächsten und habe deshalb fatalen Einfluss auf die gesamtwirtschaftliche Leistung.

7.3.2 Vernachlässigung der wichtigen Rolle der Regierung

Die Rolle der Regierung im Transformationsprozess ist sehr umstritten. Chinas Erfolgsgeschichte und Russlands Misserfolge in den ersten zehn Jahren des Übergangs sowie andere Probleme wie Spontaneität und Ziellosigkeit der Entwicklung und zeitliche Verzögerung des Wachstums, mit denen Russland und andere Transformationsländer im Übergangsprozess konfrontiert waren, veranlassten viele Länder und Wirtschaftswissenschaftler, das Verhältnis zwischen Staat und Markt im Übergangsprozess zu überdenken. Ausgehend davon, dass das Marktversagen aufgrund unzureichender Informationen und unvollständigen Wettbewerbs eine Normalität sei, glaubten der berühmte Ökonom Stiglitz und andere gleichgesinnte Ökonomen, dass staatliche Interventionen erforderlich seien. Die Transformation könne als ständige (bzw. unendliche) Suche nach der perfekten Zusammenarbeit zwischen der Regierung und dem Markt betrachtet werden. Für ein Land, in dem sich die Marktwirtschaft noch in der Entwicklung befindet, besteht das Problem nicht darin, ob der Staat zu viel oder zu wenig in

5 Popov, Vladimir: Shock therapy versus gradualism reconsidered. In: *CEFIR / NES Working Paper series* Nr. 68, 2007.

das Wirtschaftsleben eingreift. Die Frage ist, ob die staatlichen Interventionen angemessen sind. Im Transformationsprozess hat die Regierung folgende vier Hauptaufgaben zu erledigen: (1) Hindernisse und Widerstände gegen die Reformen zu beseitigen; (2) die Infrastruktur für das neue System aufzubauen; (3) das makroökonomische Umfeld zu stabilisieren, die Marktorientierung zu stärken und dem Marktversagen entgegenzuwirken; (4) Chancengleichheit und soziale Gerechtigkeit zu gewährleisten.[6]

7.3.3 Unmöglichkeit der gleichzeitigen Verwirklichung der vorgesehenen drei Ziele

Lin Yifu zufolge seien die vorgesehenen drei Ziele der Schocktherapie (Liberalisierung der Preise, Privatisierung, finanzielles Gleichgewicht und makroökonomische Stabilität durch die Regierung) nicht gleichzeitig zu verwirklichen, da die Endogenität der systematischen Verzerrung außer Acht gelassen werde.[7] Wenn die Liberalisierung der Preise oder die Privatisierung getrennt durchgeführt würde, ergäbe sich kein Problem. Wenn Liberalisierung und Privatisierung gleichzeitig stattfänden, entstünde aus mangelnder Entwicklungsfähigkeit der Unternehmen entweder der gesellschaftliche Zusammenbruch mit Massenarbeitslosigkeit oder der Bedarf an hohen staatlichen Subventionen. Die Gründe sind offensichtlich: Diese Unternehmen haben viele Arbeitskräfte beschäftigt. Wenn sie den Konkurs anmeldeten, verlören die Beschäftigten ihren Arbeitsplatz. Oder die Regierung müsste diese Unternehmen subventionieren, denen an Wirtschaftlichkeit und Entwicklungsfähigkeit fehlte. Da die Schocktherapie keine Veränderungen in Technologien und Wirtschaftsstrukturen hat bewirken können, sah sich die Regierung aus folgenden zwei Gründen genötigt, die Unternehmen mit Subventionen zu schützen, damit sie nicht in Konkurs gerieten: (1) Diese Unternehmen verfügten über moderne Technologien und waren für die nationale Modernisierung von großer Bedeutung. (2) Wegen hoher

6 Wu, Jinglian: 中国政府在市场经济转型中的作用 [Zur Rolle der chinesischen Regierung im Übergang zur Marktwirtschaft]. In: *National Economic Management* 2004, Nr. 9.

7 Lin, Yifu: 发展与转型：思潮、战略和自生能力 [Entwicklung und Transformation: Trends, Strategien und Entwicklungsfähigkeit]. In: Lin, Yifu: 经济发展与转型：思潮、战略和自生能力 [Wirtschaftliche Entwicklung und Transformation: Trends, Strategien und Entwicklungsfähigkeit]. Peking University Press, 2008.

Beschäftigtenzahl sollten die Bankrottfälle zwangsläufig zur Massenarbeitslosigkeit führen, die die soziale Sicherheit gefährdete. Zu bedenken ist, dass die Staatssubventionen nach der Privatisierung der Unternehmen viel höher sein könnten. Die unwirtschaftlichen Staatsunternehmen konnten zwar Subventionen anfordern, aber deren Manager und Geschäftsführer durften diese Fördermittel nicht in Besitz nehmen. Nach der Privatisierung sah es aber anders aus: Manager und Geschäftsführer der Privatunternehmen konnten sich mit Fug und Recht der Subsidien bemächtigen. In diesem Fall waren die Besitzer der Privatunternehmen motivierter, auch ohne Anlass Staatszuschüsse zu beantragen. Da die öffentlichen Gelder nicht im Besitz des Staates waren, war die Regierung nach wie vor bereit, Unternehmen Subventionen zu gewähren. Somit nahmen die Staatssubventionen nicht ab, sondern zu. Diesem Erklärungsmodell wurde Anfang der 1990er Jahre kaum Glauben geschenkt, aber eine Menge empirischer Studien (einschließlich Forschungen der Weltbank und der osteuropäischen Länder) hat belegt, dass die Großunternehmen nach der Privatisierung mehr Staatszuschüsse erhalten haben als vorher, obwohl die Staatseinnahmen nach der Reform geschrumpft sind. Der Grund dafür war, dass die Staatsunternehmen ihre Gewinne an den Staat abführen mussten, während die Staatseinnahmen nach der Privatisierung durch Steuergelder erfolgten, deren Erhebung anscheinend keine so leichte Aufgabe darstellte. Infolgedessen musste die Regierung Geld in großen Mengen drucken, um Subventionen zu gewähren, was die Inflationsrate galoppierte. Im Jahr 1993 und 1994 erreichte die Inflationsrate in Russland über 1000%.[8] Die falsche Einschätzung der Lage war zum Teil daran schuld.

7.4 Kritische Betrachtung der graduellen Reformen

Zwar haben die graduellen Reformen beispiellose Erfolge erzielt, aber man muss auch einsehen, dass diese Taktiken gewisse Züge des Reformismus tragen. In diesem Rahmen werden marktorientierte Elemente schrittweise eingeführt, ohne das alte System ganz zu verwerfen. Dabei geht es darum, zuerst mit den leicht lösbaren Problemen umzugehen und die am schwierigsten zu lösenden Probleme erst am Ende anzupacken. Diese „periphere Herangehensweise" hat trotz Vorteile auch Herausforderungen mit sich gebracht.

8 Gao, Xiaohui: 俄罗斯的经济增长与通货膨胀 [Wirtschaftswachstum und Inflation in Russland]. In: *Russian Central Asian & East European Market*, 2010, Nr. 11, S. 5–11.

Erstens ist der Konflikt zweier Systeme zu nennen. Eine radikale Wandlung ist durchgreifender und zeitlich kürzer als eine graduelle Reform. Wie es in einem Sprichwort heißt, „lieber ein Ende mit Schrecken als ein Schrecken ohne Ende". Seit der Einführung der Reform- und Öffnungspolitik vor 40 Jahren ist die Marktwirtschaft in China zwar gut entwickelt, aber hartnäckige Probleme des alten Systems sind noch nicht ganz bewältigt. Dazu gehören beispielsweise die mangelnde Trennung zwischen Regierung und Unternehmen, weiche Budgetbeschränkungen für Investitionen und Unterentwicklung der Finanzmärkte. All dies hat die Implementierung des neuen Systems erschwert.

Zweitens sind die Reformen einzelner Bereiche nicht koordiniert nach vorne getrieben worden. Unter dem „koordinierten Vorantreiben" der Reformen versteht man, in allen Bereichen gleichzeitig Reformmaßnahmen einzuführen, statt der Reihe nach vereinzelte Reforminitiativen zu ergreifen. Der Wiederaufbau aller betroffenen Bereiche sollte sich gegenseitig ergänzen und fördern, statt sich gegenseitig zu belasten. Wenn koordinierte Reformen einzelner Bereiche nicht gelängen, entstünde eine gegenseitige hemmende Wirkung, die die Leistungsfähigkeit des gesamten Systems beeinträchtigt. Im marktorientierten wirtschaftlichen Transformationsprozess sind einige umstrukturierte Wirtschaftsbereiche mit größeren Risiken behaftet, wenn die Marktprinzipien eine immer größere Rolle spielen und die zusammenhängenden Bereiche mit Reformmaßnahmen hinterherhinken. Um ein Beispiel zu nennen: Die Kontrolle des Wechselkurses ist im Vergleich zu vor zehn Jahren weitgehend gelockert. Anlässlich der Kapitalströme ins Inland könnten massive Interventionen auf den Devisenmärkten Ungleichgewicht der Zahlungsbilanz verursachen. (Diese Situation hat sich in den letzten Jahren mit der Veränderung der internationalen Zahlungsbilanz, der Verringerung des Drucks auf die Aufwertung der chinesischen Währung und dem Rückzug der Zentralbank aus der normalen Devisenmarktintervention zum Teil verbessert.) Außerdem müssten die Banken damit rechnen, dass die nicht betreibbaren faulen Kredite mit der Weiterentwicklung der Marktliberalisierung zunehmen. Darüber hinaus ist die Leistungsfähigkeit des Finanzsystems durch viele Bestimmungsfaktoren bedingt, die eng miteinander verflochten sind. Aus diesen Gründen ist eine umfassende Konzeption notwendig für die Reformen. Obwohl China in den letzten 40 Jahren große Fortschritte gemacht hat, hat China noch einen langen Weg zu gehen. Für China ist es wichtig, einerseits nach dem „Versuch-und-Irrtum-Prinzip" weiter tastend voranzugehen und andererseits wagemutigere Versuche zu unternehmen. Wie die Wirtschaftsexperten des Internationalen Währungsfonds gemeint haben: „Es ist jetzt vielleicht Zeit, über die Versuche hinaus, nach den Steinen zu tasten, größere Schritte auf dem

Reformweg zu unternehmen."[9] Gegenwärtig stehen die politischen Reformen neben den Finanzreformen in China ganz oben auf der Agenda.

Drittens hat die „Strategie der unausgeglichenen Entwicklung" Probleme mit sich gebracht. Die graduellen Reformen, die zu Anfang räumlich begrenzt, unausgewogen und punktuell sind, weiten sich erst mit der Zeit auf größere Gebiete aus. Ein Teil der Bevölkerung dürfe zuerst reich werden, dieser könne die Zurückgebliebenen antreiben, reich zu werden, bis schließlich der gemeinsame Wohlstand erreicht werde[10]: Dieser Entwicklungsweg bestimmt von Anfang an die Unausgeglichenheit der wirtschaftlichen Entwicklung. Heute ist das erste Ziel, dass ein Teil der Bevölkerung „zuerst reich" wird, verwirklicht worden, aber bis zur Verwirklichung des gemeinsamen Wohlstands bleibt noch ein weiter Weg. Bezüglich der Stadt-Land-Entwicklung hat die Stadtentwicklung angesichts der Zielvorgabe der nationalen Industrialisierung die erste Priorität, obwohl Chinas Reformen in ländlichen Gebieten ansetzten. Die Folgen sind die duale Wirtschaftsstruktur zwischen städtischen und ländlichen Gebieten: Die ländlichen Gebiete bleiben in ihrer Entwicklung zurück und die Kluft zwischen Stadt und Land vergrößert sich. Auch wenn sich das Stadt-Land-Gefälle in den letzten Jahren etwas verkleinert hat, ist die absolute Disparität zwischen Stadt und Land noch sehr groß. Ebenfalls sind die regionalen Unterschiede sehr groß: Die Küstengebiete gehen dank ihrer einzigartigen Vorteile in vorderster Reihe des Reformprozesses und sind größte Gewinner geworden, während Mittel- und Westchina noch ziemlich rückständig sind. Obwohl mehrere strategische Programme – beispielsweise das Großprogramm zur Entwicklung und Erschließung Westchinas, das Programm zur Revitalisierung des Nordostens und das Programm zum Aufstieg Mittelchinas (Programm zur vorrangigen Entwicklung Ostchinas in letzter Zeit) – umgesetzt worden sind, lassen sich die regionalen Ungleichheiten innerhalb kurzer Zeit nicht ganz beseitigen. Darüber hinaus rücken die Probleme der sozialen Einkommensverteilung und Gerechtigkeit mit der Wirtschaftsentwicklung immer mehr ins Blickfeld, was einer gesunden wirtschaftlichen Entwicklung abträglich sein kann.

9 Wolf, Martin: China should risk bolder trials. In: *Financial Times*, 6. Juni 2006.

10 Deng Xiaoping äußerte am 23. Oktober 1985 beim Empfang einer hochrangigen amerikanischen Unternehmerdelegation, die von Time Inc. organisiert wurde: „Einige Regionen und einige Menschen können zuerst reich werden. Sie werden andere Regionen und andere Menschen antreiben und ihnen helfen, um schrittweise den gemeinsamen Wohlstand zu erreichen."

Viertens ist die Umwandlung der Regierungsfunktionen mit den graduellen Reformen unvereinbar. Es handelt sich bei Chinas Reformen um ein Reformprogramm, das von der Zentralregierung beschlossen und gefördert wird, die sich das Ziel gesetzt hat, die zentralisierte Verwaltung umzustrukturieren. Das Paradoxe ist, dass die Regierung einerseits als Initiator und Organisator der Reformen agiert und andererseits der Gegenstand der Reformen ist. Diese Doppelidentität ist für die reibungslose Organisation der Reformen von Vorteil, hat aber auch negative Auswirkungen auf die Reformen selbst. Da die Regierungen verschiedener Ebenen unmöglich weltfremde Altruisten sein können, werden sie mehr oder weniger bewusst ihren eigenen Interessen nachgehen und Einfluss auf die Entscheidungsfindung und -umsetzung ausüben. Die graduellen Reformen, die die vorhandene Machtstruktur und Interessenlage nicht in Bezug genommen haben, können heute schwerer ihre Aufgaben erfüllen.

Daran lässt sich erkennen, dass die Reformen Chinas in eine kritische Phase eingetreten sind. Wer vom bisherigen Reformprogramm profitiert hat, leistet Widerstand gegen die Vertiefung der Reformen. Es gilt deshalb, die Reformen verstärkt fortzusetzen und alle zurückgebliebenen, hintergründigen Probleme des traditionellen Systems voll zu überwinden, um den Endsieg zu erringen. Dafür sind feste Entschlossenheit, politischer Wille und gezieltes Handeln unerlässlich. In der sich rasch verändernden Welt muss jeder Nationalstaat sein Bestes tun, um möglichst schnell das Weltniveau einzuholen. Im Fall Chinas müssen die Reformen in den einzelnen Bereichen beschleunigt vorangetrieben werden, wobei die intersektorale Koordinierung zu stärken ist.

8

Reformen im „tiefen Wasser“

China konnte zwar im 40-jährigen Reform- und Öffnungsprozess viele Erfolge verbuchen, sah sich aber auch immer mit großen Herausforderungen konfrontiert. Die Reformen sind heute in eine kritische Phase eingetreten, in der die Probleme besonders schwer zu lösen sind. Das Tempo der Reformen verlangsamt sich und jeder Schritt nach vorne ist mit großen Schwierigkeiten verbunden. Eine Art „Stagnation“ tritt zutage: Die Verflechtungen zwischen diversen Interessengruppen sind sehr komplex und es kommt zu Kollisionen zwischen unterschiedlichsten Reformansprüchen. Wie die wirtschaftliche Konjunktur erreichten die Reformen, die eine rasante Entwicklung erlebt hatten, ihren Tiefpunkt. Absichtliche Behinderungen seitens der Interessengruppen als Gewinner, mangelnde Anreize für weitere Reformen, Wiederfindung des Konsenses für die Reformen und unzureichendes Top-Level-Design stellen die größten Herausforderungen für Chinas Reformprogramm im „tiefen Wasser“ dar.

8.1 Reformen im „tiefen Wasser“ mit erhöhtem Schwierigkeitsgrad

Für Chinas Reformversuche dient die Metapher, einen Fluss zu überqueren, als bildliche Darstellung. Jenseits des Flusses liegt das Ziel der Reformen und diesseits des Flusses der Ausgangsort. Die Stelle, wo man ins Wasser geht, gilt als Startpunkt der Reformen. Da die Breite, Tiefe und Strömungsgeschwindigkeit des Wassers von diesem bis zu jenem Ufer völlig unbekannt sind, hat man keine andere Möglichkeit als „nach den Steinen tastend den Fluss zu überqueren". Angesichts der Tatsache, dass die Reformen auf große Schwierigkeiten gestoßen und in einigen Schlüsselbereichen beinahe festgefahren sind, wird heute wieder an diesen Vergleich gedacht. Mit dem Bild des „tiefen Wassers" soll zum Ausdruck gebracht werden, dass die heutige Situation viel komplizierter ist als früher und dass man mit höherer Risikowahrscheinlichkeit rechnen muss. Daher werden Entscheidungsfähigkeit, Mut und Weisheit der Reforminitiatoren auf eine harte Probe gestellt.

Die Reformen befinden sich im tiefen Wasser. Was hat diese Metapher zu bedeuten?

Das bedeutet vor allem, dass diese Phase mit mehreren erheblichen, sensiblen Problemen verbunden ist, unter denen viele den Kern der sozialen Konflikte treffen. Ein Interessenausgleich kann weitreichende, negative Folgen nach sich ziehen, weshalb die Probleme bis jetzt unangetastet blieben und zu „harten Brocken" geworden sind. Dieser Zustand ist weitgehend dem graduellen Reformweg zuzuschreiben.

Beim graduellen Reformprogramm geht es darum, außerhalb des bestehenden Systems Reformmaßnahmen zu ergreifen, wo die Neugestaltung leichtfällt und die Widerstände am kleinsten sind. Dadurch können gewünschte Effekte schnell erzielt werden, die einen positiven Einfluss auf die Weiterentwicklung des Reformprozesses ausüben. Die Probleme der graduellen Reformpraxis sind Folgende: Nachdem leichte Einzelaspekte reorganisiert wurden, bleiben nur „harte Brocken" zurück. Außerdem versuchen die Gewinner, ihre Interessen zu verfestigen. Die langjährigen Erfahrungen haben bestätigt, dass im Verlauf der Reformpraxis neue Interessengruppen entstehen werden, wenn die Reformen nicht durchgreifend organisiert sind. Sie agieren dann als Reformgegner, um ihre Interessen zu schützen. Heute ist das Phänomen der fixierten Gewinnteilhabe ein gängiges Problem in der chinesischen Gesellschaft: Regierungsbehörden, Monopolisten und Gewinner des Reformprogramms versuchen, feste „Schutzschilde" zur Absicherung von Eigeninteressen aufzustellen. Diese sogenannten „Schutzschilde der fixierten Gewinnteilhabe" (利益固化的藩篱) haben zwei Merkmale: Erstens sind die Gewinne durch Anwendung öffentlicher Macht erzielt worden und zweitens halten sich die Gewinner von den breiten Massen, den eigentlichen Nutznießern der Reformen, fern. Ihnen verschaffen die „Schutzschilde" eine Art Schutzzone, die die Allgemeinheit von der Gewinnteilhabe abhält. Dieses Phänomen hat sich inzwischen wie eine schleichende Krankheit ausgeweitet, die in alle Ecken der Gesellschaft durchgedrungen ist. Egal, ob in Städten oder auf dem Land kann man sehen, dass sich Bezirke, Branchen, Staatsunternehmen, private Betriebe und soziale Gruppen fest an ihre Interessen klammern und die anderen ausschließen. Diese „Schutzschilde" sind ein großer Störfaktor für die Vertiefung der Reformen geworden: Die Kreativität der Wirtschaftsgesellschaft wird eingeschränkt, die Effizienz der Ressourcenallokation reduziert, die soziale Aufwärtsmobilität der Gesellschaftsmitglieder eingeengt und die positiven Energien der Reformen ausgehöhlt. Wenn die Designer des bisherigen Reformprogramms immer für einen Interessenausgleich von anderen gesorgt haben, so müssen sich die Reformen ab heute gegen die etablierten Interessen des alten Systems richten. Statt des Anderen soll das „Eigene" restrukturiert werden, um die Macht mit Eigeninteresse zu schwächen.

Die Wirtschaftsentwicklung Chinas befindet sich gegenwärtig im Zustand der neuen Normalität, deren Wachstum sich strukturbedingt verlangsamt hat. Nur durch Reformen kann man in China die neue Normalität meistern und die Wirtschaftsentwicklung ankurbeln. Andernfalls kann von einer dynamischen und nachhaltigen Entwicklung keine Rede sein. Im schlimmsten Fall droht sogar die Gefahr einer „Falle des mittleren Einkommens". Mit der Fortentwicklung der Reformen, in deren Anfangsphase es wenig Widerstände gab, da eine „Pareto-Verbesserung" vorlag und jeder dadurch bessergestellt wurde, kann im „tiefen Wasser" nicht mehr garantiert werden, dass „keiner schlechtergestellt wird". Aber eine ausweichende Haltung bietet grundsätzlich keine Lösung für die tief verwurzelten Probleme und Konflikte an. Ohne Reformen hat China keinen Ausweg und eine zögernde Herangehensweise wäre ebenfalls unbezahlbar für China, da dadurch günstige Entwicklungschancen verpasst und hohe Kosten verursacht werden könnten. Deshalb wird an alle Chinesen appelliert, die Reformen mit starkem historischem Pflichtgefühl, großem Verantwortungsbewusstsein, Entschlossenheit und Mut voranzutreiben und gegen alle Schwierigkeiten zu kämpfen.

8.2 Der wirtschaftspolitische Aspekt der Reformen

Die Reformen sind an sich eine Wissenschaft und ihre reibungslose Umsetzung setzt Kenntnisse der politischen Ökonomie voraus. Zu den wichtigsten Ansätzen der politischen Ökonomie gehören die Wiederfindung des Konsenses über die Reformen, Verbesserung des Antriebsmechanismus der Reformen, Interessenausgleich und Anreizkompatibilität.

8.2.1 Wiederfindung des Konsenses über die Reformen

Als die Reformen vor 40 Jahren in China eingeleitet wurden, wurde ein breiter Konsens darüber erreicht, dass diese der einzige Ausweg für China waren. Heutzutage ist es nicht so selbstverständlich, einen weitgehenden Konsens zu finden, da es offensichtlich noch andere Überlebensalternativen gibt und genügend Ressourcen verfügbar sind. Außerdem sind das Wirtschaftssystem, die soziale Struktur, die Interessenlage und die Mentalität im heutigen China völlig anders als vor 40 Jahren. Aber wenn es am Konsens fehlte, würden die Reformen aus mangelnden Antriebskräften ins Leere laufen.

„Wenn alle, von oben nach unten, denselben Drang haben, wird das Heer sieggekrönt." Um im Krieg den Sieg zu erkämpfen, müssen interne Machtkämpfe möglichst bewältigt und alle Kräfte „von oben nach unten" vereint werden. Wenn man diesen militärischen Spruch auf die Reformen überträgt, bedeutet es für die Zentralregierung und lokale Regierungen, für die öffentliche Verwaltung und die Allgemeinheit, sich zu einigen und koordiniert im Gleichschritt voranzugehen. Auf dieser Grundlage können die positiven Energien der Reformen entfesselt werden, die alle Beteiligten ermuntern, den harten Kampf gegen die drängenden Probleme aufzunehmen.

Vierzig Jahre sind seit der Einführung der Reform- und Öffnungspolitik verstrichen. Warum muss China die Reformen fortsetzen? Diese Frage muss vorweggenommen werden. Theoretisch gesehen ist die Anpassung der Verhältnisse an die Produktivität ein sich dynamisch entwickelnder Prozess. Die Reformen, deren Ziel die Anpassung der Produktionsverhältnisse ist, gehen deshalb nie zu Ende. Praktisch gesehen sind die Reformen Mittel und Wege zur Lösung von aktuellen Problemen. Ohne die Vertiefung der Reformen können die Probleme in Wirtschaft, Gesellschaft, Kultur, Finanzen, Staatsunternehmen, Dörfern, Bildung, medizinischer Versorgung, Rentenvorsorge und anderen Bereichen nicht beseitigt werden.

Eine unbestreitbare Tatsache ist, dass sich im heutigen China eine mehrschichtige soziale Struktur mit vielfältigen Interessen und verschiedenartiger Grundeinstellung herausgebildet hat. Unterschiedliche Regionen, Sektoren und soziale Gruppen haben unterschiedliche Erwartungen an die Reformen. Angesichts dessen sieht sich China mit einer neuen Herausforderung konfrontiert, diesen komplizierten Interessenverhältnissen mit unterschiedlichen Ansprüchen gerecht zu werden. Es geht allerdings darum, zu vermeiden, dass man aus Eigeninteresse Maßnahmen ergreift und in alte, unbrauchbare Denkmuster verfällt.

Es ist bei keiner Reform möglich, alle Stakeholder gleichermaßen zufriedenzustellen. Aber das bedeutet nicht, dass es nicht zur Übereinstimmung kommen kann und jeder nur auf seine eigenen Interessen bedacht ist. Der Konsens kann gefunden werden, indem man sich bemüht, nach dem „größten gemeinsamen Teiler“ zu suchen. Es gilt also, nach Gemeinsamkeiten zu suchen und Unterschiede bestehen zu lassen. Schlüsselwörter wie „Marktwirtschaft“, „demokratisches Regierungswesen“, „starke Kulturnation“, „harmonische Gesellschaft“ und „schönes China“ reflektieren die allgemeinen Ansprüche und sind der Weiterentwicklung förderlich. Auf dieser Grundlage erfolgt in China die Konsensbildung, in deren Mittelpunkt die Reformen stehen: Die Reformen sollten die grundlegenden Interessen der Allgemeinheit wahren und den langfristig anvisierten Zielen der Entwicklung entsprechen. Es kommt bei der Konsensbildung nicht darauf an, ob es unterschiedliche Stimmen gibt, sondern darauf, in welchem Umfang die Reformen Anerkennung und Zustimmung finden. Selbst im einstimmigen Chor sind immer welche stummen Sänger, die ihre Unfähigkeit zu verbergen suchen oder welche, die absichtlich misstönen. Ein solcher Missklang ist kein Verweis darauf, dass die Reformen an sich schlecht sind, sondern er gibt zu erkennen, dass die Reformen notwendig sind, um diese Missstände aufzudecken und abzuschaffen.[1]

Der Vorhang der Reformen ist bereits aufgezogen. Bei der Wiederfindung des Konsenses sind folgende drei Punkte zu beachten: Erstens ist das historische Verantwortungsbewusstsein erforderlich. Von Belang ist, die Bedeutung der Reformen für die Wiederauferstehung Chinas von heute und für die zukünftige Entwicklung Chinas zu begreifen und bewusst die Konsequenzen zu ziehen. Zweitens muss die chinesische Nation bewusst die Chancen ergreifen und weitere Fortschritte machen. Die Gegenwart gewährt China einmalige Chancen von strategischer Bedeutung, große Leistungen zu vollbringen. Nur wenn die Reformen bewusst durchgesetzt werden, können Schwierigkeiten wie die Gefahr der „Falle des mittleren Einkommens“ überwunden werden. Drittens gilt es, alle Aufgaben gemäß dem Reformprogramm sorgfältig zu planen und alle Reformmaßnahmen gewissenhaft in die Tat umzusetzen.

1 凝聚改革共识：全面深化改革系列谈之一 [Bildung des gesellschaftlichen Konsenses über Reformen: Zur umfassenden Vertiefung der Reformen], Folge I. In: *Guangming Daily*, 24. März 2014.

8.2.2 Verbesserung des Antriebsmechanismus der Reformen

Jeder erkenntnistheoretische und praktische Fortschritt und Durchbruch auf dem Weg der Reform und Öffnung entspringt der Praxis und Weisheit des Volks. Da die Treibkräfte der Reformen lokalen Organisationseinheiten, Basisebene und Leidenschaft des Volks entstammen, müssen die Institutionen und Organisationen auf lokaler Ebene und an der Basis sowie die privaten Personen motiviert werden, ihre Gedanken zu befreien, aktiv etwas Neues zu erschießen und differenzierte Experimente auszuprobieren. An der Basis soll die Fähigkeit gefördert werden, an Hauptanliegen und Hauptschwierigkeiten des Volks zu erkennen, was dringend umgebaut werden muss. Somit können das Top-Level-Design und die Basisforschung sich ergänzend miteinander in Verbindung gesetzt werden.

Zurzeit muss der Antriebsmechanismus der Reformen noch verbessert werden. In der gegenwärtigen Reformrunde wird ein von der Zentralregierung konzipiertes, überregionales Programm von oben nach unten durchgesetzt. Dieser Reformweg kommt Chinas Reformvorhaben zugute, muss aber allgemeine gesellschaftliche Unterstützung finden. Es lässt sich aber beobachten, dass viele Staatsbedienstete in lokalen Regierungen nicht ganz motiviert sind. Allgemein gesehen nehmen die Regierungen auf Provinzebene eine abwartende Haltung ein, und in Städten und Kreisen rechnet man mit weiteren zwei Jahren, bis das Reformprogramm an die Basis kommt. Die meisten Ministerien finden Genüge am jetzigen Zustand und haben noch keine detaillierten Konzepte ausgearbeitet. Wenn Entwürfe vorliegen, sind sie in der Regel darauf ausgerichtet, gesellschaftliche Spannungen vorläufig zu entschärfen. Die Begeisterung der Öffentlichkeit geht deutlich zurück, da sie große Abweichungen zwischen ihren Wunschträumen und der Realität feststellt. Wenn die Einsatzbereitschaft seitens der Öffentlichkeit und seitens der lokalen Regierung fehlt, kann das Top-Level-Design nicht effektiv umgesetzt werden. Folglich sind die „Reformen" nichts anderes als ein leeres Gerede, das nur in Papieren existiert und auf Sitzungen diskutiert wird.

Deshalb muss erstens die breite Öffentlichkeit mobilisiert werden, sich aktiv am Reformprogramm zu beteiligen. Der Schlüssel liegt in der Gewährung der Teilhabemöglichkeiten aller Beteiligten an den Früchten der Reformen. Die erfolgreiche Umsetzung der Reformen in den früheren Phasen ist wesentlich darauf zurückzuführen, dass die Reformmaßnahmen, die dem Volk greifbare Vorteile und gleichberechtigte Partizipations- und Entwicklungschancen gewährt haben, vom Volk begrüßt und unterstützt wurden. Das sind im Grunde genommen die treibenden Kräfte der Reformen. Die umfassende Vertiefung der Reformen hat es zum Ziel gesetzt, die soziale Gerechtigkeit zu fördern und das

Wohlbefinden der Allgemeinheit zu verbessern. Um das Vorhaben zu verwirklichen, muss ein gerechtes und leistungsstarkes System aufgebaut werden, das die Teilhabe der Allgemeinheit an Dividenden und Früchten der Reformen und Entwicklung garantiert. In diesem Kontext muss die gegenwärtige Gewinnverteilung aufgrund der vorhandenen Unzumutbarkeit restrukturiert werden. Aber es bietet sich nicht, vom statistischen Gesichtspunkt aus das in Erwägung zu ziehen und dabei nur an den verfügbaren „Kuchen" zu denken. Vielmehr sollten Strategien aus der Sicht der dynamischen Entwicklung entwickelt werden, um mehr Gewinne zu machen und sie ausschütten zu können, also den „Kuchen" größer zu machen und ihn dann gerechter zu teilen. Ebenfalls ist der absolute Egalitarismus abzulehnen. Wichtig ist, zuerst die Interessen der sozialen Bedürftigen und einkommensschwachen Bevölkerungsschichten zu gewährleisten, damit sie mehr Entwicklungsmöglichkeiten erhalten können. Zu berücksichtigen sind daneben zunehmende Haushalte mittleren Einkommens, denen mehr Entwicklungsraum zur Verfügung gestellt werden soll. Die gesetzmäßigen Interessen der einkommensstarken Gruppen stehen ebenfalls unter dem Schutz des Gesetzes und das geschäftsfreundliche Klima für Investitionen und Entwicklung von Unternehmen soll weiter verbessert werden. Alle sollen die Möglichkeit haben, sich dort einzusetzen, wo ihre Fähigkeiten am besten gebraucht werden. Dann werden alle Produktionsfaktoren – Arbeit, Wissen, Technologien, Management und Kapital – motiviert und beteiligen sich aktiv daran, Wohlstand zu schaffen. Und alle Bevölkerungsschichten sind involviert, sich zu entfalten und Beiträge für die Reformen zu leisten.

Zweitens sollen Pionierversuche an der Basis gefördert werden. Die mangelnde Motivation auf der Basisebene darf auf keinen Fall unberücksichtigt beiseitelassen. In der Tat tauchen die drängenden Probleme immer wieder an der Basis auf, wo Aufrufe nach Reformen am lautesten und stärksten sind. Es kann sich dabei um „den letzten Kilometer" bei der Umsetzung der Maßnahmen handeln oder um neue Probleme, die die Entwicklung mit sich gebracht hat. Ohne wagemutige Versuche an der Basis bleiben die Probleme ungelöst, während die Behörden auf höheren Ebenen so ein Gefühl hätten, als ob man „sich am Stiefel kratzt, wenn das Bein juckt". Die Gründe, warum sich die untersten Organisationseinheiten scheuen, etwas Neues auszuprobieren, sind vielfältig. In einigen Ortschaften streben die Führungskräfte bzw. die „erste Geige" nach schönen Zahlen (z. B. das BIP), bleiben an den erworbenen Leistungen hängen und wollen keine neuen Reformen. Einige Funktionäre sind aus mangelnder Fähigkeit nicht imstande, Reformen durchzuführen. Das größte Problem ist, dass viele lokale Regierungen nicht genau wissen, wie weit sie mit den Reformen gehen können und wo die Grenze ist. Sie haben Bedenken, in Gefahr geraten zu können, wenn ihre Versuche als gesetzwidrig gelten. Aufgrund dessen gibt es noch viel zu tun: Schaffung eines freundlichen gesellschaftlichen Klimas für Reformen, Vervollständigung des politischen Systems mit dem Antriebsmechanismus und Verbesserung der Leistungsbewertung der lokalen Funktionäre, um nur einige Beispiele zu nennen. Durch diese Bemühungen kann die Schwungkraft auf lokaler Ebene „aktiviert" und die Reformbereitschaft an der Basis erhöht werden. Den Ortschaften, die sich inzwischen ziemlich gut und schnell entwickelt haben und in vorderster Reihe gehen, soll mehr Raum gewährt und mehr Befugnisse eingeräumt werden, um sie zu ermutigen, „Musterlösungen" für die schwer zu lösenden Probleme zu liefern, statt auf Lösungsansätze der Zentralregierung zu warten. Gleichzeitig sollen Fördermaßnahmen für neue Reformexperimente an der Basis entwickelt werden: Erfolge sollen anerkannt und positiv bewertet werden, während gewisse Misserfolge zu tolerieren sind. Entlastungsmöglichkeiten bei Fehlleistungen sollen eingebaut werden, die Reforminitiatoren ermuntern, mit großem Elan an die Aufgaben zu gehen und bedenkenlos mit neuen Ideen zu experimentieren. Zu beachten ist, dass sich China heute mit seinem Reformprogramm im „tiefen Wasser" befindet, in dem jede einzelne Reformmaßnahme weitreichende Folgen nach sich ziehen kann, die die Gesamtsituation beeinflussen. In diesem Fall können die Funktionäre allein mit der persönlichen „Zivilcourage" und „Furchtlosigkeit" nicht bewirken, dass sich die Reformen effektiv fortsetzen. Außerdem sind die latenten Gefahren der negativen Auswirkungen nicht zu übersehen. Um die neue Situation zu meistern, haben die Reforminitiatoren das gesellschaftliche Engagement der Öffentlichkeit zu mobilisieren und ihre Kräfte zu vereinen. Dabei kommt es darauf an, die öffentliche Meinung anzuhören, sich des Volkswillens würdig zu erweisen und sicherzustellen, dass die Reformen den vorgesehenen Kurs verfolgen. Schließlich kann man mit vereinzelten Reforminitiativen, die nur bedingt durchsetzbar sind, immer weniger erreichen. Vielmehr sollen gemäß der Verfahrensgerechtigkeit die Handlungsräume der Regierung festgelegt werden: Sie darf erst dort tätig sein, wo sie „gesetzlich legitimiert" ist. Die Abweichungen, die von Zeit zu Zeit auftreten, können dann durch das Volk, das stärker in den Reformprozess involviert werden soll, korrigiert werden. Darüber hinaus ist eine Restrukturierung der administrativen Leistungsbewertung der Funktionäre unter Berücksichtigung der Amtsrechte und -pflichten unabdingbar. Dann fühlen sich die Staatsbediensteten motiviert, ihre innovative Fähigkeit zu entfalten und sich bewusst für die Reformen einzusetzen.

8.2.3 Interessenausgleich und Anreizkompatibilität

Die Antriebskraft entspringt der Motivation. Nur wenn die Teilnehmenden überzeugt sind, dass die Reformen ihnen Nutzen bringen, sind sie motiviert, dafür zu plädieren, dabei mitzuwirken und aktiv Beiträge dafür zu leisten.

Da die betroffenen Interessenverhältnisse sehr heterogen und höchst komplex sind, wurde in der bisherigen Praxis eine vorsichtige Vorgehensweise vorgezogen, die das Tempo der Reformen bestimmt hat. Im nächsten Schritt soll die Interessenartikulation allerseits möglichst berücksichtigt werden. Das heißt, dass das Augenmerk bei der Bearbeitung des Konzepts mehr auf die Wiederherstellung einer ausgeglichenen Interessenlage zu richten ist, wobei Entschädigungsansprüche von denjenigen, deren Interessen beschnitten sind, im Voraus einkalkuliert werden sollen.

In diesem Zusammenhang ist der Ansatz der Anreizkompatibilität zu nennen. In diesem Erklärungsmodell geht es darum, den Nutzen für die vertragsschließenden Parteien trotz der Moral-Hazard-Probleme zu maximieren, indem der Vertragspartner mit einem Informationsvorsprung (Agent) nach dem Willen des anderen Vertragspartners (Prinzipal) handelt. Kurz gesagt, niemand kann durch Verletzung kollektiver Interessen seine Eigeninteressen maximieren. Der Ausgangspunkt ist, dass individuelle und kollektive Interessen miteinander übereinstimmen. Wenn jeder Einzelne in diesem Rahmen rational zu seinem eigenen Vorteil handelt, ergibt sich daraus die Maximierung der kollektiven Interessen. Es ist theoretisch und praktisch erwiesen, dass mithilfe des Ansatzes die Konflikte zwischen individuellen und kollektiven Interessen effektiv gelöst werden können, da individuelle Zielwerte mit kollektiven Zielwerten in Einklang gebracht werden. D. h., dass sich der Akteur danach richten soll, kollektive Werte zu maximieren. Die Strategien, die die Teilnehmenden zur rationalen Verwirklichung der Interessenmaximierung anwenden, entsprechen den Erwartungen des Planers. Daraus resultiert, dass die Teilnehmenden freiwillig nach den Strategien des Planers handeln.

Ein Blick soll auf die Verhältnisse zwischen Zentralregierung und lokalen Verwaltungen hinsichtlich der Anreizkompatibilität geworfen werden. Eine der zentralen Aufgaben dieser Reformrunde ist, die Beziehungen zwischen Zentralregierung und lokalen Verwaltungen neu zu gestalten. Ausgeprägte Merkmale der Machtstrukturen innerhalb des Regierungssystems sind Macht- und Interessenasymmetrien.[2] Die Machtasymmetrien zeigen sich sowohl in der vertikalen

2 Hu, An'gang u. a.: 中国国家治理现代化 [Modernisierung der Regierungsführung Chinas]. China Renmin University Press, 2014.

Organisationsstruktur mit einer übermäßigen Zentralisierung und Machtkonzentration an der Spitze als auch in der horizontalen Organisationsstruktur mit dezentralen Machtbefugnissen auf lokaler Ebene. Neben der Problematik der „bürokratisch überzogenen Handlungsorientierung“ ist noch zu beobachten, dass „politische Maßnahmen von oben auf Gegenmaßnahmen von unten treffen“. In Bezug auf die Interessenasymmetrien sind Beschwerden auf lokaler Ebene zu vernehmen, da die lokalen Regierungen durch die Steuerreformen, beispielsweise Einführung der Mehrwertsteuer anstelle der Gewerbesteuer, Steuereinnahmen einbüßen müssen und mit den verfügbaren Finanzmitteln ihre Aufgaben nicht finanzieren können. Was die langfristige Entwicklung, Gesamtlage und Nachhaltigkeit angeht, ist der Ausgangspunkt der lokalen Regierungen nicht unbedingt identisch mit dem der Zentralregierung. Damit die Zentralregierung und die lokalen Verwaltungen auf der Grundlage der „Anreizkompatibilität“ ihr Engagement aktiv ins Spiel bringen, muss eine klare Aufgaben- und Arbeitsteilung zwischen Zentralregierung und lokalen Verwaltungen erfolgen. Ein kooperatives System mit deutlicher Arbeitsteilung und Anreizkompatibilität soll aufgebaut werden, in dem das Zentralkomitee der KP Chinas die Entscheidungsbefugnis hat, die Zentralregierung staatliche Planungen anfertigt, die Ministerien Anweisungen geben, die Regierungen auf Provinzebene die Hauptverantwortung übernehmen und die lokalen Regierungen auf Stadt- und Kreisebene die Pläne zur Ausführung bringen.

8.2.4 Mechanismus-Design für die Reformen

Die größten Probleme, vor denen Chinas Reformen stehen, sind die Eigeninteressen des Ressorts und die etablierten Interessenverhältnisse. Blickt man auf den 40-jährigen Reformprozess zurück, lässt sich feststellen, dass die Reformen bestimmter Bereiche immer wieder mit der Begründung wie „Eigenart“ und „Komplexität“ zum Erliegen kamen, wenn die Umstrukturierung dieser Bereiche unter eigener Kontrolle bzw. unter Kontrolle der zuständigen Behörde vollzogen werden sollte. Im Gegensatz dazu konnten sich die Reformen, die nicht von der zuständigen Verwaltungsstelle initiiert und geleitet wurden, ziemlich gut durchsetzen und Erfolge verbuchen. Dass der Industriesektor eine tief greifende Umwandlung durchlaufen hat, ist vor allem darauf zurückzuführen, dass der Reformkurs nicht vom Industriesektor bestimmt wurde. Folglich wurden entsprechende Verwaltungsstellen für Industriesektor abgeschafft, während die Machtstrukturen in einigen Ministerien und Verwaltungsstellen, deren Restrukturierung von sich selbst ausging (bspw. die Nationale Kommission für Entwicklung und Reform und das Bildungsministerium), verfestigt wurden. Dieser Entwicklungstrend hat nichts mit den marktorientierten Reformen gemein, wobei der Staat mit seinen Interventionen zurückhalten soll. Deshalb soll ein wirksamer Kontroll- und Ausgleichsmechanismus aufgebaut werden, um die Reformen voranzutreiben und die Machterweiterung der Verwaltungsstellen einzuschränken. In Anlehnung an den theoretischen Ansatz des „Schleiers des Nichtwissens“ sollen die Entwickler des Reformprogramms am Konzept arbeiten, ohne zu wissen, in welchem Ressort sie später arbeiten werden. Dieses Verfahren kann die Staatsbediensteten mobilisieren, sich aktiv am Reformentwurf zu beteiligen und ihre Qualifikationen, Erfahrungen und Sachkenntnisse einfließen zu lassen. Außerdem soll eine direkte Verbindung zur Dienststelle und damit zu den Eigeninteressen abgeschnitten werden, weshalb die Mitwirkenden nicht erfahren dürfen, an welcher Stelle sie in den neuen Strukturen arbeiten werden. Somit entsteht dann ein „Schleier des Nichtwissens“. Ein einfacher Lösungsansatz ist, eine Arbeitsgruppe aus Fachexperten, die nicht direkt mit der Interessenverteilung zu tun haben und aus ausgezeichneten Funktionären von involvierten Behörden für die Entwicklung und Erarbeitung von Reformkonzepten zu bilden. Es soll u. a. geregelt werden, dass die Gruppenmitglieder nach dem Arbeitsschluss nicht mehr zu ihren früheren Arbeitsplätzen zurückkehren und von der Organisationsabteilung neue Aufgaben zugewiesen bekommen werden. Da sich die Mitwirkenden ihrer zukünftigen Position nicht vergewissern können, können sie die sogenannten Eigeninteressen auch gar nicht in Betracht ziehen. Somit können die Verwaltungsstellen ihre Überlegenheit in Personalwesen, Fachkompetenzen und Informationsbeschaffung zur vollen Geltung bringen, während das Ressortdenken im Entscheidungsprozess möglichst ausgeklammert werden kann.[3] Neben dem Interessenausgleich darf beim Mechanismus-Design die Vollstreckung nicht außer Acht gelassen werden. In dieser Hinsicht soll ein hochrangiges Koordinierungsgremium für koordinierte und umfassende Umsetzung des Reformprogramms gegründet werden. Das Gremium soll Meinungen von allen Seiten (insbesondere von Ministerien und von lokalen Regierungen) anhören und sich Autorität verschaffen, um diese unterschiedlichen Meinungen aufeinander zu stimmen und zu harmonisieren. Gegenwärtig übernimmt der Generalparteisekretär der KP Chinas die Leitung der Zentralen Führungsgruppe für die umfassende Vertiefung der Reformen, unter deren Kommando Chinas

3 Jin, Bei: 构建改革机制的无知之幕 [Gestaltung des Schleiers des Nichtwissens für den Reformmechanismus]. In: *China Business Jounal*, 11. März 2013.

Reformen stehen. Langfristig gesehen kann das aber nicht als regulärer Koordinierungsmechanismus funktionieren.

8.3 Top-Level-Design und Überbau-Ansatz als kostbare Erfahrung Chinas

Die Reformen sind ein komplexes, systematisches Programm: „Konstruktive" Elemente sind aufzunehmen, während „dekonstruktive", überholte Elemente zu beheben sind. Es ist ein langwieriger Prozess, mit großen Risiken verbunden und für alle sozialen Schichten von Belang. Um das zu meistern, bedarf es einer autoritären Regierung mit starker Vollzugsgewalt und Glaubwürdigkeit unter einer einheitlichen, starken politischen Führung. Durch die höchst komplizierten Gegebenheiten Chinas bedingt, spielt die chinesische politische Führung mitsamt der Regierung im Reformprozess eine besondere Rolle. Ihre Aufgabenerfüllung der KP Chinas und der Regierung unter ihrer Leitung als Reformentwerfer und -koordinator in den letzten 40 Jahren zeigt sich in den folgenden drei Aspekten.

8.3.1 Gewährleistung der politischen Erwünschtheit der Reformen

Als Erstes werden Klarheit und Konsequenz der Reformrichtung und -ziele gewährleistet. Wie es in einigen Transformationsländern der Fall ist, ist niemand imstande, komplette strategische Neuregelungen umzusetzen, wenn es während der Übergangszeit oft zum politischen Wechsel kommt. Außerdem wird sich der Übergang in die Länge ziehen und die politischen und wirtschaftlichen Schocks werden besonders hart sein, wenn die Oligarchie ihre Finger darin haben. In China hat die Regierungsführung mit relativ klaren strategischen Vorgaben konsequent dieselben Ziele verfolgt. Sie haben mit Weisheit und Fähigkeit Chinas Reformen initiiert und im Zuge der Reformen ihre feste Entschlossenheit und weitreichende Einflusskraft zur Schau gestellt. Damit ist es ihnen gelungen, den Reformprozess zu lenken, nicht von der vorgesehenen Richtung abzuweichen und sich kontinuierlich den Zielen zu nähern, was die Grundlage für die Erwünschtheit der Reformen schafft.

Zweitens wird die Wirksamkeit des Reformkurses sichergestellt. Das zeigt sich sowohl im Top-down-Design und -Lenkung als auch in der Mobilisierung und Sublimierung der Bottom-up-Reformen durch die Regierungsführung. Wirft man einen Blick auf den Reformprozess, insbesondere auf die

Anfangsphase, lässt sich feststellen, dass die Dringlichkeit der zu lösenden Probleme und der günstige Zeitpunkt für die chinesische Regierungsführung entscheidungsrelevant sind. Gemäß dem Ansatz der „Pfadabhängigkeit“ bewirken die ersten Reformmaßnahmen weitere Reformansprüche und mit der Zeit bildet sich eine inhärente Logik heraus, nach der sich der institutionelle Wandel richtet. Darauf hat die chinesische Regierungsführung bei ihren Folgeaktionen geachtet und bei der „bewussten“ Lenkung der Reformen angestrebt, dass die Geschwindigkeit und der Ablauf der Reformen dem induzierten institutionellen Wandel entsprachen. Aufgrund dessen haben sich Chinas Reformen im Nachhinein als ein rationaler Entwicklungsverlauf herausgestellt, obwohl China im Voraus kein komplettes Reformprogramm entwickelt hatte. Örtliche Experimente und innovative Versuche, die den vorhandenen Rahmen sprengten, wurden von der chinesischen Regierungsführung begrüßt und zum Teil ermuntert. Im Anschluss daran wurden aus erfolgreichen Erfahrungen an der Basis Schlussfolgerungen gezogen, während Abweichungen und Fehlleistungen korrigiert und angepasst wurden. Auf diese Weise wurde die Weisheit an der Basis gesammelt und verallgemeinert. Darauf wurden neue theoretische Ansätze aufgebaut, die dann als institutionelle Erneuerungen im ganzen China Anwendung fanden.

Zuletzt wird die Legitimation des Entscheidungsverfahrens gewährleistet. Das hängt eng mit der Diskussion über die „Public Governance“ seit ein paar Jahren zusammen. In letzter Zeit wurde im Entscheidungsprozess bewusst der Public-Choice-Ansatz angewandt, um den gesellschaftlichen Partizipationsgrad zu erhöhen. Für öffentliche Anhörungen wurden verschiedene gesellschaftliche Interessengruppen und Fachexperten eingeladen, die dann gemeinsam am Reformkonzept arbeiten sollten, was die öffentliche Partizipation, Transparenz und Wissenschaftlichkeit des Entscheidungsprozesses erhöhen sollte.

8.3.2 Gewährleistung der politischen Durchführbarkeit der Reformen

In erster Linie wird der Akzent auf die nationale Einheit und gesellschaftliche Stabilität im Übergang gesetzt. Die chinesische Führungsschicht hat im 40-jährigen Reformprozess eine zentrale Rolle gespielt, „die Gesamtlage zu steuern und alle Seiten zu koordinieren“. Mit vereinten Kräften von mehr als einer Milliarde Chinesen ist China gelungen, die Ordnung in einer sich wandelnden Gesellschaft stabil zu halten. Aus der chinesischen Reformpraxis ist ersichtlich, dass eine zentrale Regierungsführung einerseits die vielfältige Entwicklung der Wirtschaftsakteure garantieren und andererseits die innere Zerrissenheit und den

Zusammenbruch des Nationalstaates verhindern kann. Sie ist gut in der Lage, grundlegende Voraussetzungen für die reibungslose Umsetzung der Reformen zu schaffen.

Zweitens wird Gewicht auf die Koordinierung der Interessengruppen gelegt, um die Friktionskosten zu verringern. Reformen, tief greifende Wandlungen der wirtschaftlichen Grundlage und des Überbaus, sehen sich dauernd mit Widerständen und Herausforderungen konfrontiert, da sie die Aufgabe haben, dem alten System innewohnendes und im Verlauf der Transformation neu gebildetes, unangemessenes Interessengefüge zu ändern. Einige taktisch-operative Entscheidungen, die in den frühen Phasen des wirtschaftlichen Übergangs zur Beschleunigung der marktwirtschaftlichen Entwicklung getroffen wurden – darunter Schutz einiger gemeineigener Sektoren sowie direkte Beteiligung der administrativen Behörden und lokalen Regierungen am Marktwettbewerb als „Macher" statt als „Schiedsrichter" – haben dazu geführt, dass sich neue Interessengruppen in mittleren und späteren Phasen aus dem Inneren heraus bildeten. Diese Art von endogenen Interessengruppen unterscheidet sich sehr von normalen Interessengruppen, die sich im Marktwettbewerb etablieren. Sie werden oft von stärkeren Anreizen betrieben, den Status quo beizubehalten und sich der Einführung der Reformpolitik zur Pareto-Verbesserung zu widersetzen. Da diese speziellen Interessengruppen eine stärkere Handlungsfähigkeit haben als die normalen Interessengruppen, können sie größeren politischen Einfluss auf den politischen Entscheidungsprozess ausüben und haben mehr Möglichkeiten, den unvollendeten Übergang zur Marktwirtschaft zu verhindern und das institutionelle Arrangement in einen Gleichgewichtszustand von niedriger Effizienz zu bringen. In diesem Fall hat der Interessenausgleich maßgeblichen Einfluss auf den gesamten Reformprozess. Die Entschlossenheit der autoritären politischen Kräfte bzw. ihr leistungsfähiges Managementvermögen kann die politischen Einflüsse verschiedener Gruppen zum großen Teil berichtigen, die Expansion spezieller Interessensgruppen bremsen und den Staat veranlassen, sich in Richtung auf einen effizienten Gleichgewichtspunkt zu bewegen.[4] Angesichts dessen hat China in den letzten Jahren im Entscheidungsprozess mehr Gewicht darauf gelegt, die Steuerungs- und Koordinierungsfunktion der politischen Autorität zur Geltung zu bringen, um bestimmte Interessengruppen, insbesondere sektorale und lokale

4 Vgl. Tang, Yugang & Zhao, Daping: 论政府供给偏好的短期决定：政治均衡与经济效率 [Kurzfristige Entscheidungen über Präferenzen der öffentlichen Güter: politisches Gleichgewicht und wirtschaftliche Leistungsfähigkeit]. In: *Economic Research Journal* 2007, Nr. 1.

Interessensgruppen daran zu hindern, den Reformprozess zu beeinflussen. Durch Einrichtung eines hochrangigen, branchenübergreifenden und über die Eigeninteressen stehenden Koordinierungsgremiums zur Ausarbeitung der Reformkonzeption können die Barrieren der speziellen Interessengruppen durchgebrochen, die Kontinuität der Reformen gewährleistet und Verzerrungen der Reformen vermieden werden.

Zuletzt wird Wert auf den Ausbau der Regierungsfähigkeit gelegt. Internationalen Studien über die Transformationswirtschaft zufolge ist die Umstrukturierung der Regierung von entscheidender Bedeutung für den wirtschaftlichen Übergang. Eine leistungsfähige öffentliche Verwaltung mit Neubesetzung des Personals ist der Garant für die marktorientierte Umstrukturierung: Sowohl für die Wirtschaft als auch für die Politik sei die Erneuerung des veralteten Humankapitals eine zentrale Frage der Transformation[5]. Im Zuge der chinesischen Reformen wurde in den vergangenen 40 Jahren in China viel für die Professionalisierung der Staatsbediensteten getan, um ihre Fähigkeit für die Entwicklung und Umsetzung von Reformstrategien und politischen Maßnahmen zu verbessern. Das ist einer der wichtigsten Gründe, warum Chinas Führungsschicht bei der Aufrechterhaltung und Förderung der markorientierten Transformation besser abgeschnitten hat als die von einigen Transformationsländern.

8.3.3 Gewährleistung der politischen Glaubwürdigkeit der Reformen

Als Erstes ist Zeitkonsistenz der fundamentalen politischen Reformmaßnahmen zu nennen. Die Bauern werden beispielsweise durch das oben dargestellte System der vertragsgebundenen Haushaltsverantwortung, dessen politische Gestaltung Kontinuität und Stabilität erwiesen hat, motiviert, dauernd in Grund und Boden zu investieren.

Zweitens ist die Vertrauenswürdigkeit der zugesicherten Investitionsanreize zu nennen. Das zeigt sich vor allem in dem relativ glaubwürdigen Regelungsumfeld für Investitionen und in der boomenden Entwicklung des nicht-gemeineigenen Wirtschaftssektors, wie es oben dargelegt wird.

Zuletzt ist die Glaubwürdigkeit der zugesagten Umverteilung zu nennen. Bei der Restrukturierung der Verteilungspolitik ist ein glaubwürdiges politisches Versprechen bzw. die dynamische Konsistenz der Umverteilungspolitik

5 Shleifer, Andrei & Vishny, Robert, übersetzt von Zhao, Hongjun: 掠夺之手 [The Grabbing Hand]. CITIC Publishing House, 2004.

ein wesentlicher Faktor für die erfolgreiche Umsetzung der Reformen. Aus der Reformpraxis der lateinamerikanischen Länder geht hervor, dass die individuelle Unsicherheit über die politische Zukunftsentwicklung und mangelnde Zusage über die Umverteilungsmöglichkeiten die Reformpraxis erschwert und den Reformkonsens geschwächt haben. In China hat die politische Führung versucht, die Nutzeffekte der Reformen zu vergrößern, indem sie ihr Versprechen einhält. Durch Transferzahlungen an Verlierer erhöht sich die Wahrscheinlichkeit, dass die Reformen eine breite Anerkennung finden.

8.4 Das Top-Level-Design in Verbindung mit dem Prinzip „Nach den Steinen tastend den Fluss zu überqueren"

Der von Deng Xiaoping plädierte Ansatz „Nach den Steinen tastend den Fluss zu überqueren" zielte zu Beginn der Reform und Öffnung darauf, die ganze Partei und das Volk dazu aufzurufen, ihren Geist zu befreien und mutig zu erforschen. Dieser Ansatz hat in den früheren und mittleren Phasen gut gewirkt und den Anstoß zu Reformen gegeben. Aber heutzutage reicht es nicht mehr aus, sich nur auf eine sinnliche Wahrnehmung einzulassen, angesichts der Tatsache, dass sich die Reformen im tiefen Wasser befinden. Vielmehr muss jetzt eine bewusste, rationale Erforschung der Reformen erfolgen, die vom theoretischen Selbstbewusstsein in den eigenen Weg geleitet und begleitet werden soll. Ein Paradigmenwechsel, also ein Wechsel vom Basis-Ansatz mit Paradebeispielen an der Basis zum Überbauansatz von oben nach unten, findet statt. Im Basis-Ansatz handelt es sich um beispielhafte, bahnbrechende Reformpraktiken an der Basis, die „Demonstrationseffekte" evozieren und später durch die Zentralregierung anerkannt und landesweit verbreitet werden. Das System der vertragsgebundenen Haushaltsverantwortung, das zuerst von 18 Haushalten der Produktionsgruppe Xiaogang im Landkreis Fengyang, Provinz Anhui versuchsweise umgesetzt wurde, wurde von Deng Xiaoping bestätigt und anschließend im ganzen Land verbreitet. Dieses bedeutende Reformprojekt, das vom Volk initiiert wurde, hat Beiträge dazu geleistet, Ernährungsprobleme der ganzen Nation zu lösen, die Stabilität der Landwirtschaft zu sichern, die landwirtschaftliche Entwicklung zu fördern und die Reformen der Staatswirtschaft in Städten einzuleiten. In dieser Hinsicht gilt es als Ausgangspunkt der chinesischen Reformen. Nunmehr rückt der Überbau-Ansatz als neuer Weg, neues Verfahren und neue Option für die

Gestaltung der Reformen ins Blickfeld: Ein Top-Level-Design, das vom ZK der KP Chinas und vom Staatsrat erarbeitet wird, wirkt von oben nach unten.

Es ist höchste Zeit, einen Entwurf auf höchster Ebene zu erarbeiten, um den Reformkurs zu garantieren, die Schlüsselprojekte zu gewährleisten und die sozialen Verhältnisse gut zu regeln. Nach langjährigen Erkundungen verfügt China jetzt über reichhaltige Erfahrungen, die beim Top-Level-Design eingesetzt werden können. Dadurch werden die einzelnen Reformmaßnahmen mittels strategischen Denkens, weitsichtiger Planung und sorgfältiger Ausarbeitung in ein nationales politisches Programm überführt, das der umfassenden, koordinierten Vertiefung der Reformen zugutekommen wird.

Die moderne Marktwirtschaft ist ein hochkomplexes, feinstrukturelles und riesiges System, dessen Aufbau nicht so funktioniert wie die Strohschuhmacherei, für die kein Produkt-Design vorliegen muss. Wenn dessen Anordnungsplan erst beim Aufbau der Marktwirtschaft angefertigt würde, wäre er unausführbar. Wegen des hohen Umfanges der Marktwirtschaft könnten Teilsysteme nicht miteinander in Verbindung gebracht und aufeinander abgestimmt werden. Wenn die lokalen Regierungen, Behörden oder Abteilungen das zu gestalten versuchten, würden sie es so arrangieren, dass es vorteilhaft für sich ist, da sie in der Regel an ihre eigenen Annehmlichkeiten und Interessen denken. Es liegt nahe, dass das aus separaten Entwürfen zusammengesetzte Programm nicht gut funktionieren wird.

Das Top-Level-Design, das den neuen Besonderheiten der umfassenden Reformen Rechnung trägt, unterscheidet sich grundsätzlich vom „Einzelgänger“-Reformmodell. Es handelt sich dabei um eine Gesamtplanung des wirtschaftlichen, politischen, kulturellen, sozialen und ökologischen Systems. Wichtig ist, die Zusammenhänge zwischen den Teilreformen zu begreifen, sowohl das Ganze als auch Teilbereiche zu koordinieren, einschneidende Maßnahmen mit Behelfsmaßnahmen zu verbinden sowie die graduelle Entwicklung mit radikalen Durchbrüchen in Übereinstimmung zu bringen. Systematik, Korrelation und Komplementarität – das sind drei kennzeichnende Merkmale der ganzheitlichen Reformstrategie. Drei Aspekte sind dabei zu berücksichtigen:

Erstens ist die Forschungsarbeit zu intensivieren, um eine fundierte theoretische Grundlage dafür zu schaffen. Auf dem 3. Plenum des XVIII. ZK der KP Chinas wurde der Gesamtentwurf für die sozialistische Marktwirtschaft angekündigt und der Weg dahin vorgestellt. Es wurde an Millionen von Chinesen appelliert, sich für das große Werk einzusetzen. Darum sollten sie gut darüber informiert werden, außerdem sollten ihre Meinungen und Vorschläge zur theoretischen Bereicherung angehört und eventuell aufgenommen werden. Das ist im Grunde genommen keine leichte Aufgabe. Noch zu berücksichtigen ist, dass die theoretischen Vorbereitungen für einige Bereiche aufgrund der breit gefächerten Strukturreformen unzureichend sind. Diese Situation kann dadurch verbessert werden, dass alle sozialen Kräfte mobilisiert sind, sich mit der Reformforschung zu beschäftigen. Außerdem fühlt man sich motiviert, die Bereitschaft zu erhöhen und Eigeninitiative zu ergreifen.

Zweitens sind die Reformen als Ganzes zu betrachten, das eine systematische Konzipierung und einen Gesamtförderplan benötigt, um das Problem der Fragmentierung zu vermeiden. Obwohl auf dem 3. Plenum des XVIII. ZK der KP Chinas der Gesamtplan für die umfassende Vertiefung der Reformen aufgestellt wurde, sind Einzelheiten noch zu verfeinern, da umfangreiche Bereiche betroffen sind und vieles erst in der Praxis zu verbessern ist. Konkrete Ansätze sind noch für den nachfolgenden Gesamtförderplan zu erarbeiten. Im nächsten Schritt müssen die Reformen als Ganzes erfasst werden, um das Problem der Fragmentierung zu vermeiden, wobei klare Ziele und Entwicklungspläne für verschiedene Gebiete festzulegen sind. Es gilt, Regelungen zu vereinfachen, umständliche Verwaltungsverfahren zu reduzieren, die Transparenz zu fördern und Gesellschaftsnormen neu zu definieren, um die Reformen im Rahmen von offeneren, transparenteren sozialen Regeln umzusetzen. Aufgrund des graduellen Ansatzes fehlt es dem Strukturwandel der kleinen Schritte oft an Synergieeffekten und Systematik, was häufig zu gegenseitigen Einschränkungen führen kann. Wie Masahiko Aoki in seinem Werk *Toward a Comparative Institutional Analysis* beleuchtet hat, existiert in einem System oft institutionelle Komplementarität. Die Änderung einer oder mehrerer Institutionen löst Folgereaktionen von anderen Institutionen aus: Entweder ändern sie sich oder sie behindern wegen mangelnder Anpassungsfähigkeit die Umsetzung der neuen Institutionen. Deshalb ist es wichtig, den institutionellen Wandel als Ganzes voranzutreiben, auch wenn er Schritt für Schritt umgesetzt wird. Andernfalls würden hohe institutionelle Betriebskosten entstehen. Die Reform und Öffnung Chinas ist ein tief greifender und breit gefächerter sozialer Transformationsprozess, in dem jede Reformmaßnahme in einer wechselseitigen Beziehung zu anderen Maßnahmen steht. D. h., dass die Reform und Öffnung Chinas ein systematisches Großprojekt ist, wofür umfassende Strukturreformen mit strategischer Gesamtkoordination erforderlich sind. Um das große Werk zu vollenden, ist das Top-Level-Design unabdingbar.

Drittens ist der Mechanismen-Entwurf für die Reformen zu stärken. In die Gestaltung des Top-Level-Designs soll eine hochrangige Behörde eingeschaltet werden, die nichts mit den lokalen Interessen zu tun hat und mit Unterstützung der Basisinnovationen den Top-down-Planungsentwurf und -Überwachungsplan umsetzt. Es gilt, viele Menschen zur aktiven Beteiligung zu motivieren, die Anforderungen der Bevölkerung anzuhören und von den Politikinnovationen der lokalen Regierungen Kenntnis zu erhalten. Der Mechanismus-Design-Theorie zufolge ist die Verteilung der Wassermelone fair, wenn die Person, die die Wassermelone schneidet, die letzte ist, die ein Stück Wassermelone erhält. Dieser Ansatz gilt also für das Top-Level-Design: Aus der Gestaltung des Reformprogramms soll keine Vorausbestimmung der Interessenverteilung hervorgehen. Vielmehr sollten alle Beteiligten mit Recht erwarten können, dass ihre Teilhabe an den Vorteilen der Reformen durch funktionsfähige Mechanismen geschützt ist.

Die Hervorhebung des Top-Level-Designs bedeutet aber nicht, die Methode „Nach den Steinen tastend den Fluss zu überqueren“, aufzugeben. China ist ein großes Land und darf in Sachen von grundlegender Bedeutung keinen subversiven Fehler begehen. Falls so etwas vorkommt, ist es unwiderruflich und kann nicht wieder gutgemacht werden. Trotzdem ist es falsch, auf Erneuerungen zu verzichten und alles beim Alten bleiben zu lassen. Experimentierende Anstrengungen sollen weiter unternommen werden, wodurch Erfahrungen gesammelt, ein breiter Konsens erreicht und die Reformen gefördert werden können. Viele kleine Teile machen ein großes, und aus vielen kleinen erfolgreichen Versuchen lässt sich eine sehr positive Bilanz ziehen. Angesichts der Tatsache, dass sich die lokalen Umstände in China sehr voneinander unterscheiden können und die heutigen Reformen mit ihren teilweise unüberschaubaren Entwicklungstendenzen hoch kompliziert sind, sollten experimentierende Pionierprojekte gefördert werden, wenn die örtlichen Bedingungen reif sind. Die Experimentierzonen sollten unterstützt werden, mit neuen Reformideen auszuprobieren, wenn entscheidende Reformmaßnahmen zwar auf der Tagesordnung stehen, aber schwer landesweit umzusetzen sind. Wenn die Experimente gelungen sind, sind sie zu verbreiten; wenn Probleme auftauchen, sind sie rechtzeitig zu korrigieren, sodass Risiken und negative Auswirkungen begrenzt und kontrollierbar bleiben. Das bewährte Verfahren kann weiter positive Wirkung hervorrufen. In Zukunft müssen einerseits das ganzheitliche Denken und das Design auf höchster Ebene gestärkt werden, um dem systematischen, ganzheitlichen und synergetischen Charakter der Reformen stärker Rechnung zu tragen und andererseits müssen lokale Initiativen, mutige Erprobungen und kühne Durchbrüche weiter gefördert werden, um die Reform und Öffnung kontinuierlich voranzutreiben.

8.5 Ingangsetzung der umfassenden Reformen

Die Reformen befinden sich im „tiefen Wasser“ und die Interessenverhältnisse sind eng miteinander verflochten. Um diese festgefahrene Situation zu verändern, wird ein Gesamtentwurf auf höchster Ebene mit systematischen Anordnungen benötigt. Vor diesem Hintergrund wurde auf dem XVIII. Parteitag der KP Chinas die Gesamtanordnung der „Integration der fünf Dimensionen“ (五位一体的总体布局), die den wirtschaftlichen, politischen, kulturellen, sozialen und ökologischen Aufbau umfasst, angekündigt. Dementsprechend trat der Reformprozess Chinas in die neue Phase der umfassenden Reformen mit den integrierten Zielvorgaben für die fünf Bereiche ein. Von da an beschränken sich die Reformen nicht mehr auf wirtschaftliche Bereiche, auch wenn deren Reformen noch zu vertiefen sind. Vielmehr sollen die Wirtschaftsreformen mit den politischen, kulturellen, gesellschaftlichen und ökologischen Reformen in Verbindung gebracht werden. Während die Wirtschaftsreformen auf der Grundlage der sozialistischen Marktwirtschaft weiter gefördert werden, werden die Reformen des politischen Systems mit dem Ziel der demokratischen Politik, die Reformen des kulturellen Systems mit dem Ziel der fortschrittlichen Kultur, die Reformen des sozialen Systems mit dem Ziel der harmonischen Gesellschaft und die Reformen des Ökosystems mit dem Ziel der nachhaltigen Entwicklung beschleunigt, sodass ein neues institutionelles Gefüge auf der Politikinnovation der „Integration der fünf Dimensionen“ gebildet wird.

Im Jahr 1994 wurde die Reformstrategie des „integralen Vorantreibens der Ganzheit mit Durchbrüchen in Schlüsselbereichen“ auf den Weg gebracht. Das auf dem XVIII. Parteitag der KP Chinas formulierte Reformprogramm kann als aktualisierte Version der Reformstrategie von 1994 betrachtet werden. 1994 waren die Reformen hauptsächlich auf Wirtschaftsbereiche fokussiert, und heute beziehen sich die umfassenden Reformen in der neuen Ära (vor allem seit dem XVIII. Parteitag der KP Chinas) neben Wirtschaftsreformen noch auf politische, kulturelle, soziale und ökologische Aspekte. Im Folgenden wird auf die Reformen der einschlägigen vier Bereiche eingegangen, die in einem wechselseitigen Verhältnis zu Wirtschaftsreformen stehen.

8.5.1 Vorantreiben der Reformen des politischen Systems gemessenen Schrittes

Die Reformen des Wirtschaftssystems machen es erforderlich, dass das politische System neu gestaltet wird, um den Anforderungen des sozialistischen

Marktwirtschaftssystems gerecht zu werden und ein gutes politisches Umfeld dafür zu schaffen.

Nach dem 3. Plenum des XI. ZK der KP Chinas begann man in China, über die Demokratie zu reflektieren. Mit der neu gewonnenen Einsicht wurde dem Aufbau demokratischer Institutionen größeres Gewicht beigemessen und der Aufbau der sozialistischen Demokratie auf hohem Niveau als Ziel formuliert. Im Folgenden wird ein kurzer Überblick über die Auseinandersetzungen um politische Strukturreformen gegeben. Kurz nach der Einführung der Reform- und Öffnungspolitik hielt Deng Xiaoping 1980 auf einer erweiterten Sitzung des Politbüros des ZK der KP Chinas die Rede *Reform des Partei- und Staatsführungssystems*, in der er systematisch die Leitgedanken und Grundideen der politischen Reformen erläuterte. Diese Rede gilt als Verkündung Chinas, mit Entschlossenheit das politische System zu restrukturieren. In diesem programmatischen Dokument wies Deng Xiaoping darauf hin, dass eine übermäßige Konzentration der Macht streng zu untersagen sei. Die Partei und die Regierung seien voneinander zu trennen, wobei die Partei nicht die Funktion der Regierung übernehmen dürfe. Bei der Bekämpfung der Überreste des Feudalismus komme es darauf an, das Partei- und Staatswesen zu restrukturieren und zu vervollkommnen, politische Rahmenbedienungen für die Demokratisierung des politischen Lebens der Partei und des Staates, für die Demokratisierung der wirtschaftlichen Verwaltung und für die Demokratisierung des gesellschaftlichen Lebens zu schaffen und die Modernisierung des sozialistischen Landes zu fördern. All diese Vorschläge waren konstruktiv für Chinas Reformen des politischen Systems.

Auf dem XIII. Parteitag der KP Chinas wurde eingehend über die Reformen des politischen Systems diskutiert. Ausgehend davon, dass „ohne politische Strukturreformen die Wirtschaftsreformen letztendlich nicht erfolgreich sein können“, wurde eine Reihe von Reformmaßnahmen verabschiedet. Dazu zählten u. a. die Trennung von Partei und Regierung, weitere Dezentralisierung der Macht, Restrukturierung der Regierungsbehörden, Umstrukturierung des Personalwesens der Funktionäre, Errichtung des Berufsbeamtentums, Aufbau des Systems der gesellschaftlichen Konsultationen und Dialoge, institutionelle Verbesserung der sozialistischen Demokratie einschließlich der Verbesserung des Systems der Volkskongresse, Verbesserung der Politischen Konsultativkonferenz des chinesischen Volkes (PKKCV), Einführung des Wahlverfahrens mit mehreren Wahlkandidaten und Stärkung des Aufbaus des sozialistischen Rechtssystems. Daraufhin stand die Förderung der politischen Strukturreformen stets auf der Tagesordnung der Parteitage der KP Chinas. Auf dem XIV. Parteitag wurde formuliert, dass die Reformen des politischen Systems „mit den Reformen des

Wirtschaftssystems und der wirtschaftlichen Entwicklung Schritt halten müssen" und „entsprechend den Erfordernissen der engen Verbindung von Demokratisierung und Rechtsstaatlichkeit voranzutreiben sind". Der XV. Parteitag der KP Chinas schlug vor, „die Reformen des politischen Systems weiter voranzutreiben" und ordnete an, „einen sozialistischen Rechtsstaat aufzubauen". Der XVI. Parteitag der KP Chinas wies mit Nachdruck darauf hin, „von den positiven Errungenschaften der menschlichen politischen Zivilisationen zu lernen" und definierte den Aufbau der sozialistischen politischen Zivilisation zusammen mit dem Aufbau der sozialistischen materiellen und geistigen Zivilisation als drei Hauptziele der sozialistischen Modernisierung. Der XVII. Parteitag der KP Chinas verkündete, „die Reformen des politischen Systems zu vertiefen" und ordnete an, die innerparteiliche Demokratie auszubauen, die Basisdemokratie zu entwickeln, das Rechtsstaatsprinzip umzusetzen, die Machtbeschränkungen und -aufsicht zu stärken und die öffentliche Verwaltung zu restrukturieren.

Auf dem XVIII. Parteitag der KP Chinas wurden die Reformen des politischen Systems als wichtiger Bestandteil gesondert im Bericht aufgeführt, was die Einsicht und den Konsens der Zentralregierung über die Bedeutung und Dringlichkeit der politischen Strukturreformen aufzeigte. Der institutionelle Aufbau wurde besonders hervorgehoben: „Mehr Gewicht soll auf die Verbesserung des Führungs- und Regierungsstils der Partei gelegt werden", „mehr Gewicht soll auf die Verbesserung des demokratischen Systems und auf die Bereicherung der demokratischen Formen gelegt werden" und „mehr Gewicht soll auf die Funktion der Rechtsstaatlichkeit in der Governance und in der gesellschaftlichen Verwaltung gelegt werden."

Auf dem 3. Plenum des XVIII. ZK der KP Chinas wurde vorgeschlagen, den institutionellen Aufbau der sozialistischen Demokratie zu stärken. Die getroffenen Maßnahmen beziehen sich auf das Volkskongress-System, PKKCV-System und die Basisdemokratie. Erstens soll das Volkskongress-System gemäß aktuellen Forderungen weiter restrukturiert werden. Die Mechanismen für Abfassung, Argumentation, Koordinierung und Überprüfung von Gesetzesentwürfen sind zu vervollständigen, um die Qualität der Gesetzgebung zu verbessern und die Institutionalisierung von lokalen Schutz- und Abteilungsinteressen zu verhindern. Ihre politische Rolle in der Ernennung der Regierungen, Volksgerichte und Volksstaatsanwaltschaften, die gegenüber den Volkskongressen rechenschaftspflichtig sind, ist zu stärken. Das System, das Diskussionen und Entscheidungen der Volkskongresse über wichtige Themen garantiert, ist weiter zu verbessern. Regierungen aller Ebenen sind verpflichtet, vor wichtigen

Entscheidungen dem Volkskongress derselben Ebene Berichte zu erstatten. Ihre Funktionen in der Haushaltskontrolle und Überwachung von staatseigenem Vermögen sind ebenfalls zu stärken. Zweitens ist die Institutionalisierung der breit gefächerten, mehrstufigen konsultativen Demokratie zu fördern. Die konsultative Demokratie, eine Sonderform der sozialistischen demokratischen Politik Chinas mit unverwechselbaren Vorteilen, ist ein Ausdruck der Massenlinie der KP Chinas im politischen Bereich. Unter der Führung der KP Chinas werden gesellschaftliche Gruppen vor und bei der Entscheidungsfindung in den Konsultationsprozess über wichtige Themen der wirtschaftlichen und gesellschaftlichen Entwicklung sowie über praktische Fragen, die für das Volk von Belang sind, einbezogen. Drittens ist die Demokratie an der Basis zu entwickeln. Demokratische Kanäle sind offenzuhalten, Mechanismen für Wahlen, Beratungen, Offenlegungen, Nachbesprechungen und Rechenschaftspflicht sind zu vervollständigen. Die Institutionalisierung demokratischer Konsultationen, die an der Basis auf vielfältige Weise zu organisieren sind, ist voranzutreiben. Die Mechanismen zur Gewährleistung der Überwachung durch die Bevölkerung sind zu errichten und zu vervollständigen. Die gesetzmäßige Selbstverwaltung, Selbstbedienung, Selbstausbildung und Selbstkontrolle der Massen in der Nachbarschaftsgemeinschaft, in der lokalen öffentlichen Verwaltung und öffentlichen Wohlfahrt sind zu fördern. Die demokratische Betriebsführung, für die die Delegiertenversammlung der Belegschaft die Grundlage bildet, ist in Unternehmen und in öffentlichen Dienstleistungseinrichtungen zu vervollständigen, und die demokratischen Mechanismen in gesellschaftlichen Organisationen sind zu fördern, damit die Mitarbeiter ihre Mitbestimmungs- und Aufsichtsrechte wahrnehmen können.

Das 4. Plenum des XVIII. ZK der KP Chinas setzte zum ersten Mal die „Rechtsstaatlichkeit“ auf die Tagesordnung und erarbeitete zur Beschleunigung des Aufbaus des sozialistischen Rechtsstaats die konzeptuelle Planung und strategische Umsetzung auf höchster Ebene. Unter der Führung der KP Chinas hat sich China an das sozialistische System chinesischer Prägung zu halten und die sozialistische rechtsstaatliche Theorie chinesischer Prägung umzusetzen, um ein vollständiges Rechtssystem, ein effizientes System der Gesetzesvollstreckung, ein starkes gesetzmäßiges Kontroll- und Schutzsystem und ein vollkommenes innerparteiliches Regelwerk zu etablieren. Die gesetzmäßige Staats- und Regierungsführung sowie Erfüllung der administrativen Aufgaben sind zu fördern. Der Staat, die Regierung und die Gesellschaft sind nach dem Grundsatz der Gesetzesherrschaft aufzubauen, wobei wissenschaftliche Gesetzgebung, strenge

Strafverfolgung, faire Justiz und Gesetzestreue der Bevölkerung als Zielvorgaben fungieren. Schließlich gilt es, das Regiment mit seiner Regierungsfähigkeit zu modernisieren.

Die Reformen des politischen Systems haben nach 40 Jahren harter Arbeit einige Fortschritte erzielt: In Hinsicht der Regierungspartei und Strukturierung der Staatsmacht wurde die innerparteiliche Demokratie eingeführt, das System der Volkskongresse und der politischen Konsultation weiterentwickelt und die Regierungsbehörden wurden mehrmals neu strukturiert. Im Hinblick auf den demokratischen Aufbau erlebte die Selbstverwaltung der Stadtbewohner eine Verbesserung und in ländlichen Gebieten war eine ständige Entwicklung der Dorfautonomie und Basisdemokratie zu verzeichnen. In Bezug auf das Personalwesen wurde das System der Kaderfunktion auf Lebenszeit abgeschafft, stattdessen wurde die zeitlich begrenzte Amtszeit mitsamt dem Berufsbeamtentum eingeführt. Beim rechtstaatlichen Aufbau wurden neben der Verfassungsänderung eine Reihe von wichtigen Gesetzen und Rechtsvorschriften verabschiedet und revidiert.

Als Richtlinie für Chinas politische Strukturreformen gilt, dem demokratischen Aufbau eine strategische Bedeutung für die sozialistische Modernisierung beizumessen, von der Realität auszugehen, stetig voranzuschreiten und auf die praktische Wirkung zu setzen. „Von der Realität auszugehen" bedeutet, nach dem Status quo Chinas zu handeln und nicht blindlings vorauszueilen. Der demokratische Aufbau in China hat mit den Wirtschaftsreformen bzw. mit der Entwicklung der sozialistischen Marktwirtschaft Schritt gehalten und ein institutionelles Gefüge geschaffen, das der Effizienzsteigerung, Vitalitätsverbesserung und Mobilisierung aller Akteure zuträglich ist. „Stetig voranzuschreiten" beruht auf der Tatsache, dass der sozialistische demokratische Aufbau nicht isoliert betrieben werden kann. Er wird immer durch das wirtschaftliche und kulturelle Entwicklungsniveau bedingt und steht mit dem Aufbau der materiellen und geistigen Zivilisation in einem wechselseitigen Verhältnis. „Auf die praktische Wirkung zu setzen" bedeutet, dass die Frage, ob der demokratische Aufbau gelungen ist, letztendlich in der Praxis zu beantworten ist. Als Kriterien können die politische Stabilität, der Lebensstandard der Bevölkerung und das Produktivitätsniveau herangezogen werden. Vor dem Hintergrund, dass die Wirtschaftsreformen große Fortschritte erzielt haben, ist koordiniertes Vorantreiben von politischen und wirtschaftlichen Reformen für die Zukunftsentwicklung von großer Bedeutung.

8.5.2 Schrittweises Vorantreiben der Reformen des kulturellen Systems

Die Reformen des kulturellen Systems haben die Aufgabe, die wachsenden geistigen und kulturellen Bedürfnisse der Menschen zu befriedigen und Beiträge zur Bildung von theoretischen Ansätzen, öffentlicher Meinung, Wertvorstellungen und kulturellen Bedingungen zu leisten, die der Reform und Öffnung förderlich sind.

Auf seine historischen Erfahrungen zurückgreifend, hat man in China zu Beginn der Reform und Öffnung den Begriff der „materielle(n) Zivilisation“ (物质文明) von der „geistige(n) Zivilisation“ (精神文明) getrennt. Im Letzteren wird ein wichtiges Merkmal bzw. eine Überlegenheit des Sozialismus gesehen. Davon ausgehend wird dem Aufbau der geistigen Zivilisation beim Aufbau der materiellen Zivilisation eine gleichberechtigte Position eingeräumt. Das gilt als wichtige Bereicherung des Marxismus: In keinem früheren Dokument der KP Chinas war davon die Rede und nirgendswo wurde der Begriff der geistigen Zivilisation als Oberbegriff für Bildung, Wissenschaft, Kultur, Denken, Ideen, Moral und Disziplin erwähnt. Insofern konnte dieser Begriff in der Vergangenheit nicht als grundlegendes Merkmal des Sozialismus gezählt werden und der Aufbau der geistigen Zivilisation war als Zielvorgabe auch eher unbekannt.

Nachdem der Aufbau der sozialistischen geistigen Zivilisation als Ziel festgelegt worden war, vertieften sich in China die Erkenntnisse darüber, darunter auch die Erkenntnisse über die Gesetzmäßigkeit des kulturellen Aufbaus, im Zuge der sozialistischen Praxis chinesischer Prägung. Um den Erfordernissen der sozialistischen Marktwirtschaft gerecht zu werden, wurden in China Anstrengungen unternommen, eine fortschrittliche sozialistische Kultur zu entwickeln, eine harmonische Kultur aufzubauen und die Reformen des kulturellen Systems kontinuierlich zu vertiefen. Zwei Schwerpunkte sind in diesem Zusammenhang zu erwähnen: Zum einen erfolgt eine Umstrukturierung des Wertesystems. Auf dem gemeinsamen Fundament der sozialistischen Grundwerte wird der kulturelle Pluralismus gefördert. Das Ziel ist, durch konstruktive Arbeit hinsichtlich der Wissenssysteme, Wertvorstellungen, Überzeugungen und Verhaltensnormen eine gemeinsame soziale Identität aufzubauen, Mitglieder der Gesellschaft zu vereinen und zu motivieren sowie gesellschaftliche Ausgeglichenheit und Stabilität aufrechtzuerhalten. Zum anderen geht es um die Reorganisation der öffentlichen Kultureinrichtungen. Wichtig ist, klare Grenzen zwischen dem gemeinnützigen Kulturwesen und den marktorientierten Kulturindustrien zu ziehen und dafür verschiedene Operationsmechanismen zu entwickeln. Ersteres wird von der Regierung geleitet (Versorgungs-, insbesondere Investitions- oder Zahlungs- und Einkaufs-Verantwortung der Regierung) und hat die Aufgaben, allen Mitgliedern der Gesellschaft grundlegende öffentliche kulturelle Dienstleistungen zu erbringen und ihre kulturellen Rechte zu wahren, während die Kulturindustrien als Marktakteure auf die vielfältigen, mehrschichtigen geistigen und kulturellen Bedürfnisse der Mitglieder der Gesellschaft zu reagieren versuchen.

8.5.3 Beschleunigung der Reformen des sozialen Systems

Mit der Entwicklung der Marktwirtschaft haben sich die sozialen Strukturen und die Interessenlagen in China tief greifend verändert, wie es bisher unbekannt war. Mit dem Fortschreiten der Reformen des politischen Systems hat man in China ein stärkeres Bewusstsein für Demokratie und Rechtsstaatlichkeit und ist an der politischen Partizipation interessierter als je. Immer mehr Menschen entwickeln ein eigenständiges und individuelles Denken. Aufgrund der Überlegungen über die gesellschaftliche Harmonie wurde in China versucht, neue Mechanismen für soziale Entwicklungen und öffentliche Dienstleistungen zu erforschen, um sie in ein neues, angepasstes Governance-Modell zu überführen, das mit der Marktwirtschaft, Demokratisierung und dem kulturellen Pluralismus zurechtkommt.

Im Prozess der sozialen Politikinnovationen wurde das Augenmerk auf drei Beziehungen gerichtet: (1) Die Beziehung zwischen dem Nationalreichtum und Volksleben. Mit hohem Wirtschaftswachstum verbessert sich die umfassende nationale Stärke Chinas kontinuierlich. Gleichzeitig soll durch institutionellen Aufbau sichergestellt werden, dass die wirtschaftlichen Leistungen dem Volk zugutekommen und damit ein vorteilhaftes soziales Umfeld für Reform und Öffnung geschaffen wird. Wichtig ist, die Transformation der Funktionen der Regierung zu fördern, das öffentliche Finanzsystem aufzubauen und zu verbessern sowie ein ausgeglichenes Angebot der öffentlichen Dienstleistungen zu gewährleisten, um die Probleme wie Beschäftigung, Einkommensverteilung, soziale Sicherung, Bildung und Gesundheitsfürsorge, die das Leben des Volks am stärksten und am unmittelbarsten betreffen, zur Zufriedenheit der gesellschaftlichen Mitglieder zu lösen. (2) Die Beziehung zwischen Vitalität und Ordnung. Zum einen wird Wert darauf gelegt, die soziale Vitalität sowie die Kreativität gesellschaftlicher Organisationen und Mitglieder zu fördern. Zum anderen werden Anstrengungen unternommen, eine mit der Marktwirtschaft vereinbare Gesellschaftsordnung zu schaffen. Der Schwerpunkt liegt darauf, eine klare Trennlinie zwischen Regierungsbehörden und sozialen Organisationen zu ziehen, soziale Organisationen zu fördern, die Öffentlichkeit in den gesellschaftlichen Aufbau und ins

Gesellschaftsmanagement einzubeziehen und die gesellschaftliche Governance nach dem Prinzip der Arbeitsteilung und Zusammenarbeit zwischen Regierung und Gesellschaft zu gestalten. (3) Die Beziehung zwischen Pluralismus und Ausgeglichenheit. Auf der einen Seite wird dem Trend der Diversifizierung wirtschaftlicher Elemente und sozialer Kräfte Rechnung getragen und auf der anderen Seite wird darauf geachtet, die Interessen der sozialen Kräfte auszugleichen und zu koordinieren, auf soziale Gerechtigkeit zu setzen und Mechanismen für das Balancieren von Interessen zu etablieren und zu verbessern.

8.5.4 Beginn der Reformen des ökologischen Systems

Im Bericht des XVIII. Parteitags der KP Chinas wurde mit Nachdruck auf die ökologische Zivilisation hingewiesen. Das geht darauf zurück, dass China beim sozialistischen Aufbau chinesischer Prägung gegen viele Schwierigkeiten zu kämpfen hat. Aus dem Bericht des XVII. Parteitags der KP Chinas ging hervor, dass „die Ressourcen- und Umweltkosten des Wirtschaftswachstums zu hoch sind“, und der Bericht des XVIII. Parteitags der KP Chinas warnte erneut, dass „sich die Ressourcen- und Umwelteinschränkungen verschärft haben.“ Obwohl China über reichliche Energieressourcen verfügt, ist der Pro-Kopf-Anteil gering und die Verteilung ungleichmäßig. Knappe Ressourcen wie Grund und Boden zeigen immer deutlicher eine einschränkende Wirkung. Die ökologische Umwelt Chinas ist insgesamt sehr anfällig: geringe Waldbedeckung, schlimme Probleme wie Verwüstung, Bodenerosion und Rückgang des Grünlands, schlechte Qualität des Oberflächen- und Küstenwassers, Abnahme der Artenvielfalt und ernsthafte Umweltbelastung in einigen wichtigen Ökogebieten – um nur einige Beispiele zu nennen. Angesichts der steigenden Emissionsmenge von umweltbelastenden Schadstoffen, schlimmer Umweltverschmutzung und schlechter Lebensbedingungen für die Bevölkerung müssen dringend Lösungen für Ressourcen- und Umweltzwänge gefunden werden. Vor diesem Hintergrund wird der ökologischen Zivilisation ein hoher Stellenwert eingeräumt.

Beim Aufbau der ökologischen Zivilisation wird die nachhaltige Entwicklung als Hauptziel verfolgt. Es handelt sich also darum, den Bedürfnissen der gegenwärtigen Generation gerecht zu werden, ohne die Fähigkeit zukünftiger Generationen, ihre Bedürfnisse zu erfüllen, zu beeinträchtigen. Im Vordergrund steht, eine gerechte vertikale Verteilung des Reichtums, vor allem des natürlichen Reichtums, zwischen der heutigen und den zukünftigen Generationen zu gewährleisten. Kurz gesagt: Es geht um Nachhaltigkeit.

Für China ist es angesichts der zunehmenden Ressourcen- und Umweltzwänge erforderlich, vielerlei Gegenmaßnahmen mit Politikinnovationen zu ergreifen. Als Erstes sind Reformen und Erneuerungen bezüglich des ökologischen Umweltschutzes zu vertiefen. Die Preisreformen für die natürlichen Ressourcen und deren Erzeugnisse sind zu beschleunigen. Es gilt, das System der kostenpflichtigen Nutzung von Ressourcen und das System der ökologischen Ausgleichszahlungen aufzubauen und zu vervollständigen, welche Angebot und Nachfrage, die Ressourcenknappheit, die ökologischen Werte und die generationenübergreifenden Kompensationen widerspiegeln. Außerdem ist vorgesehen, Umweltschutzmärkte energisch zu entwickeln, Umweltsanierungen durch im Umweltschutz tätige Unternehmen zu fördern und die Anreiz- und Kontrollmechanismen der Märkte zu entfalten. Zweitens ist großes Gewicht auf Kerngebiete und Schlüsselbereiche zu legen. Die Entwicklung muss sich strikt an der funktionellen Positionierung der Umweltschutzgebiete orientieren und es muss so bald wie möglich eine unüberschreitbare rote Linie für den Umweltschutz gezogen werden. Die schwerwiegenden Umweltprobleme wie Luft-, Wasser- und Bodenverschmutzung sollen mit konzentrierten Kräften gelöst werden. Die Erschließung von staatlichem Grund und Boden soll optimiert werden. Der Produktionsraum, Lebensraum und der ökologische Raum sollen wissenschaftlich angeordnet werden, wobei der Natur mehr Raum zur Regenerierung gegeben werden soll. Im ganzen Prozess hat die Regierung eine führende Rolle zu spielen. Drittens soll der Schutz der ökologischen Umwelt intensiviert werden. Gesetze für Eigentumsrechte auf natürliche Ressourcen, Vorschriften für sparsamen Umgang mit Energien, Wasser und Land sowie Bestimmungen zur Vorbeugung und Bekämpfung von Wasser-, Luft-, Bodenbelastung sollen erarbeitet und vervollständigt werden. Mit dem Inkrafttreten des neuen *Umweltschutzgesetzes* soll die regulatorische Funktion des Gesetzes durch effektive Vollstreckung gewährleistet werden.

9

Bessere Erfüllung der Regierungsaufgaben: Umgestaltung der Regierungsfunktionen

Die umfassende Vertiefung der Wirtschaftsreformen Chinas setzt voraus, die Beziehungen zwischen Unternehmen, Märkten und Regierungen zu koordinieren und zu balancieren. Betrachtet man den Status quo des wirtschaftlichen Strukturwandels, lässt sich feststellen, dass große Fortschritte bei der Umstrukturierung von Unternehmen als mikrowirtschaftlichen Einheiten und beim Aufbau der Marktsysteme erzielt worden sind, während die Verwaltungsreformen offensichtlich hinterherhinken und zur größten „Schwachstelle" geworden sind. Wegen der zeitlichen Verzögerung der Verwaltungsreformen und der damit einhergehenden Einschränkungen stecken die Strukturreformen der Monopolbranchen, die marktorientierten Reformen von Produktionsfaktoren wie Grund und Boden sowie Kapital, die Reformen des Einkommensverteilungssystems und anderer Schlüsselbereiche in einer Art „Stagnation". Statt Fortschritte sind in einigen Gebieten sogar Rückschritte zu verzeichnen. Um diese Mängel so schnell wie möglich zu beseitigen, müssen Durchbrüche bei den Verwaltungsreformen erzielt werden. Dabei müssen die Regierungen aller Ebenen ihre Funktionen neu definieren, d. h., statt Wirtschaftsorientierung soll eine dienstleistungsorientierte Verwaltung aufgebaut werden. Zurzeit verstehen sich die Regierungen aller Ebenen nach wie vor als Wirtschaftsförderer und dem Übergang zur dienstleistungsorientierten Verwaltung stehen immer noch viele institutionelle Hindernisse im

Wege. Um einen Durchbruch bei der Umgestaltung der Regierungsfunktionen zu erzielen, muss der Systemwandel in nächster Zeit vertieft werden.

9.1 Verzerrungen des Regierungsverhaltens

Eine Verzerrung des Regierungsverhaltens liegt vor, wenn die Regierung ihre Befugnisse überschreitet, versäumt oder unzweckmäßig verwendet. Die Überschreitung der Befugnisse ist besonders schlimm. Das staatlich gelenkte Wirtschaftsentwicklungsmodell hat sich im Grunde genommen noch nicht geändert: Die Regierungsbehörden greifen durch Genehmigungen von Investitionsprojekten, Marktzugang und Preiskontrolle unmittelbar in mikrowirtschaftliche Unternehmensaktivitäten ein. In den letzten Jahren hat die Regierung im Namen der Makrosteuerung ihre Interventionen sogar verstärkt. Es ist nicht zu übersehen, dass sich Regierungen aller Ebenen immer noch viel für die Produktion und Betriebsführung einsetzen und eine Menge wirtschaftlicher Aufgaben übernehmen. Die Wirtschaftsorientierung steht also immer noch an erster Stelle. Das übermäßige Eindringen lokaler Regierungen in Mikrobereiche, ihre direkte Beteiligung an wirtschaftlichen Aktivitäten, ihre Bemühungen um Investitionen und ihre Affekthandlung bei der Landbewirtschaftung sind im Grunde genommen typische unternehmerische Verhaltensweisen. Jean Oi, Professorin der Politikwissenschaft der Universität Stanford hat nach ihrer eingehenden Analyse das Phänomen unter dem Begriff „lokalstaatlicher Korporatismus" (local state corporatism)[1] zusammenfassend beschrieben. Dieses Charakteristikum stellt bis heute in China keine Seltenheit dar.

Man muss deshalb beachten, dass sich keine „schlechte Marktwirtschaft" aufgrund des mikroökonomischen, unternehmerischen und gewinnorientierten Regierungsverhaltens, bedingt durch das staatlich gelenkte Wirtschaftsentwicklungsmodell, etabliert. Genauer gesagt, sind die Tendenzen der Vermarktlichung der Macht bzw. Macht- und Kapitalabsprachen und Tauschgeschäfte zwischen öffentlicher Macht und Gewinnen zu vermeiden. Wenn die öffentliche Macht zu stark ins Wirtschaftsleben eingreift, fällt ihr schwer, sich rechtzeitig zurückzuziehen, wenn die Marktbedingungen herangereift sind und die Wirtschaft sich gut entwickelt. Folglich wird die institutionelle Anordnung für eine längere Zeit in ein ineffizientes Gleichgewicht geraten. Diese Lehre lässt sich aus

1 Oi, Jean: Fiscal reform and the economic foundations of local state corporatism in China. In: *World Politics* 1992, 45 (1).

der Entwicklung einiger Länder (bspw. einige lateinamerikanische und südostasiatische Länder) ziehen, in denen ein allgegenwärtiges, äußerst mächtiges und gewinnorientiertes Regime an der Macht ist. Diese marktwirtschaftlichen Länder, die von einflussreichen und mächtigen Personen und Interessengruppen kontrolliert und gesteuert sind, sind nacheinander in die Entwicklungsfalle geraten und können die Modernisierung ihrer Länder nicht erfolgreich verwirklichen. Diese bittere Lektion darf nicht in Vergessenheit geraten.

Im Vergleich zur besonderen Positionierung der Wirtschaftsförderung zeigen die Regierungskompetenzen für öffentliche Dienstleistungen vergleichsweise Unzulänglichkeiten. Seit dem 11. Fünfjahresplan fließen zwar mehr Gelder nach dem Konzept der „neuen Entwicklung“ (新发展观) mit dem Aufbau öffentlicher Finanzen in die öffentlichen Dienstleistungen wie Bildung, Gesundheit und Soziales, aber im Vergleich zum internationalen Standard bleiben die Ausgaben nach wie vor auf einem niedrigen Niveau.

Als Erstes sind die staatlichen Bildungsausgaben zu erwähnen. Der Anteil der öffentlichen Bildungsausgaben am BIP lag viele Jahre zwischen 2% und 3%. Erst 2012 übertraf er zum ersten Mal 4%. Das 1993 im *Grundriss der chinesischen Bildungsreform und -entwicklung* formulierte Vorhaben, die öffentlichen Bildungsausgaben bis 2000 auf 4% des BIP zu erhöhen, wurde endlich verwirklicht. Im folgenden Jahr sank dieser Anteil jedoch erneuert auf unter 4%.[2] Im internationalen Vergleich war China mit seinen Bildungsausgaben niedrig eingestuft: Der weltweite Durchschnittswert lag 2010 bei 4,9%, wobei es in Ländern mit niedrigem und mittlerem Einkommen jeweils 4,1% und 4,8% betrug. In OECD-Ländern mit hohem Einkommen war es 5,4%.

Die staatlichen Ausgaben für Gesundheitsversorgung liegen ebenfalls auf einem niedrigen Niveau. Der Anteil der öffentlichen Gesundheitsausgaben am BIP lag viele Jahre lang unter 1%. In den letzten Jahren verzeichnete er einen leichten Anstieg und erreichte im Jahr 2013 1,5%. Nach Angaben der Weltbank lag der Weltdurchschnitt im Jahr 2012 bei 6,1%, in einkommensstarken OECD-Ländern bei 7,9% und in China erst bei 3%. Was den Anteil der öffentlichen Gesundheitsausgaben an den gesamten medizinischen Ausgaben betrifft, lag

2 Dafür waren ausschließlich staatliche Bildungsausgaben einbezogen. Falls Bildungsausgaben im weiteren Sinne (Staatsbudget, Steueraufkommen für Bildungswesen, Mittelzuweisungen durch Unternehmen sowie Mittelzuführungen durch die von Bildungsinstitutionen betriebenen Firmen und soziale Dienstleistungen) eingerechnet sind, lag der Anteil der Bildungsausgaben 2013 mit 4,3% etwas höher als 4%.

China 2012 mit 56% unter den einkommensstarken OECD-Ländern (61,4%) und dem weltweiten Durchschnitt (59,8%).

Drittens sind die staatlichen Ausgaben für Soziales anzuführen. Die öffentlichen Ausgaben für soziale Sicherung und Beschäftigung an den gesamten Haushaltsausgaben und am BIP sind in den letzten Jahren auf rund 10% und 2% gestiegen. Der Anteil der Sozialausgaben am BIP ist in den letzten Jahren nur langsam angestiegen, während deren Anteil an den öffentlichen Haushaltsausgaben zwischen 10% und 11% schwankte. Als Ziel war Anfang des 21. Jahrhunderts bei der Formulierung des zehnten Fünfjahresplans für Arbeit und soziale Sicherung vorgesehen, dass die Sozialausgaben schrittweise auf 15% bis 20% an den gesamten öffentlichen Ausgaben angehoben werden sollen. Selbst wenn man die heutigen Daten mit dem internationalen Niveau Mitte der 1990er Jahre vergleicht, fallen sie beträchtlich gering aus. In den einkommensstarken Ländern lagen sie zu der Zeit jeweils bei 27,5% und 12,2% und selbst in Ländern mit mittlerem Einkommen erreichten sie 15,7% und 4,6%. In einigen Ländern machen die Sozialausgaben mit ca. 40% den größten Anteil an den öffentlichen Ausgaben aus.

9.2 Korrektur des mikroökonomischen Verhaltens der lokalen Regierungen durch Neuregelungen von steuerlichen Anreizen

Da das Fiskal- und Steuersystem maßgeblichen Einfluss auf das Verhalten der lokalen Regierungen haben, sollen diese angepasst werden, um die Regierungen vor Ort anzuregen, ihr Verhalten zu ändern. Im Vordergrund steht, Anreize für die lokalen Regierungen anders zu gestalten. Es gilt, einerseits die Verknüpfungen zwischen der Zunahme der lokalen Steuereinnahmen und der vorrangigen Förderung der industriellen Produktion abzuschneiden und andererseits die lokalen Steuereinnahmen mit der effektiven Bereitstellung öffentlicher Dienstleistungen in Verbindung zu bringen. Folgende Maßnahmen sind zu ergreifen:

Erstens sind indirekte Steuern zu reduzieren, wodurch die Attraktivität des bestehenden verzerrten Anreizsystems sinkt, das die lokalen Regierungen zum wachstumsorientierten Verhalten stimuliert.

Typisch für eine unterentwickelte Volkswirtschaft sind niedriges Pro-Kopf-Nationaleinkommen und bescheidene Kompetenzen in der Steuererhebung und -verwaltung. Direkte Steuerquellen wie Einkommen- und Vermögenssteuer sind eher wenig, während Umsatzsteuern leichter einzuziehen sind. Daraus ergibt sich das Steuersystem mit indirekten Steuern als Hauptteil. Untersuchungen zufolge liegt das Verhältnis zwischen direkten und indirekten Steuern in einkommensstarken Ländern bei 2:1, in Ländern mit mittlerem Einkommen bei 1:1 und in Ländern mit niedrigem Einkommen bei 0,4:1. Mit der Niveauerhöhung des Bruttonationaleinkommens und der Verbesserung der Kompetenzen in der Steuererhebung und -verwaltung vermag China, das sich im Übergangsprozess von einem Land mit mittlerem Einkommen im unteren Bereich zu einem Land mit mittlerem Einkommen im oberen Bereich befindet, mit gutem Recht direkte Steuern auszubauen und indirekte Steuern zu verringern (insbesondere auf lokaler Ebene ist ein Steuersystem mit Vermögens-, Einkommens- und anderen direkten Steuern als Hauptteil zu errichten, während der Anteil von Umsatzsteuern zu reduzieren ist). Darüber hinaus können aktive Strukturmaßnahmen ergriffen werden, um den Anteil der indirekten Steuern zu senken. Am Beispiel des Mehrwertsteuersystems ist der Steuersatz im Transformationsprozess vom Produkt-Typ in einen Konsum-Typ weiter zu senken und die Geltungsbereiche der Vorsteuererstattung zu vergrößern, um das Problem der hohen Steuerbelastung zu lösen. Der Anteil von indirekten Steuern soll für die kommenden Jahre voraussichtlich zwischen 40% und 50% liegen und die Prognose für die weite Zukunft lässt sich mit der Zeit ausarbeiten.

Daneben ist zu untersuchen, ob es für bestimmte Steuerarten schon möglich ist, anstatt der produktionsorientierten Steuererhebung am Produktionsort die konsumorientierte Steuerhebung am Ort des Endkonsums einzuführen. Das vermag dem Interesse der lokalen Regierungen an der Produktionsausweitung entgegenzuwirken und die Anreize zur direkten Teilnahme an Produktions- und Betriebstätigkeiten zu schwächen, und gleichzeitig verhilft die Verknüpfung zwischen der Zunahme der lokalen Steuereinnahmen und der Einkommenserhöhung und Verbesserung des Verbrauchsniveaus der Bevölkerung den lokalen Regierungen, mehr Gewicht auf die Verbesserung des Wohlstandsniveaus der Einwohner zu legen.

Zweitens ist das bestehende System der öffentlichen Einnahmen, die sich auf Grundstück und Immobilien beziehen, zu restrukturieren, um Affekthandlungen der lokalen Regierungen bei der Landbewirtschaftung einzudämmen.

Erwägenswert ist, die einmalige Grundrente und die in der Erschließung und im Verkauf angefallenen Steuern in eine einheitliche Grundsteuer zu integrieren, die eine stabile Einnahmenquelle für die öffentliche Hand lokaler Ebene darstellt. Der Besteuerungsgegenstand ist der Immobilienbesitz, dessen Preis die Bemessungsgrundlage darstellt (dies gilt insbesondere für Wohnimmobilien der Bevölkerung). Somit kann das kurzfristige Verhalten, öffentliche Einnahmen durch Veräußerung von Nutzungsrechten des Grundstücks zu erzielen, durch ein langfristiges Verhalten, das nach einer besseren Bereitstellung von öffentlichen Dienstleistungen ausgerichtet ist, ersetzt werden. Sofern sich die lokalen Regierungen bemühen, ihre öffentlichen Dienste zu optimieren, erhöht sich die Attraktion der Ortschaft und dementsprechend der Wert von Grundstücken, was zur Erhöhung des Steueraufkommens führen kann. Wenn das Aufkommen der Grundsteuern als wichtige lokale Steuerquelle weitgehend davon abhängt, ob günstige und zufriedenstellende Rahmenbedingungen vorhanden sind, sehen sich die lokalen Regierungen aufgrund der etablierten Verbindung zwischen öffentlichen Einnahmen und Wohlstand und Zufriedenheit der Einwohner genötigt, ihre eigentlichen Aufgaben wahrzunehmen und sich rational zu verhalten.

Vor der offiziellen Einführung der Grundsteuer sind Einnahmen aus Grund und Boden genau zu reglementieren. Es soll sichergestellt werden, dass die Veräußerungserlöse von Bodennutzungsrechten den örtlichen Haushalten zufließen. Einnahmen und Ausgaben sind getrennt zu verwalten und ein „Rückstellungsfonds für die Erträge des staatseigenen Grundstücks" soll auf lokaler Ebene errichtet werden. Entschädigungsleistungen für Landenteignungen und Abrisse, Ausgleichszahlungen für Enteignungen der Agrarflächen, Investitionen in Bauprojekte von Wohnungen zu niedrigen Mieten und Wohnungsbeihilfen für einkommensschwache Familien sind zu erhöhen. Es kann auch in Erwägung gezogen werden, die Einmalzahlung für die Bodennutzungsrechte innerhalb der vereinbarten Nutzungsdauer auf eine jährliche Grundmiete (Landnutzungsgebühr) umzustellen, um den inneren Antrieb der örtlichen Regierungen zu schwächen, die Bodennutzungsrechte blindlings zu übertragen.

Drittens soll gemäß den Forderungen der Dezentralisierung eine rationale Aufteilung finanzieller und administrativer Kompetenzen zwischen verschiedenen Regierungsebenen erfolgen, damit der Finanzierungsdruck für untere Regierungsebenen nachlässt, wodurch das verzerrte Verhaltensmuster der lokalen Regierungen berichtigt wird.

Das Hauptanliegen der Restrukturierung des Fiskal- und Steuersystems ist, die Finanzbeziehungen zwischen Zentralregierung und lokalen Regierungen neu zu gestalten. Die Kernfrage ist, ob prinzipiell Zentralisierung oder Dezentralisierung zu befolgen ist. Im Einvernehmen mit globalen Strukturreformen wird die fiskalische Dezentralisierung bezüglich öffentlicher Ausgaben und Einnahmen weiter in China betrieben.

1. Bezüglich der administrativen Aufgabenverteilung haben die lokalen Regierungen ihren Verpflichtungen nachzukommen und die Zentralregierung hat ihre Verantwortung in Sachen öffentlicher Ausgaben zu übernehmen.

(1) Die Rolle der lokalen Regierungen bei der Bereitstellung von öffentlichen Dienstleistungen ist weiter zu stärken, da sie wesentliche Beiträge dazu leisten, das Problem der Informationsasymmetrie zu lösen und die Öffentlichkeit zur Partizipation zu mobilisieren. Nach dem theoretischen Erklärungsmodell der Dezentralisierung haben die Verbraucher aufgrund regionaler Disparitäten heterogene Präferenzen für öffentliche Dienstleistungen. Da die untersten Regierungsebenen Informationsvorteile besitzen, sind sie gut in der Lage, effektiv auf örtliche Bedürfnisse zu reagieren und Lösungsansätze zu erarbeiten. Indem differenzierte, maßgeschneiderte öffentliche Dienstleistungen angeboten werden, sind die Verbraucher besser versorgt. Außerdem haben die örtlichen Regierungen bessere Möglichkeiten, die Qualität der Dienstleistungen zu kontrollieren und ihre Verpflichtungen zu erfüllen. Die Forschungsergebnisse der Public-Choice-Theorie haben gezeigt, dass im Vergleich zu einer „großen Gemeinschaft" mit zahlreichen Mitgliedern, eine „kleine Gemeinschaft" mit weniger Mitgliedern öffentliche Dienstleistungen effizienter bereitstellen kann. Durch die Verlagerung der Verantwortlichkeit für öffentliche Ausgaben an die lokalen Regierungen können die Ansprüche der am fiskalischen Entscheidungsprozess beteiligten Akteure berücksichtigt werden, die sich im Rahmen institutioneller Regeln bewegen.

(2) Die Hervorhebung der Verpflichtungen der lokalen Regierungen bedeutet nicht, dass sich die Zentralregierung der Verantwortung entziehen kann. Je nach der Reichweite der öffentlichen Dienstleistungen lässt sich festlegen, ob sie in die Kompetenz der Zentralregierung oder der lokalen Regierungen fallen. Die Zentralregierung hat für die öffentlichen Dienstleistungen aufzukommen, die für die ganze Nation von Nutzen sind und erhebliche Größenvorteile und Spill-over-Effekte haben. Aufgrund der zunehmenden Bevölkerungsbewegung haben einige öffentliche Güter – beispielsweise öffentliche Gesundheit und medizinische Grundversorgung, Schulpflicht, Rentenversicherung und Arbeitslosenversicherung, die eigentlich in den Zuständigkeitsbereich der lokalen Regierungen fallen, signifikante überregionale und sogar nationale Spill-over-Effekte erzeugt. Als Beispiel lässt sich die Grundrente anführen: In nicht wenigen Ländern werden die Mittel für die Rentenversicherung durch die Zentralregierung eingesammelt und verwaltet. Persönliche Rentenkonten sind ortsungebunden. Das staatliche Rentenversicherungssystem fördert nicht nur die Freizügigkeit der Arbeitskräfte, sondern die von Region zu Region unterschiedlichen Rentenhöhen, werden auch angeglichen. China gehört jedoch zu den wenigen Ländern der Welt, in denen die Rentenversicherung durch lokale Regierungsstellen verwaltet wird. Die starke Fragmentierung des Rentenversicherungsprogramms erschwert den Transfer der Rentenkonten zwischen unterschiedlichen Provinzen

und Städten, was sich negativ auf die Mobilität der Arbeitskräfte und auf den industriellen Transfer zwischen Regionen auswirkt. Gemäß Forderungen nach einer vernünftigen Aufgabenverteilung zwischen Zentralregierung und lokalen Regierungen ist zu empfehlen, dass die Zentralregierung die Kosten für Altersrenten, allgemeine Schulpflicht der Kinder der Wanderarbeiter, Justiz, Überwachung von Nahrungsmitteln und Arzneimitteln, Sanierung von großen Flüssen und Bekämpfung von überregionalen Umweltverschmutzungen übernimmt. Dadurch können eventuell zusätzliche Transferleistungen verringert, Verfügungsrechte der Finanzbehörden geschwächt und das abnormale Phänomen des „Einlaufens nach Beijing“ (um sich Gelder zu beschaffen) beseitigt werden. Es ist darauf hinzuweisen, dass die volle Entfaltung der Funktion der lokalen Regierungen für die Bereitstellung öffentlicher Dienstleistungen und die angemessene Stärkung der Kompetenzen der Zentralregierung für Soziales vereinbar sind. Es geht dabei um die Frage der Kompetenzabgrenzung zwischen Finanzierung und Erbringung von öffentlichen Dienstleistungen. Weltweit ist es typisch, dass die unteren Regierungsstellen für die Durchführung der Elementarbildung zuständig sind, während die Regierungen auf höherer Ebene Verantwortung für die Bildungsfinanzierung tragen. Auf diese Weise können die politischen Entscheidungsträger über die Bedürfnisse gut informiert werden. Die Gerechtigkeit zwischen verschiedenen Regionen kann ebenfalls durch eine allgemeine Abdeckung gewährleistet werden.

2. Das Ziel der Aufteilung finanzieller Kompetenzen ist, lokale Finanzeinnahmen auf der Basis der finanzpolitischen Selbstverwaltung zu erhöhen. Davon ausgehend sollen lokale Steuerquellen vervollständigt, Gemeinschaftssteuern angemessen verteilt und die fiskalische Zentralisierung restrukturiert werden.

Internationale Forschungsergebnisse zur fiskalischen Dezentralisierung haben gezeigt, dass eine Regierung ihre Ausgaben größtenteils aus eigenen Einnahmequellen bestreiten solle. Das könne die Regierung anspornen, ihren Verpflichtungen nachzukommen, Verantwortung für Ortsansässige (Steuerzahler) zu tragen und gewünschte öffentliche Güter zu erbringen. Deshalb sind aktivere Reformmaßnahmen bezüglich öffentlicher Einnahmen zu ergreifen, um die derzeitige asymmetrische Kompetenzaufteilung in öffentlichen Einnahmen und Ausgaben zu korrigieren und die Situation der hohen Abhängigkeit der lokalen Regierungen von Transferzahlungen zu ändern.

(1) Eine angemessene Zuteilung der Steuern ist entscheidend. Dafür haben weltweit viele Finanzwissenschaftler verschiedene theoretische Ansätze vorgebracht. Weltbekannt sind die vom amerikanischen Finanzwissenschaftler

Richard Musgrave aufgestellten sieben Grundsätze[3]. Seine Hauptthesen sind: (i) Da die soziale Gerechtigkeit für alle Staatsbürger von Belang ist, sollten gestaffelte Steuern zur Gewährleistung der Einkommensumverteilung der Zentralregierung zustehen. Steuern, die natürlichen Personen mit progressiven Steuersätzen auferlegt werden, sollten von der Regierungsebene erhoben werden, die am besten in der Lage ist, die Steuerbemessungsgrundlage festzulegen. (ii) Da die makroökonomische Stabilisierung in die Kompetenz der Zentralregierung fällt, sollte diese Besteuerung der Zentralregierung unterstellt werden, während die Steuerquellen,

3 Andere Wirtschaftswissenschaftler haben diesbezüglich eigene Ansätze erarbeitet. Mintz zufolge sind fünf Grundsätze zu befolgen: Effizienz (der Einfluss auf die Optimierung der Ressourcenallokation durch die Aufteilung der Steuereinkommen ist zu minimieren), Einfachheit (das Steuersystem ist klar strukturiert, allgemein verständlich und leicht durchführbar), Flexibilität (Regierungen aller Ebenen können flexibel wirtschaftspolitische Instrumente wie Budgetausgaben und Steuerzuschüsse anwenden und mit Steuereinnahmen ihre administrativen Aufgaben erfüllen), Verantwortlichkeit (Ausgaben aller Regierungsebenen entsprechen ihrer Steuerkompetenz) und Fairness (Steuerstrukturen, -bemessungsgrundlagen und -sätze sind landesweit auszugleichen, d. h., dass die Steuerlast von Region zu Region keine großen Differenzen aufweist). Boadway zufolge sind sechs Grundsätze zu beachten. Einkommensteuern, die maßgeblich für die Gewährleistung gesellschaftlicher Fairness sind, stehen der Zentralregierung zu. Kapitalsteuern, Steuern auf Vermögensübertragung u. Ä. stehen ebenfalls der Zentralregierung zu, um die Bildung eines nationalen Markts, Freizügigkeit und optimale Verteilung der Ressourcen zu gewährleisten. Bei Besteuerungen von Ressourcen sind sowohl Fairness als auch Leistungsfähigkeit zu berücksichtigen und sie zählen zu Gemeinschaftssteuern. Ortsgebundene Steuern sind ideale Einkommensquellen für Regierungen lokaler Ebenen. Die Sozialversicherungsbeiträge als Zwecksteuern sind von der Zentralregierung und lokalen Gebietskörperschaften gemeinsam zu erheben und zu verwalten. Mehrstufige Mehrwert- und Verkaufssteuern werden der Zentralregierung zugewiesen, während einstufige Verkaufssteuern und Steuern auf Einzelhandelsumsätze örtlichen Gebietskörperschaften zustehen. Nach Seligman gibt es nur drei Prinzipien. Erstens gilt das Prinzip der Leistungsfähigkeit, d. h., die Effizienz der Steuererhebung als maßgebliches Kriterium für die Zuteilung der Steuererträge zwischen Verwaltungsebenen. Zweitens ist das Prinzip der Anwendbarkeit. Als Kriterium dient die Breite der Steuerbemessungsgrundlage: Steuern auf einer breiten Steuerbemessungsgrundlage stehen der Zentralregierung zu, während Steuern auf einer engen Steuerbemessungsgrundlage den örtlichen Regierungen zustehen. Drittens gilt das Prinzip der Angemessenheit. Die Zuteilung der Steuererträge soll nach dem Grundsatz der fairen Steuerlast erfolgen.

die von konjunkturellen Schwankungen wenig beeinflusst sind, den lokalen Regierungsstellen zufließen sollen. (iii) Steuerquellen, die sich von Regionen zu Regionen ungleichmäßig verteilen, sollten der Zentralregierung zugeordnet werden, da sie sonst zu regionalen Ungleichgewichten führen könnten. (iv) Steuern auf mobile Produktionsfaktoren sollten am besten der Zentralregierung zugewiesen werden, da sie sonst die optimale Ressourcenallokation zwischen Regionen verzerren könnten. (v) Steuern, die mit dem Wohnort verbunden sind (bspw. Verkaufssteuer und Verbrauchssteuer), sollten lokalen Gebietskörperschaften zustehen. (vi) Steuern auf immobile Produktionsfaktoren sollten lokalen Gebietskörperschaften zustehen, da Steuersatzunterschiede die regionale Verteilung der Produktionsfaktoren nicht beeinflussen. Somit kann der Effizienzverlust der Ressourcenallokation wegen des lokalen Steuerwettbewerbs vermieden werden. (vii) Zwecksteuern und -abgaben können von Regierungen aller Ebenen erhoben werden. Auf der Grundlage dieser und ähnlicher Forschungsergebnisse sollten lokale Steuerquellen folgende Merkmale aufweisen: (i) Die Steuerquellen sind regional gebunden und besitzen kaum Mobilität. (ii) In Verbindung mit dem Wohnsitz erfolgt die Steuererhebung gemäß dem Nutzenprinzip. (iii) Angesichts des hohen Informationsbedarfs sind die Steuererhebung und -verwaltung auf lokaler Ebene effizienter. Demnach gilt die Vermögenssteuer, insbesondere die Immobiliensteuer, als geeignete Steuerquelle für lokale Regierungen. Oder anders formuliert: Die Vermögenssteuer, insbesondere die Immobiliensteuer hat ein gutes Potential, Hauptquelle der lokalen Steuereinnahmen zu werden. Aufgrund der ortsfesten Natur von Immobilien stellt die darauf erhobene Steuer eine stabile Steuereinnahmequelle dar. Die Erhebung der Immobilienbesitzsteuern ist durch das folgende Prinzip zu erklären: Die dadurch finanzierten öffentlichen Güter sind für regionale Leistungsempfänger nutzbringend. Zuletzt haben die lokalen Regierungen einen leichten Zugang zu Informationen über die zu besteuernden Immobilienbesitze und können diese Aufgaben besser erfüllen.

International betrachtet gelten die Vermögenssteuern, die in vielen Ländern den lokalen Gebietskörperschaften zustehen, im Rahmen des Trennungssystems als Hauptquelle für untere Regierungsebenen (hauptsächlich auf Kreis- und Stadtebene). Beispielsweise werden Grundsteuern in den Vereinigten Staaten im Rahmen des Föderalismus unabhängig vom Bund, in einigen Bundesstaaten und einzelnen Gemeinden (einschließlich Städte, Landkreise, Kommunen, Schul- und Sonderbezirke) erhoben. Als Hauptbestandteil der kommunalen Steuereinnahmen sind die Grundsteuern die wichtigste Stütze der öffentlichen Lokalverwaltungen, von denen einige über Gesetzgebungsgewalt und selbstständige Vollzugsgewalt für die Grundsteuern verfügen. Sie können quasi selbstständig Steuerbemessungsgrundlagen und Steuersätze festlegen und eigenständig die Verwaltungsaufgaben wie Steuererhebung, -management und -überwachung ausführen. In anderen entwickelten Ländern bildet das Aufkommen der Vermögenssteuern, die als Hauptquelle im lokalen Steuersystem agieren, ebenfalls einen wichtigen Bestandteil der lokalen Steuereinnahmen.

In China haben die Vermögenssteuern auf Immobilien (Hauseigentum), die gemäß den bestehenden Steuerstrukturen grundsätzlich den lokalen Regierungsebenen zustehen, einen gewissen Anteil an den lokalen Steuereinnahmen. Wegen der niedrigen Höhe der Immobiliensteuern sollten diese nicht als lokale Hauptquelle eingestuft werden. Die meisten Steuereinnahmen werden durch Besteuerung von Waren, und zwar in Form von Mehrwert- und Gewerbesteuern eingetrieben, wobei die Vermögenssteuern nur einen kleinen Anteil dazu beitragen. Angesichts der Tatsache, dass Steuerstrukturen durch die wirtschaftliche Entwicklung, insbesondere durch das Industrialisierungs- und Urbanisierungsniveau bedingt sind, können die Verwaltungsstrukturen in China nicht mit denen in Industrieländern gleichgesetzt werden. Trotzdem sind die Vermögenssteuern auf regionalen Ebenen in China viel niedriger als in den entwickelten Ländern. Selbst in einigen Ortschaften, die im Verstädterungsprozess ziemlich vorangeschritten sind, gibt es grundsätzlich keine Veränderung in der Struktur der Steuereinnahmen.

In diesem Zusammenhang sollte im Rahmen der oben erwähnten Strukturreformen die Immobiliensteuer eingeführt werden, um die lokale Steuerstruktur zu optimieren und den Selbstversorgungsgrad der lokalen Regierungen zu erhöhen. Darüber hinaus dienen weltweit Ressourcen-, Zweck- und Verhaltenssteuern oft als Hauptträger der lokalen Steuereinnahmen. Es scheint angemessen zu sein, die Reformen der Ressourcensteuer zu beschleunigen und die Erhebung der Umwelt- und Kohlenstoffsteuer als wichtige Ergänzung zu den lokalen Einkommensquellen so bald wie möglich einzuführen.

Neben der Erschließung potentieller Finanzressourcen auf den unteren Regierungsebenen sind möglicherweise auch die Anteile der Gemeinschaftssteuern zu senken. Eine Neuaufteilung der Steuereinnahmen zwischen Zentralregierung und lokalen Regierungen ist anzustreben, wobei die Verteilung der Gemeinschaftssteuern zugunsten der unteren Regierungsebenen erfolgen soll. Standardisierte Verfahren – beispielsweise Aufteilung nach Steuerarten oder nach im Voraus festgelegten Proportionen – sind bei der Aufteilung der Steuereinnahmen zwischen den Regierungsebenen unterhalb der Provinz anzuwenden, die Einnahmequellen verschiedener Regierungsebenen sind rational zu definieren, die Mittelzuweisungen wissenschaftlich zu bestimmen und die Verhältnisse der Gemeinschafssteuern richtig zu ermitteln.

(2) Anzustreben ist eine angemessene Aufteilung der Steuerhoheit zwischen Zentralregierung und lokalen Regierungen. Um die derzeitige Situation der übermäßigen Zentralisierung der Steuerhoheit zu ändern, müssen tief greifende Strukturreformen zur fiskalischen Dezentralisierung durchgeführt werden, wobei die Machtbefugnisse regionaler Regierungsebenen angemessen erweitert werden müssen, damit sie mehr Verfügungs- und Selbstbestimmungsrechte über die Steuereinnahmen haben. Für bestimmte Steuerarten, deren Einflussbereiche begrenzt sind, dürfen die lokalen Regierungen im Rahmen der staatlichen Steuergesetze gemäß ihren jeweiligen tatsächlichen Bedingungen die Steuergegenstände, Steuersätze, Besteuerungsgrundlagen u. a. selbst bestimmen. Die Zentralregierung kann beispielsweise die obere und untere Grenze der Steuersätze festsetzen, innerhalb deren die lokalen Regierungen sich bewegen können. Wenn die Steuern offensichtlich Nutzeffekte für die lokale Ortschaft haben, sollten der Regierung mehr Optionen eingeräumt werden. Die lokale Regierung darf ggf. im Rahmen der staatlich zulässigen Bedingungen durch Gesetzgebungsverfahren auf lokalen Volkskongressen selbstständig Steuern erheben.

3. Es soll nach neuen Wettbewerbsmechanismen unter den lokalen Regierungen gesucht werden.

In diesem Zusammenhang scheint es angemessen zu sein, sich mit der Wettbewerbssituation der lokalen Regierungen zu befassen, die durch die fiskalische Dezentralisierung dazu veranlasst werden. Eine Zeit lang sahen die Wirtschaftsexperten darin wichtige treibende Kräfte für Chinas Wirtschaftswachstum. Die Hypothese „Föderalismus chinesischer Prägung“[4] wies besonders darauf hin, dass die Dezentralisierung nach chinesischem Vorbild dazu beitrage, die Glaubwürdigkeit der Zusage der Zentralregierung zur Dezentralisierung zu erhöhen und weiche Budgetbeschränkungen für die lokalen Regierungen zu senken. Diesem theoretischen Ansatz zufolge hat die institutionelle Gestaltung der

4 Vgl. Montinola, G., Qian, Yingyi & Weingast, Berry: Federalism, Chinese style: the political basis for economic success in China. In: *World Politics* 1995, 48 (1): 50-81; Qian, Y. & Weingast, B.: Federalism as a commitment to preserving market incentives. In: *Journal of Economic Perspectives* 1997, 11 (4): 83-92; Qian, Yingyi & Roland, G.: Federalism and the soft budget constraint. In: *American Economic Review* 1998, 88 (5): 1143-1162; Jin, H., Qian, Y. & Weingast, B.: Regional decentralization and fiscal incentives: federalism, Chinese style. In: *Journal of Public Economics* 2005, 89 (9-10): 1719-1742.

Dezentralisierung in China eine Änderung der Anreizstrukturen für die lokalen Regierungen bewirkt, sodass sie sich veranlasst sehen, sich für die Marktwirtschaft einzusetzen, diesen Prozess aufrechtzuerhalten und das Wirtschaftswachstum vor Ort zu fördern. Darauf aufbauend hat man sich in den letzten Jahren weiter mit Chinas Erfahrungen, und zwar mit dem Anreizmodell für lokale Regierungsbeamte auseinandergesetzt. Vereinfacht lässt sich das Modell als „Meisterschaft der personalen Beförderung" bezeichnen, für die das BIP-Wachstum als wichtiges Indiz herangezogen wird. Weil sich die Leistungsbewertung der örtlichen Regierungsbeamten stark nach BIP ausrichtet, werden die politischen und wirtschaftlichen Anreize vereinbart.[5]

Wenn in der Vergangenheit das Wirtschaftswachstum als einziges Entwicklungsziel betrachtet wurde, erwartet man heutzutage, mehr Gewicht auf „humanistische Fürsorge" zu legen und die Regierungsfunktionen in dieser Richtung umzugestalten. Daher soll gut überlegt werden, statt des am Wirtschaftswachstum orientierten Wettbewerbsgedankens einen neuen Kurs einzuschlagen, um die öffentlichen Dienstleistungen stetig zu verbessern.

Nach der traditionellen Auffassung des Dezentralisierungstheorems bzw. nach der Theorie des fiskalischen Föderalismus sollte der fiskalische Wettbewerb zwischen Regierungen (u. a. der Informationsvorsprung der lokalen Gebietskörperschaften) dazu beitragen, die Bereitstellung öffentlicher Güter, und damit das Wohlergehen der Einwohner zu verbessern. Der Grund liegt darin, dass rational handelnde Einwohner Nutzen öffentlicher Güter mit den Kosten der Steuerpflicht vergleichen, was die Regierung an ihrem Sitz zwingt, die öffentlichen Güter effektiv bereitzustellen.

Konkret bedeutet es, dass mit der Einführung der Immobiliensteuer ein Wettbewerb zwischen lokalen Regierungen entstehen kann, indem die Einwohner sich auf das Freizügigkeitsrecht berufen und „mit den Füßen wählen" werden (Ausstiegsgefahr von mobilen Faktoren). Das heißt, dass die Einwohner ihren Wohnsitz wechseln werden, um Zugang zu besseren öffentlichen Gütern (z. B. Bildung) haben zu können. Das Wahlverhalten kann erheblichen Einfluss auf die lokale Wirtschaft, insbesondere auf den Immobilienpreis ausüben, was folglich die Einnahmen der Immobiliensteuer beeinflussen wird. Aufgrund dessen werden sich die lokalen Regierungen bemühen, verbesserte öffentliche Dienstleistungen anzubieten.

5 Vgl. Zhou, Li'an: 中国地方官员的晋升锦标赛模式研究 [Studien zum Modell„Meisterschaft der personalen Beförderung" der örtlichen Regierungsbeamten]. In: *Economic Research Journal*, 2007 (7).

Es ist darauf hinzuweisen, dass es beim oben erwähnten fiskalischen Wettbewerb auf der Basis der Mobilität des Bevölkerungsfaktors um den Gewinn von Vermögenssteuern geht. Das Gemeinwohl kann dadurch verbessert werden, dass immer mehr Leute angezogen sind, sich an jenem Ort anzusiedeln. Insofern hat diese Art Wettbewerb nichts mit dem gegenwärtigen Wettbewerbsmodell gemein, bei dem die Steuerermäßigung die Hauptmaßnahme darstellt, um die Gunst der Industriebranchen und Wirtschaftsakteure zu gewinnen. Dieser produktionsorientierte Wettbewerb zur Investitionsförderung hat sich in manchen Orten zu einem „Abwärtswettlauf" bzw. zu einem Unterbietungswettlauf entwickelt, der ruinöse Effekte nach sich zieht.

9.3 Beseitigung des gewinnorientierten Verhaltens der lokalen Regierungen durch Entkopplung von Finanzeinnahmen und Bodenbewirtschaftung

Die lokalen Regierungen in China bevorzugen gegenwärtig immer noch die Idee des „Stadtmanagements" (经营城市). Das ist darauf zurückzuführen, dass die Lokalverwaltungen übermäßige Verfügungsrechte über die Landressourcen besitzen. Vor diesem Hintergrund sind die marktorientierten Reformen der Landzuteilung mit der Preisbildung für Landnutzung zu beschleunigen, die Anteile der zugewiesenen Nutzflächen weiter zu verringern, das System für die kostenpflichtige Landnutzung zu kommerziellen Zwecken beschleunigt zu errichten und die Anwendungsbereiche für wettbewerbsorientierte Veräußerungen von Ressourcen – beispielsweise Ausschreibungen, Auktionen und Börsentransaktionen – zu erweitern. Das vorhandene zweigleisige Preissystem für Land- und Naturressourcen ist zu überdenken und möglichst bald abzuschaffen. Sollten Preisunterstützungen für gemeinnützige Projekte gewährt werden, sind ihre Leistungskategorien und Anwendungsbereiche streng zu überprüfen. Lässt sich der nicht-marktübliche Preis nicht vermeiden, soll ein strikter Trennmechanismus zwischen dem Marktpreis und dem nicht-marktüblichen Preis eingeführt werden. Außerdem geht es bei den nicht-marktüblichen Preisen nicht um kostenlose Nutzung der Ressourcen. Alle Ressourcen haben einen Wert und ihre Nutzung verursacht Kosten, die vom System getragen werden sollen. Dadurch lässt sich die Kluft zwischen den zwei oben genannten Gleisen schrittweise verkleinern. Bei der Preisunterstützung handelt es sich vor allem um Unterstützungsmaßnahmen im vorgelagerten Feld der Wirtschaftstätigkeiten. Zu erwägen wäre, diese Beihilfemaßnahmen zur Verwirklichung von Gemeinwohlzielen nach hinten zu verlagern (etwa in Form von Preissubventionen), um das zweigleisige Preissystem ein für alle Mal abzuschaffen.

Angesichts der Forderung, das Verhalten der Regierung zu korrigieren, besteht das Grundprinzip der Strukturreformen der Bodennutzungsrechte darin, den Zugang der öffentlichen Verwaltung zu wirtschaftlichen Vorteilen aufgrund ihrer Monopolstellung über die Bodennutzungsrechte zu versperren. Entscheidend ist, die Rolle der Regierung festzulegen: Ihre Aufgabe als direkter Betreiber und Händler ist zu schwächen und ihre Funktion als Dienstleister und Aufseher ist zu stärken.

Zum einen sollten durch Regierungsstellen angeordnete Zwangstransaktionen durch marktbasierte freiwillige Transaktionen ersetzt werden: Die Regierung greift nicht mehr mittels zwingender Gewalt direkt in Grundstückgeschäfte ein, vielmehr sollte zwischen dem realen Landnutzer und potentiellen Nachfragern nach dem Prinzip „rechtmäßig, freiwillig und entgeltlich" direkt gehandelt werden. Die Regierung beschränkt sich auf die Rolle der Drittpartei und ist nur für Formulierungen von Handelsregeln, Überwachungen von Transaktionen, Bereitstellung von Dienstleistungen und Aufrechterhaltung des Transaktionsumfelds und der Handelsordnung verantwortlich.

Zum anderen kann in Betracht gezogen werden, dass das Verwaltungs- und Betriebssystem des im öffentlichen Besitz befindlichen Grund und Boden von der Staatsverwaltung zu trennen ist. Eine separate Verwaltungsstelle (bspw. die Kommission zur Kontrolle und Verwaltung des im öffentlichen Besitz befindlichen Grund und Boden) übt die Funktion des Eigentürmers aus und kann dadurch im Namen des Staats die Erträge aus Transaktionsgeschäften erzielen, während die Regierung nur Anspruch auf Steuereinnahmen hat. Die Regierung bewirtschaftet nicht mehr direkt Grund und Boden, sondern ein Betreibersystem (bspw. das Staatsunternehmen für den im öffentlichen Besitz befindlichen Grund und Boden) erhält die alleinige Berechtigung, dies zu betreiben. Bei dieser monopolartigen Ressourcenverwaltung handelt es sich um einen suboptimalen Lösungsansatz, weshalb die Regierung ihre Rolle als Aufseher und Überwacher zu stärken hat und durch Preisregulierungen Monopolpreise und -gewinne zu verhindern sucht. Unter Umständen können mehrere Landbewirtschaftungsunternehmen gegründet werden, die in einem mäßigen Marktwettbewerb zueinander stehen, um verzerrte hohe Monopolpreise zu vermeiden.

Ein Hauptanliegen der Strukturreformen der Bodennutzungsrechte betrifft die Landenteignung, die in vielen Ländern weitgehend gängige Praxis zur Gewinnung von Nutzflächen für gemeinnützige Zwecke ist. Dabei sind trotz länderspezifischer Gegebenheiten in der Regel drei Grundsätze zu befolgen. Sie sind Grundsatz des öffentlichen Nutzens, Grundsatz der gerechten Entschädigung und Grundsatz des ordnungsgemäßen Rechtsverfahrens.

Als Nächstes soll auf der Grundlage der *Verordnung über Verstaatlichung und Entschädigung der Eigentumswohnungen auf dem staatlichen Grundstück* die Enteignung der im Kollektivbesitz befindlichen Grundstücke standardisiert werden. Drei Punkte sind zu beachten:

(1) Die Regierung darf die Bodennutzungsrechte der Bauern (ggf. Veränderung der Nutzungszwecke) nicht willkürlich zurückgewinnen und hat die Verwendung staatlicher Macht strikt einzuschränken, und zwar nur wenn es im öffentlichen Interesse steht.[6] Falls gewerbsmäßige Landnutzung vorgesehen ist oder der Transfer von Nutzungsrechten zum kommerziellen Zweck bestimmt ist, kann dies direkt zwischen Veräußerer und Abnehmer im gesetzlich zulässigen Rahmen stattfinden, ohne den Akt der staatlichen Enteignung einschalten zu müssen.

Um eine übermäßige Inanspruchnahme der Staatsmacht zur Landenteignung zu vermeiden und die öffentlichen Interessen klar abzugrenzen, sind bei der Gesetzgebung neben der Verankerung von allgemeingültigen Prinzipien zur Landenteignung die konkreten Anwendungsbereiche, die mit öffentlichen Zwecken verbunden sind, genau aufzulisten. Aus internationaler Sicht sind im Allgemeinen sechs Bereiche – Verkehrswesen, Bau von öffentlichen Räumen, Militärwesen, öffentliche Versorgung, Landreform und andere öffentliche Einrichtungen – enthalten.

(2) Selbst wenn die Regierung die Bodennutzungsrechte zurückfordern soll, empfiehlt sich die Zwangsenteignung nicht. Stattdessen ist ein Rückkauf durch die Regierung, nämlich ein staatlicher entgeltlicher Landerwerb, zu empfehlen. Dabei haben die realen Nutzer des Grundstücks

6 In der Tat ist die Landenteignung nicht der einzige Weg für die Nutzung der nicht-staatlichen Grundstücke, selbst wenn es im öffentlichen Interesse steht. In einigen Staaten, beispielsweise in Australien eignet sich die Regierung durch Verpachtung (Verpachtungsdauer: 1 bis 100 Jahre), Vereinbarungen o. ä. die Nutzungsrechte der nicht-staatlichen Grundstücke an. Nach der Priorität und Häufigkeit der verwendeten Methoden steht Verpachtung ganz oben, während die Zwangsenteignung das letzte Mittel darstellt und in der Realität kaum Anwendung findet. Vgl. Dou, Hong: 澳大利亚的土地使用与管理 [Landnutzung und -verwaltung in Australien]. In: *China Land* 2006, Nr. 6.

den Anspruch auf eine angemessene wirtschaftliche Entschädigung. Das bedeutet, dass die realen Nutzer des Grundstücks dadurch weder ihren wirtschaftlichen Nutzen erhöhen noch wirtschaftliche Verluste erleiden. Zu wirtschaftlichen Verlusten gehören neben direkten Verlusten auch indirekte Verluste und Opportunitätskosten, insbesondere die erwarteten Einkommensverluste. Die Entschädigungsleistungen sind unter Bezugnahme auf die Marktpreise des Grundstücks zu bestimmen.[7] Im Falle der bestätigten Nutzungsrechte sollen die Entschädigungszahlungen direkt an die Bauern geleistet werden.

(3) Es gilt, einschlägige Verfahren zu verbessern, wenn die Regierung die Bodennutzungsrechte zurückfordern soll. Durch Mechanismen wie Ankündigung, Konsultation, Berufung und Schlichtung soll gewährleistet werden, dass die realen Nutzer des Grundstücks vollkommene Informations-, Partizipations- und Mitbestimmungsrechte besitzen.

International betrachtet verfügen die Länder, deren Rechtssystem ziemlich gut entwickelt ist, über ein relativ vollständiges Verfahren zur Landenteignung. Transparente Partizipations- und Meinungsäußerungsmechanismen ermöglichen den Betroffenen eine direkte Beteiligung am gesamten Prozess (von der Willensbekundung bis zur Beratung über die Landenteignung, von der Diskussion über die Entschädigungsleistungen bis zu deren Umsetzung). Die Mitspracherechte der Anspruchsberechtigten werden dadurch gestärkt. Darüber hinaus haben einige Länder und Regionen zusätzlich zu der von unabhängigen Justizbehörden ausgeübten Kontrollmacht und zur Bereitstellung wirksamer Hilfsmaßnahmen

7 Eine gängige Meinung glaubt, dass die Marktpreise von Grund und Boden zum Teil der Infrastruktur, die durch die Regierung finanziert worden ist, zu verdanken sind, weshalb sich die Marktpreise nicht als Referenzgrößen für die Entschädigungsleistungen eignen. Im Grunde genommen geht es hier um die Frage, wem der Mehrwert des Grundstücks, der durch äußere Faktoren (z. B. Entwicklung der Wirtschaftsgesellschaft und Änderung der Nutzungszwecke von Grund und Boden) erzeugt wird, zustehen soll. Anders gesagt: Soll der Wertzuwachs dem Staat, dem Kollektiv oder der Privatperson zustehen? Zwei Aspekte sind dabei zu beachten: Erstens kann die Regierung durch Steuererhebung indirekt an der Umverteilung des Wertzuwachses infolge der Infrastruktur teilhaben und muss nicht direkt in die Verteilung der Wertschöpfung involviert sein. Zweitens soll der Wertzuwachs gemäß dem Prinzip „vom Volk und fürs Volk" für öffentliche Zwecke verwendet werden, wenn die Regierung tatsächlich davon Gebrauch machen möchte. Eigenzwecke sind ausgeschlossen.

auch professionelle Schiedsgerichte eingerichtet, die von den Genehmigungsbehörden für staatliche Landenteignungen unabhängig sind (beispielsweise gibt es in den Nachbarregionen Ostasiens in Japan die Kommission für staatlichen Landerwerb, in Korea die Kommission für Landenteignung zum gemeinnützigen Zweck, in Singapur die Beschwerdekammer und in Hongkong, China die Schlichtungsstelle für Grund und Boden), um die Gerechtigkeit des Berufungs- und Schiedsgerichtsverfahrens zu garantieren. Wenn die Landbesitzer Einwände gegen die Landenteignungen erheben, können sie diese Einrichtung um eine Entscheidung ersuchen. Aus diesen Erfahrungen hat China noch zu lernen.

9.4 Verbesserung der öffentlichen Verwaltung und Stärkung des gemeinwohlorientierten Handelns der Regierung

Damit die Regierung ihren Dienst an der Öffentlichkeit weiter stärkt, muss vor allem sichergestellt werden, dass die Regierung wirklich im Interesse der Öffentlichkeit vernünftig handelt und ihren Verpflichtungen nachkommt. Mit anderen Worten: Es geht darum, wie die Entfremdung der öffentlichen Macht vermieden werden kann. Auf diese Frage haben theoretische Forschungen und reale Praktiken weltweit die Antwort geliefert: Die Verbesserung der Regierungsstruktur ist von maßgeblicher Bedeutung. Dabei liegt der Schwerpunkt der Strukturreformen auf der Implementierung eines öffentlichen Bottom-up-Entscheidungsprozesses, durch den die Lokalverwaltungen die tatsächlichen Bedürfnisse der Einwohner zur Kenntnis nehmen und mit schnellem Reaktionsvermögen darauf eingehen können.

Als Erstes soll der öffentliche Entscheidungsprozess hinsichtlich Offenheit, Transparenz und Bürgerbeteiligung verbessert werden. Um die wahren Präferenzen der Interessengruppen zu erfahren, soll vor allem sichergestellt werden, dass alle Interessengruppen Zugang zu Informationen haben. Auf dieser Grundlage sollen formelle und informelle Verfahren (z. B. Anhörungen, Entscheidungskonsultationen und Bürgerbefragungen) eingeführt werden, durch die wirksame Mechanismen für Äußerungen von Bedürfnissen und Interessen gebildet werden können. Besondere Aufmerksamkeit ist dabei auf gemeinnützige und autonome soziale Organisationen auf unterster Ebene zu richten, die die Ansprüche und Interessen der Einwohner vertreten und gut in der Lage sind, einzelne Bedürfnisse und Interessen effektiv zu sammeln.

Zweitens soll die Erteilung der Ermächtigung der lokalen Regierungen grundsätzlich umstrukturiert werden. Um sicherzustellen, dass die von der Regierung erbrachten öffentlichen Dienstleistungen am Gemeinwohl orientiert sind und dass die Regierung rechtzeitig auf die öffentlichen Bedürfnisse reagiert, soll das derzeitige Modell der Ermächtigung der Lokalverwaltungen umgebaut werden. Die öffentliche Macht soll nicht vom übergeordneten Parteikomitee oder von der höheren Verwaltungsbehörde, sondern vom Volk erteilt werden. Das Verwaltungspersonal soll durch Direktwahl der örtlichen Wahlberechtigten bestimmt werden. In diesem Zusammenhang soll der Mechanismus zur Leistungsmessung der Regierung neu strukturiert werden. Neben der Vervollständigung des Leistungsbewertungsmechanismus von oben nach unten soll ein Bottom-up-Mechanismus eingeführt werden, welcher der Bevölkerung ermöglicht, die Qualität der öffentlichen Dienstleistungen direkt zu bewerten.[8] Folglich wird ein ergebnisorientiertes Verantwortlichkeitssystem aufgebaut werden, in dem Anreize und Verpflichtungen der Staatsbediensteten unterster Regierungsebene anders aussehen werden. Somit werden die unteren Regierungsebenen eine maximale Unterstützung der Einwohner im Verwaltungsort zu gewinnen suchen, anstatt die Unterstützung höherer Verwaltungsebene zu maximieren. Eine Regierung, die demokratisch legitimiert ist, wird ihre Rolle als Repräsentanten wahrnehmen und möglichst im Interesse des Prinzipals (Bevölkerung) handeln. Sie wird sich für die kontinuierliche Verbesserung der öffentlichen Dienstleistungen einsetzen, um den Befriedigungsgrad der Einwohner und das Niveau des Gemeinwohls zu verbessern.

Ein wichtiger Schritt zur Verbesserung der öffentlichen Verwaltung ist die Umstrukturierung des Finanzsystems. Da die Haushaltsmittel der Regierung der Bevölkerung entstammen, die Teile ihrer Eigentumsrechte auf die Regierung überträgt und sie mit der Verwendung der eingesammelten Finanzmittel für die Erbringung öffentlicher Dienstleistungen betraut, ist die Regierung verpflichtet, die Haushaltsmittel für die Bevölkerung zu verwenden. In diesem Sinne ist die Demokratisierung des Finanzwesens zu fördern: Finanzangelegenheiten sind nach demokratischem Verfahren abzuwickeln, öffentliche Bedürfnisse der Gesellschaftsmitglieder sind in vollem Umfang zu berücksichtigen, die öffentliche Meinung zu Finanzangelegenheiten ist entgegenkommend anzunehmen und

8 Weltweit sind im Laufe des „Government Process Re-engineering" (GPR) der Leistungsbewertungsmechanismus in vielen Staaten eingeführt worden, um das öffentliche Dienstleistungsangebot zu bewerten und eine gemeinwohlorientierte Regierung aufzubauen.

das finanzielle Verhalten der Regierung unterliegt der Aufsicht der Bevölkerung. Mit einem Wort: Ein Entscheidungsmechanismus für die Aufstellung, sowie ein Überwachungsmechanismus für die Ausführung und für die Ergebnisse des Haushaltsplans sollen unter Beteiligung der Öffentlichkeit aufgebaut werden.

Zu diesem Zweck sollte die Beteiligung der Öffentlichkeit an der Aufstellung des Haushaltsbudgets, an Schlussabrechnungen und am Finanzmanagement gestärkt werden. Die finanzpolitische Entscheidungsfindung sollte allgemein über *Public Choice* geschehen, um möglichst vielen Betroffenen Partizipationsmöglichkeiten zu gewähren. Das mag der Regierung verhelfen, die Präferenzen der Bedürfnisse der Bevölkerung in ihrem Regierungsbezirk besser zu erfassen und die Entscheidungen so weit wie möglich unter Berücksichtigung aller Aspekte der Anspruchsberechtigten zu treffen. Ein offener, transparenter Verwaltungsmechanismus für Haushaltsbudgets und Schlussabrechnungen ermöglicht der Öffentlichkeit, sich möglichst umfassend, detailliert und zeitnah über die Steuereinnahmen und -ausgaben, Haushaltsdefizite, Staatsvermögen, Verschuldung und Transferzahlungen zu informieren. Dementsprechend verbessern sich die demokratische Aufsicht über Staatshaushalte und die Kontrolle über das politische Verhalten der Regierung. Zu erwägen wäre ein ergebnisorientiertes Haushaltssystems, dessen Leistungen von einem Aufsichtsausschuss aus Interessierten der Öffentlichkeit, unabhängigen Sachverständigen und zivilen Organisationen begutachtet werden. Ein entsprechendes Verantwortlichkeitssystem der Regierungsstellen soll ebenfalls aufgebaut werden. Die neuen Strukturen der Bottom-up-Finanzaufsicht im Rahmen der Selbstverwaltung sind im Vergleich zum Top-down-Aufsichtssystem besser geeignet, Verwendungen der Finanzmittel zu überwachen und zu beurteilen, ob die Verwendungen angemessen und effizient sind. Somit kann garantiert werden, die Bedürfnisse der Bevölkerung zu befriedigen, die erwarteten Ziele der öffentlichen Haushalte zu erreichen und mit möglichst wenig Ausgaben bestmögliche Sozialleistungen zu erzielen.

9.5 Zulassung von mehreren Anbietern der öffentlichen Dienstleistungen

Es geht hier um die Frage der Grenzen der Regierungsverantwortung. Die forcierte Verantwortlichkeit der Regierung für öffentliche Dienstleistungen bedeutet nicht, zur früheren Zeit zurückkehren zu wollen, in der die Regierung alles verantwortete. Vielmehr steht die Zahlungspflicht der Regierung für elementare öffentliche Dienstleistungen im Vordergrund, da China als Entwicklungsland nur über begrenzte Finanzmittel verfügt und mit übermäßiger staatlicher Absicherung negative Anreize und Moral-Hazard-Probleme verbunden sind. Lehrreich sind Erfahrungen einiger Staaten mit hohem Wohlstand, in denen es an wirtschaftlicher Vitalität mangelt und das Wirtschaftswachstum sich verlangsamt. Außerdem müssen die zerstörerischen Auswirkungen des Populismus wie im Fall von Lateinamerika verhindert werden.

Im Zusammenhang mit der Frage der Grenzen der Regierungsverantwortung taucht die Problematik der Versorgungsmethode einer Gesellschaft mit öffentlichen Dienstleistungen auf. Theorien und Praktiken haben gezeigt, dass der Privatsektor, dessen Steuerungsmodus dem marktwirtschaftlichen Wettbewerb folgt und der Non-Profit-Sektor auf freiwilliger Basis (einschließlich Organisationen der Nachbarschaftsgemeinschaft) als Anbieter öffentlicher Dienstleistungen agieren können. Mit anderen Worten: Die Versorgungsverantwortung der Regierung darf nicht überbetont werden, stattdessen sollen die Marktmechanismen wie Wettbewerb und private Beteiligung verstärkt zum Einsatz kommen und die Regierung soll ihre Funktionen als Regulierungsbehörde verstärkt ausüben.

9.5.1 Mitwirkung des Privatsektors

Der Privatsektor darf Produktions- und Leistungsangebote herstellen. Laut einigen Theorien[9] hängt es von der Art der Waren und Dienstleistungen ab, ob sie durch die öffentliche Hand oder von privaten Herstellern angeboten werden sollen. Der Privatsektor ist in der Regel hoch motiviert, die Produktionskosten zu senken. Wenn die Qualität eines Produkts oder einer Dienstleistung leicht zu überwachen ist, ist es effektiver, die Produktion über den Markt zu organisieren. Wenn die Produktion trotz der Unmöglichkeit der Überwachung über den Markt organisiert wird, werden die privaten Produzenten Qualitätseinbußen hinnehmen, um ihre Kosten zu senken. In diesem Fall ist es effizienter, die Produktion durch die Regierung zu organisieren.[10] Das bedeutet, dass der Privatsektor neben den Bereichen, in denen die Messbarkeit und vertragliche Bindung relativ gering

9 Dazu mehr: Hart, Oliver, Shleifer, Andrei & Vishny, Robert W.: The proper scope of government: theory and an application to prisons. In: *Quarterly Journal of Economics* 1997, 1127–1161; Harding, April & Preker, Alex: *Private participation in health services*. Washington D. C.: the World Bank, 2003.

10 Öffentliche Institutionen sind besser geeignet, Bedürfnisse mit einem hohen Homogenitätsgrad zu erfüllen, während private gewinnorientierte Institutionen überlegen sind, heterogene Bedürfnisse zu befriedigen.

sind, grundsätzlich den Zugang zu allen möglichen Bereichen haben soll. Durch Outsourcing von Dienstleistungsaufträgen oder öffentliche Beschaffungsaufträge (Contracting-out), Verträge über Dienstleistungsmanagement (Contracting-in) und Franchiseverträge wird der Privatsektor vollständig mobilisiert, seine Rolle bei der Erbringung von Dienstleistungen zu entfalten, während die Regierung verstärkt ihre Regulierungsbefugnisse ausübt.[11] Dann kann die Erbringung von Dienstleistungsangeboten durch Versteigerung von Betriebsrechten, Ausschreibungen, vertragsgebundene Bewirtschaftung und öffentliche Auftragsvergabe an private Anbieter ausgelagert werden, selbst wenn der Staat in diese Bereiche direkt investiert hat.

Zweitens geht es um Investitionsmöglichkeiten des Privatsektors. Für Non-Profit-Bereiche und gemeinnützige Bereiche, in die das Privatkapital nur ungern eintritt, kann überlegt werden, den Privatsektor durch politische Maßnahmen wie staatliche Garantien, Steuererleichterungen oder Sachleistungen auf der Grundlage der Evaluation der Investitionsrisiken und Moral-Hazard-Probleme zu Investitionen zu mobilisieren. Die Tätigkeiten des Privatsektors können zur Verwirklichung von bestimmten gesellschaftlichen Zielen beitragen, wenn ein funktionsfähiger Mechanismus vorhanden ist, der im Einklang mit der Marktwirtschaft steht.[12] Wichtig ist nur, leistungsorientierte finanzielle Subventionen und öffentliche Auktions- und Ausschreibungsverfahren für Subventionen einzuführen.[13]

11 Gegebenenfalls müssen neben Vertragsüberwachungen noch Preis- und Wettbewerbsregulierungen eingeführt werden. Angesichts der Unvollständigkeit und Asymmetrie der Informationen soll in bestimmten Branchen und Produktionsstufen die gesellschaftliche Überwachung gestärkt werden, beispielsweise die Überwachung der Qualität der Serviceangebote.

12 Theorien und Praktiken haben erwiesen, dass das gesamte Dienstleistungsangebot durch Mitwirkung des Privatsektors verbessert wird. Der Deckungsbereich des Dienstleistungsangebots vergrößert sich, die Kunden werden mit neuen, innovativen Technologien und Geschäftsmodellen versorgt, die Kosten und damit zusammenhängend die (mittel- und langfristigen) Preise sinken durch die Effizienzerhöhung, das Serviceangebot wird qualitativ besser und das Reaktionsvermögen auf unterschiedliche Kundenbedürfnisse verbessert sich.

13 Objekte der öffentlichen Ausschreibungen können entweder die Mindestsubventionen für vorgegebene Serviceangebote, deren Qualitätskriterien durch die Regierung festzulegen sind oder die Qualitätsanforderungen bei vorgegeben Subventionszahlungen sein.

9.5.2 Mitwirkung des Non-Profit-Sektors

In Ländern, in denen die Zivilgesellschaft ziemlich fortschrittlich entwickelt ist, spielt der Non-Profit-Sektor, zu dem Selbstverwaltungsorganisationen, gemeinnützige soziale Organisationen (z. B. gemeinwohlorientierte Vermittlungsagenturen, Freiwilligenorganisationen und Wohltätigkeitsorganisationen) und Organisationen der Nachbarschaftsgemeinschaft zählen, dank ihrer Vorzüglichkeit in Eigeninitiative, Selbstverwaltung, Innovation, Flexibilität und Reaktionsfähigkeit (bessere Reaktion auf Bedürfnisse nach Dienstleistungsangeboten) eine besondere Rolle bei der Erbringung öffentlicher Dienstleistungen und fördert die Ausgeglichenheit zwischen Gerechtigkeit und Effizienz. Die Regierungen dieser Länder, die diese Organisationen meist mit Förder- und Unterstützungsmaßnahmen begrüßen, haben durch Outsourcing, öffentliche Beschaffung, finanzielle Unterstützung und Steueranreize eine kooperative, interaktive Beziehung zum Non-Profit-Sektor aufgebaut.

Was die öffentlichen Dienstleistungen in ländlichen Gebieten Chinas betrifft, soll viel Gewicht auf die dörfliche Selbstversorgung und -verwaltung bzw. auf die selbstständige gemeinschaftliche Versorgung der Verbraucher gelegt werden. Offensichtlich ist damit keine Dorfgemeinschaft im traditionellen Sinne, in die sich der Staat stark einmischt, sondern eine neuartige autonome Gemeinschaft gemeint, die die Merkmale einer Zivilgesellschaft in sich trägt. Im Wesentlichen handelt es sich um ein auf Vertrauen und gegenseitigem Nutzen basierendes, soziales Koordinierungsnetzwerk bzw. um ein auf partnerschaftlicher Zusammenarbeit beruhendes, autonomes selbstverwaltendes Netzwerk. Die Wirksamkeit des gemeinschaftlichen Versorgungsmechanismus, der das kollektive Handeln fördert, geht auf vier Gründe zurück. Erstens haben die Community-Mitglieder einen starken Wunsch nach konzertierten Aktionen, wenn die öffentlichen Angelegenheiten ihre Eigeninteressen berühren. Sie sind von innen heraus motiviert, sich an der Versorgung zu beteiligen, wenn die öffentlichen Güter Merkmale von Klubkollektivgütern aufweisen, von deren Nutzung die Nichtmitglieder grundsätzlich ausgeschlossen sind. Zweitens sind die Community-Mitglieder miteinander bekannt, haben volles Vertrauen zueinander und gute Kommunikationen untereinander, wodurch die Transaktionskosten beim kollektiven Handeln sinken. Der Community-Reputationsmechanismus schränkt die Nichtkonformität einzelner Verhaltensweisen stark ein. All dies schafft eine gute Grundlage für die kooperative Selbstversorgung der Klubkollektivgüter in ländlichen Gemeinden. Drittens ermöglicht das steigende Einkommen der Bevölkerung, Finanzmittel durch Eigenbeteiligung zu beschaffen. Geld kann erspart werden, wenn die Bauern ihre Arbeitskräfte, Anlagen und Sachgüter für die Herstellung und Wartung von öffentlichen Gütern zur Verfügung stellen. Viertens können die Mitglieder einer Dorfgemeinschaft ihre sozialen Beziehungen bzw. die Nichtmitglieder ansprechen, um Finanzmittel zu beschaffen. Das funktioniert wie im Falle der freiwilligen Beiträge zur Selbstversorgung des Non-Profit-Sektors. Schließlich kann die Selbstversorgung mit öffentlichen Gütern durch gleichberechtigte Konsultationen innerhalb der Interessengemeinschaft unter der Leitung der Initiatoren, die soziales Prestige und organisatorische Fähigkeit besitzen, realisiert werden.

10

Entfaltung der entscheidenden Rolle des Marktes: Reformen in Schlüsselbereichen

Auf dem 3. Plenum des XVIII. ZK der KP Chinas wurde der strategische Gesamtplan für die umfassende Vertiefung der Reformen erarbeitet. Der Schwerpunkt liegt in den Reformen des Wirtschaftssystems, wobei es in erster Linie um die Gestaltung der Beziehung zwischen der Regierung und dem Markt geht: Sowohl die entscheidende Rolle des Marktes bei der Ressourcenallokation als auch die Leistungsfähigkeit der Regierung sind weiter zu stärken. Im letzten Kapitel wird über Korrekturen des verzerrten Regierungshandelns und Verbesserungen der Regierungsarbeit diskutiert, und in diesem Teil wird auf die entscheidende Rolle des Marktes bei der Ressourcenallokation eingegangen. Die Reformen in einigen Schlüsselbereichen, in denen die Märkte eine entscheidende Rolle spielen, sind ebenfalls Gegenstand dieses Kapitels.

10.1 Drei Erkenntnissprünge über die Rolle des Marktes

Chinas Reformen sind von Anfang an marktorientiert und getragen vom Leitgedanken, dass man in der traditionellen Planwirtschaft schrittweise Marktelemente einführen soll, die im Wirtschaftsleben eine immer größere Rolle spielen sollten. Die umstrittene Frage, inwieweit sich die Märkte entwickeln sollten, konnte im Zuge der ideologischen Befreiung geklärt werden.

10.1.1 Steuerfunktion des Marktes

Vom 3. Plenum des XI. ZK der KP Chinas bis 1992 hat sich das Verständnis der Rolle des Marktes vertieft. Die Märkte, so die allgemeine Meinung, sollten ihre Steuerfunktion ausüben. Den Begriff der sozialistischen Marktwirtschaft gab es vor Deng Xiaopings Inspektionsreise nach Süden noch nicht.

Es wurde auf dem 3. Plenum des XI. ZK der KP Chinas am 18. Dezember 1978 der Vorschlag unterbreitet, „gemäß wirtschaftlichen Gesetzen zu handeln und Gewicht auf das Wertgesetz zu legen". Die Rolle des Marktes hat man gelten lassen, indem dem Wertgesetz, das sich erst auf dem Markt Geltung verschafft, viel Bedeutung beigemessen wurde. Im Februar 1980 wies Deng Xiaoping in seiner Rede *Zur gegenwärtigen Situation und Aufgaben* unverkennbar darauf hin, „Wirtschaftssteuerungen durch Pläne und Märkte zu kombinieren". 1982 wurde im Bericht des XII. Parteitags der KP Chinas das Reformprinzip „Planwirtschaft als primäre Ordnung und Marktwirtschaft als sekundäre Ordnung" als „Hauptlinie der Wirtschaftsreformen" formuliert. Unter der Prämisse, dass die Planwirtschaft immer die Hauptrolle spielte, wurden dem Markt begrenzte Funktionen zuerkannt.

Im Oktober 1984 beschloss das 3. Plenum des XII. ZK der KP Chinas, „den Reformkurs der geplanten Warenwirtschaft festzuhalten, Plan- und Warenwirtschaft schrittweise zu integrieren und Wirtschaftssteuerungen durch Pläne und Märkte zu kombinieren". Im Oktober 1987 wurde auf dem XIII. Parteitag der KP Chinas das neue Wirtschaftsmodell, nämlich „Marktregulierung durch den Staat und Unternehmenslenkung durch den Markt" bekräftigt. Eine deutliche Ausweitung der Marktfunktionen ist in diesem Prozess zu verzeichnen: von einem begrenzten Anwendungsbereich bis zu einem breiten Wirkungsbereich, von einer untergeordneten Rolle bis zur Ebenbürtigkeit mit der Wirtschaftsplanung. Ein Paradigmenwechsel, also ein Wechsel von der Planwirtschaft zu marktorientierten Reformen hat sich auf der Entscheidungsebene vollzogen.

10.1.2 Fundamentale Rolle des Marktes

In seinen Reden auf der Inspektionsreise nach Süden wies Deng Xiaoping Anfang 1992 ausdrücklich darauf hin, dass sowohl Pläne als auch Märkte wirtschaftliche Maßnahmen seien. Damit trat er gerade rechtzeitig den allgemein vorhandenen

Missverständnissen entgegen: Chinas bewusste Entscheidung für diesen Reformkurs liegt in der Vereinbarkeit von Marktwirtschaft und Sozialismus begründet. Die volle Entfaltung fundamentaler Funktionen des Marktes bei der Ressourcenallokation ist zu einer wesentlichen Voraussetzung für die Entwicklung der sozialistischen Marktwirtschaft geworden.

Im Oktober 1992 wurde im Bericht des XIV. Parteitags der KP China offiziell bekannt gegeben, dass das Ziel der chinesischen Wirtschaftsreformen war, die sozialistische Marktwirtschaft aufzubauen und die „fundamentale Rolle des Marktes bei der Ressourcenallokation im Rahmen der sozialistischen Makrosteuerung" gelten zu lassen. Durch Hebeleffekte der Preise und Wettbewerbsmechanismen bekamen leistungsfähige Unternehmen Ressourcen zugewiesen. Mittels dieser Anreiz- und Druckmechanismen konnten nur die besten und stärksten Unternehmen auf dem Markt überleben. Im März 1993 verabschiedete die erste Tagung des VIII. Nationalen Volkskongresses die Verfassungsänderung der Volksrepublik China. In der Präambel wurde „die Planwirtschaft" durch die „sozialistische Marktwirtschaft" ersetzt, was als historischer Fortschritt in die Geschichte eingeht.

Im September 1997 bekräftigte die KP Chinas auf dem XV. Parteitag, die marktorientierte Entwicklung der Wirtschaft zu beschleunigen und forderte zudem auf, „die fundamentale Rolle des Marktes bei der Ressourcenallokation besser zur Geltung zu bringen". Das erforderte einen institutionellen Systemwandel wie die Neugestaltung des Eigentumssystems. In diesem Zusammenhang wurden „Dominanz des Gemeineigentums und gemeinsame Entwicklung verschiedener Eigentumsformen als grundlegendes Wirtschaftssystem Chinas im Anfangsstadium des Sozialismus" festgeschrieben. Ferner wurde der nichtgemeineigene Wirtschaftssektor als „wichtiger Bestandteil der sozialistischen Marktwirtschaft" anerkannt. Mit der Inkraftsetzung des *Protokolls über den Beitritt Chinas zur WTO* am 11. Dezember 2001 verpflichtete sich die chinesische Regierung, internationale Regeln einzuhalten und chinesische Märkte weiter zu öffnen. Eine Vielzahl von Wirtschaftsakteuren, die sich in der sozialistischen Marktwirtschaft als anpassungsfähig erwiesen haben, haben auf dem Markt Fuß gefasst. Für die meisten Waren galten Marktpreise, und ein allseitiges und mehrstufiges Öffnungsgefüge gewann an Kontur. Im November 2002 wurde im Bericht des XVI. Parteitag der KP Chinas offiziell bekannt gegeben, dass sich das System der sozialistischen Marktwirtschaft in China grundsätzlich etabliert hat.

Damit die fundamentale Rolle des Marktes bei der Ressourcenallokation institutionell garantiert wurde, forderte die KP Chinas im Bericht des XVII. Parteitags im Oktober 2007 auf, ein tieferes Verständnis von Gesetzmäßigkeiten der sozialistischen Marktwirtschaft zu entwickeln, den fairen Marktzugang zu gewährleisten, institutionelle Barrieren zu beseitigen und die gemischte Wirtschaftsform auf der Basis der modernen Eigentumsverhältnisse zu fördern. Im Oktober 2012 wurde auf dem XVIII. Parteitag der KP Chinas vorgeschlagen, das System der sozialistischen Marktwirtschaft beschleunigt zu vervollständigen und die Wirtschaftsreformen umfassend zu vertiefen. Außerdem sollte gewährleistet werden, dass „der Markt seine fundamentale Rolle bei der Ressourcenallokation in einem größeren Umfang und in einem breiteren Spektrum spielen soll".

Anders als die zugewiesene Steuerfunktion des Marktes zu Anfang der Reformen lässt sich die Entfaltung der fundamentalen Rolle des Marktes bei der Ressourcenallokation als Aufbau- und Vervollständigungsprozess der sozialistischen Marktwirtschaft begreifen. Aus der traditionellen gemeineigenen Wirtschaft entwickelten sich neue Wirtschaftsstrukturen, in denen das Gemeineigentum eine dominierende Rolle spielte und andere Eigentumsformen sich gemeinsam entwickeln konnten. Von zentraler Bedeutung waren strategische Reorganisationen der staatseigenen Wirtschaft und Umstrukturierung der Staatsunternehmen in Aktiengesellschaften, wodurch eine koordinierte Entwicklung der staatseigenen, privaten und auslandsfinanzierten Wirtschaft möglich war. Durch die Eigentumsreformen wurde die wirtschaftliche Diversifizierung auf der Grundlage der Vervielfältigung der Eigentumsrechte Wirklichkeit und eine allgemeine institutionelle Grundlage für die Entfaltung der fundamentalen Rolle des Marktes bei der Ressourcenallokation wurde geschaffen.

10.1.3 Die entscheidende Rolle des Marktes

Im *Beschluss des ZK der KP Chinas über einige wichtige Fragen zur umfassenden Vertiefung der Reformen*, der auf dem 3. Plenum des XVIII. ZK der KP Chinas verabschiedet wurde, steht: „Sowohl Theorien als auch Praktiken haben bewiesen, dass die Ressourcenallokation durch Märkte am effektivsten ist. Es ist ein allgemeines Gesetz der Marktwirtschaft, dass die Märkte über die Ressourcenverteilung entscheiden. Die Marktwirtschaft ist ihrem Wesen nach eine Wirtschaft, in der die Märkte die Ressourcenallokation bestimmen. Das Gesetz ist zu befolgen und die Probleme unvollkommener Marktstrukturen, übermäßiger Staatsinterventionen und mangelhafter Regulierungen sind zu lösen, damit ein vollständiges System der sozialistischen Marktwirtschaft aufgebaut wird." Diese Neuausrichtung, ein tieferes Verständnis der Rolle des Marktes markierte einen weiteren Erkenntnissprung, der als wegweisende theoretische Neuerung im Reform- und Öffnungsprozess Chinas agierte.

Wie können die Märkte ihre entscheidende Rolle bei der Ressourcenallokation spielen? Die Antwort liegt in der Vervollständigung der Eigentumsrechte als Basis für das Wirtschaftssystem. Obwohl im Bericht des XV. Parteitags der KP Chinas die „Dominanz des Gemeineigentums und gemeinsame Entwicklung verschiedener Eigentumsformen als grundlegendes Wirtschaftssystem Chinas im Anfangsstadium des Sozialismus" festgeschrieben war, blieb bis dahin ungeklärt, wie die gemeinsame Entwicklung verschiedener Eigentumsformen zu realisieren war. Eine klare Regelung fand sich im auf dem 3. Plenum des XVIII. ZK der KP Chinas verabschiedeten *Beschluss*: „Die gemischte Wirtschaftsform mit wechselseitiger Kapitalbeteiligung und Verflechtung von staatlichem, kollektivem und nicht-gemeineigenem Kapital ist eine wichtige Form des grundlegenden Wirtschaftssystems." Demnach ist eine inklusive, gemeinsame Entwicklung von Wirtschaftselementen unterschiedlicher Natur durch Institutionalisierung des Regelwerks zu fördern. Es gilt, alle Eigentumsformen gleichermaßen zu schützen, die Freizügigkeit der Produktionsfaktoren und den fairen, freien Wettbewerb zwischen Wirtschaftssektoren unterschiedlicher Eigentumsverhältnisse zu garantieren. Im Marktwettbewerb können nur die Marktteilnehmer mit Anpassungsfähigkeit überleben, wodurch die Ressourcenallokation optimiert wird.

Damit die Märkte ihre entscheidende Rolle bei der Ressourcenallokation spielen können, ist es wichtig, das moderne Marktsystem zu verbessern. Vor allem sind die marktorientierten Preisreformen der Produktionsfaktoren, welche die Grundlage für Preismechanismen und Marktsysteme bilden, weiter zu fördern. Gemäß dem Wertgesetz lenken Preisschwankungen, die von Angebot und Nachfrage sowie Marktwettbewerb beeinflusst sind, den Ressourcenfluss und optimieren damit die Ressourcenverteilung. Darauf kommt es ebenfalls an, wenn von der entscheidenden Rolle des Marktes die Rede ist. Zentral sind dabei die Preisreformen für Naturressourcen und Quasi-Ressourcen, d. h., die Preise für Öl, Erdgas, Wasser, Verkehr, Elektrizität, Telekommunikation u. a. weiter zu liberalisieren und Preise für Grund und Boden zu standardisieren. Unter dem Letzteren versteht man, den im Staats- und Kollektivbesitz befindlichen Grund und Boden bezüglich Eigentumsrechte, Marktzugang, Preisbildung und Einkommensverteilung gleich zu behandeln, sodass gleichberechtigter Marktzugang, gleiche Rechte und gleiche Preise schrittweise Wirklichkeit werden.

Im Mittelpunkt der aktuellen Wirtschaftsreformen steht die Umsetzung des strategischen Reformprogramms des 3. Plenums des XVIII. Parteitags der KP Chinas zur Entfaltung der entscheidenden Rolle des Marktes bei der Ressourcenallokation. Bei der Fortsetzung der marktorientierten Reformen ist es wichtig, die positiven Auswirkungen der Preis-, Fiskal- und Finanzreformen auszunutzen und daraus Vorteile zu ziehen. Genauer gesagt sind Bemühungen um Folgendes zu intensivieren: Beseitigung möglicher Verzerrungen der Waren- und Produktionsfaktorenmärkte, Aufhebung des Branchenmonopols und Lockerung der staatlichen Regulierung, damit die einzelnen Marktakteure in einem fairen, geordneten Wettbewerbsumfeld auf Marktanreize – insbesondere auf Preissignale reagieren und aktiv Beiträge zur Umstrukturierung der Wirtschafts- und Entwicklungsstrukturen leisten können. Die Abgrenzung zwischen Staat und Markt ist klar zu definieren. Die Aufgaben, die nicht in die Kompetenz der Regierung fallen oder von der Regierung nicht effizient zu bewältigen sind, sind dem Markt zu überlassen. Unternehmen, Einzelpersonen und andere Marktteilnehmer sind in die Lage zu versetzen, selbstständig Entscheidungen über Wirtschaftstätigkeiten wie Investitionen, Spareinlagen, Konsum, Beschäftigung, Forschung und Entwicklung zu treffen. Die Regierung hat ihre Aufgaben zu erfüllen, wenn der Markt versagt, ein unvollständiger Wettbewerb vorkommt oder externe Effekte zu erwarten sind. Dabei gilt es, das Verhalten von Marktbeteiligten mittels rechtlichen Regelwerks statt administrativer Anordnungen zu regeln.

10.2 Die Reformen des behördlichen Genehmigungssystems

Der auf dem 3. Plenum des XVIII. ZK der KP Chinas verabschiedete *Beschluss* umfasste mehr als 330 Reformmaßnahmen, darunter knapp 120 über die Wirtschaftsreformen und über die Reformen des ökologischen Zivilisationssystems. Eine genaue Untersuchung aller Reformmaßnahmen würde den Rahmen dieses Buchs sprengen, darum beschränkt es sich auf einige wenige Schlüsselbereiche. Um gleich die Hauptsache vorwegzunehmen, wird in diesem Teil auf die Reformen des behördlichen Genehmigungssystems eingegangen. Die Bedeutung dieser strukturellen Reformen liegt klar auf der Hand: Nur durch innere Restrukturierung der Staatsverwaltung kann der Strukturwandel in anderen Bereichen angetrieben werden.

Die Reformen des behördlichen Genehmigungssystems – Schlüssel zum Funktionswandel der Staatsverwaltung und Voraussetzungen für die Entfaltung der entscheidenden Rolle des Marktes – gingen auf die *Mitteilung zur Gründung der Führungsgruppe des Staatsrats für die Reformen des behördlichen Genehmigungssystems* zurück, die am 24. September 2001 durch das Generalbüro des Staatsrats erlassen wurde.

Von 2002 bis 2012 gab es sechs Runden des Abbaus oder der Umstrukturierung von insgesamt 2.497 Prüf- und Genehmigungsverfahren (also 69,3%). Die seit 2013 amtierende Regierung mit Li Keqiang als Ministerpräsident forcierte die Reformen des behördlichen Genehmigungssystems. Um Ziele wie „Verschlankung der Verwaltung und Dezentralisierung" (简政放权) sowie „Verbindung von Delegation und Regulierung" (放管结合) zu verwirklichen, versprach die Regierung zu Beginn der Amtszeit, in den kommenden fünf Jahren ungefähr ein Drittel dieser Verfahren zu reduzieren (zwei Jahre später wurde das Ziel erreicht). Im Einvernehmen mit der Zielvorgabe, Delegation und Regulierung zu verbinden, wurden im Jahre 2014 landesweit die Verwaltungsreformen für Gewerbetätigkeiten eingeleitet. 2015 wurde die Optimierung öffentlicher Dienstleistungen als wichtige Regierungsaufgabe eingestuft, sodass ein neues Gefüge um „Dezentralisierung, Regulierung und Dienstleistung" (放管服) zustande kam. Damit einhergehend wurden administrative Genehmigungsverfahren gestrafft oder ganz abgeschafft, Genehmigungsverfahren für Investitionstätigkeiten reduziert und nicht-administrative Genehmigungen (非行政许可审批) auf Eis gelegt, was neue Impulse für die Marktdynamik gab. Die Markteintrittsschranken nahmen ab und die „züchtigenden Zaubersprüche" lockerten sich, was den Unternehmungsgeist aller Gesellschaftsmitglieder förderte. Mit einer Zuwachsrate von 80% gegenüber 2013 belief sich die Anzahl der Marktteilnehmer 2018 auf über 100 Millionen, darunter waren mehr als 31 Millionen Unternehmen. Dank dieser dynamischen Entwicklung verbesserte sich das Arbeitsangebot: Mit einem jährlichen Zuwachs von 13 Millionen wurden im Zeitraum von 2013 bis 2018 über 66 Millionen neue Arbeitsplätze geschaffen.

Obwohl die Reformen des behördlichen Genehmigungssystems nach mehr als 10 Jahren Reformpraxis positive Ergebnisse erzielt haben, gab es immer noch einige Probleme: (1) In einigen Orten und Behörden sind die Genehmigungsverfahren mit hohem „Goldgehalt" nicht wesentlich verringert und die Probleme übermäßiger und zeitaufwendiger behördlicher Genehmigungen bestehen immer noch. Die Öffentlichkeit hat immer wieder über Genehmigungsverfahren für Unternehmensgründung, Zertifizierung von beruflichen Qualifikationen, Prüfung und Genehmigung von Projektinvestitionen geklagt. Trotz „Musterbeispiele" und „Vorzeigeprojekte", worüber die Lokalverwaltungen der übergeordneten Behörde „schöne" Berichte erstatten konnten, fiel es einem Durchschnittsmenschen immer noch schwer, als Existenzgründer erfolgreich zu starten. (2) Beim Inkrafttreten des Verwaltungserlaubnisgesetzes (行政许可法) im Jahr 2004 beschloss der Staatsrat, einige Genehmigungsverfahren, die formal nicht dem Verwaltungshandeln zugeordnet sind, zugunsten der Handhabung der

Verwaltung beizubehalten. Im Laufe der Zeit wurden diese Verfahren abgeschafft oder umgestaltet, während einige Behörden sie umdefinierten und in die Liste der zusätzlichen Genehmigungsverfahren aufnahmen, was der Marktdynamik abträglich war. (3) Probleme der Vorabgenehmigung. Vor Gewerbeanmeldungen haben die Unternehmer, die in Bereichen wie Bildung, Kultur, Gesundheit und Tourismus tätigen möchten, vielerlei Vorabgenehmigungen – beispielsweise Gesundheits-, Gewerbe- und Sicherheitsgenehmigung – einzuholen. Einige Vorabgenehmigungen sind per Gesetz, Vorschrift, Verordnung oder per Mitteilung des Staatsrats festgelegt, und einige sind zwar nicht definitiv geregelt, aber in der Praxis als Vorabgenehmigung klassifiziert. Die Unternehmen haben grundsätzlich mit vielen Genehmigungsverfahren zu kämpfen, die ihnen den Markteintritt erschweren. Diese Schwierigkeiten, die bei der Unternehmensgründung anzutreffen sind, haben zweifelsohne negativen Einfluss auf wirtschaftliche Tätigkeiten. (4) Nach der Abschaffung der Vorabgenehmigungen sind die begleitende Aufsicht über die Geschäftstätigkeit und die nachträgliche Kontrolle zu stärken. In der Praxis besteht aber wenig Kohärenz zwischen der Vorabgenehmigung und der nachträglichen Überwachung. Auf örtlicher Ebene sind Probleme wie mehrfache Genehmigungen, Überschneidung der Regulierungen und wiederholte Strafverfolgung keine Seltenheit. Statt mehr Gewicht auf Regulierung zu legen, achten viele Behörden immer noch auf die Genehmigungsverfahren und sehen darin die Erfüllung ihrer Verwaltungsaufgaben. (5) Die technischen Bewertungen der zwischengeschalteten Agenturen sind inzwischen zu einem wichtigen Bestandteil der behördlichen Genehmigungsverfahren geworden, der die Effizienz der Projektgenehmigung stark beeinträchtigt. Laut einer bekannten Zeichnung aus Guangzhou mit dem Titel „Hunderttausende Meilen Langer Marsch" brauchte ein Genehmigungsprozess für Investitionsprojekte 779 Tage, wovon 214 Tage auf den eigentlichen Genehmigungsprozess und mehr als 560 Tage auf die technischen Bewertungen fielen. Darüber hinaus wiesen die Agenturen Probleme wie Qualifizierungslücken, mangelhafte Servicestandards, nicht-standardisierte Arbeitsverfahren, niedrige Effizienz, Monopolstellung und unangemessene Gebühren auf. Zusammenfassend lässt sich sagen, dass trotz erzielter Erfolge die Reformergebnisse der „Dezentralisierung, Regulierung und Dienstleistung" weder den Anforderungen einer qualitativ hochwertigen Entwicklung genügten noch die Leistungsansprüche des Volks befriedigten. Zu beobachten sind offensichtliche Überschreitungen behördlicher Befugnisse. Unternehmen und Einzelpersonen stehen bei Investitionsvorhaben und Existenzgründungen vor verschiedenen expliziten oder impliziten Markteintrittsbarrieren, behördlichen

Genehmigungsverfahren und anderen verschleierten Prüf- und Genehmigungsverfahren. Chinas Geschäftsumfeld ist im internationalen Vergleich nur mittelmäßig und bezüglich Baugenehmigung, Elektrizität und grenzüberschreitenden Handels belegt China im internationalen Ranking einen hinteren Platz.

Die Reformrichtung des behördlichen Genehmigungssystems ist inzwischen klar umrissen. Um ein investitions- und betriebsfreundliches Klima zu schaffen, sind behördliche Genehmigungsverfahren weitgehend zu reduzieren. Vor allem sind die Verfahren, die formal nicht dem Verwaltungshandeln zugeordnet sind, möglichst bald zu bereinigen oder abzuschaffen, um die sogenannte „graue Zone" zu beseitigen, hohe Schwellen für den Markteintritt zu senken, Auszeichnungswettbewerbe, berufliche Qualifikationen und Zertifizierungen zu vereinheitlichen und behördliche Genehmigungsverfahren nach dem Prinzip der Offenheit, Transparenz und Strenge zu standardisieren und umzusetzen. (1) Der „Goldgehalt" der „Verschlankung der Verwaltung und Dezentralisierung" ist zu erhöhen. Die Genehmigungsverfahren für Investitionsprojekte sind weiter abzubauen, wobei die durch die Regierung genehmigten *Investitionskataloge* weiter zu revidieren sind. Sofern wirtschaftliche Tätigkeiten durch Marktmechanismen wirksam zu steuern sind, sollen deren Genehmigungsverfahren abgeschafft werden. Die Regierung soll sich, soweit es möglich ist, zurückziehen. Eine Delegation der Befugnisse auf untere Ebenen kommt nur zweitrangig infrage. Denn das Ziel der „Verschlankung der Verwaltung und Dezentralisierung" ist, die Marktdynamik zu stimulieren und die Innovationsfähigkeit der Unternehmen zu fördern. Die Delegation der Genehmigungsbefugnisse an einzelne Provinzen oder an die Lokalverwaltungen ist nichts anderes als eine Umstrukturierung der Befugnisse innerhalb des Verwaltungssystems. Wenn die unteren Regierungsebenen mit dem Reformprozess nicht Schritt halten und in dieser Angelegenheit nicht kompetent sind, lässt sich der gewünschte Effekt der Dezentralisierung nicht erzielen. (2) Die bestehenden nicht-administrativen Genehmigungen müssen genau geprüft und dann abgeschafft werden. Es ist strengstens untersagt, ein Genehmigungsverfahren in Form von Eintragung, Anmeldung, Registrierung, Jahresinspektion, Überwachung, Identifizierung, Zertifizierung, Validation, Designation, Benummerung, Zertifikatserneuerung oder im Namen eines zusätzlichen Genehmigungsverfahrens einzuleiten, bei dem es sich nicht um eine formale Verwaltungshandlung handelt. Gesetzwidrige interne Genehmigungsverfahren sind ebenfalls zu unterbinden. Die abgeschafften und delegierten Genehmigungsverfahren dürfen nicht unter dem Vorwand, die begleitende Aufsicht und nachträgliche Kontrolle über die Geschäftstätigkeit zu stärken, rückgängig gemacht werden. (3) Das System der Gewerbeanmeldung ist zu restrukturieren. Um Eintragungsverfahren im Handelsregister zu vereinfachen, sind Vorabgenehmigungsverfahren stark zu reduzieren oder anstelle von Vorabgenehmigungen sind nachträgliche Genehmigungsverfahren einzuschalten. Der Genehmigungsprozess kann nach der Beantragung des Gewerbescheins durchgeführt werden, und das „Drei-in-Eins"-Registrierungssystem (三证合一登记制度) bzw. die Vereinheitlichung der Gewerbeberechtigung, Bescheinigung der Organisationsidentifikationsnummer und Steuerbescheinigung ist weiter zu fördern. Identifizierungs- und Zertifizierungsverfahren für bestimmte berufliche Qualifikationen sind abzubauen, die begleitende Aufsicht und die nachträgliche Kontrolle sind zu stärken, die Regulierungen sind innovativ zu gestalten und die Leistungsfähigkeit der Verwaltung ist zu verbessern. (4) Das Serviceangebot der eingeschalteten Agenturen bei Vorabgenehmigungsverfahren ist zu überprüfen und ggf. zu streichen. Alle lokalen Regierungen und Behörden haben das kostenpflichtige Serviceangebot der Agenturen für technische Überprüfung, Bewertung, Zertifizierung und Beratung im Rahmen der Vorabgenehmigung umfassend zu überprüfen. Die unnötigen Dienstleistungen sind möglichst schnell abzuschaffen, während Bearbeitungszeit und Gebühren für das verbleibende Angebot vereinheitlicht und in der Öffentlichkeit bekannt gegeben werden sollen. Es ist strengstens untersagt, zusätzliche Gebühren für behördliche Genehmigungsverfahren zu erheben, rechtswidrige gebührenpflichtige Verfahren hinzuzufügen, behördliche Genehmigungsbefugnisse auf die eingeschalteten Agenturen zu übertragen und dafür Gebühren in verschleierter Form einzunehmen. (5) Behördliche Genehmigungsverfahren sind weiter zu standardisieren. Es gilt, die beibehaltenen Verfahren nach dem Prinzip „Gerechtigkeit und Offenheit" zu vereinfachen und die Bearbeitungszeit festzulegen. Als pauschaler Lösungsansatz für One-Stop-Service haben die Lokalverwaltungen neben dem Servicezentrum die Online-Serviceplattform einzurichten und zu vervollkommnen, auf der jede Behörde ein „Servicefenster" hat, um wiederholte Genehmigungsverfahren zu vermeiden. (6) Die Positivliste der Regierungsbefugnisse ist zu standardisieren. Auf der Grundlage der verbesserten Listen von behördlichen Genehmigungsverfahren sind die Verwaltungskompetenzen aller Regierungsebenen ordnungsgemäß zu definieren, die Abgrenzung zwischen behördlichen Genehmigungsverfahren und anderen administrativen Handlungen – beispielsweise Strafverfolgung, öffentliche Verwaltung und Beratung – ist wissenschaftlich festzulegen und die Ermessensbefugnisse sind zu standardisieren. Die Regierungsstellen haben ihre Arbeitsprozesse zu optimieren und zu veröffentlichen. Auf lokalen Ebenen ist ebenfalls die Positivliste der Verwaltungsbefugnisse umzusetzen.[1]

In letzter Zeit hat der Staatsrat die Umsetzungsstrategien zur Vertiefung der „Dezentralisierung, Regulierung und Dienstleistung" angeordnet. Zentral ist dabei, Marktgesetze zu beachten, das Bewusstsein für marktkonformes Verhalten zu stärken, direkte Ressourcenallokationen und Interventionen ins Marktgeschehen durch die Regierung möglichst zu reduzieren, begleitende Aufsicht und nachträgliche Kontrolle zu erneuern und zu verbessern, mikroökonomische Marktteilnehmer zu entfesseln und die gesellschaftlichen Innovationskräfte zu stimulieren. Die Überschätzung der Regierungsfunktionen, Überschreitung der Befugnisse und direkte Interventionen sind zu verwerfen.

Gemäß der Umsetzungsstrategien konzentrieren sich die Reformmaßnahmen auf folgende Bereiche:

In erster Linie werden Maßnahmen zur Verschlankung der Verwaltung und Dezentralisierung umgesetzt. Außer den Fällen, in denen die Verfahren für die staatliche Sicherheit und für das Gemeinwohl von maßgeblicher Bedeutung sind, sollen die bestehenden 1.300 Verfahren, für die gegenwärtig zentralstaatliche Behörden und bestimmte lokale Regierungsstellen verantwortlich sind, abgebaut oder an untere Regierungsstellen delegiert werden. Für wirtschaftliche Tätigkeiten, die durch Marktmechanismen gut zu regeln sind, sollen die Verwaltungserlaubnisse und Genehmigungsverfahren ebenfalls abgeschafft werden. Seit dem XVIII. Parteitag der KP Chinas werden 1094 Verwaltungserlaubnisse und Genehmigungsverfahren 16-mal hintereinander abgeschafft oder an untere Regierungsstellen delegiert. Die Liste der Genehmigungsverfahren, für die der Staatsrat verantwortlich ist, ist um 47% reduziert worden. Zu beachten und zu bekämpfen sind dabei die Umgehungsstrategien der Behörden, Verfahren in Eintragung, Anmeldung, Bestätigung oder Meinungsbefragung umzudefinieren.

Zweitens werden die Verwaltungsreformen für Gewerbetätigkeiten vertieft. (1) Die Bearbeitungszeit für Unternehmensgründungen soll weiter gekürzt werden: Voraussichtlich soll sie in den kommenden fünf Jahren von durchschnittlichen 22,9 Tagen auf fünf Arbeitstage reduziert werden. (2) „Trennung von Gewerbeschein und Gewerbeberechtigung" (证照分离) ist landesweit umzusetzen. Die nicht erforderlichen Genehmigungsverfahren sind abzuschaffen und einige Verfahren können durch Eintragung, Mitteilung und Zusage ersetzt

1 Ren, Jin: 行政审批制度改革再上新台阶 [Neue Entwicklungsstufe der Reformen des behördlichen Genehmigungssystems]. In: *Outlook* 2014, Nr. 34.

werden. Für die beibehaltenen Verfahren gilt, einen Berechtigungsschein anstelle verschiedener Urkunden zu erteilen. (3) Die Umstrukturierung des Zulassungssystems für industrielle Produktionen ist weiter voranzutreiben. Neben der Inventarisierung und Überprüfung aller Genehmigungsverfahren soll der Strukturwandel von Genehmigungsverfahren zur Produktzertifizierung beschleunigt werden. (4) Vereinfachte Löschungsverfahren für Marktteilnehmer sind umzusetzen. (5) Verfahren für Warenzeicheneintragungen und Patentanträge sind weiter zu vereinfachen. Die Prüfdauer für Warenzeicheneintragungen ist in den kommenden fünf Jahren auf vier Monate zu reduzieren, die Prüfdauer für Patentanträge ist um ein Drittel zu kürzen, und für hochwertige Patente soll die Zeit sogar um die Hälfte gekürzt werden.

Drittens werden Umstrukturierungen der Genehmigungsverfahren für Investitionsprojekte forciert. Die große Anzahl an undurchsichtigen Verfahren, die stets im Mittelpunkt der öffentlichen Kritik stehen, ist zu überprüfen, zu reduzieren oder ganz abzuschaffen. Für die beibehaltenen Verfahren gilt, die Effizienz zu erhöhen. In den kommenden fünf Jahren soll die Bearbeitungszeit von der Antragsannahme bis zur Endabnahme um die Hälfte gekürzt werden. Das neue Modell der Unternehmensverpflichtungen ist einzuführen: Die Regierung erstellt die Kriterien und verbessert ihre Regulierungskompetenzen, während sich die Unternehmen dazu verpflichten, ihr Versprechen zu halten, was schließlich zum Abbau aller Genehmigungsverfahren („null Genehmigungsverfahren") führen kann.

Viertens werden die Markteintrittsbarrieren weiter abgebaut. Obwohl der Staatsrat 2005 und 2010 jeweils ein Dokument mit 36 Artikeln zur Förderung des Privatkapitals verabschiedete und eine Reihe von Reformmaßnahmen ergriff, sind verdeckte Markteinschränkungen in Wirklichkeit immer noch weit verbreitet. Eine Gleichbehandlung aller Unternehmen hinsichtlich Qualifikationen, öffentlicher Aufträge, technischer Projekte und Standards ist noch weit von der Realität entfernt. Die Privatunternehmen sind in Infrastrukturbereichen und nicht-grundlegenden öffentlichen Dienstleistungen bezüglich Steuern, Finanzierung, Bodennutzungsrechte und Personalwesen nach wie vor benachteiligt. Um das zu ändern, sollte das Verwaltungshandeln, das die Bildung des einheitlichen Marktes und den fairen Marktwettbewerb verhindert, behoben werden. Die wirtschaftspolitischen Maßnahmen sollen hinsichtlich der Gerechtigkeit überprüft und politische Vergünstigungen zugunsten der Allgemeinheit festgelegt werden. Eine landesweit einheitliche „Negativliste" für den Marktzutritt soll anstatt des Genehmigungsverfahrens eingeführt werden, um allen Unternehmen den Markteintritt zu gewähren, sofern es nicht definitiv verboten ist.

Die Grundgedanken der Reformen des behördlichen Genehmigungssystems lassen sich in „drei Listen“ zusammenfassen: Zum einen stellt die „Positivliste der Befugnisse“ klar, welche Aufgaben die Regierung zu erfüllen hat. Die Regierung ist nur befugt, das zu tun, was das Gesetz vorsieht. Zum anderen regelt die „Negativliste“, was die Unternehmen nicht tun dürfen. Prinzipiell ist alles erlaubt, wenn es nicht gesetzlich verboten ist. Des Weiteren legt die „Verantwortungsliste“ fest, wie die Regierung nach der Aufhebung der Genehmigungsverfahren ihre Überwachungs- und Regulierungsfunktionen erfüllen wird. Es steht fest, dass die Regierung ihren gesetzlichen Verpflichtungen nachkommen muss. Durch diese „drei Listen“ können staatliche Interventionen in mikroökonomische Aktivitäten eingeschränkt werden, und die Marktteilnehmer und Gesellschaftsmitglieder werden dazu befähigt, ihre Kreativität und Vitalität zu entfalten. Dadurch kann noch sichergestellt werden, dass trotz der Abnahme der Anzahl an behördlichen Genehmigungsverfahren die Regulierungsfunktion der Regierung optimiert und eine effektive Verwaltung der mikroökonomischen Wirtschaftstätigkeiten verwirklicht wird.

Wie oben dargestellt, führte die Verringerung der behördlichen Genehmigungsverfahren zu einer Verschlankung und Dezentralisierung der Verwaltung, die sich in dreierlei Hinsicht positiv auswirkte. Erstens nahmen die staatlichen Interventionen ab, was die Marktdynamik freisetzte und stimulierte. Zweitens nahmen Rent-Seeking-Möglichkeiten und Korruptionsfälle aufgrund des Rückzugs der öffentlichen Macht ab. Drittens sanken die Ausgaben der Staatsverwaltung infolge der Abschaffung und Konsolidierung von Behörden und des damit einhergehenden Personalabbaus. Zu guter Letzt ist darauf hinzuweisen, dass die Reformen des behördlichen Genehmigungssystems mehr Freiraum für die Entfaltung der entscheidenden Rolle des Marktes mit sich gebracht haben.

10.3 Die gemischte Wirtschaftsform und die Reformen von Staatsunternehmen

Die erste schriftliche Erwähnung des Begriffs „gemischte Wirtschaftsform“ fand sich im *Beschluss* des 3. Plenums des XIV. ZK der KP Chinas vor mehr als 20 Jahren. Seitdem hat dieser Wirtschaftssektor eine schnelle Entwicklung erlebt. Bis Ende 2011 waren 14.912 von den 20.624 zentralen Staatsunternehmen (also 72,3%) als Kapitalgesellschaften aufgebaut. Das war ein deutlicher Zuwachs von mehr als 40% im Vergleich zu 2002 (Der Anteil an umstrukturierten Staatsunternehmen belief sich nur auf 30,4%). Durch Beteiligungsmöglichkeiten des privaten und ausländischen Kapitals veränderten sich die Investoren- und Eigentümerstrukturen der Staatsunternehmen und die gemischte Wirtschaftsform entwickelte sich schnell. Um ein Beispiel zu nennen: China National Offshore Oil Corporation (CNOOC) hat 34 Tochtergesellschaften als gemischtwirtschaftliche Unternehmen, an denen das Staatsvermögen mit einem durchschnittlichen Anteil von ca. 40% bis 65% beteiligt ist. Ende 2020 gab es unter den börsennotierten Unternehmen 407 mit einer Mehrheitsbeteiligung durch zentrale Staatsunternehmen. Mehr als 40 zentrale Staatsunternehmen aus den Bereichen Erdöl und Petrochemie, Luft- und Schifffahrt, Telekommunikation, Metallurgie und Bauindustrie wurden mit ihren kompletten Geschäftsbereichen an die Börse gebracht. Mit der Weiterentwicklung der gemischtwirtschaftlichen Unternehmen nahm die dominierende Rolle des Gemeineigentums zu. Aus dem Jahr 2007 bis zum dritten Quartal im Jahre 2012 haben allein die börsennotierten zentralen Staatsunternehmen durch Umstrukturierungen Mittel von inländischen und ausländischen Kapitalmärkten i. H. v. rund 915,75 Milliarden CNY aufgebracht. Von 2011 bis 2020 stiegen die Umsatzerlöse staatlicher und staatlich kontrollierter Unternehmen (ohne Finanzunternehmen) von 39,25 Billionen CNY auf 63,29 Billionen CNY, was einer durchschnittlichen Jahreszuwachsrate von 5,45% entsprach. Die Gesamtvermögenswerte beliefen sich auf 268,5 Billionen CNY (das 3,1-Fache von 2011) und das Eigenkapital auf 70,6 Billionen CNY (das 2,6-Fache von 2011). Diese Zahlen haben die Überlegenheit der gemischten Wirtschaft als wichtige Form des grundlegenden Wirtschaftssystems Chinas bestätigt.

Die Umstrukturierung der Eigentumsverhältnisse und die Reorganisation der Staatsunternehmen sind richtungsweisende Reformen für China. Die gemischte Wirtschaftsform mit wechselseitiger Kapitalbeteiligung und Verflechtung von staatlichem, kollektivem und nicht-gemeineigenem Kapital ist eine wichtige Form des grundlegenden Wirtschaftssystems Chinas. Die Einführung der gemischten Wirtschaftsform dient dazu, Funktionen des Staatskapitals zu vergrößern, den Wert des staatlichen Vermögens zu erhalten bzw. zu steigern und die gemeinsame Entwicklung verschiedener Eigentumsformen durch gegenseitige Unterstützung zu fördern. Der Beschluss des 3. Plenums des XVIII. ZK der KP Chinas, die Entwicklung gemischtwirtschaftlicher Unternehmen und die Reformen der Staatsunternehmen zu forcieren, bedeutet auf keinen Fall, den Staatssektor zu „privatisieren", „das Staatseigentum aufzuheben" und „Staatsunternehmen zu beseitigen". Vielmehr sollen die Staatsunternehmen dies als einmalige Chance wahrnehmen, ein leistungsfähiges, modernes Managementsystem einzurichten und sich zu „gesunden" Marktteilnehmern zu entwickeln, wodurch sie zur Modernisierung der nationalen Industrien, zur Optimierung der Industriestruktur und zur Verbesserung der Leistungsfähigkeit der Schlüsselbereiche beitragen können.

In der kommenden Reformrunde der Staatsunternehmen wird der eingeschlagene Reformkurs weiterhin dafür sorgen, die Strukturen der Staatswirtschaft zu optimieren, die Antriebsleistung des Staatskapitals zu entfalten, die Strukturen der Betriebsführung zu verbessern, Trennung von Regierung und Unternehmen zu verwirklichen, Interaktionen zwischen dem gemeineigenen Wirtschaftssektor und dem nicht-gemeineigenen Wirtschaftssektor zu fördern und die nationale Wettbewerbsfähigkeit zu verbessern. Die Hauptreformmaßnahmen für die gemischte Wirtschaftsform und die Staatsunternehmen werden im Folgenden kurz dargestellt.

Erstens wird die Umstrukturierung der Staatsunternehmen in Richtung Aktiengesellschaften weiter gefördert. Die Reformen der Eigentumsverhältnisse in Großbetrieben, inklusive zentraler Staatsunternehmen, in Richtung gemischter Wirtschaftsform werden fortgesetzt. In den über 50 größten Unternehmen Chinas, in denen das Verantwortungssystem durch Geschäftsführer zum gängigen Modell geworden ist, vollzieht sich noch keine Umstrukturierung. Selbst wenn einige Unternehmen umgebaut sind, sind noch keine strategischen Investoren zugelassen und sie befinden sich immer noch vollständig in staatlichem Besitz. Unter den mehr als 110 zentralen Staatsunternehmen, die unter Aufsicht der Kommission des Staatsrats für Kontrolle und Verwaltung des Staatsvermögens stehen, haben nur wenige Unternehmen wie China Unicom, Shanghai Bell, China Southern Power Grid, State Nuclear Power Technology Corporation, Commercial Aircraft Corporation of China es geschafft, das Beteiligungskapital der Muttergesellschaft zu diversifizieren (Anteilseigner sind in der Regel staatliche Institutionen, regionale Regierungen und Sozialversicherungsfonds und es gibt nach wie vor kaum private Anteilseigner). Die anderen Unternehmen befinden sich noch in staatlichem Besitz. Vor diesem Hintergrund sollten die großen, börsenreifen Staatsunternehmen dazu ermutigt werden, zur Börse zu gehen. Wenn ihnen die Voraussetzungen fehlen, sind Maßnahmen zur diversifizierten Zusammensetzung des Beteiligungskapitals zu ergreifen. Wichtig ist, nichtstaatliches Kapital an zentralen Staatsunternehmen in Bereichen wie Finanzen, Erdöl, Elektrizität, Eisenbahn, Telekommunikation, Ressourcenerschließung und öffentliche Versorgung einzubauen, um die Reformen der gemischten Wirtschaftsform zu fördern. Für die staatlichen Großunternehmen, die zwangsläufig in staatlichem Besitz verbleiben müssen, soll die Umstrukturierung beschleunigt werden, um die moderne Unternehmensführung zu verbessern.

Zweitens werden Anstrengungen unternommen, um politische Hindernisse für Beteiligungen der nicht-öffentlichen Unternehmen an der Umstrukturierung der Staatsunternehmen zu beseitigen, um Offenheit und Fairness zu gewährleisten und um die Teilnahmebereitschaft des nicht-gemeineigenen Wirtschaftssektors zu erhöhen. Mit Hinweis auf die Steigerung unternehmerischer Wettbewerbsfähigkeit und volkswirtschaftlicher Leistungsfähigkeit sieht die chinesische Zentralregierung vor, politische Hindernisse abzubauen, Voraussetzungen für die Vertiefung der Reformen zu schaffen und Antriebskräfte dafür zu gewähren. Für die nicht-öffentlichen Unternehmen sind folgende wirtschaftspolitische Hindernisse und Marktschranken vorhanden. In erster Linie hat die Regierung bisher keine „Negativliste" bzw. keinen genauen Zeitplan für die Verbesserung des Zugangs zu Bereichen wie Energie, Verkehr, medizinischer Versorgung, Bildung und Telekommunikation vorgelegt, in die sich das Privatkapital mit höherer Bereitschaft engagieren möchte. Insgesamt ist es für die nicht-öffentlichen Unternehmen sehr schwierig und kostspielig, durch Beteiligungen an Strukturreformen der Staatsunternehmen in diesen Bereichen zu agieren. Außerdem sehen sich die privaten Unternehmen gezwungen, durch die für verschiedene verborgene Hindernisse stehende „Glastür", „Federtür" oder „Drehtür" gehen zu müssen, während die Staatsunternehmen bei Projektgenehmigung, Grund und Boden, Besteuerung und Personalwesen politisch begünstigt sind. Auch mangelt es den Staatsunternehmen, die aufgrund ihrer Monopolstellung eine gute Finanzlage haben, an Motivation, privates Kapital einzuführen und die Reorganisationen von Staatsunternehmen aktiv durchzuführen. Darüber hinaus werden einige gemischtwirtschaftliche Unternehmen durch „Sonderklauseln" über den Geschäftsumfang oder über die Standortauswahl stark belastet, welche die lokalen Regierungen bei der Einführung des privaten Kapitals festgelegt haben. Die Asymmetrie zwischen erworbenen Aktienanteilen und Aktienrechten birgt versteckte Gefahren des internen Machtkampfs in sich. Des Weiteren haben die privaten Anteilseigner Bedenken wegen ihres Berufs- und Positionswechsels im neu gegründeten gemischtwirtschaftlichen Unternehmen.

Drittens wird die Aktienbeteiligung der Mitarbeiter beim Aufbau gemischtwirtschaftlicher Unternehmen erprobt. Die Mitarbeiterbeteiligung vermag, einerseits die Unternehmensführung dieser Staatsunternehmen zu modernisieren und andererseits eine Interessengemeinschaft durch langfristige Anreizmechanismen der Mitarbeiter zu bilden. Ob das System der Mitarbeiterbeteiligung die Doppelwirkung – die Erhöhung der wirtschaftlichen Anreize und die Verbesserung der Public Governance – erzielen kann, hängt von der praktischen Umsetzung ab. Ein Fehlschritt wird wahrscheinlich zu Problemen wie Wertverlusten des Staatsvermögens, Rent-Seeking und illegaler Übertragung von Vermögenswerten und Gewinnen führen. Anreizkompatibilität, Teilhabe am Zuwachs und langfristige Ausrichtung sind Prinzipien, die man einhalten muss, damit die Implementierung der Aktienbeteiligung der Mitarbeiter als Erfolg angesehen werden kann.

Viertens erhält der Strukturwandel von staatlichen Monopolunternehmen in gemischtwirtschaftliche Unternehmen durch Öffnung wettbewerbsfähiger Märkte neue Impulse. Unter der Prämisse, dass die funktionale Positionierung dieser Unternehmen unverändert bleibt, sind Reformbemühungen zur Erleichterung des Marktzugangs, zur Diversifizierung der Kapitalbeteiligung, zur Gewährleistung effektiven Wettbewerbs und einer angemessenen Verteilung sowie eine unabhängige Regulierung notwendig, die für mehr Marktoffenheit und -wettbewerb sorgen. Folglich verbessern sich die Rahmenbedingungen für die Reorganisation der Staatsunternehmen. Außerdem erhöht sich die Wettbewerbsfähigkeit der Staatsunternehmen und die Größenvorteile treten mehr zutage.

Um anderen gesellschaftlichen Akteuren den Marktzugang zu gewähren, ist es notwendig, das Problem der Geschlossenheit der Geschäftstätigkeiten und Bietungsverfahren der Monopolbranchen zu lösen. Öffentliche Ausschreibungen in Telekommunikation, Elektrizität, Öl und Gas sowie in der öffentlichen Versorgung werden gefördert, wobei Privatunternehmen ermuntert werden, Anträge auf Geschäftstätigkeiten wie Erkundung und Konstruktion, Bauarbeit, Überwachung, Beratung, Integration von Informationsnetzsystemen, Netzaufbau und Dienstleistungen für Ausschreibungen zu stellen.

Die Regulierung der Monopolgeschäfte wird forciert, um zu vermeiden, dass die betroffenen Unternehmen mit Hilfe von etablierten Netzwerken zukünftige Wettbewerber ausschließen. Falls das Monopol – technisch und betriebswirtschaftlich betrachtet – erforderlich ist, können einige Staatsunternehmen ermächtigt werden, das Geschäft zu betreiben. Nicht-staatliches Kapital kann durch Aktienerwerb daran beteiligt werden. Die etablierten Unternehmen dürfen ihre marktbeherrschende Stellung nicht missbrauchen, um latente Wettbewerber zu verdrängen. Mit der Etablierung der sozialistischen Marktwirtschaft und Entwicklung der Privatwirtschaft wird die Staatswirtschaft nicht mehr als Alleinanbieter agieren und aus dem Staatsmonopol wird sich ein gesellschaftliches Unternehmen mit diversifizierten Kapitalbeteiligungen entwickeln. Für Im- und Export von Rohstoffprodukten und -dienstleistungen wird der Marktzugang ebenfalls verbessert, sodass die zugelassenen Betreiber einen gewissen Wettbewerbsdruck auf das Staatsmonopol ausüben werden.

Wettbewerbsfähige Marktstrukturen werden aufgebaut, welche die Wettbewerbsmechanismen besser ermöglichen. In der Öl- und Erdgasindustrie kann das Problem der vorgelagerten Produktionsstufe, nämlich die übermäßige Konzentration der Explorations- und Abbaurechte auf das Staatsmonopol gelöst werden, indem mehrere gut qualifizierte Unternehmen zugelassen werden, die in der Förderung und Gewinnung von unkonventionellem Öl und Gas wie Schiefergas, Schieferöl, Kohleflözmethan und Tight-Gas tätig sind. Auf der nachgelagerten Produktionsstufe liegt der Schwerpunkt darin, die Kapazität der anforderungsgerechten Unternehmen für Ölraffination zu erweitern, die Einfuhrkontrollen über Rohöl und raffinierte Ölprodukte abzubauen, mehr Ölimporteure zuzulassen, die „versteckte politische Regelung" über die Ablieferungspflicht des durch nicht-staatseigene Außenhandelsfirmen eingeführten Rohöls an die beiden großen Ölgesellschaften abzuschaffen, den freien Binnenhandel mit importiertem Rohöl zu verbessern und nicht-staatlichen Unternehmen die Einfuhrerlaubnis zu erteilen. Für die Telekommunikationsbranche gilt, die einschlägigen Vorschriften zur Verwaltung von Telefon- und Netzwerknummern sowie zur Regelung des Marktwettbewerbsverhaltens zu verbessern, die Verbraucherrechte zu schützen und detailliertere Vorschriften über Marktaustritt, persönlichen Datenschutz und Qualitätssicherung von Dienstleistungen zu erlassen. Für die Strombranche sind Probleme mangelnder Konkurrenz der Stromerzeugung und übermäßiger Monopolisierung des Stromkaufs und -verkaufs zu bewältigen. Sowohl Kraftwerken und Verbrauchern werden Wahlmöglichkeiten sowie Verhandlungsrechte eingeräumt. Einschränkungen über Direktverkäufe an Verbraucher werden schrittweise gelockert, Eigenverbrauch oder Direktverkäufe der dezentralen Erzeugung an Endverbraucher werden gewährt und allen Industrieunternehmen über der festgelegten Größe und anderen großen und mittleren Stromverbrauchern wird die Möglichkeit gegeben, direkt und unabhängig Stromanbieter auszuwählen. Das wird die Anzahl der direkten Stromendverbraucher erhöhen und den exklusiven Strombezug durch die staatlichen Energieversorgungsgesellschaften verändern. Dabei sind noch Probleme wie Intransparenz in Produktionsleitung und Stromhandel, undurchsichtige Zuständigkeiten bei der Genehmigung von Kraftwerken und Verbrauchern zum Netzanschluss, ungerechte Stromtarife und mögliche Barrieren beim Netzanschluss zu überwinden.

Fünftens wird das Verwaltungssystem des Staatsvermögens auf der Grundlage der Kapitalverwaltung verbessert. In erster Linie wird ein vollständiges, flächendeckendes System zur Verwaltung des Staatsvermögens errichtet. Es ist Zeit, ein Verwaltungssystem für staatliches Finanzvermögen, Naturressourcen und nicht-operatives Vermögen zu errichten, da es gegenwärtig noch keine Institution gibt, die im Interesse des Staates als Kapitalgeber agiert. Selbst im Bereich des operativen Nicht-Finanzvermögens besteht keine Trennung zwischen Regierung und Unternehmen bzw. keine funktionale Arbeitsteilung zwischen Regierungsführung und Finanzverwaltung. Über 80 Behörden auf zentralstaatlicher Ebene halten alle Fäden der Unternehmensführung von einigen Tausenden von unterstehenden Unternehmen in der Hand, deren Betriebsvermögen noch nicht in das einheitliche Aufsichtssystem des Staatsvermögens einbezogen ist. Diese Situation ist dringend zu ändern. Außerdem steht die Verbesserung des Verwaltungssystems des Staatsvermögens auf der Tagesordnung. Die Kontrolle und Aufsicht über das Staatsvermögen wird mithilfe der Kapitalverwaltung forciert. Das autorisierte Managementsystem des Staatskapitals wird umgebaut: Mehrere Kapitalanlagegesellschaften werden gegründet oder einige Staatsunternehmen werden zu Investmentgesellschaften umorganisiert, wobei positive Erfahrungen ausländischer Unternehmen (wie das Singapurer Unternehmen Temasek Holdings) herangezogen werden können. Zuletzt wird das Haushaltsprogramm des Staatskapitals verbessert. Mehr Erträge aus dem Staatskapital werden an die öffentlichen Finanzen abgeführt, und im Jahr 2020 lag die Abgabequote bereits bei 30%. Statt die Erträge für sich einzubehalten, sollen die Staatsunternehmen sie verstärkt zum Schutz und zur Verbesserung des Gemeinwohls, insbesondere zur Aufstockung des Sozialversicherungsfonds einsetzen, um Probleme wie Zahlungsrückstände zu beseitigen.

Sechstens werden die Staatskapitalstrukturen strategisch reorganisiert. Auffällig ist, dass die Anzahl an Staatsbetrieben nach wie vor groß ist und die Umstrukturierung der zentralen staatlichen Industrie- und Handelsunternehmen noch keine zufriedenstellenden Ergebnisse mit sich gebracht hat. Nach dem Plan der Kommission des Staatsrats für Kontrolle und Verwaltung des Staatsvermögens 2003 sollten von den 196 staatlichen Industrie- und Handelsunternehmen, an denen der Staat als Eigenkapitalgeber agiert, nur noch 80 bis 100 beibehalten werden. Ende 2012 stand jedoch fest, dass es immer noch 116 zentrale Staatsunternehmen gab. Das vorgesehene Ziel war verfehlt. Außerdem ist der Staatssektor zu zerstreut und daher nicht als wirtschaftlich einzustufen. Derzeit ist der Staatssektor in 94 der 95 volkswirtschaftlichen Kategorien bzw. in 380 von 396 Wirtschaftszweigen tätig. Ein derart umfangreicher Einsatz der Staatswirtschaft, insbesondere in nachgelagerten Branchen mit starker Konkurrenz, ist der besonderen Rolle des Staatskapitals abträglich und wirkt sich nachteilig auf die nationalen strategischen Ziele und auf die gesellschaftlichen Interessen aus. In dieser Hinsicht muss man die funktionalen Aufgaben des Staatskapitals klären: Es soll vermehrt in wichtige Wirtschaftszweige und Schlüsselbereiche investiert werden, welche die Lebensadern der Volkswirtschaft darstellen und für die nationale Sicherheit von maßgeblicher Bedeutung sind. Zu seinen Hauptaufgaben gehören u. a., öffentliche Dienstleistungen zu erbringen, wichtige zukunftsweisende strategische Wirtschaftszweige zu entwickeln, die ökologische Umwelt zu schützen, Wissenschaft und Technologien zu fördern, die nationale Sicherheit zu gewährleisten und sich so bald wie möglich aus der Wettbewerbswirtschaft zurückzuziehen.

Die gemischte Wirtschaftsform ist allerdings kein Allheilmittel. Ob und wie das einzuführen ist, haben die Unternehmen gemäß Marktregeln, örtlichen Gegebenheiten und eigener Betriebslage selbst zu entscheiden. Das ist eine einmalige Chance für die Staatsunternehmen, das Problem des Rollenwechsels zwischen Regierung und Unternehmen zu beseitigen und selbstständig Geschäfte zu betreiben, um die „Trennung von Regierung und Unternehmen" zu verwirklichen und die Effizienz und Wettbewerbsfähigkeit zu verbessern.

Leitlinien zur Vertiefung der Reformen der Staatsunternehmen, das im September 2015 durch das ZK der KP Chinas und den Staatsrat gemeinsam verkündet wurde, ist ein richtungsweisendes Dokument über die Umstrukturierung der Staatswirtschaft in der neuen Ära. Darin finden sich u. a. Ausführungen über branchenspezifische Reformmaßnahmen der Staatsunternehmen, Verbesserung des modernen Unternehmenssystems, Vervollständigung des Verwaltungssystems des Staatsvermögens und Förderung der gemischten Wirtschaftsform.

Beim ersten Schritt werden die Reformen aufgrund der Einordnung der Staatsunternehmen in gewerbliche und gemeinwohlorientierte Unternehmen fortgesetzt. Die in der Wettbewerbswirtschaft tätigen Staatsunternehmen werden prinzipiell in Kapitalgesellschaften umgebaut, an denen sowohl das staatliche Kapital als auch das nicht-staatliches Kapital sich beteiligen können, wobei das staatliche Kapital drei Optionen hat: eine absolute Aktienmehrheit, eine relative Aktienmehrheit und Minderheitsanteile. Bemühungen um den Börsengang werden unterstützt. Wenn die gewerblichen Staatsunternehmen in wichtigen Wirtschaftszweigen und Schlüsselbereichen tätigen, die für die nationale Sicherheit von großer Bedeutung sind und die Lebensadern der Volkswirtschaft darstellen oder wenn sie mit Sonderprojekten beauftragt sind, darf das Staatskapital trotz der Förderung der Kapitalbeteiligung des nicht-staatlichen Kapitals seine herrschende Stellung nicht aufgeben. Die gemeinwohlorientierten Unternehmen können im staatlichen Alleinbesitz stehen. Wenn die Bedingungen reif sind, ist die diversifizierte Eigenkapitalausstattung ebenfalls zu empfehlen. Angemessen sind darüber hinaus noch Outsourcing, Franchising, Vertretungsvereinbarung und andere Geschäftsmodelle, welche die nicht-staatlichen Unternehmen in die Leistungserbringung involvieren.

Dabei gilt es für natürliche Monopole, unter Berücksichtigung branchenspezifischer Voraussetzungen Reformmaßnahmen hinsichtlich Trennung zwischen Regierung und Unternehmen, funktionaler Arbeitsteilung zwischen Regierungsführung und Finanzverwaltung, Franchising und staatlicher Regulierung umzusetzen. In einigen Wirtschaftszweigen kann neben der Bereitstellung der Infrastruktur die wettbewerbliche Nutzung der Netzwerke freigeschaltet werden, um die Vermarktlichung der öffentlichen Ressourcen zu fördern. Die Unternehmen im staatlichen Alleinbesitz können durch Kapitalaufnahme andere staatliche Anteilseigner einbeziehen. Spezielle Geschäftsfelder werden von wettbewerbsfähigen Geschäftsfeldern getrennt, für die die Prinzipien der selbstständigen Bewirtschaftung und Rechnungsführung gelten.

Ein Hauptanliegen der Verbesserung des modernen Unternehmenssystems ist, die Staatsunternehmen nach der Rechtsform der Aktiengesellschaft zu restrukturieren. Im Fokus steht die Reorganisation der großen Unternehmensgruppen: Neben dem erweiterten Zugang für Privatkapital werden Vorbereitungen getroffen, diese großen Staatsunternehmensgruppen an die Börse zu bringen.

Außerdem wird das Verwaltungssystem des Staatsvermögens vervollständigt. Angestrebt wird der Übergang von der direkten Verwaltung der Unternehmen zur Verwaltung des Staatskapitals. Dafür wird das autorisierte Managementsystem des Staatskapitals restrukturiert: Mehrere Kapitalanlagegesellschaften werden gegründet oder einige Staatsunternehmen werden zu Investmentgesellschaften umorganisiert, bis das effektive Betriebsmodell gefunden wird. Die Kapitalverwaltung kann auch einen neuen Anstoß zur Verbesserung des Kapitalstroms und zur Optimierung der marktorientierten Verteilung des Staatskapitals geben. Dabei nehmen die Unternehmen, die mit Entscheidungsbefugnissen ausgestattet sind, ihre Rolle als Hauptakteure wahr und der Staat darf nur eingreifen, wenn es notwendig ist. Dadurch werden die Strukturen des Staatskapitals optimiert und der Aufbau des einheitlichen Aufsichtssystems des Staatsvermögens wird vorangetrieben.

Darüber hinaus wird die gemischte Wirtschaftsform beschleunigt gefördert. Der chinesische Staatsrat gab im September 2015 die *Meinung zur gemischtwirtschaftlichen Reorganisation von Staatsunternehmen* als ergänzendes Dokument des Top-Level-Designs über die Reformen der Staatsunternehmen bekannt. Es wurden darin die Ansätze der staatswirtschaftlichen Umstrukturierung vorgeschlagen und die Beteiligungsmöglichkeiten aller Arten von Kapital bekräftigt.

Demnach spielen die Marktmechanismen eine zentrale Rolle bei der gemischtwirtschaftlichen Reorganisation von Staatsunternehmen. Ob es sich um staatlichen Alleinbesitz oder um eine staatliche (Mehrheits-)Beteiligung handelt, dafür gibt es keine feste Regel und jedes Unternehmen muss für sich die beste Lösung finden. Maßnahmen werden ergriffen, die dem nicht-staatlichen Kapital ermöglichen, Investitionen in Staatsunternehmen anzulegen. In Bereichen wie Erdöl, Gas, Elektrizität, Eisenbahn, Telekommunikation, Ressourcenentwicklung und öffentlicher Versorgung wird dem nicht-staatlichen Kapital Zugang zu Projekten gewährt, die mit der Industriepolitik konform und der industriellen Transformation förderlich sind. Im Sektor der öffentlichen Dienstleistungen kann sich das staatliche Kapital auch durch Marktwettbewerb an nicht-staatlichen Unternehmen beteiligen.

Die Aktienbeteiligung der Mitarbeiter wird beim Aufbau gemischtwirtschaftlicher Unternehmen weiter erprobt. Besonders in umstrukturierten Forschungsinstituten, High-Tech-Unternehmen und technischen Dienstleistern, in denen das Humankapital und technische Faktoren einen hohen Beitrag leisten, ist das durchführbar. Ingenieure, Forscher, Manager und Elitekräfte der Unternehmen, die direkten oder großen Einfluss auf die Betriebsergebnisse und auf die nachhaltige Entwicklung der Unternehmen haben, können sich Aktienanteile aneignen.

Aus aktuellen Praktiken ist ersichtlich, dass Pilotprojekte bezüglich Transformation der zentralen Staatsunternehmen in sieben Monopolbranchen, gemischtwirtschaftliche Reorganisation der Staatsunternehmen auf lokaler Ebene und Aktienbeteiligung der Mitarbeiter gut vorangingen. Mehr als 1000 Unternehmen mit einer Mehrheitsbeteiligung des im Aufsichtssystem über das Staatsvermögen befindlichen Staatskapitals sind bis Ende 2016 landesweit (auf zentraler und lokaler Ebene) an die Börse gegangen. Darunter waren die zentralen Staatsunternehmen Mehrheitsanteilseigner von 395 Unternehmen. Mit Gesamtvermögenswerten i. H. v. 32 Billionen CNY haben diese Unternehmen ein Umsatzvolumen i. H. v. 14,4 Billionen CNY erwirtschaftet. Trotzdem ist darauf hinzuweisen, dass sich die gemischtwirtschaftliche Reorganisation meistens in Tochtergesellschaften auf provinzieller oder auf kommunaler Ebene vollzog und die zentralen Muttergesellschaften selten davon betroffen waren. Allgemein gesehen sind die erzielten Ergebnisse noch weit von den auf dem 3. Plenum des XVIII. ZK der KP Chinas formulierten Anforderungen entfernt, und eine „wechselseitige Kapitalbeteiligung und Verflechtung von staatlichem, kollektivem und nicht-öffentlichem Kapital“ ist noch nicht verwirklicht. Wie die Reformen in dieser Richtung vertieft werden können, sind schwierige Aufgaben für China. China hat in diesem Sinne noch einen langen, weiten Weg zu gehen.

Besonders hervorzuheben ist, dass sowohl der gemeineigene als auch der nicht-gemeineigene Wirtschaftssektor wichtige Bestandteile der sozialistischen Marktwirtschaft sind. Gemeinsam bilden sie die Grundlage für die Entwicklung einer Wirtschaftsgesellschaft. In dieser Hinsicht soll das politische Umfeld für die Entwicklung der nicht-gemeineigenen Wirtschaft weiter optimiert werden, um die Reformen der Eigentumsverhältnisse voranzutreiben.

In erster Linie wird der rechtmäßige Schutz der Eigentumsrechte durch Vervollständigung des Rechtssystems zum Schutz der Eigentumsrechte gestärkt.

Das 4. Plenum der XVIII. ZK der KP Chinas nahm im Oktober 2014 den *Beschluss über einige wichtige Fragen zum umfassenden Vorantreiben der gesetzmäßigen Staatsführung* an. Es ist darin vorgesehen, „das Rechtssystem zum Schutz der Eigentumsrechte auf der Basis der Gerechtigkeit zu vervollständigen und den Schutz der Eigentumsrechte von öffentlichen und nicht-öffentlichen wirtschaftlichen Institutionen sowie von natürlichen Personen zu stärken".

Am 27. November 2016 verabschiedete der Staatsrat die *Meinung zur Vervollständigung des Rechtssystems zum Schutz der Eigentumsrechte und zum rechtmäßigen Schutz der Eigentumsrechte* (im Folgenden abgekürzt als „Meinung"), um Lösungsansätze für vier hervorstechende Probleme zu bieten. Das erste Problem bezieht sich auf die Fehlleistungen der öffentlichen Macht. Vertragsverstöße der Regierungsstellen und die politische Instabilität schaden Eigentumsrechten und Interessen der Unternehmen, insbesondere der privaten Unternehmen und Einzelpersonen. Außerdem fehlt es an Gerechtigkeit: Das Gemeineigentum, insbesondere das Staatseigentum wird besser geschützt als das Nicht-Gemeineigentum. Darüber hinaus erweist sich das Rechtssystem zum Schutz des Gemeineigentums als unvollständig. Schwierigkeiten wie die Insider-Problematik und Verluste des Staatsvermögens in Staatsbetrieben sind immer noch vorhanden. In Dörfern ist das Kollektiveigentum ebenfalls nicht ausreichend geschützt. Des Weiteren sind dauerhafte Rechtsverletzungen des geistigen Eigentums zu verzeichnen, da die Kosten für Zuwiderhandlungen niedrig sind, während die Wahrung der Rechte hohe Kosten verursacht. Um das zu bekämpfen, wurde in der *Meinung* hervorgehoben, Schutz der Eigentumsrechte im gemeineigenen und nicht-gemeineignen Wirtschaftssektor zu stärken, gesetzliche Regelungen zum fairen Schutz der Eigentumsrechte zu vervollständigen, die Arbeit am Zivilgesetzbuch zu beschleunigen, Gesetze über Sachenrechte, Verträge und geistiges Eigentum zu verbessern, unfaire gesetzliche Regelungen zu bereinigen und den gerechten Schutz als

Grundsatz zur Regelung von Eigentumsverhältnissen zu verankern. Es ist ebenfalls vorgesehen, Gesetze je nach Unternehmensrechtsformen und Funktionen der Kapitalgeber zu erarbeiten und damit einhergehend Gesetze und Verordnungen zur Regelung der Wirtschaftstätigkeiten der Marktakteure nach Eigentumsformen zu bereinigen und zu annullieren, Behördenvorschriften und -normen zu überprüfen und ggf. abzuschaffen und alle Marktteilnehmer gerecht zu schützen. Darüber hinaus steht fest, den strafrechtlichen Schutz des nicht-gemeineigenen Eigentums zu stärken.

Die *Meinung* wies noch nachdrücklich darauf hin, die Mechanismen über den Aufbau einer zuverlässigen Regierung zu vervollständigen. Um die Ziele der Rechtsstaatlichkeit und Zuverlässigkeit zu verwirklichen, wurden die Regierungen aller Ebenen einschließlich betroffener Behörden aufgefordert, gesetzmäßige politische Zusagen gegenüber der Gesellschaft und dem administrativen Gegenpart in die Tat umzusetzen. Sie sind vertraglich verpflichtet und dürfen nicht unter Vorwand der Regierungs- oder Personalwechsel vertragswidrig handeln oder die Verträge kündigen, die aus Anlass der Investitionsförderung oder Projektzusammenarbeit mit privaten Investoren abgeschlossenen sind. Wer wegen Vertragsbruchs die gesetzmäßigen Rechte und Interessen verletzt, hat rechtliche und wirtschaftliche Verantwortung zu tragen.

Als erstes programmatisches Dokument dieser Art, das die KP Chinas seit dem Bestehen der Volksrepublik China zur Vervollständigung des Rechtssystems zum Schutz der Eigentumsrechte und zum rechtmäßigen Schutz der Eigentumsrechte verkündet, ist die *Meinung* von entscheidender Bedeutung in der chinesischen Reformgeschichte. Es hilft, die bestehenden Probleme des ungleichen Schutzes verschiedener Eigentumsformen zu beheben und fördert den gleichberechtigten Schutz aller Eigentumsrechte, insbesondere den Schutz der nicht-gemeineigenen Eigentumsrechte.

Jedoch blieben die gewünschten Effekte infolge der mangelhaften Umsetzung aus. „Geschichtliche Rechtsfälle über Eigentumsrechte“ sind nicht angemessen entschieden, „der Umgang mit dem betroffenen Eigentum“ ist nicht streng geregelt, „Verletzungen der privaten Eigentumsrechte durch die öffentliche Macht“, darunter „Fehlurteile und ungerechtfertigte Strafverfolgung gegenüber privaten Unternehmen und Investoren“ sind noch nicht ausgebessert und „gesetzwidrige Vermögensbeschlagnahme“ der Privatbetriebe noch nicht ganz gelöst. Um das Vertrauen der Investoren zu gewinnen und ihre Erwartungen zu stabilisieren, ist es dringend notwendig, ein zuverlässigeres Umfeld zum Schutz der Eigentumsrechte zu schaffen.

Außerdem wird das Unternehmertum gefördert und geschützt.

Neben dem Schutz der Eigentumsrechte brachten die chinesischen Führungskräfte den Schutz des Unternehmertums auf die politische Tagesordnung. Am 18. April 2017 verabschiedete die Zentrale Führungsgruppe für die umfassende Vertiefung der Reformen auf ihrer 34. Sitzung die *Meinung zur weiteren Motivierung und zum Schutz des Unternehmertums.* Auf dieser Sitzung wurde die tragende Rolle der Unternehmer im Wirtschaftsleben bekräftigt. Auf dem Programm stand, das Profil hervorragender Unternehmer zu erstellen, Musterbeispiele herauszuarbeiten, das Unternehmertum zu fördern, unternehmerische Demonstrationseffekte gelten zu lassen und exzellente Unternehmer heranzubilden. Erforderlich sind in diesem Zusammenhang unternehmerfreundliche Rahmenbedingungen – eine Rechtsordnung zum Schutz der Rechtsansprüche der Unternehmer, eine marktwirtschaftliche Ordnung zur Förderung des fairen Wettbewerbs und des ehrlichen und vertrauensvollen Wirtschaftens sowie ein gesellschaftliches Milieu, in dem die Unternehmer Anerkennung finden und Anreize erhalten. Diese Regelungen haben sich günstig auf die Entwicklung des nicht-gemeineigenen Wirtschaftssektors ausgewirkt, weil die privaten Unternehmer kein Bedenken mehr haben und sich voller Zuversicht der Wirtschaft und dem Investment widmen können.

Trotz des verbesserten politischen Umfeldes für den nicht-gemeineigenen Wirtschaftssektor sind Probleme aufgrund unzulänglicher Maßnahmen und unzureichender Praxis seit dem XVIII. Parteitag der KP Chinas, insbesondere seit dem 3. Plenum des XVIII. ZK der KP Chinas nicht zu übersehen. Es bestehen nach wie vor viele Markteintrittsbarrieren. Verschiedene verborgene Hindernisse wie „Glastür", „Federtür" und „Drehtür" sind in der politischen Umsetzung immer noch vorhanden. Private Unternehmen, vor allem kleinere und mittlere Unternehmen haben Schwierigkeiten mit der Finanzierung und haben oft mit Kapitalmangel zu kämpfen. Ein allgemeiner Pessimismus gegenüber dem privaten Wirtschaftssektor ist seit 2018 zu beobachten. Dafür gibt es verschiedene Gründe: Verschlechterung der Finanzierungsmöglichkeiten, negative Auswirkungen der Kapitalmärkte (der kontinuierliche Kursverfall führt zur Erhöhung der Hypothekenrisiken), Abnahme der Ertragsfähigkeit und Gewinnabschöpfung durch vorgelagerte Produktionsstufen. Um sich in dieser Notsituation zu helfen, haben nicht wenige Privatunternehmen staatliches Kapital eingeführt, das bei der Kreditvergabe große Privilegien genießt. Unter Umständen hat das staatliche Kapital durch unentgeltliche Übertragung oder administrativen Transfer die strategischen Aktienanteile erlangt oder sich den Mehrheitsanteil gesichert. Vor diesem Hintergrund wurden in der Öffentlichkeit die Stimmen, „Vormarsch des Staates und Rückzug des Privateigentums" (国进民退) wieder laut. Darüber hinaus sind latente Sorgen über „gemischte Wirtschaftsform in umgekehrter Richtung", über Corporate Governance und Anreizmechanismen entstanden. Aus der Sicht der Privatunternehmer steht man gegenwärtig vor „drei Bergen": Marktschranken (Eisberge), Finanzierungsschwierigkeiten (Hochgebirge) und Transformationsprobleme (Vulkanberge). Um diese Probleme zu überwinden, sind neben detaillierten politischen Bestimmungen noch flankierende Maßnahmen mit effektiven Umsetzungsstrategien erforderlich. Schließlich darf „der letzte Kilometer" vor dem Ziel nicht als unüberwindbares Hindernis angesehen werden.

10.4 Die Reformen des Fiskal- und Steuersystems

Chinas derzeitiges Fiskal- und Steuersystem basiert auf dem im Jahre 1994 eingeführten Trennungssystem. Dank der schrittweisen Umstrukturierung sind die Steuereinnahmen in den letzten Jahren erheblich gestiegen, und die Steuerungsfähigkeit der Regierung hat sich wesentlich verbessert. Trotzdem werden die Schwächen des vorhandenen Systems mit Blick auf die gesellschaftliche und wirtschaftliche Entwicklung zusehends deutlicher: (1) Die Aufteilung finanzieller und administrativer Kompetenzen zwischen Zentralregierung und lokalen Regierungen ist unangemessen, genauer gesagt, die Aufteilung der Finanzstärke entspricht nicht der Aufgabenverteilung. Der größte Teil der Steuereinnahmen entfällt auf die Zentralregierung, während die lokalen Regierungen mit relativ knappen Einnahmen rechnen müssen. Das ist eben der Hauptgrund dafür, dass die lokalen Regierungen durch Veräußerungen von Bodennutzungsrechten Finanzmittel zu gewinnen suchen. (2) Der Haushaltsvollzug erweist sich als lückenhaft. Obwohl ein Drittel der Behörden ihre „drei öffentlichen" Ausgabenrechnungen für Dienstautos, Bewirtungen und Dienstreisen ins Ausland publiziert hat, sind die veröffentlichten Haushaltsbücher zu einfach bzw. zu grob, um dem Interessierten einen genauen Überblick zu gewähren. Die Ausgabenstrukturen sind oft irrational: Sehr viele öffentliche Gelder werden in der Wirtschaft benützt, während der Anteil sozialer Ausgaben für beispielsweise medizinische Versorgung, Bildung und soziale Sicherheit immer noch sehr klein ist. Das zeigt, dass das Verwaltungshandeln dem Ziel, eine dienstleistungsorientierte Regierung aufzubauen, zuwiderläuft. (3) Finanzierung durch Grund und Boden. Viele lokale Regierungen erzielen ihre öffentlichen Einnahmen hauptsächlich durch Veräußerung von Bodennutzungsrechten, die für lokale Finanzierungsplattformen zu einem wichtigen Instrument geworden ist, Bankkredite aufzunehmen.

Daraus können enorme potentielle Risiken für das ganze System entstehen, da die lokalen Regierungen und die Banken de facto durch die Immobilienbranche „entführt" sind. (4) Die Steuerstrukturen sind inadäquat. Die Unternehmen leiden unter dem doppelten Druck von Gewerbe- und Mehrwertsteuer, und die Einzelpersonen unter dem hohen Grenzsteuersatz, was sich ungünstig auf die Erwerbsfähigkeit der Unternehmen und die Konsumbereitschaft der Einzelpersonen auswirkt. Aus diesen oben genannten Gründen ist die Umstrukturierung des Fiskal- und Steuersystems ein Muss.

Das Ziel der Vertiefung der Reformen des Fiskal- und Steuersystems ist, ein einheitliches, vollständiges, standardisiertes, offenes, transparentes, leistungsfähiges, nachhaltiges und modernes Finanzsystem aufzubauen, das zur Optimierung der Ressourcenallokation, zur Vereinheitlichung der Märkte, zur Förderung der sozialen Gerechtigkeit und zur Wahrung langfristiger Stabilität beiträgt. Drei Aspekte stehen im Vordergrund:

Dringend erforderlich sind die Offenlegung der Haushaltsbudgets und Standardisierung der Haushaltsausgaben. Da öffentliche Haushaltsmittel von der Bevölkerung stammen, hat die Öffentlichkeit das Recht zu überwachen, wie und wofür die Gelder ausgegeben und ob sie effektiv verwendet werden. Probleme wie ungeregelte Verwendung, Ineffizienz und versunkene Gelder bestehen in China schon seit Langem. Wenn die lokalen Regierungen Kredite aufnehmen, unterliegen sie in der Regel keiner strengen Überwachung. All diese verweisen auf mangelnde Transparenz und unzureichende Überwachung und Kontrolle. Angesichts dessen ist vorgesehen, ein einheitliches Haushaltssystem der gesamten öffentlichen Hand aufzubauen, die Haushaltstransparenz zu verbessern, die Verfahrenstechniken zur Aufstellung des Haushaltsentwurfs zu erneuern und die Überwachung durch den Volkskongress zu stärken. (1) Die Haushaltsoffenlegung sämtlicher Einnahmen und Ausgaben wird forciert. Alle Regierungsebenen sind verpflichtet, den Haushaltsplan und die Haushaltsrechnung, insbesondere die „drei öffentlichen" Ausgabenrechnungen offenzulegen. Die Offenlegungspflicht gilt nicht nur für den öffentlichen Haushalt, sondern auch für den Haushaltsplan des Staatsfonds, des Staatsvermögens und des Sozialversicherungsfonds. Die Transferzahlungen aller Ebenen erfolgen nach den Grundsätzen der Öffentlichkeit und Transparenz. (2) Der Inhalt der Offenlegung wird klar bestimmt. Sowohl planmäßige als auch außerplanmäßige Ausgaben der Verwaltungsbehörden werden der Öffentlichkeit zugänglich gemacht. Die Haushaltssystematik wird weiter vervollständigt und der Inhalt der Offenlegung klar bestimmt. Die Haushaltsklarheit und -verständlichkeit sollen garantieren, dass die Bevölkerung den Haushaltsplan verstehen und Kontrolle ausüben kann. (3) Die Überwachung und die Kontrolle der Haushaltsoffenlegung werden gestärkt, und das Verantwortlichkeitssystem für die Haushaltsoffenlegung wird eingeführt. Mehr Transparenz und verstärkte Überwachung und Kontrolle sollen gewährleisten, dass die Haushaltsaufstellung und der Haushaltsvollzug allen Einzelpersonen zugänglich sind, die öffentlichen Gelder effizienter eingesetzt und Rent-Seeking im Sinne von Korruptionen vermieden werden.

Es ist noch vorgesehen, die Haushaltswirtschaft zu erneuern. Ziel ist es, ergebnisorientiertes Leistungsmanagement flächendeckend in die Tat umzusetzen. Für das Umdenken sind die Stichwörter – Ergebnisorientierung, Wirtschaftlichkeit und Verantwortlichkeit – von zentraler Bedeutung. In den kommenden drei bis fünf Jahren soll ein allumfassendes, komplettes und flächendeckendes Verwaltungssystem der Haushaltsführung errichtet werden, das die Haushaltswirtschaft mit dem Leistungsmanagement verbindet. Auf dieser Grundlage werden weitere Anstrengungen unternommen, die Effizienz der finanziellen Ressourcenallokation und den Nutzwert zu erhöhen, die gefestigte Verteilung der Haushaltsmittel zu ändern und das Verwaltungsniveau der Haushaltswirtschaft und die politischen Wirkungen zu verbessern.

Als Nächstes sind die Steuerreformen zwingend erforderlich, um die Fiskaleinnahmen der Regierung zu verbessern. Zur Vertiefung der Reformen des Steuersystems gehören u. a. Optimierung der Steuerordnung, Verbesserung der Funktionen der Steuergelder (Mittelbeschaffung öffentlicher Haushalte, Umverteilung und Strukturoptimierung), Stabilisierung der Gesamtsteuerlast, Förderung der rechtlichen Besteuerung und Errichtung eines Steuersystems, das der wissenschaftlichen Entwicklung, der sozialen Gerechtigkeit und der Schaffung eines einheitlichen Marktes förderlich ist. Da nicht nur Unternehmen, sondern auch Einzelpersonen und Familien steuerpflichtig sind, ist die staatliche Einnahmenstruktur im Wandel begriffen. Anstelle indirekter Steuern werden schrittweise direkte Steuern eingeführt. Ein optimaleres, gerechteres und klareres Mehrwertsteuersystem baut auf erfolgreichen Reformversuchen der landesweiten Einführung der Mehrwertsteuer auf alle Waren und Dienstleistungen auf. Schließlich erfolgt durch die Gesetzgebung die Umstellung auf ein konsumorientiertes Mehrwertsteuersystem. Es wird neu geregelt, auf welche Produkte die Verbrauchssteuer entfällt, die Struktur der Steuersätze wird optimiert, die Steuererhebung und Verteilung der Steuereinnahmen werden reorganisiert. Anstelle von Abgaben wird die Ressourcensteuer als Wertsteuer eingeführt, die sich im Laufe der Zeit auf Flüsse, Wälder, Wiesen, Gezeitenzonen und andere natürliche Räume erstrecken wird. Nach der Einführung der Umweltsteuer anstelle der Emissionsabgaben wird die CO_2-Steuer in Betracht gezogen, um steuerliche

Auswirkungen auf den Umweltschutz zu vergrößern. Einige Zwecksteuern und -abgaben können konsolidiert oder abgeschafft werden. Die Umstrukturierung der persönlichen Einkommensteuer soll für die Verbesserung der nationalen Wettbewerbsfähigkeit von Vorteil sein. Das zu versteuernde Einkommen wird durch die monatlichen Einkünfte (Löhne und Gehälter) abzüglich des Grundfreibetrags und des Arbeitnehmeranteils an den Sozialversicherungsbeiträgen ermittelt. Die Umstellung der persönlichen Einkommensteuer auf die Haushaltsbesteuerung wird diskutiert und die Staffelung der Einkommensteuersätze wird weiter vereinfacht. An die Reformen der Immobiliensteuer wird vorsichtig herangegangen: Angepasste Reformmaßnahmen sind zu ergreifen und die Gesetzgebung ist zu beschleunigen. Die Verwaltungsgebühren und der Staatsfonds müssen ebenfalls reorganisiert werden und die einschlägige Gesetzgebung über staatliche Einnahmen ist zu forcieren.

Außerdem gilt es, Aufgaben und Ausgaben klar abzugrenzen und die Finanzbeziehungen zwischen Zentralregierung und lokalen Regierungen neu zu gestalten. Lange Zeit waren die Regelungen zur Aufgabenverteilung und Ausgabenträgerschaft zwischen Zentral- und Lokalregierungen bzw. zwischen den einzelnen Verwaltungsebenen unklar, unangemessen und zum Teil ordnungswidrig. Zusammenfassend lässt sich sagen, dass sich die Zentralregierung um vieles kümmert, was nicht in ihre Kompetenz fällt und sich gewissermaßen überfordert. Das heißt aber nicht, dass die Zentralregierung ihre Aufgaben und die damit zusammenhängenden Ausgaben, die in ihre Kompetenz gehören, vernachlässigen darf. Vielmehr sind diese Aufgaben noch stärker zu beachten. Die Grundidee ist, durch Reformmaßnahmen die administrativen Kompetenzen und Ausgabenbefugnisse aufeinander abzustimmen. Unter der Voraussetzung, dass die bestehende Struktur der Aufteilung der Finanzstärke zwischen Zentralregierung und lokalen Regierungen stabil gehalten wird, wird die Einnahmenaufteilung zwischen Zentralregierung und lokalen Regierungen schrittweise rationalisiert, damit jede Regierungsebene ihren Verpflichtungen nachkommt, sich mit anderen gut koordiniert und die gesamte Leistungsfähigkeit zu maximieren sucht. Beruhend auf dem Trennungssystem werden relativ stabile Finanzbeziehungen zwischen Zentralregierung und lokalen Regierungsebenen angestrebt, was die Handlungsbereitschaft aller Regierungsebenen fördert. Konkret bedeutet dies, dass die Aufgaben und Ausgabenträgerschaft aller Regierungsebenen klar zu definieren sind, reformhemmende Probleme beschleunigt zu beseitigen sind, das Trennungssystem zu verbessern ist, ein System aufgebaut werden muss, das die Aufteilung der Steuereinnahmen mit der Aufteilung der Mieteinnahmen und Dividendenerträge verbindet, die Umstrukturierung des Fiskal- und

Steuersystems mit angemessener Erweiterung der Kompetenzen und Ausgabenbefugnisse der Zentralregierung voranzutreiben ist, neue Reformversuche bezüglich Einkommensverteilung und Neudefinierung lokaler Hauptsteuerquellen zu unternehmen sind und ein ausgeglichenes Verhältnis zwischen Einnahmen- und Ausgabenreformen herzustellen ist. Auf dem politischen Programm steht noch, die Angleichung der öffentlichen Dienstleistungen zu verbessern und andere politische Zielsysteme zu präzisieren. Für die Umstrukturierung der Transferzahlungen gilt es, den Anteil der allgemeinen Transferzahlungen zu erhöhen, Sondertransferzahlungen abzuschaffen, zu straffen oder zu standardisieren, Sondertransferzahlungen in Wettbewerbswirtschaft und zwangsläufige Mittelzuweisungen durch lokale Regierungsstellen schrittweise zu bereinigen, ein Evaluations- und Austrittsmechanismus für Sondertransferzahlungen zu errichten, das Managementsystem der lokalen Verschuldung zu verbessern und harte Budgetbeschränkungen für lokale Regierungsebenen zu stärken.

Im Folgenden wird auf das Managementsystem der lokalen Verschuldung eingegangen, das im Fokus der Öffentlichkeit steht. Der Grundgedanke lässt sich als „Blockieren der Geheimgänge und Anlegen offener Kanäle" (堵暗道，修明渠) zusammenfassen. Darunter versteht man, einerseits den lokalen Regierungen die Schuldenaufnahme durch öffentliche Unternehmen und Institutionen, insbesondere über die lokalen Finanzierungsplattformen zu untersagen und andererseits ihnen zu gestatten, Schulden über inländische Anleihemärkte aufzunehmen. Werden Finanzmittel zum gemeinnützigen Zweck benötigt, dürfen die lokalen Regierungen allgemeine Schuldscheine emittieren, die von den Einnahmen der öffentlichen Hand zurückgezahlt werden. Zur Finanzierung von gewinnbringenden öffentlichen Projekten werden Sonderschuldscheine ausgegeben, die später vom Staatsfonds oder von den Einnahmen dieser Projekte getilgt werden. Mehrere Investitions- bzw. Finanzierungsmöglichkeiten im Rahmen der öffentlich-privaten Partnerschaft (ÖPP) werden gefördert, um die Zusammenarbeit zwischen staatlichen und privaten Investitionen zu stärken. Das Sozialkapital wird ermutigt, sich durch Franchising an gewinnbringenden gemeinnützigen Infrastrukturprojekten, beispielsweise an der städtischen Infrastruktur zu beteiligen. Dabei verspricht die Regierung in Vereinbarungen über Franchiserechte, Preise und Subventionen den Investoren, laufende stabile Gewinne zu erzielen, während die Investoren laut Vereinbarungen selbstständig nach marktwirtschaftlichen Regeln oder mit der Regierung eine Zweckgesellschaft zur Durchführung der Kooperationsprojekte gründen. Die Investoren bzw. die Zweckgesellschaften nehmen über Anleihemärkte Schulden in Form von Bankdarlehen, Unternehmensanleihen, Gewinnobligationen und Verbriefungen von Vermögenswerten auf und haften eigenständig. Die Regierung sorgt laut Vereinbarungen zwar für Franchise-Rechte, angemessene Preise und Subventionen, haftet aber nicht für die Schulden der Investoren bzw. der Zweckgesellschaften. Damit werden klare Haftungsbegrenzungen zwischen Regierung und Unternehmen gebildet: Wer Finanzmittel borgt, ist verpflichtet, dafür zu haften und es zurückzuzahlen. Um die Budgetbeschränkungen weiter zu verschärfen und Moral-Hazard-Probleme zu vermeiden, sind folgende Punkte zu beachten: (1) Neben der Einbindung in das einheitliche Haushaltssystem der gesamten öffentlichen Hand soll die Verschuldung der lokalen Regierungen als verbindlicher Indikator in die Leistungsbewertung der örtlichen Regierungsbeamten einfließen. (2) Neben der periodengerechten Rechnungslegung mit Offenlegungspflicht der Verschuldung der öffentlichen Hand soll das System zur Bonitätsbewertung der lokalen Regierungen eingeführt werden. (3) Die lokalen Regierungen sind für ihre Schulden verantwortlich, während die Zentralregierung prinzipiell keine Hilfeleistung gewährt. Kurz gesagt, durch Einführung des offenen Finanzierungssystems der lokalen Regierungen soll das Risiko für Zahlungsausfälle transparenter gestaltet sein. Außerdem werden marktwirtschaftliche Kontrollmechanismen dazu beitragen, die Haftpflicht der lokalen Regierungen für die Schuldenaufnahme zu stärken, dem fiskalpolitischen opportunistischen Verhalten entgegenzuwirken und den Drang zur Schuldenaufnahme zu bremsen.

10.5 Die Reformen des Finanzsystems

China gehört zu den Ländern mit einer hohen Sparquote: Die Gesamtsparquote des heimischen Sektors liegt seit vielen Jahren über oder bei 50%. Jedoch ist das chinesische Finanzsystem nicht so leistungsfähig, die Ersparnisse an investierende Unternehmen zu vermitteln, was zur unüberbrückbaren Kluft zwischen Ersparnissen und Investment führt. In einem ziemlich langen Zeitraum hat China inländische Ersparnisse anderen Ländern zur Verfügung gestellt oder in den Kauf von US-Staatsanleihen, ein sicheres Anlageinstrument mit niedriger Rendite, investiert. Insofern haben amerikanische Finanzinstitutionen die Mittlerrolle zwischen chinesischen Ersparnissen und Investment übernommen, was anhand der „Parkentheorie" (parking theory) erklärt werden kann. Demnach ist ein Teil der überschüssigen Ersparnisse aufgrund der niedrigen Leistungsfähigkeit des inländischen Finanzsystems gezwungen, im Ausland zu deponieren. Nur wenn die Effizienz der Kapitalallokation ein bestimmtes Niveau erreicht, werden die Gelder, die in anderen Ländern investiert werden, wieder nach China zurückfließen.[2] Um die inländischen Ersparnisse in Investitionskapital zu verwandeln und die Entwicklung der Finanzmärkte zu beschleunigen, ist Nachdruck auf fünf Aspekte zu legen, die in den folgenden Unterabschnitten näher erläutert werden.

10.5.1 Die Vermarktlichung der Zinssätze

Zinssätze sind wichtige Preise in Faktormärkten, welche die effektive Kapitalallokation maßgeblich beeinflussen. Wie übliche Marktpreise sind auch die Zinssätze von Angebot und Nachfrage bestimmt. Um diesen Preisbildungsmechanismus einzurichten, sind Reformmaßnahmen in folgenden drei Bereichen erforderlich.

Im Vordergrund steht, implizite Einschränkungen der Einlagenzinssätze abzuschaffen und unterschiedliche Zinsen in ein eingleisiges System zu überführen. Nach der Flexibilisierung der Zinsobergrenze auf Spareinlagen und der Inkraftsetzung der Einlagensicherungsvorschriften sind informelle Einschränkungen der Einlagenzinssätze der kommerziellen Banken schrittweise abzubauen, da die Festlegung der Zinssätze unter Aufsicht der makroprudentiellen Begutachtung steht und der Selbstdisziplinierungsmechanismus zur Bildung der Marktzinssätze geformt ist. Das anvisierte Ziel ist, staatliche Regulierung diesbezüglich ganz zu annullieren. Angesichts der Tatsache des „zweigleisigen Zinssystems", in dem es für Einlagen und Kredite Referenzzinsen gibt, während die Geldmarktsätze vom Markt bestimmt sind, sind die Zinssätze in Kredit- und Anleihemärkten schrittweise in eine eingleisige Struktur zu verändern.

Der zweite Schwerpunkt liegt darin, das System der Marktzinssätze einschließlich Makrosteuerungsmechanismen zu verbessern. Dazu gehören u. a. die Verbesserung des Selbstdisziplinierungsmechanismus zur Bildung der Marktzinsen und Fördermechanismus zur Bildung der Referenzzinsen für Kredite, um den Finanzinstitutionen einen Referenzwert für ihre Kreditangebote zu bieten und sie in die Lage zu versetzen, selbstständig Zinssätze festzusetzen. Weiter gilt, die Funktionen der Shanghai Interbank Offered Rate (Shibor) zu entfalten, Zinssätze als geldpolitische Ziele der Zentralbank zu formulieren, Märkte für Staatsanleihen zu kultivieren, Markttiefe und -liquidität zu verbessern, die Renditekurve der Staatsanleihen und die Zinsstruktur zu optimieren und die risikofreie Renditekurve, die sich aus Renditen von Staatsanleihen mit unterschiedlichen Laufzeiten

2 Corden, W. Max: Those current account imbalances: A skeptical view. In: *The World Economy* 2007, Vol. 30.

zusammensetzt, als Benchmark für die Preisgestaltung mittel- und langfristiger Finanzprodukte festzusetzen.

Ein anderes Anliegen ist, die duale Zinsstruktur zu korrigieren. Damit gemeint sind sowohl die Zinsdifferenzen zwischen traditionellen Banken und Schattenbanken als auch unterschiedlich hohe Finanzierungskosten für staatliche Großunternehmen und nicht-staatliche kleine und mittlere Unternehmen.

Der Schattenbankensektor als Produkt entfremdeter Innovationen unter staatlicher Finanzrepression bestätigt das Bestehen der Regulierungsarbitrage. Mit anderen Worten: Die Finanzinstitutionen versuchen, außerhalb staatlicher Aufsicht Arbitrage-Möglichkeiten durch administrativ festgelegte Zinsraten auszunutzen. Als gängige Instrumente fungieren Kreditkontingentierung, Bremsung des Kreditwachstums durch Einschränkung der lokalen Finanzierungsplattformen und Kreditvergabe an Immobilienunternehmen, restriktive Regelungen bezüglich Eigenkapitalfinanzierung und Liquiditätsgrad der Kredit-Einlagen-Verhältnisse. Um der ordnungswidrigen Geschäftserweiterung der Schattenbanken gegenzusteuern, empfiehlt es sich, die Kontrolle über formelle Bankgeschäfte, insbesondere über die Kreditgrenze und -vergabe zu lockern und sie mittels Regulierungsindex und Marktinstrumente zu regulieren. Neben der Vermarktlichung von Einlagenzinsen werden noch andere Maßnahmen getroffen, um die Bilanzierung von außerbilanziellen Vermögenswerten zu fördern und die systeminternen und -externen Kapitalkosten zu senken.

Die für die Unternehmen gewährten Zinsdifferenzen deuten auf verzerrte Einflüsse der impliziten Garantie der Regierung auf die Verzinsung hin. Von einer impliziten Garantie der Kredite durch die Regierung ausgehend, sehen die Banken in Großunternehmen, insbesondere in staatlichen Großunternehmen auserlesene Kunden, die oft Kredite zu einem niedrigen Preis erhalten können. Aus dem von der Chinesischen Volksbank publizierten Bericht über Geldpolitik im zweiten Quartal des Jahres 2018 geht hervor, dass 75,24% der allgemeinen Kredite zu höheren Zinssätzen über Referenzzinsen vergeben wurden. Die Kreditvergabe zum Referenzzinssatz belief sich auf 14,83%, während das Kreditvolumen zu niedrigeren Zinsen unter Referenzzinsen nur bei 9,93% lag. Offensichtlich waren es nur ganz wenige staatliche Großunternehmen, welche die Zinssatzvorteile genossen haben. Die bewilligten Kredite, die dann über Mandatsverträge oder Treuhänder weiter vergeben werden, bringen oft höhere Gewinne ein. Durch diese „Schiebergeschäfte" fließt ein Teil der Kredite nicht in die Realwirtschaft, sondern zirkuliert wirkungslos im Finanzsystem. Während die Kreditvergabe an diese Großunternehmen zu günstigen Zinssätzen erfolgt, tendieren die Banken, die Zinsen für Kreditvergabe an kleine und mittlere Unternehmen zu erhöhen, um durch die sogenannte Quersubventionierung die Gesamterträge stabil zu halten. Folglich fällt es zahlreichen kleinen und mittleren Unternehmen schwer, Finanzmittel zu beschaffen oder sie müssen höhere Zinskosten tragen. Es bleibt zu hoffen, dass durch die Umstrukturierung die Banken und Staatsunternehmen zu disziplinierten Marktteilnehmern werden, die mit anderen Akteuren im gerechten Wettbewerb stehen. Außerdem kann das Zinsniveau das tatsächliche Verhältnis zwischen Angebot und Nachfrage reflektieren, wenn die Marktrisiken in die Berechnung der Zinssätze einbezogen sind.

10.5.2 Die Kommerzialisierung des Bankensektors

Obwohl die staatlichen Geschäftsbanken in den letzten Jahren mit der Reorganisation in Aktiengesellschaften und Börsengängen einige Fortschritte bei der Kommerzialisierung erzielt haben, haben sich die Eigentumsverhältnisse dieser Banken grundsätzlich nicht verändert und sie üben bis zu einem gewissen Grad immer noch quasi-fiskalische Funktionen aus. Trotz kleiner Verschiebungen der Marktanteile der Bankinstitutionen bleibt die dominierende Stellung der großen Geschäftsbanken in Finanzmärkten im neuen Jahrtausend unverändert: Aufgrund ihrer Größe und ihres staatlichen Status sind sie keinem Konkursrisiko ausgesetzt. Diese Umstände und die dadurch entstandenen Moral-Hazard-Probleme weisen darauf hin, dass Chinas Bankwesen einen tief gehenden Wandel bezüglich Geschäftsführung und Betriebsmodus benötigt, damit die administrative Zuweisung durch die marktorientierte Allokation der Finanzmittel ersetzt wird.

Als erster Schritt zur Umstrukturierung des von großen Staatsbanken dominierten Finanzwesens wurde Privatkapital ermöglicht, in kleine und mittlere Finanzinstitute zu investieren, soweit es bestimmte Kriterien erfüllt. Demnächst soll der Marktzugang fürs Privatkapital in den Finanzdienstleistungssektor durch die „Negativliste" auf der Grundlage von fairen, offenen und transparenten Marktregeln kontinuierlich verbessert werden, damit es sich an der Umstrukturierung staatlicher Finanzinstitutionen und an der Kapitalaufstockung beteiligen kann. Das hilft, die Aktienanteile des Privatkapitals zu erhöhen, eine diversifizierte Eigenkapitalausstattung herbeizuführen und den Wettbewerb im Bankensektor zu verschärfen. Auf keinen Fall darf das Internet-Banking, das sich in den letzten Jahren schnell entwickelt hat, durch überflüssige Regulierungsmaßnahmen „blockiert" werden. Vielmehr soll ihm garantiert werden, in einem freien Marktumfeld seine Rolle als Dienstleister von Finanzserviceangeboten für die Realwirtschaft, insbesondere für kleine und mittlere Unternehmen zu entfalten. Gleichzeitig sind Marktaustrittsmechanismen für Bankinstitute zu vervollständigen, wofür die Konkursordnung und das Frühwarnsystem für den Marktaustritt zu errichten sind.

Angesichts der Tatsache, dass im chinesischen Bankensektor die Probleme wie die beherrschende Stellung der Großaktionäre, Insider-Problematik und administrative Kontrolle allgemein vorhanden sind und die Geschäftsführung der Finanzholdinggesellschaften, in denen das Industrie- und Finanzkapital verschmolzen sind, noch nicht standardisiert ist, soll in Zukunft die Struktur der Unternehmensführung, beispielsweise die Gesellschafterversammlung, der Vorstand, der Aufsichtsrat und das Spitzenmanagement weiter vervollständigt werden. Das Handeln der Aktionäre und Finanzinstitutionen soll der „ganzheitlichen, durchdringenden Regulierung" unterliegen, welche die Bankengeschäfte vor ungerechtfertigten Eingriffen der Aktionäre schützen soll. Es soll sichergestellt werden, dass die Transaktionen zwischen verbundenen Unternehmen dem Grundsatz der Zweckmäßigkeit und Verhältnismäßigkeit entsprechen und dass das Privatkapital zur vollen Wirkung kommt. Die lokalen Regierungen dürfen nicht in die Geschäftstätigkeiten der Banken eingreifen und haben ihre Entscheidungsbefugnisse bei der Personaleinstellung und Leistungsbewertung der Geschäftsführer stark einzuschränken, damit die Banken als selbstständige Marktakteure agieren können.

Neben diesen auf der Mikroebene getroffenen Maßnahmen ist das ganze Verwaltungssystem des staatlichen Finanzkapitals weiter zu vervollständigen. Es soll klar definiert werden, was zum staatlichen Finanzkapital gehört und was nicht. Auf dieser Grundlage sind weitere Anstrengungen zu unternehmen, die Allokation des staatlichen Finanzkapitals zu optimieren, die Verantwortlichkeit des Kapitalgebers zu klären, das Prinzipal-Agent-Verhältnis und das autorisierte Managementsystem der staatlichen Finanzinstitutionen zu verbessern, ein marktorientiertes Verwaltungssystem des Staatskapitals anstelle der administrativen Kontrolle einzuleiten, mehr Gewicht auf die Verwaltung des Staatskapitals zu legen, die Eigentumsrechte der Unternehmen anzuerkennen und den staatlichen Finanzinstitutionen mehr Selbstständigkeit und Haftpflicht einzuräumen.

10.5.3 Direktfinanzierungen

Betrachtet man die Finanzstruktur in China, so lässt sich feststellen, dass die indirekte Finanzierung, die lange Zeit den chinesischen Finanzmarkt geprägt hat, zum Problem der strukturellen Fehlanpassung geführt hat. Um das Risiko einer übermäßigen Abhängigkeit von der Fremdfinanzierung zu mindern, empfiehlt sich die Finanzierung über Eigen- bzw. Aktienkapital. Um dessen Anteil zu erhöhen, muss ein mehrstufiges Kapitalmarktsystem mit Fördermechanismen dafür entwickelt werden. Außerdem müssen Direktfinanzierungsmöglichkeiten erschlossen werden, welche die Kapitalbeteiligung stimulieren und deren Strukturen optimieren.

Heutzutage sind auf Kapitalmärkten, die als direkte Finanzierungsplattformen fungieren, immer noch administrative Faktoren im Spiel: Die öffentliche Verwaltung hat bezüglich des Marktzugangs, der Wertpapieremissionen und Geschäftstätigkeiten das Sagen und beeinflusst die Marktentwicklung. Angesichts dessen ist es für die Weiterentwicklung der Kapitalmärkte erforderlich, die Genehmigungsverfahren weiter abzubauen, die behördliche Kontrolle zu lockern, Marktmechanismen bei Emissionen, Preisgestaltungen und Transaktionen stärker gelten zu lassen und die Marktteilnehmer in vollem Umfang zu mobilisieren. Bei der Umstrukturierung des Registrierungssystems der Wertpapieremission gilt es, Informationen vollständig offenzulegen, Überprüfungen und Werturteile über die Qualifikation des Emittenten durch die Aufsichtsbehörden zu reduzieren, Genehmigungsverfahren zu straffen, Elastizität und Flexibilität des Emissionssystems zu stärken, Kosten der Aktienemissionen zu senken und die Effizienz der Finanzierung zu erhöhen. Unerlässlich ist auch, die begleitende und nachträgliche Aufsicht zu verbessern, strenge Regeln über vertrauenswürdiges Verhalten der Marktteilnehmer (bspw. börsennotierte Unternehmen und zwischengeschaltete Agenturen) festzulegen, das Marktaustrittssystem der börsennotierten Unternehmen zu verbessern und es strikt umzusetzen.

Um den Handel am Aktienmarkt zu fördern, wurden neben dem Hauptmarkt, dem Markt für KMUs und dem „ChiNext Market" das „National Equities Exchange and Quotations" (NEEQ) als nationale Handelsplattform für OTC-Handel (bekannt als „neuer dritter Markt") und regionale Märkte für Aktienhandel („vierter Markt") errichtet. Private-Equity-Investmentfonds und Wagniskapitalfonds werden ermuntert, in innovative und wachstumsstarke Unternehmen zu investieren. Finanzinnovationen werden gefördert, um Fremdkapital in Eigenkapital umzuwandeln. Beispielsweise kann das Problem der langfristigen Mittelbeschaffung für städtische Infrastruktur und öffentliche Dienstleistungen wie die medizinische Versorgung durch die Verbriefung von öffentlichen Versorgungsbetrieben gelöst werden, was hilft, das Problem der Laufzeitinkongruenz (kurzfristige Kredite für langfristige Investitionen, lange Nutzung des kurzfristigen Darlehens) in der Bilanz zu beseitigen.

Um die Ziele der Direktfinanzierungen zu verwirklichen, muss die Entwicklung der Anleihemärkte tatkräftig vorangetrieben werden. Quantitativ gesehen haben sich die Bestände der Anleihen ständig vergrößert: Der Anleihensaldo stieg von 27,6% des BIP im Jahr 2001 um ca. 160% auf 187% im Jahr 2020. Dennoch sind die Märkte für Unternehmensanleihen und andere festverzinsliche Produkte zurzeit noch relativ rückständig (Probleme wie Segmentierung der Märkte, unvollständiges Kreditsystem und mangelhafte Verfahren gegen Vertragsverletzungen sind immer noch vorhanden), und können unterschiedliche Risikopräferenzen der Anleger und ihre Bedürfnisse nach effektiven Anlageportfolios nicht erfüllen. Unter Berücksichtigung der Anforderungen der Anleger nach angemessener Überwachung sind grenzübergreifende Notierungen von Wertpapieren und Übertragung der Depotverwaltung weiter zu verbessern, um den reibungslosen Umlauf der marktfähigen Wertpapiere und die Vernetzung der Anleihemärkte zu fördern. Es gilt noch, strengere Kreditkontrolle auszuüben, Haftpflicht der Emittenten und Investoren zu stärken, Überwachungs- und Bearbeitungsmechanismen für Vertragsverletzungen zu verbessern, um dem Moral-Hazard-Problem wirksam entgegenzuwirken. Überflüssige Regulierung ist einzudämmen. Besonders für die Emission von Unternehmensanleihen ist das marktgerechte Registrierungssystem der Wertpapieremission weiterzuentwickeln, und für die Transaktionen der Unternehmensanleihen ist die Überwachung zu stärken.

Als Nächstes ist der Anteil der professionellen institutionellen Investoren zu erhöhen, um deren Struktur zu verbessern. Als Lösungsansatz für das hervorstechende Problem, dass die institutionellen Anleger in Kapitalmärkten unterentwickelt sind, ist die Förderung des Nationalen Sozialversicherungsfonds, sich aktiv an den Kapitalmarktinvestitionen zu beteiligen. Neben dem Nationalen Sozialversicherungsfonds sind die Betriebsrente, die Berufsrente, das Kapital der Versicherungsgesellschaften, ausländisches langfristiges Kapital sowie andere institutionelle Investoren und Kapital zu unterstützen, um den Umfang und das Ausmaß ihrer Investitionstätigkeiten schrittweise zu erweitern. Die Geschäftsbanken und Versicherungsgesellschaften sind bei der Gründung von Fondsgesellschaften zu unterstützen und die Wertpapierfonds sind tatkräftig zu fördern. Somit werden die institutionellen Investoren, die eine wichtige Rolle bei der Marktstabilisierung, Stärkung der marktwirtschaftlichen Prinzipien und Förderung der Rationalität spielen, ihre Funktionen ausüben.

10.5.4 Die Flexibilisierung der Wechselkurse

Im Juli 2005 gab China die sieben Jahre lange Dollarbindung auf, und ging zum kontrollierten Floating über, das auf Marktangebot und -nachfrage basiert und nach einem Währungskorb ausgerichtet ist. Das war der Reformansatz von flexiblen Wechselkursen, jedoch mangelte es der chinesischen Währung immer noch an Flexibilität, da die exportorientierte Wirtschaftsstrategie die vollständige Vermarktlichung der Wechselkurse verhinderte. Das führte zum vorgetäuschten hohen Außenhandelsüberschuss und brachte eine große Herausforderung für die Makrosteuerung mit sich. Der zur Stimulierung der Exporte festgesetzte CNY-Wechselkurs wich vom Gleichgewichtskurs ab, verursachte unmittelbar Liquiditätsüberschüsse, Druck auf die Zentralbank bei der buchhalterischen Abschreibung, kontinuierliche Zuflüsse von heißem Geld und somit die Entstehung der „unmöglichen Dreieinigkeit".

Seit 2014 unterliegt Chinas Zahlungsbilanz einem strukturellen Wandel: Die Überschüsse in der Handels- und Leistungsbilanz sind stark zurückgegangen. Anstatt einer einseitigen Aufwertungserwartung wurde mit Kursschwankungen der chinesischen Währung in beiden Richtungen gerechnet. Außerdem schwächte sich die Erwartung auf eine Preiserhöhung der inländischen Vermögenswerte ab. Vor diesem Hintergrund wurden die Reformen des Wechselkurssystems beschleunigt. Im Jahr 2014 wurde der Schwankungsbereich des CNY-Kurses gegen den US-Dollar auf dem Interbanken-Devisenkassamarkt von 1% auf 2% ausgeweitet. Vom 11. August 2015 an setzte sich der CNY-Mittelkurs gegen den US-Dollar aus dem Schlusskurs und der Kursänderungen des Währungskorbs des vorigen Tages zusammen. Auf dieser Grundlage wurde am 26. Mai 2016 ein „antizyklischer Faktor" bei der täglichen Festsetzung des Mittelkurses eingeführt. Das trug dazu bei, dass behördliche Interventionen bei der Festlegung des Mittelkurses abnahmen und die Einflüsse der Kursmakler zunahmen. In Zukunft sind die marktorientierten Reformen des CNY-Kursbildungsmechanismus weiter zu vertiefen. Dass die Zentralbank grundsätzlich nicht mehr auf dem Devisenmarkt interveniert, soll zu einer Normalität werden. Die weitere Ausdehnung der Schwankungsbereiche des CNY-Kurses und die erhöhte Flexibilität sollen den Übergang zum flexiblen Wechselkurs garantieren, der die tatsächlichen Marktveränderungen widerspiegelt, was einen neuen Anstoß zum Zahlungsbilanzgleichgewicht und zur unabhängigen Gestaltung der Geldpolitik gibt. Es ist noch darauf angelegt, flankierende Maßnahmen zu vervollständigen, die Breite und Tiefe in- und ausländischer Devisenmärkte zu erkunden, neue Instrumente und Teilnehmer zuzulassen und die Ressourcenallokationen, Preisfindungsprozesse und Sicherungsinstrumente zu verbessern.

10.5.5 Die Liberalisierung der Kapitalkonten

Mit der Konvertibilität der laufenden Posten in chinesischer Währung 1996 wurden Elemente der Kapitalmärkte schrittweise eingeführt und die

Kapitalkonvertibilität stetig vorangetrieben. Da in den letzten Jahren schneller mit den Reformen der Kapitalverkehrsbilanz vorangegangen wurde, nahmen die Kapitalflüsse ins In- und Ausland zu. Generell steht der Kapitalverkehr in China immer noch unter strenger Kontrolle und China hat in diesem Sinne noch einen langen Weg vor sich. Nach einem Gutachten des IWF zur Konvertibilität der chinesischen Kapitalbilanz waren 37 von 40 Posten in sieben Kategorien frei, grundsätzlich oder beschränkt konvertierbar. Die Inkonvertibilität war vor allem auf dem Primärmarkt zu sehen, der den Gebietsfremden noch nicht zugänglich gemacht wurde. Genauer gesagt, für Aktienemissionen, Einsatz von Geldmarktinstrumenten und derivativen Finanzinstrumenten war die Konvertibilität noch unterbunden. Stark beschränkte Konvertibilität konzentrierte sich auf strikt regulierten Teilsegmenten des Sekundärmarktes.

Angesichts dessen ist die Konvertierbarkeit der CNY-Kapitalbilanz weiter zu fördern, um Handel und Investment zu erleichtern. Um der Öffnungsstrategie „Going Global" und den Anforderungen wirtschaftlicher Umstrukturierung und industrieller Transformation gerecht zu werden, sind günstige Bedingungen für die Gewährleistung des Status der Unternehmen und Privatpersonen als Hauptträger für Investitionstätigkeiten und für den Ausbau der Auslandsinvestitionen zu schaffen.

Um die Konvertibilität des Kapitalverkehrs und die Öffnung der Finanzmärkte zu fördern, ist die Öffnung des Wertpapiermarktes von zentraler Bedeutung. Zurzeit ist der Grad der CNY-Konvertierbarkeit bei Direktinvestitionen relativ hoch, in Kreditgeschäften mittelmäßig und in Wertpapiergeschäften relativ niedrig. In diesem Fall können mehr qualifizierten institutionellen Investoren aus dem In- und Ausland Investitionsmöglichkeiten mit erhöhten Investitionsvolumen eingeräumt werden. Parallel zur Öffnung inländischer Kapitalmärkte für ausländische Direktinvestitionen sind inländische Direktinvestitionen auf ausländischen Kapitalmärkten ordnungsgemäß zu fördern.

Die Öffnung des Wertpapiermarktes soll schrittweise, geordnet und geregelt erfolgen. Als Erstes können die Anleihemärkte mit etwas geringerem Risiko geöffnet werden. Dabei können relevanten ausländischen Institutionen mehr Investmentmöglichkeiten mit chinesischer Währung auf dem Interbanken-Anleihemarkt gewährt werden. Indem hoch qualifizierte internationale Investoren, Emittenten und Intermediäre auf dem Interbanken-Anleihemarkt zugelassen werden, können die Finanzierungsquellen kontinuierlich erweitert, die Trägerschaft der Emissionen vervielfältigt und das Dienstleistungsangebot der eingeschalteten Institutionen verbessert werden. Damit können mehr Möglichkeiten für Rückflüsse des im Ausland erwirtschafteten CNY-Kapitals angeboten werden. Da der Werterhalt und -zuwachs der chinesischen Währung realisierbar ist, werden Wirtschaftsakteure in Übersee eher dazu bereit sein, die chinesische Währung zu halten. In Zukunft kann auch in Erwägung gezogen werden, Emissionsvolumina von CNY-Schuldscheinen ausländischer Institutionen für chinesische Anleger (sogenannte Panda-Bonds) und Kredite über Sonderziehungsrechte (SZR) zu vergrößern und die restriktiven Regelungen über die Qualifikationen der ausländischen Institutionen für Emissionen von CNY-Schuldverschreibungen zu lockern, was zusammen mit dem neulich umgesetzten „Bond-Connect-Programm" neue Impulse für die Öffnung der CNY-Anleihemärkte geben wird. Dass die weltweiten Index-Anbieter wie Bloomberg, FTSE Russel und J. P. Morgan die chinesischen Anleihemärkte als wichtigen Bestandteil ihrer Indexbildung betrachten, bietet sich ebenfalls als einmalige Chance für Chinas Öffnungsstrategie.

Auf dieser Grundlage wurden auch vorsichtige Schritte zur Öffnung der Aktienmärkte (und auch zur Öffnung der Märkte für Finanzderivate) unternommen. Gemäß der Politik der qualifizierten ausländischen institutionellen Anleger wurde und wird immer mehr qualifizierten ausländischen Dienstleistern gestattet, Kapital in chinesische Finanzprodukte zu investieren. Andererseits wurde der Nachdruck auf die Aktienmärkte für internationale Akteure gelegt, auf denen zugelassene ausländische Institutionen CNY-Aktien in China ausgeben dürfen. Das verbesserte Angebot an Finanzprodukten in chinesischer Währung kann die ausländischen Investoren dafür begeistern, mehr chinesische Währung in ihrem Investmentportfolio aufzunehmen. Damit sich die Investitionsbereitschaft der ausländischen Investoren in chinesische A-Aktien erhöht, ist China bemüht, die Gewichtung der chinesischen A-Aktien in den globalen Indizes von MSCI und FTSE Russel zu erhöhen und die chinesischen Aktienmärkte weiter zu internationalisieren. Darüber hinaus können die Verbindungen zwischen in- und ausländischen Aktienmärkten auf der Grundlage der Programme „Shanghai-Hongkong Stock Connect" (沪港通) und „Shenzhen-Hongkong Stock Connect" (深港通) weiter ausgebaut werden. Über diese legalen und geregelten Kanäle als neue Möglichkeiten für die begrenzte Öffnung von Kapitalkonten kann sichergestellt werden, dass inländische Finanzmittel in stabile Kapitalmärkte mit hohen Renditen fließen.

Als Übergangsmaßnahme zur vollständigen Öffnung der Kapitalkonten wurde ein Offshore-CYN-Finanzplatz mit Sitz in Hongkong errichtet, um Kapitalströme und Transaktionen der chinesischen Währung im Ausland zu erkunden und dortige CNY-Investmentkanäle zu erweitern. In den letzten Jahren hat Hongkong die Entwicklung des CNY-Anleihemarktes (Offshore-CNY-Anleihen, auch Dim-Sum-Anleihen genannt) stark vorangetrieben. Dank der

Überlegenheit von Hongkong als internationalem Finanzzentrum werden in Zukunft die Finanzanlagen in CNY kontinuierlich zunehmen. Darüber hinaus werden die chinesischen Finanzinstitute ermuntert, in Hongkong und anderen Ländern (Regionen) CNY-Anleihen auszugeben und ausländischen Investoren, die CNY besitzen, mehr Investmentmöglichkeiten und Absicherungsinstrumente anzubieten, um die Attraktivität des CNY für ausländische Investoren zu steigern und die grenzüberschreitende Nutzung des CNY zu fördern. Für die Internationalisierung der chinesischen Währung und die Entwicklung des Offshore-Marktes ist es letztendlich erforderlich, die Kapitalkonten zu liberalisieren, wodurch sich internationale Investoren ermutigt fühlen, das chinesische Geld als Anlagewährung stärker zu nutzen.

10.6 Die Bodenordnungsreformen

Das Kernproblem des gegenwärtigen Grundbesitzsystems liegt in der Tatsache, dass die Nutzungsrechte künstlich aufgeteilt und verfestigt sind, sodass die Rechtsansprüche auf dasselbe Grundstück unterschiedlich sein können. Nach dem bestehenden System verfügt der Staat über die Landeigentums- und Bodennutzungsrechte in Städten. In ländlichen Gebieten und städtischen Vororten befindet sich Grund und Boden in kollektivem Besitz, während die vertragsgebundenen Bewirtschaftungsrechte auf das kollektive Land den ländlichen Haushalten zustehen. Die Landnutzungsrechte der bäuerlichen Eigenheime und des kollektiven Baulandes gehören jeweils den ländlichen Haushalten und Kollektivunternehmen. Die Regierung kann das kollektive Land durch Enteignung, Beschlagnahme, Rückkauf und Erwerb in staatliches Eigentum verwandeln. Durch strikte Bodennutzungsplanung und zentralisierte Genehmigungsverfahren hat die Regierung die Industrialisierung und Vermarktlichung von Grund und Boden fest in der Hand, während die Bauern in der Tat völlig davon ausgeschlossen bleiben. Sie verfügen nur über vertraglich vereinbarte Bewirtschaftungsrechte und Übertragungsrechte innerhalb des Kollektivs. Offenbar sind die Rechte auf dasselbe Grundstück nicht identisch. In letzter Zeit wurde ansatzweise Bauern in Guangdong erlaubt, ihre Bodennutzungsrechte innerhalb der Gemeinde zu überschreiben. Dennoch sind die Rechtsansprüche der Bauern als Nießbraucher noch nicht ganz befriedigt, da der Geltungsbereich stark eingeschränkt ist.

Die Bodennutzungsrechte sind de facto der wichtigste Besitz der Bauern. Jedoch untersagt ihnen das derzeitige Grundbesitzsystem, davon zu profitieren.

Die Grundstücke der bäuerlichen Eigenheime und das kollektive Bauland werden nur durch die Regierung vermarktet, wobei die Bauern nichts anderes als eine äußerst begrenzte Entschädigung erhalten können. Daneben wirkt sich die politische Regelung, die Bodenbewirtschaftungsrechte nur innerhalb des Kollektivs übertragen zu dürfen, nachteilig auf die Entwicklung einer intensiven, großflächigen Landwirtschaft aus.

Vor diesem Hintergrund sind die Bodenordnungsreformen weiter zu vertiefen. Den Bauern sollen mehr Eigentumsrechte auf Grund und Boden gewährt werden. Es soll gewährleistet werden, dass Land- und Stadtbewohner die gleichen Leistungsansprüche auf Grund und Boden haben. Die Eigentumsrechte der Bauern müssen stärker geschützt werden, damit sie mehr von der Wertschöpfung des Landes profitieren können. Dafür müssen die Rechte der Bauern auf die landwirtschaftliche Nutzung von Ackerland geschützt werden. Das bedeutet, dass sie ihre vertraglich vereinbarten Bodenbewirtschaftungsrechte in verschiedenen Formen übertragen können und dementsprechend Leistungen erhalten dürfen, vorausgesetzt, dass sie langfristige Sachenrechte besitzen. Gleichzeitig müssen die Rechte der Bauern auf die nicht-landwirtschaftliche Nutzung von Ackerland verstärkt geschützt werden. Das heißt, kollektiv betriebenen ländlichen Bauflächen soll der direkte Marktzugang zum Bodenmarkt verschafft werden, die Bauern dürfen an der Entwicklung und Bewirtschaftung von Grund und Boden teilnehmen, ihnen werden Einnahmen aus der Wertschöpfung der Landnutzung gewährt und sie haben an den Früchten der Industrialisierung und Urbanisierung teil.

Genauer gesagt sind folgende Aspekte bei den zukünftigen Bodenordnungsreformen zu beachten.

Die Rechtsansprüche auf Grund und Boden sind zu klären. Für die Bodenordnungsreformen gilt die Bestätigung des Landbesitzes als unerlässliche Voraussetzung. Für China bedeutet es zuerst, die Eigentümerschaft genau zu klären. Damit die Bodenrechte der Bauern kein bedeutungsloser Begriff werden, sind diese Rechte, insbesondere die Rechte der Bauern auf die nicht-landwirtschaftliche Nutzung von Ackerland auf der Basis der bestätigten Rechte der ländlichen Haushalte verstärkt zu schützen. Das bedeutet nicht nur eine explizite Klärung der kollektiven Eigentümerschaft, sondern auch eine eindeutige Definition der Nutzungs- bzw. Bewirtschaftungsrechte aller ländlichen Ackerflächen, Wälder und Bauflächen sowie der Eigentumsrechte der bäuerlichen Eigenheime. Durch Grundbucheintragungen (Kataster) und ausgestellte amtliche Bescheinigungen werden die Bodenrechte der Bauern gesetzlich garantiert. Zum anderen sollen den Bauern vollständige Eigentumsrechte gewährt werden. Dazu gehören ihre

Rechte auf vertragliche Landbewirtschaftung und auf die Nutzung der Grundstücke ihrer Eigenheime. Insbesondere soll ihnen der Zugang zum Bodenmarkt ermöglicht werden. Ihre rechtmäßige Eigentümerschaft ist zu bestätigen. „Rückgabe und Gewährung der Rechte sowie Selbstständigkeit der Bauern" gilt als Grundsatz bei der Übertragung der Grundstücke, und die öffentliche Verwaltung soll so wenig wie möglich eingreifen, den Willen der Bauern schätzen, ihre führende Rolle aufgeben und mehr Marktmechanismen gelten lassen.

Bezüglich der Reformen des Landenteignungssystems ist der Staat bemüht, Makrosteuerung anstelle der Regulierung auf der Mikroebene einzuleiten. Das Angebot, die Erschließung von Grund und Boden sowie die Gewinnverteilung werden stärker vom Markt bestimmt. Dem XVIII. Parteitag der KP Chinas zufolge soll das Landenteignungssystem restrukturiert und die Anteile der Bauern an der Wertschöpfung erhöht werden. Im Mittelpunkt steht, angemessene Entschädigungsleistungen festzulegen, verschiedene Entschädigungsmodelle und Neuansiedlungsmechanismen zur Gewährleistung der Rechte der Bevölkerung auf persönliche Entwicklung, insbesondere der Rechte der enteigneten Bauern auf nachhaltige Überlebens- und Entwicklungsfähigkeit umzusetzen, einen geregelten, integrierten Bodenmarkt für städtische und ländliche Gebiete aufzubauen, die Initiativfunktion der enteigneten Bauern zur vollen Geltung zu bringen und das Landenteignungsverfahren offen und transparent zu gestalten.

Im direkten Marktzugang des kollektiven Baulandes sieht man einen effektiven Lösungsansatz für das Problem unterschiedlicher Rechtsansprüche auf dasselbe Grundstück. Auf dem 3. Plenum des XVIII. ZK der KP Chinas wurde beschlossen, dass das kollektive Bauland, das der Bebauungsplanung und Nutzungsregulierung entspricht, berechtigt ist, auf den Bodenmarkt einzutreten, die gleichen Rechte zu genießen und den gleichen Preis zu haben wie das Land im staatlichen Besitz. Diese Verlautbarung wird gesetzliche Änderungen mit sich bringen. Laut Artikel 10 der aktuellen chinesischen Verfassung befinden sich die städtischen Grundstücke im staatlichen Besitz. Wenn die kollektiv betriebenen Baugrundstücke zum Markteintritt und als verfügbares Land für die Stadtplanung berechtigt sind, ist der Bestand an Grund und Boden in chinesischen Städten künftig nicht mehr zu 100% im Staatsbesitz, sondern auch in kollektivem Besitz. Dementsprechend ist eine Revision der Verfassung fast unausweichlich. Darüber hinaus sieht Artikel 43 des *Bodenverwaltungsgesetzes* vor, dass bäuerliche kollektive Baugrundstücke nicht zum nicht-landwirtschaftlichen Nutzungszweck veräußert oder übertragen werden dürfen. Wenn das kollektive Bauland im Sinne des Beschlusses des 3. Plenums des XVIII. ZK der KP Chinas in den Markt eintreten darf, muss diese Klausel ebenfalls überarbeitet werden. Da ein kleiner Reformschritt große Auswirkungen auf den ganzen Prozess haben kann, hat die Zentralregierung betont, wohlüberlegt daran anzugehen, Experimente sorgfältig zu planen und vorsichtig voranzutreiben.

Das System der Grundstücke der bäuerlichen Eigenheime unterliegt ebenfalls einem Wandel. Wie die zuständigen Behörden bekannt gegeben haben, zielt der Reformkurs darauf ab, den Bauern neben den Verfügungsrechten auf einen sicheren Wohnraum volle Rechtsansprüche auf das Grundstück ihres Eigenheims zu gewähren, Bedingungen für die schrittweise Integration dieser Grundstücke in den nationalen einheitlichen Markt für Baugrundstücke zu schaffen und Nießbrauchsrechte der Bauernfamilien und ihre Rechtsansprüche auf ihre Eigentumswohnung zu garantieren. Zurzeit wird in China in einigen Ortschaften mit der Verpfändung, Bürgschaft und Übertragung von Wohneigentumsrechten der Bauern experimentiert. Allerdings darf die Übertragung von Wohneigentumsrechten der Bauern unter den heutigen Umständen noch nicht vollständig freigegeben werden und einige Vorschläge müssen sich noch einer eingehenden Untersuchung unterziehen. Wichtig ist, an der unteren Grenze festzuhalten, d. h., sicherzustellen, dass die Bauern ihren Wohnsitz nicht verlieren. Darüber hinaus ist der Umfang von verpfänd- und übertragbaren Gegenständen genau zu bestimmen und moralisches Fehlverhalten ist zu vermeiden. Als Grundsatz gilt auch, dass man nicht nur Nutzen für sich zieht, sondern auch die Kosten dafür trägt.

Ein weiterer Arbeitsschwerpunkt liegt auf der ordnungsgemäßen Übertragung von landwirtschaftlichen Nutzflächen, welche die Grundvoraussetzung für die Entwicklung großflächiger Landwirtschaft und für die landwirtschaftliche Modernisierung darstellt und der veränderten Situation der ländlichen Arbeitskräfte entspricht. (1) Innovative Formen der Landübertragung werden gefördert. (2) Die Landübertragung wird streng geregelt. Da die vertragsgebundenen Bewirtschaftungsrechte den ländlichen Haushalten zustehen, haben die betroffenen Haushalte zu bestimmen, ob, zu welchem Preis und in welcher Form das Grundstück übertragen wird und sie sind Empfänger der Erträge aus solchen Transaktionen. (3) Die öffentliche Verwaltung und Dienstleistungen für die Landübertragung werden weiter verbessert. (4) Das Landbewirtschaftungsniveau ist genau zu bestimmen. Jedes Dorf, jede Kommune und jede Gemeinde hat gemäß eigenen natürlichen Wirtschaftsbedingungen, Verfügbarkeit ländlicher Arbeitskräfte und landwirtschaftlichem Mechanisierungsgrad einen sachgerechten Plan zu erarbeiten. Abzulehnen ist ein realitätsfernes Vorhaben mit einem übergroß angelegten Bauernbetrieb, das wider den Willen der Bauern geschieht. (5) Hilfeleistungen für den intensiven Getreideanbau werden geboten. (6) Die

Kontrolle über die Nutzungszwecke nach der Landübertragung wird gestärkt. Es ist notwendig, ein striktes Schutzsystem für die landwirtschaftlichen Nutzflächen einzuhalten. Es ist strengstens untersagt, im Namen der Landübertragung ordnungswidrige nicht-landwirtschaftliche Bauprojekte auszuführen. Das Ziel ist, unter der Prämisse der kollektiven Eigentümerschaft die Bewirtschaftungsrechte von Vertragsrechten zu trennen, um Anstöße für die Trennung von Eigentums-, Vertrags- und Bewirtschaftungsrechten zu geben. Die Stabilisierung der bäuerlichen Vertragsrechte und Freigabe der Bodenbewirtschaftungsrechte werden mehr Freiräume für institutionelle Innovationen bei der Landübertragung mit sich bringen.

Die Landbevölkerung ist nicht mehr an Grund und Boden festgebunden, insofern soll Land als Produktionsfaktor ebenfalls in Umlauf gesetzt werden, um der Entwicklung vitale Impulse zu verleihen. Allerdings muss das ordnungsgemäß geschehen und darf die untere Grenze nicht überschreiten. Als Ausgangs- und Anhaltspunkt gilt also, die Rechte und Interessen der Bauern zu wahren, zu verwirklichen und zu unterstützen, wobei drei Prinzipien – Land als Gemeineigentum, Ackerland als unantastbares Vermögen und Interessen der Bauern als Schutzgegenstand – als unüberschreitbare Schutzlinien fungieren. In dieser Rahmenordnung gehen die landwirtschaftlichen Reformen aufgrund der bereits erzielten Ergebnisse gut voran.

Die aktuelle Runde der Strukturreformen in ländlichen Gebieten lässt sich mit den Formeln „Trennung dreier Rechte" und „Drei Landflächen" (三块地) kurz und bündig zusammenfassen.

10.6.1 „Trennung dreier Rechte" der landwirtschaftlichen Nutzflächen

Blickt man auf die landwirtschaftlichen Reformen seit der Reform und Öffnung zurück, die sich hauptsächlich auf mikrowirtschaftlicher Ebene vollziehen, lässt sich feststellen, dass der Leitgedanke „Trennung zweier Rechte" (两权分离) die Reformrichtung bestimmt hat. Zu Anfang der Reformen wurde im Rahmen des Kollektivbesitzes den Bauernfamilien erlaubt, vertraglich das kollektive Land zu bewirtschaften: Das System der vertragsgebundenen Haushaltsverantwortung wurde ins Leben gerufen und landesweit verbreitet. Gemäß den rechtlichen Anforderungen, Grundbesitz zu klären, volle Leistungsansprüche zu gewähren, reibungslose Landübertragung zu gewährleisten und strenge Schutzmaßnahmen umzusetzen, wurden die Kollektiveigentumsrechte und Bewirtschaftungsrechte der ländlichen Haushalte im Aufbauprozess der sozialistischen Marktwirtschaft bestätigt, registriert und zertifiziert,[3] was für dauerhafte Stabilität der Eigentumsnutzungsverhältnisse auf dem Land sorgen sollte.

In der neuen Ära sind zahlreiche ländliche Arbeitskräfte im Zuge der forcierten Industrialisierung und Urbanisierung in die Stadt zugewandert, wo sie im zweiten und dritten Sektor beschäftigt sind. Der Transfer von Bodennutzungsrechten ist auf dem Land keine Seltenheit mehr. „Die vertragliche Trägerschaft stimmt nicht mehr mit dem wirtschaftlichen Subjekt überein."[4] Infolge der neuen Anforderungen der modernen Landwirtschaft und der Forderung der ländlichen Haushalte, Vertragsrechte beizubehalten und Bewirtschaftungsrechte abtreten zu können, wurde die „Trennung dreier Rechte", nämlich die Trennung der Eigentums-, Vertrags- und Bewirtschaftungsrechte von landwirtschaftlichen Nutzflächen eingeführt. Die Grundidee war, auf Kollektiveigentumsrechten zu bestehen, Vertragsrechte der ländlichen Haushalte zu stabilisieren, Bodenbewirtschaftungsrechte zu flexibilisieren und neuen Betreibern mehr Bewirtschaftungsrechte einzuräumen, um die gemeinsame Teilhabe des Kollektiven, der vertragsgebundenen Haushalte und neuen Betreiber an Rechtsansprüchen auf Grund und Boden zu verwirklichen. Infolgedessen verfügt das Kollektiv über Besitz-, Nutzungs-, Nießbrauch- und Verfügungsrechte, während die

3 Auf der Pressekonferenz des Staatsrats über die Bekanntmachung der *Meinung des Generalbüros des Staatsrats zur Vervollständigung der Trennung der Eigentums-, Vertrags- und Bewirtschaftungsrechte von landwirtschaftlichen Nutzflächen* im November 2016 wies der Sprecher des Landwirtschaftsministeriums darauf hin, dass die Bewirtschaftungsrechte der ländlichen Haushalte bereits in 492.000 Dörfern in 29.000 Gemeinden und 2.545 Kreisstädten mit einer Gesamtfläche von 750.000.000 Mu bestätigt, registriert und zertifiziert wurde. Das war knapp 60% des vertragsgebundenen Ackerlands.

4 Bis Juni 2016 betrug das im Umlauf befindliche vertragsgebundene Ackerland 460.000.000 Mu, was mehr als ein Drittel des gesamten Ackerlands ausmachte. In der Küstenregion erreichte der Prozentsatz schon 50%. 70 Mio. von 230.000.000 ländlichen Haushalten haben ihre Bewirtschaftungsrechte abgetreten (über 30% in Prozenten). In den wirtschaftlich gut entwickelten Provinzen mit einem hohen Abwanderungsgrad haben mehr als 50% der Bauernfamilien ihre Bewirtschaftungsrechte abgetreten. Es gab über 2,7 Mio. neue Wirtschaftssubjekte wie Familienfarmen, Bauerngenossenschaften und landwirtschaftliche Betriebe. Es sind inzwischen 877.000 Familienfarmen entstanden, was ca. 40% der gesamten ländlichen Haushalte ausmachte. Daneben gab es 174.900 Bauerngenossenschaften und 120.000 führende Betriebe bei der landwirtschaftlichen Industrialisierung. 3,5 Mio. ländliche Haushalte bewirtschafteten das Ackerland ab 50 Mu.

vertragsgebundenen Haushalte u. a. Nutzungs-, Übertragungs-, Verpfändungs- und Austrittsrechte ausüben können.[5] Die Betreiber von landwirtschaftlichen Nutzflächen sind berechtigt, innerhalb der vereinbarten Frist über das Land zu verfügen, es zu kultivieren und entsprechende Erträge daraus zu erzielen.

Durch die „Trennung dreier Rechte" können die Rechte und Interessen des Bauernkollektivs, der vertragsgebundenen Haushalte und der neuen Betreiber besser geschützt und realisiert werden. Die Allokation von Bodenressourcen kann auch optimiert werden, indem die Bodenbewirtschaftungsrechte in Form von Kapitalbeteiligung mit Grundstück, Grundstück-Treuhandschaft oder Ackerbau im Auftrag im Umlauf sind und daraus gewisse Größenvorteile geschöpft werden. Es wurde auf dem XIX. Parteitag der KP Chinas bekräftigt, die Eigentumsnutzungsverhältnisse auf dem Land langfristig stabil zu halten und die Vertragsdauer nach Ablauf der zweiten Runde um weitere 30 Jahre zu verlängern. Das war ein weiterer bedeutender Schritt zur Vervollständigung des landwirtschaftlichen Bodenbewirtschaftungssystems und leistet einen positiven Beitrag zur Stabilisierung der vertragsgebundenen Bodennutzungsrechte der Bauern.

Zu Anfang der Reform und Öffnung stand die Beziehung zwischen dem Kollektiveigentum und den einzelnen ländlichen Haushalten als landwirtschaftlichen Vertragsnehmer im Mittelpunkt. Heute rückt die Beziehung zwischen vertragsgebundenen Bauernfamilien und wirtschaftlichen Betreibern in den Mittelpunkt. Die „Trennung dreier Rechte", eine weitere institutionelle Erneuerung neben dem vertragsgebundenen Haushaltsverantwortungssystem, bereichert als neue, innovative Umsetzungsform der ländlichen Kollektivwirtschaft das Zweiebenensystem der Wirtschaftsführung unter neuen Umständen. Sie vermag das grundlegende Wirtschaftssystem auf dem Land zu verbessern und das Kollektiveigentum an Grund und Boden zu konsolidieren.[6] Der institutionelle Rahmen ist

5 Es wurde mit neuen Geschäftsmodellen wie Austritt aus der vertragsgebundenen Haushaltsverantwortung gegen Entgelt, Kreditvergabe gegen Verpfändung der Bewirtschaftungsrechte und Anerkennung der Bewirtschaftungsrechte als Aktienkapital experimentiert.

6 Dem Landwirtschaftsministerium auf der Pressekonferenz des Staatsrats über die Bekanntmachung der *Meinung des Generalbüros des Staatsrats zur Vervollständigung der Trennung der Eigentums-, Vertrags- und Bewirtschaftungsrechte von landwirtschaftlichen Nutzflächen* im November 2016 zufolge sind knapp 10% des Ackerlandes im staatlichen Eigentum, wobei sich die restlichen im Kollektiveigentum befinden. Davon sind 40% Dorfeigentum und 60% das Eigentum der Arbeitsgruppen der Dorfbewohner.

gegeben und der Inhalt ist noch zu verbessern. Zu untersuchen sind beispielsweise Rechte und Pflichten des Kollektivs und der ländlichen Haushalte beim Vertragsabschluss sowie Rechte und Pflichten der ländlichen Haushalte und Betreiber beim Bodentransfer. Forschungsgegenstand sind auch die Nießbrauchsrechte der Betreiber (z. B. Verpfändung, Bürgschaft und Kapitalbeteiligung), um deren wirtschaftlichen Erwartungen auf langfristige Geschäftstätigkeiten gerecht zu werden. Austrittsmöglichkeiten und -wege unterliegen einer kritischen Prüfung. Die Bauernfamilien, die für immer das Land verlassen und in Städte ziehen, sind anzuleiten, freiwillig aus dem Vertrag auszuscheiden und können dafür Entschädigungsleistungen erhalten.

10.6.2 Reformen von „Drei Landflächen" im weiteren Sinne

Die Bodenordnungsreformen im weiteren Sinne betreffen das staatliche Landenteignungssystem des kollektiven Bodens zu Industrialisierung- und Urbanisierungszwecken, das kollektive Bauland (Grundstücke der bäuerlichen Eigenheime und kollektiv betriebene ländliche Bauflächen) und das Ackerland zu landwirtschaftlichen Nutzungszwecken. Infolgedessen werden neben der „Trennung dreier Rechte" der landwirtschaftlichen Nutzflächen noch Reformmaßnahmen zur Regelung von „Drei Landflächen" getroffen.

Das erste Ziel ist, das Landenteignungssystem mit standardisierten Verfahren, gerechten Entschädigungsleistungen und vielfältigen Schutzmaßnahmen aufzubauen. Willkürliche Ausweitung der zu enteignenden Landflächen, mangelhafte Standards der Verfahren, unvollkommene Schutzmechanismen und unangemessene Verteilung der Wertschöpfung des Bodens waren gängige Probleme in der Praxis. Angesichts dessen wurden in den letzten Jahren Anstrengungen unternommen, um Landenteignungen in Grenze zu halten, Landenteignungsverfahren zu standardisieren, rationale, normgerechte und vielfältige Schutzmechanismen gegenüber den enteigneten Bauern zu vervollständigen, Verteilungsmechanismen der Wertschöpfung des Bodens unter Berücksichtigung des Staates, des Kollektivs und der Einzelpersonen zu errichten und die private Teilhabe an Erträgen zu erhöhen. Bis Ende Juni 2018 sind bereits 1101 Landenteignungsprojekte mit einer Gesamtfläche von 166.000 Mu nach neuen Verfahren durchgeführt worden.

Das zweite Ziel ist, dem kollektiven Bauland gleichberechtigten Marktzugang mit gleichen Leistungsansprüchen, gleichen Preisen, glatter Übertragung und Veräußerung sowie gemeinsamen Teilhaben an Erträgen zu gewähren. Lange Zeit hatte das kollektive Bauland nur beschränkte Leistungsansprüche und keinen gleichberechtigten Markteintritt und die Transaktionsregeln waren unvollständig.[7] In den letzten Jahren ist eine Reihe von Erkundungsarbeiten verrichtet worden: Die Bestände an kollektivem Bauland wurden ermittelt, die Eigentumsverhältnisse bestätigt und registriert, die Markthandelsregeln verbessert, die Markteintrittsmöglichkeiten diversifiziert, das Bodenmanagement in Dörfern gestärkt, marktfähige Akteure und mögliche rechtliche Formen geklärt. Bis Ende Juni 2018 wurden insgesamt 970 kollektive Grundstücke mit einer Gesamtfläche von 200.000 Mu zu 19,3 Milliarden CNY auf dem Bodenmarkt veräußert, vermietet oder übertragen, wofür Ausgleichszahlungen i. H. v. 1,5 Milliarden CNY für die Wertsteigerung von Boden erhoben wurden.

Das dritte Ziel ist, das System für Grundstücke der bäuerlichen Eigenheime zu vervollständigen, das gesetzmäßig fairen Erwerb, sparsame und intensive Nutzung und freiwilligen Austritt mit entsprechenden Entschädigungsleistungen gewährleistet. Damit sollen Probleme wie schwieriger Erwerb, willkürliche Nutzung und stark eingeschränkter Austritt beseitigt werden.[8] In den letzten Jahren sind gewisse Fortschritte hinsichtlich Bestätigung und Registrierung der Eigentumsrechte auf Grundstücke der bäuerlichen Eigenheime, Stärkung der Selbstverwaltung durch Dorfeinwohner, Erkundung von neuen Erwerbsmöglichkeiten der Grundstücke und Wiederverwendung von brachliegenden Grundstücken

7 In China waren die Bodenmärkte für städtische und ländliche Gebiete lange Zeit klar abgegrenzt. Während staatliche Grundstücke auf dem Bodenmarkt frei gehandelt werden konnten, unterlag das kollektive Bauland vielen einschränkenden Regelungen. Die duale Struktur der Bodenmärkte mit „zwei Rechtssystemen, zwei Märkten und zwei Gewinnverteilungsmodi" ist ihrem Wesen nach eine „Diskriminierung der Kollektiveigentümerschaft". Um diese strukturellen Barrieren der Eigentumsverhältnisse zu beseitigen, ist ein einheitlicher Bodenmarkt für städtische und ländliche Gebiete nach dem Prinzip „gleiche Preise und gleiche Rechte für das gleiche Land" zu entwickeln. In diesem Fall muss der Staat bei nicht-gemeinnützigen Bauprojekten nicht mehr eingeschaltet werden. Das Kollektiv bzw. die Bauern und Nutzer treffen sich auf dem Markt und handeln direkt miteinander. Indem das kollektive Bauland durch Marktöffnung wie das staatliche Bauland gleichbehandelt wird, genießt es gleiche Rechte.

8 Die Umstrukturierung des Systems für Grundstücke der bäuerlichen Eigenheime zielt darauf ab, die Nießbrauchsrechte der Bauernfamilien auf ihr Grundstück des Eigenheims zu garantieren und Bauern vollkommene Nutzungsrechte zu gewähren. D. h., sie verfügen über das im Eigenbesitz befindliche Grundstück für das Eigenheim, können es verpfänden und Vorteile daraus ziehen. Von großer Bedeutung sind der gewährte Marktzugang und die Möglichkeiten der Verpfändung dieser Nutzungsrechte.

erzielt worden. Bis Ende Juni 2018 haben 97.000 Bauernfamilien insgesamt 72.000 Mu ungenutzte Grundstücke freigegeben. Nach der rechtlichen Bestätigung und Registrierung wurde in einigen Ortschaften mit Hypothekendarlehen experimentiert. Bis Ende Juni 2018 haben 49.000 Bauernfamilien das durch Hypothek gesicherte Darlehen i. H. v. 9,8 Milliarden CNY aufgenommen. Zurzeit wird in China diskutiert, ob die „Teilung dreier Rechte" hinsichtlich des Ackerlands auf die Grundstücke der bäuerlichen Eigenheime übertragbar ist. Genauer gesagt, ob kollektive Eigentumsrechte, Forderungsrechte (资格权) der Bauernfamilien und Nutzungsrechte voneinander zu trennen sind. Zentral sind dabei die Fragen, kollektive Eigentumsrechte zu sichern, Forderungsrechte und Eigentumsrechte der Bauern zu schützen und die Nutzungsrechte in gewisser Hinsicht zu flexibilisieren. Durch Einführung der „Forderungsrechte" können die Bauern ihre Nutzungsrechte auf ihr Grundstück für Eigenheime abtreten, die sich am Bodenmarkt übertragen oder veräußern lassen. Dieser Schritt wird der entgeltlichen Nutzung und Veräußerung der Grundstücke der bäuerlichen Eigenheime einen Anschub verleihen.

Trotz dieser Erneuerungen sind weitere Lösungsansätze für vorhandene Probleme zu erarbeiten. Beispielsweise sind öffentliche Interessen bei den Reformen des Landenteignungssystems klar zu definieren. Offene, faire, gerechte, wissenschaftlich begründete und praktisch durchführbare Verfahren mit vielfältigen Schutzmechanismen für eine bestimmte Frist sind unter Berücksichtigung der Interessenverteilung zwischen Staat, Kollektiv und Einzelpersonen zu entwerfen. Für den Marktzugang des kollektiven Baulandes zum gewerblichen Zweck sind Fragen wie ausführende Akteure, Markthandelsregeln, kollektive Entscheidungsprozesse sowie die Beziehung zwischen Markteintritt und konzeptioneller Planung zu klären. Träger, Formen und Begriffsumfang der „Teilung dreier Rechte" zwischen Eigentums-, Forderungs- und Nutzungsrechten sind für die Reformen der Grundstücke für bäuerliche Eigenheime genau zu untersuchen. Historisch hinterlassene Probleme sind noch zu bewältigen und die sparsame und intensive Nutzung von Grund und Boden stellt immer noch eine große Herausforderung dar. Infolgedessen sind weitere Reformschritte zur Konsolidierung der kollektiven Rechte auf Grund und Boden in ländlichen Gebieten unbedingt notwendig. Es steht auf dem politischen Programm, ein Rechtssystem über Grund und Boden mit vollständigen Eigentümerstrukturen, klaren Leistungsansprüchen, angemessenen Einnahmen und rechtlichem Schutz aufzubauen, die Verteilungsmechanismen bezüglich der Wertschöpfung des Bodens zwischen Staat und Kollektiv und innerhalb der kollektiven Wirtschaftsgemeinschaft zu vervollständigen und die gesetzlichen Interessen der Bauern zu schützen.

10.7 Die Reformen des Huji-Systems

Gemäß dem Leitgedanken des 3. Plenums des XVIII. ZK der KP Chinas und der zentralen Arbeitskonferenz über Chinas Urbanisierungsprogramm 2013 sollten die Reformen des Huji-Systems mit gleichberechtigtem Zugang zu öffentlichen Grundleistungen mit ganzheitlicher Koordination der Zentralregierung vorangetrieben werden. Einzubinden sind Zuwanderer vom Land, Absolventen von Universitäten und Fachhochschulen, Erwerbstätige mit ständigem Hauptwohnsitz in einer anderen Stadt und Einwohner in Städten und in städtischen Vororten, die im ländlichen Huji-System angemeldet sind. Der Grundgedanke ist, dass man zur Stadtbevölkerung zählt, wenn man fähig ist, in der Stadt zu arbeiten und zu leben. Im Kern geht es also um eine schrittweise Gleichbehandlung von ländlichen Zuwanderern und städtischen Einwohnern hinsichtlich öffentlicher Grundleistungen und sozialer Leistungen.

Die *Stellungnahme des Staatsrats zur weiteren Förderung der Reformen des Huji-Systems* wurde am 30. Juli 2014 bekannt gegeben. Vorgesehen war, die Politik über den Wohnsitzwechsel weiter anzupassen, das städtische und ländliche Huji-System zu vereinheitlichen, das Aufenthaltsbescheinigungssystem in vollem Umfang umzusetzen, den Aufbau und die gemeinsame Nutzung der nationalen Datenbank mit allgemeinen Informationen über die Bevölkerung zu beschleunigen, die Schulpflicht, die Arbeitsvermittlungsdienste, die grundlegende Altersversorgung, die medizinische Grundversorgung, das Wohnrecht und andere grundlegende städtische öffentliche Rechte kontinuierlich zu verbessern, um Ansprüche aller ständigen Stadtbewohner zu erfüllen. Bis 2020 soll ein neues menschenorientiertes, wissenschaftlich begründetes, effizientes, standardisiertes und ordnungsgemäßes Huji-System errichtet werden, das mit dem Ziel des umfassenden Aufbaus einer Gesellschaft mit bescheidenem Wohlstand vereinbar ist, die gesellschaftliche Verwaltung und öffentliche Dienstleistungen wirksam unterstützt und die Rechte der Bevölkerung gesetzmäßig schützt. Etwa 100 Millionen ländliche Zuwanderer und andere ständige Einwohner dürfen bis dahin ihren Wohnsitz in der Stadt als Hauptwohnsitz anmelden.

Die Reformen des Huji-Systems sind erforderlich und haben weitreichende Bedeutung. Um den Urbanisierungsgrad zu ermitteln, lässt sich entweder die ständige Wohnbevölkerung in Städten oder die Einwohnerzahl im städtischen Huji-System heranziehen. Da viele Arbeitsmigranten zwar in der Stadt leben, aber de facto nicht im städtischen Huji-System angemeldet sind, kommt es oft zu großen Differenzen bei statistischen Erhebungen. Die Reformen des Huji-Systems zielen darauf, die durch das Huji-System gewährten Privilegien der städtischen Bevölkerung bei öffentlichen Dienstleistungen und sozialen Leistungen abzuschaffen und den Arbeitsmigranten mit ihren Familienmitgliedern den gleichberechtigten Zugang zu Beschäftigung, Bildung, Gesundheit, sozialer Sicherung und anderen öffentlichen Grundleistungen zu verschaffen. Diese strukturelle Reorganisation hat mindestens in dreierlei Hinsicht positive Auswirkungen. Langfristig gesehen kann sie neue wirtschaftliche Wachstumspotentiale eröffnen. Sie kann durch die Verbesserung der Elastizität der Konsumnachfrage der ländlichen Zuwanderer die Konsumnachfrage stimulieren. Zuletzt wird die stabilisierende Wirkung auf die chinesische Gesellschaft in kurzer Zeit zutage treten. Bezüglich der Vertiefung der Reformen sind die Reformen des Huji-Systems nicht nur Kernaufgaben zukünftiger Wirtschafts- und Gesellschaftsreformen Chinas, sondern sie bilden auch die Grundlage für weitere institutionelle Reformmaßnahmen und Innovationen zur Verbesserung des Volkslebens.

Um die Huji-Reformen durchzuführen, müssen zusammenhängende Reformmaßnahmen in enger Verflechtung und Koordination umgesetzt werden. Um beispielsweise die gesetzlichen Rechte und Interessen der ländlichen Zuwanderer und anderen ständigen Einwohner wirksam zu schützen, müssen unverzüglich unterstützende politische Maßnahmen für Bildung, Beschäftigung, medizinische Versorgung, Altersvorsorge, Wohnrechte, Eigentumsrechte in ländlichen Gebieten, Finanzen u. a. getroffen werden. Gesetze und Verordnungen sind zu vervollständigen und die benötigten Gelder sind bereitzustellen.

Bei den Huji-Reformen sind die Bevölkerungsgröße, die öffentlichen Mittel, die finanzielle Belastung und andere einschränkende Faktoren zu berücksichtigen, weshalb sich das derzeitige Aufenthaltsbescheinigungssystem und eine differenzierte Regionalpolitik als notwendig erweisen. Im weiteren Reformprozess sind aber bestehende administrative Segmentierungen zu bereinigen und die Gleichbehandlung von ländlichen Zuwanderern und städtischen Einwohnern hinsichtlich öffentlicher Grund- und Sozialleistungen soll mit Blick auf die tatsächliche Aufnahmefähigkeit und Finanzierungsfähigkeit der Städte schrittweise vorangehen. Dabei wird eine sachgerechte Aufteilung der Kosten zwischen Regionen und Städten gemäß dem Leitgedanken, „Urbanisierung im Gleichschritt unter Berücksichtigung regionaler Unterschiede", angestrebt.

Ziel der Huji-Reformen ist es, bis 2030 neben einem Urbanisierungsgrad von 70% eine durchschnittliche Jahreswachstumssteigerung von öffentlichen Grund- und Sozialleistungen pro Kopf um 10% zu erreichen. Ein weiteres Ziel ist, dass man dort im Huji-System registriert ist, wo man dauerhaft lebt. Die Reformen des Huji-Systems mit gleichberechtigtem Zugang zu öffentlichen Grund- und Sozialleistungen, die mit dem Urbanisierungsprozess einhergehen, sind finanziell durchführbar, wenn die Kosten angemessen aufgeteilt werden. Die Zentralregierung hat in diesem Fall größere Verantwortung zu übernehmen und die Reformen als Ganzes zu forcieren. Es fällt in ihre Kompetenz, administrative Segmentierungen abzubauen und regionale Unterschiede zu berücksichtigen. Eine grobe Schätzung der Städte nach ihrer Größe oder grobe Einteilung des Landes in Ost-, Mittel- und Westchina ist aber abzulehnen.

Im Jahr 2016 verabschiedete der Staatsrat hintereinander die *Meinung zur forcierten Förderung der neuartigen Urbanisierung* und das *Förderprogramm zur Vergabe eines Huji an 100 Millionen nicht im städtischen Huji-System erfassten Einwohner*, in denen konkrete Wege zur Verwirklichung der angesetzten Ziele festgelegt wurden.

Der Schwerpunkt der politischen Gestaltung besteht darin, Möglichkeiten für die Wohnsitzregistrierung auszubauen. Mit Ausnahmen von einigen Megastädten sollten die Einschränkungen für Zuwanderer aus ländlichen Gebieten umfassend gelockert werden. Wer einen festen Arbeitsplatz hat und ein stabiles Leben in der Stadt führen kann, soll unterstützt werden, in die Stadt zu ziehen. Betroffen sind die neue Generation der Wanderarbeiter, die Universitätsabsolventen, die aus ländlichen Gebieten kommen, Erwerbstätige, die nach dem militärischen Dienst in der Stadt arbeiten und die Arbeitsmigranten, die mehr als fünf Jahre in der Stadt gearbeitet haben und mit der ganzen Familie vom Land in die Stadt umgezogen sind. Ständige Stadtbewohner, die noch nicht im städtischen Huji-System registriert sind, haben sich im Aufenthaltsbescheinigungssystem anzumelden. Die Aufenthaltsbescheinigung soll dem Inhaber gewährleisten, Zugang zu lokalen öffentlichen Grundleistungen zu haben, sodass der Abstand zu den städtischen Bewohnern mit einem ständigen Wohnsitz schrittweise verkleinert wird.

Dieser Prozess wird von fiskal-, land- und sozialpolitischen Begleitmaßnahmen unterstützt. Je nach der Größe der zugewanderten Landbevölkerung, der Veränderung des Zuzugs in unterschiedlichen Regionen und Gebieten und die dadurch verursachten Kosten in großen, mittelgroßen und kleinen Städten werden der Umfang und die Struktur der Transferzahlungen der Zentral- und Provinzregierung angepasst. Ein Aufbaufonds wird gegründet, um den Ausbau der städtischen Infrastruktur zur Verbesserung der Stadtkapazität zu subventionieren. Die Zunahme der Baugrundstücke hängt von der Anzahl der erfolgreich umgemeldeten ländlichen Zuwanderer ab. Ein Mechanismus zur Wahrung der Rechte der Bauern mit einem städtischen Wohnsitz (Vertragsrechte, Nutzungsrechte des Grundstücks für bäuerliche Eigenheime und Teilhaberechte an kollektiven Erträgen) ist neben dem Mechanismus für freiwilligen Austritt mit entsprechenden Entschädigungsleistungen zu errichten.

Indem die Barrieren zwischen ländlicher und städtischer Wohnsitzregistrierung beschleunigt abgeschafft werden, wird sich der Urbanisierungsgrad (Anteil der im städtischen Huji-System angemeldeten Stadteinwohner an der Gesamtbevölkerung) jährlich im Durchschnitt um 1% erhöhen, d. h., jedes Jahr werden über 13 Millionen Chinesen ins städtische Huji-System aufgenommen. Bis Ende 2020 ist das städtische und ländliche Huji-System weitgehend vereinheitlicht, 120 Millionen ländliche Zuwanderer sind in der Stadt, in der sie arbeiten, angemeldet und der Urbanisierungsgrad erreichte 45,4%, womit die Zielvorgaben für die Reformen des Huji-Systems erfolgreich erfüllt sind.

11 Schlusswort: Ein Neustart nach 40-jähriger Reformpraxis

Mit der Bekanntmachung des *Beschlusses des ZK der KP Chinas über einige wichtige Fragen zur umfassenden Vertiefung der Reformen* wurde das Signal zum Neustart der chinesischen Reformen gegeben.

Mehr als 300 auf dem 3. Plenum des XVIII. ZK der KP Chinas beschlossene Maßnahmen wurden in letzter Zeit in die Tat umgesetzt. Positive Erfolge wurden erzielt, aber es gab auch Fälle, wo die erwartete Wirkung nicht auftrat. Aufgrund der „neuen Normalität" erfordert die chinesische Wirtschaft einen Paradigmenwechsel in der Frage der Antriebskräfte für die Reformen. Angesichts des veränderten gesellschaftlichen Hauptwiderspruchs, der durch den Widerspruch zwischen den ständig wachsenden Bedürfnissen der Bevölkerung nach einem schönen Leben einerseits und der unausgewogenen und unzureichenden Entwicklung andererseits gekennzeichnet ist, werden in der neuen Ära neue Ansprüche an die Reformen gestellt. Der Handelskrieg zwischen China und den USA hat die Diskussion über das China-Modell ausgelöst . . . All diese geben Anlass zu intensiven Auseinandersetzungen über Chinas Reformprogramm. Wohin gehen die Reformen? Wie gestalten sich die Reformen? Das sind zentrale Fragen, die beim Neustart zu beantworten sind.

11.1 Das „mehrfache Gleichgewicht" zwischen Reform und Öffnung

Reform und Öffnung stehen in einem wechselseitigen Verhältnis zueinander und ein „mehrfaches Gleichgewicht" wäre möglich. Eine Möglichkeit wäre, Reformen ohne Öffnung nach außen durchzusetzen, was in einer vormodernen Gesellschaft denkbar wäre. Selbst da wären die nach innen gerichteten Reformen nur eine annähernde Annahme, da subjektiv empfundene äußere Gefahrenpotentiale oft den Ausgang für Reformen bilden (beispielsweise China im Altertum). Jedoch fehlt einem solchen Transformationsprozess an neuen Ideen und Wissen von der Außenwelt. Verflechtungen mit anderen Ländern und Voneinanderlernen sind ebenfalls ausgeschlossen, sodass von institutionellen Innovationen kaum die Rede sein kann. Kleine „Reparaturen" und unbedeutende „Flickarbeit" führen schließlich zu einer äußerst stabilen und starren politischen Struktur. Eine andere Möglichkeit wäre, ohne Reformen das Land zu öffnen. Da kein Gewicht auf Reformen gelegt wird, kann der Reformprozess mit der Öffnung nicht Schritt halten. Das ist typisch für einige lateinamerikanische Staaten, in denen der Öffnungsprozess weit fortgeschrittener ist als der Reformprozess. In einigen Ländern brachte die Öffnung unerwartete Schockeffekte mit sich, die zu wirtschaftlichen Turbulenzen oder gar Wirtschaftskrisen führten, da die Bedingungen eigentlich noch nicht ausgereift waren. Die dritte Möglichkeit wäre, dass Reform und Öffnung einander ergänzen und fördern. In diesem Fall handelt es sich um eine ideale Ausgeglichenheit.

Die verschlossene Tür aufzumachen und die Öffnungspolitik einzuführen, das ist an sich eine große Reformmaßnahme. Als weltweit größtes Entwicklungsland hat China dank der Reform- und Öffnungspolitik den Anschluss an das Weltniveau eingeholt und komparative Vorteile im Systemwettbewerb erzielt. Ohne Öffnung nach außen wäre es für China als Newcomer undenkbar, seine potentiellen Vorteile zu erkennen, da man in einem völlig isolierten System keine Benchmark für Fortschritte und Rückstände hat und nicht weiß, dass es noch eine andere, bessere Welt gibt, ganz zu schweigen, dass man seine Vorteile als Nachzügler auszunutzen weiß. Diese Vorteile, die im internationalen Vergleich entstehen, sind der Öffnung zu verdanken und können sich aber nur im Reformprozess gelten lassen. Angesichts des offenen Wettbewerbsumfeldes muss China die Reformen vertiefen. Andernfalls kann der offene Wettbewerb zur Verdrängung und Unterdrückung des Newcomers führen, und schlimmstenfalls ist ein „Ausschluss aus der Weltgemeinde" nicht unmöglich. Es ist auf

Chinas Reformprogramm zurückzuführen, dass China als Newcomer seine Vorteile ausbaute und die zweitgrößte Volkswirtschaft der Welt wurde. In diesem Prozess wurden Vorurteile, Diskriminierungen, Behinderungen und Barrieren überwunden, die unterschiedlichsten Ideen und Konzepte begegneten sich und die Produktionsfaktoren konnten sich frei bewegen. Durch Vergleiche wurden Unterschiede festgestellt, die Wanderungsbewegungen auslösten. Know-how, Technologien, Management und Regelwerke, welche entwickelte Länder im Laufe der Zeit gewonnen und gesammelt haben, wurden eingeführt, aufgenommen und nutzbar gemacht. Die „Spill-over-Effekte" der Wissensbestände der entwickelten Länder kamen China zugute: China hat seinen Abstand zu den Industrienationen verringert und ist bemüht, sie einzuholen.

Reform und Öffnung fördern sich gegenseitig. Mit dem vorangehenden Reformprozess, der verbesserten Wettbewerbsfähigkeit und leistungsfähiger Regierungsführung wird die Öffnung in einem breiteren Umfang realisiert. Gleichzeitig wirkt die Öffnung durch externe Kräfte auf den internen Umbau in China zurück, der ohne Außendruck in einen Beharrungszustand geraten würde. Die Öffnung fördert Wettbewerb und fordert Chinas Anschluss an die internationalen Regeln, was China „unter Druck setzt", die Reformen fortzusetzen. An Chinas WTO-Beitritt lässt sich das gut erklären. Die WTO-Mitgliedschaft Chinas 2001 verpflichtete China, seine Regelungen WTO-konform zu gestalten und zahlreiche Bereiche zu reorganisieren. Tausende von gesetzlichen Regelungen und Verordnungen wurden annulliert, revidiert oder neu erlassen. Die Experimente mit Freihandelszonen und Freihäfen sowie die Öffnung des Finanzsektors sollten mehr Anreize für den Strukturwandel im Inland bieten oder gar mehr Druck darauf ausüben, damit die passiven Akteure, die gerne geschützt werden wollen, angeregt und motiviert werden, am Wettbewerb teilzunehmen. Folglich kann sich die nationale Wettbewerbsfähigkeit verbessern. Kurz gesagt: Mehr Wunder sind zu erwarten, wenn Reform und Öffnung Hand in Hand vorangehen.

Man darf allerdings nicht übersehen, dass die Öffnung einerseits positiv auf die Reformen zurückwirkt, aber andererseits zur Verzerrung der Reformen führen kann. Im letzteren Fall handelt es sich um Verzögerungen der Reformen und ggf. Rückwärtsbewegungen, die überhaupt das Schlimmste des „mehrfachen Gleichgewichts" darstellen. Es liegt klar auf der Hand, dass die Öffnung zwangsläufig zum Konkurrenzkampf führt. Wenn der Kampf härter wird, neigt man intuitiv zu Abwehrhandlungen, um die Schutzschicht zu festigen, statt aktiv Maßnahmen zur Verbesserung der eigenen Wettbewerbsfähigkeit zu ergreifen. Das ist in Japan der 1990er Jahre zu beobachten: Eine Menge von unrentablen Unternehmen konnten weiter auf dem Markt existieren, obwohl ihre Wirtschaftlichkeit und Rentabilität sanken und nur von Bankdarlehen lebten, da die Wirtschaft Japans mit dem Zerplatzen der Blasenwirtschaft Ende der 1980er Jahre in eine dauerhafte Rezession geriet. Trotzdem waren viele Banken bereit, ihnen Kredite – und möglicherweise zu einem günstigeren Zinssatz im Vergleich zur Kreditvergabe an „gesunde" Unternehmen – zu gewähren. Eine solche Kreditpolitik ging von den folgenden Überlegungen aus: Erstens konnten die in Schwierigkeit geratenen Unternehmen dadurch kurzfristige Kredite tilgen, sodass der Anteil der faulen Kredite sank. Zweitens versuchten die Banken, die tatsächliche Wirtschaftslage der Unternehmen, die sich in Not befanden und sogar dicht vor dem Bankrott standen, zu vertuschen. Der verdeckte, tiefere Grund war die *Basler Eigenkapitalvereinbarung* von 1988. Um den Anforderungen an die Verhältnisse des Risikokapitals in der erwähnten Vereinbarung gerecht zu werden, untersagte die japanische Regierung den Bankinstituten, Informationen über ihre Kreditkunden bekannt zu geben und erlaubte ihnen sogar, buchtechnische Verfahren zum Verdecken der Kreditsumme anzuwenden, was die zahlungsunfähigen Unternehmen hinderte, aus dem Markt auszuscheiden. Obwohl diese unrentablen Unternehmen die Krise überlebten, mangelte es ihnen grundsätzlich an Dynamik. Sie waren kaum imstande, die Kredite zurückzuzahlen. Folglich nahmen die faulen Kredite zu und die Wirtschaft stagnierte in Japan. Offenbar war es Ende der 1980er und Anfang der 1990er Jahre zwingend notwendig für Japan, der Basler Vereinbarung beizutreten, damit seine Banken weltweit Bankgeschäfte abwickeln konnten. Jedoch fiel es ihnen infolge des Zerplatzens der Blasenwirtschaft schwer, die Verhältnisregeln des Risikokapitals einzuhalten. In diesem Fall wurden die unrentablen Unternehmen großzügig hingenommen und ggf. stillschweigend geduldet. Die verzerrende Funktion der Öffnung kommt an den Tag.

Wie sieht es gegenwärtig in China aus? Der amerikanisch-chinesische Handelskrieg belastet China in mehrfacher Hinsicht. Die Kritik über das „chinesische Modell" seitens der USA findet in China selbstverständlich keine Zustimmung, aber der chinesische akademische Kreis hat die Probleme, welche die Reformen mit sich gebracht haben, nicht übersehen und arbeitet intensiv an Verbesserungsvorschlägen. Neben wirtschaftlichen Verzerrungen durch staatliche Eingriffe stehen Probleme wie unvollständige Umstrukturierung der Staatsunternehmen, Privilegierung der Staatsunternehmen bei Kreditinstitutionen (Staatsunternehmen haben es im Vergleich zu Privatunternehmen leichter, Kredite zu erhalten), Entschädigung durch die Regierung, implizite Garantie der Regierung, starre Einlösung der Kapitaleinlagen und unfairer Wettbewerb durch weiche Budgetbeschränkungen im Fokus. Die konzeptionelle Gestaltung des Reformprogramms darf nicht wegen des Handelskriegs aus den Fugen geraten und es wäre ebenfalls falsch, den alten Weg zu gehen, beispielsweise Staatsinterventionen zu stärken, die Privilegierung der Staatsunternehmen zu festigen, unrentable Unternehmen zu dulden und durch „Verwässerung" der Normen das Wachstum zu stabilisieren. Gerade zu diesem kritischen Zeitpunkt muss China zu seiner Überzeugung stehen, sich an die Reformen halten und mehr Freiräume für die Entfaltung der entscheidenden Rolle des Marktes garantieren. Die Regierung hat ihre Funktionen „besser" auszuüben: Sie darf weder ihre Befugnisse versäumen noch ihre Kompetenzen überschreiten. Fehlleistungen bei Ressourcenallokationen sind ebenfalls zu minimieren. Kurzum: Chinas Reformprogramm hat seinen eigenen Rhythmus und seine „Hausaufgaben" zu erledigen. Gemächlichen Schrittes geht China bei jedem Wind und Wetter voran.

11.2 Von inkrementellen Reformen bis hin zu Bestandsreformen

Chinas Reformprogramm wird in der Regel durch „graduelle Reformen" bzw. „inkrementelle Reformen" charakterisiert, während der Transformationsprozess in der ehemaligen Sowjetunion und im Ostblock den Namen „radikale Reformen" bzw. „Schocktherapie" trägt. Wenn man „graduelle Reformen" „inkrementellen Reformen" gegenüberstellt, scheint die letztere Bezeichnung angemessener zu sein, da sich neue Kräfte der nicht-gemeineigenen Wirtschaft außerhalb der alten Strukturen herausgebildet haben.

Die chinesische Reformpolitik ist eine Politik der kleinen Schritte: Da das alte System die Reorganisation ablehnte, blieb nichts anderes übrig als das neue System bzw. neue wirtschaftliche Elemente neben dem alten bzw. in seiner Umgebung aufzubauen (bspw. marktorientierte Preisbildung und Einführung von verschiedenen Formen der nicht-gemeineigenen Wirtschaft). Dank der Entwicklung dieser neuen Wirtschaftskräfte, des wirtschaftlichen Strukturwandels und der Verbesserung der institutionellen Umgebung unterlag das alte System einer sukzessiven Transformation. Die radikalen Reformen in der Sowjetunion und in den osteuropäischen Ländern waren aber anders: Sie erfolgten innerhalb des alten Systems, um den Weg für das Neue zu ebnen. In China hat sich das Neue durch die inkrementellen Reformen entwickelt, im Laufe der Zeit vermehrt und dadurch Rahmenbedingungen für die Umstrukturierung des traditionellen Wirtschaftssystems geschaffen, während die radikalen Reformen im Ostblock aufgrund mangelnder Voraussetzungen für inkrementelle Reformen auf die alten Strukturen zielten, was Entwicklungsimpulse für neue Strukturen auslösen sollte.[1]

Die inkrementellen Reformen waren durchführbar, weil es in der traditionellen Planwirtschaft „institutionelle Nischen“ für den Samen der Marktwirtschaft gab (die Planwirtschaft in China war nicht so starr organisiert, wie die in der ehemaligen Sowjetunion), und eine Menge von frei verfügbaren Ressourcen und günstigen Marktchancen vorhanden war. Heute sind die Rahmenbedingungen völlig anders als vor 40 Jahren, und der Boden dafür ist nicht mehr da.

Zu Beginn der Reform und Öffnung waren sowohl die Arbeitskräfte als auch Grund und Boden nicht voll ausgelastet. Besonders unterausgelastet waren die Arbeitskräfte. Dank des großen Angebots an Arbeitskräften erfreute sich die nicht-staatliche Wirtschaft, die sich außerhalb des Systems herausbildete, einer schnellen Entwicklung. Es ist nicht übertrieben zu behaupten, dass das hohe Wirtschaftswachstum Chinas mit einer verbesserten Ressourcenallokation den ländlichen Arbeitskräften zu verdanken ist, die in Städte gezogen sind und im nicht-staatlichen Wirtschaftssektor und in modernen Branchen beschäftigt sind. Das Angebot an Grund und Boden war ebenfalls reichlich: Die Investoren, die des Öfteren besondere Vergünstigungen erhielten, konnten in zahlreichen Industrieparks etwas Passendes für sich zu einem günstigen Preis finden. Die Ressourcen, die vor 40 Jahren ungenutzt waren, sind heute aber knapp geworden. Zum einen sank die absolute Zahl der erwerbsfähigen Bevölkerung und zum anderen konnte das Angebot an Grund und Boden infolge der unzureichenden Bodenordnungsreformen den zunehmenden Bedarf nicht mehr decken, was zum Konkurrenzkampf um Ressourcen führte. Als die Produktionsfaktoren üppig vorhanden und ungenutzt waren, brachte deren Einsatz in der nicht-staatlichen Wirtschaft weder für die Staatswirtschaft noch für das traditionelle System Gefahren oder Herausforderungen mit sich. Angesichts der relativen Ressourcenknappheit von heute sieht sich die nicht-staatliche Wirtschaft mit Engpässen der Produktionsfaktoren konfrontiert. Wenn die vorhandenen Ressourcen nicht umverteilt würden und die Staatswirtschaft (insbesondere die leistungsunfähigen Branchen oder Branchen mit niedriger Leistungsfähigkeit, darunter viele Zombie-Unternehmen) nicht einigermaßen „zurückträte“, gäbe es keine neue Wachstumsquelle für China.

1 Fan, Gang: 渐进与激进：制度变革的若干理论问题 [Gradualismus und Radikalismus: Einige theoretische Fragen zu Systemreformen]. In: *Economic Perspectives* 1994, Nr. 9.

Die nicht-gemeineigene Wirtschaft, insbesondere die Privatwirtschaft hatte zu Beginn der Reform und Öffnung auf dem Markt keine Wahlmöglichkeiten. Sie musste das nehmen, was die Regierung ihr zuteilte. Oder anders formuliert: Sie konnte nur dort agieren, wo ihr der Marktzugang gewährt wurde. Einige Marktchancen, die früher nur der Staatswirtschaft zustanden, wurden der Privatwirtschaft eingeräumt. Inzwischen sind 40 Jahre verstrichen und die Privatunternehmen haben Gelegenheiten beinahe ausgenutzt, um auf dem Markt Fuß zu fassen. Gut vertreten sind sie in den Industriezweigen und vor allem in den nachgelagerten Industrien, für die sie eine Zulassung haben. Infolge der Zunahme der Privatunternehmen kommt das Problem der Überkapazitäten auf, die abgebaut werden müssen. Wenn es keine neuen Marktchancen gäbe bzw. wenn kein Zutritt in die Marktsegmente der vorgelagerten Industrien (einschließlich Finanzdienstleistungssektor, Energien, Eisenbahn, Telekommunikation, medizinischer Versorgung und Bildung) gewährt würde, hätten die Privatunternehmen keinen Raum mehr, sich weiter zu entwickeln. Sie könnten ihr Glück auch in völlig neuen Branchen (bspw. Internet, Finanztechnologie, intelligente Robotertechnik und andere innovative Branchen, Geschäftskonzepte und -modelle) suchen, die mit vielen Ungewissheiten und Risiken verbunden sind. Angesichts der Zielvorgaben, Überkapazitäten, Lagerbestände und Schulden abzubauen, müssen sich die Privatunternehmen, die einen beschränkten Marktzutritt haben, etwas Neues einfallen lassen und einen Ausweg suchen und wie der Phönix aus dem Feuer ein neues Leben finden. Gleichzeitig ist zu beobachten, dass es den Staatsunternehmen dank ihrer Monopolstellung nicht an Marktchancen mangelt und ihre Teilhabe an Reformerfolgen gesichert ist, auch wenn sie sich nicht um Erneuerungen bemühen.

Zu Anfang erfolgten die inkrementellen Reformen durch „Markteintritt". Neu gegründete private, dörfliche und ausländische Unternehmen versuchten, sich in der Volkswirtschaft, die von der traditionellen Planwirtschaft geprägt war, zu etablieren. Sie erfüllten wie frisches Blut das traditionelle System wieder mit Leben. Obwohl neue Wirtschaftskräfte nach 40-jähriger Reformpraxis immer noch herzlich begrüßt sind, scheint es im heutigen China wichtiger zu sein, durch „Marktaustritt" die vorhandenen Marktstrukturen zu reorganisieren. Dieser Paradigmenwechsel ist erforderlich, da die Ressourcen und Marktchancen immer knapper werden. Und für den Umbau der bestehenden Strukturen ist es ebenfalls erforderlich, ihnen den Marktaustritt zu erlauben. Das heißt, dass die sogenannten Zombie-Unternehmen aus dem Markt zurücktreten dürfen, und die Regierung sich mit ihren Eingriffen zurückziehen muss. Dabei empfiehlt es sich, den Reform- und Öffnungsprozess zu studieren, ihn als Ganzes zu betrachten und zu überlegen, wie die Marktaustrittsmechanismen zu vervollständigen und marktwirtschaftliche Rahmenbedingungen für den fairen Wettbewerb zu schaffen sind.

Das Wort „Austritt" ist vielen ein Dorn im Auge. Es lässt sich besser nachvollziehen, wenn man aus der Perspektive des fairen Wettbewerbs das Konzept betrachtet. Es fällt Staatsunternehmen schwer, sich aus dem Markt zurückzuziehen, weil sie über „strukturelle Überlegenheit" besitzen und dementsprechend Wettbewerbsvorteile haben. Ihre „strukturelle Überlegenheit" geht darauf zurück, dass sie vielen gesellschaftlichen Verpflichtungen nachkommen sollen. Dazu gehören sowohl hoheitliche Aufgaben wie Garantie des grundsätzlichen Wirtschaftssystems und politischen Systems als auch ganz konkrete Aufgaben wie die Stabilisierung der Makrowirtschaft, Verwirklichung der sozialen Gerechtigkeit und Gewährleistung der wirtschaftlichen Sicherheit. In Anbetracht dessen können die Staatsunternehmen besondere Vorteile in Steuern, Krediten, Markteintritt, Industriepolitik und anderen Sachen genießen. Besonders zu erwähnen sind weiche Budgetbeschränkungen und implizite Garantie der Regierung für Staatsunternehmen (sie sind eigentlich zwei Seiten derselben Medaille und unterstützen und ergänzen einander). All diese Vergünstigungen bzw. „strukturelle Überlegenheit" sind für andere Marktteilnehmer unerreichbar. Außerdem genießen die Staatsunternehmen nicht nur Sondervorrechte beim Markteintritt (bspw. privilegierte Monopolstellung), sondern sie befinden sich auch beim Marktaustritt unter dem Schutz der Regierung. Viele staatliche Zombie-Unternehmen können deshalb weiter existieren, weil die institutionelle Trägheit ihre marktbeherrschende Stellung duldet und sie vor der zwangsmäßigen Markträumung schützt. Der ungehinderte Markteintritt und freie Marktaustritt sind wichtige Voraussetzungen für den fairen Wettbewerb. In China sind die vielen Markteintrittsbarrieren und die marktbeherrschende Stellung der Staatsunternehmen in der vorgelagerten Wirtschaft jedoch keine Seltenheit. Dazu kommt, dass die Zombie-Unternehmen sich nicht aus dem Markt zurückzuziehen brauchen. In diesem Fall kann von einer fairen Wettbewerbsordnung nicht die Rede sein.

Damit leistungsunfähige Unternehmen oder Unternehmen mit geringer Leistungsfähigkeit ungehindert aus dem Markt ausscheiden können, hat sich die Regierung mit ihren Eingriffsmaßnahmen aus dem Markt zurückzuziehen. Die staatlichen Ausgleichszahlungen, die implizite Garantie, die Ungleichbehandlung gegenüber den nicht-gemeineignen Betrieben in Steuern, Finanzen, Krediten, Grund und Boden sowie in der allgemeinen Industriepolitik sind schrittweise abzuschaffen: Statt Sondervorrechten ist eine allgemeingültige

Politik umzusetzen. Außerdem soll sich der politische Schwerpunkt von der Industriepolitik auf die Wettbewerbspolitik verlagern.

Der Paradigmenwechsel von inkrementellen Reformen bis hin zu Bestandsreformen bedeutet, dass alle Marktakteure miteinander im fairen Wettbewerb um Marktchancen und Ressourcen stehen müssen. Gemäß dem 3. Plenum des XVIII. ZK der KP Chinas wird Nachdruck darauf gelegt, allen Wirtschaftssektoren den gesetzmäßigen und gleichberechtigten Zugang zu Produktionsfaktoren zu gewähren, den offenen, fairen und gerechten Marktwettbewerb zu fördern, gesetzwidrige Regelungen über den nicht-gemeineigenen Wirtschaftssektor abzubauen und unsichtbare Barrieren zu beseitigen.

11.3 Umstrukturierung der Regierung: von Ressourcenallokationen bis hin zum Regieren des Landes

Die Frage, wie die Beziehung zwischen Regierung und Markt zu gestalten ist, zieht sich wie ein roter Faden durch China Reformpraxis in den letzten 40 Jahren. Für die Modernisierung des Regierungssystems und der Regierungsfähigkeit, die auf dem 3. Plenum des XVIII. ZK der KP Chinas als wichtiges Ziel der umfassenden Vertiefung der Reformen formuliert wurde, soll die Gesellschaft als nicht-staatlicher Akteur in diese Beziehung eingebunden werden. Das bedeutet aber nicht, die Rolle der Regierung zu schwächen. Denn sowohl in der Vergangenheit, Gegenwart als auch in der Zukunft ist die Rolle der Regierung bei der Ressourcenallokation und Regierungsführung unbestreitbar. Zentral ist nur dabei, die Funktionen und Aufgaben der Regierung klar zu definieren. Wie es in einem chinesischen Sprichwort heißt, für Dichten muss man sich daneben viel anstrengen. In diesem Kontext bedeutet es, dass man seinen Blick nicht nur auf den Markt richten soll. Vielmehr geht es um die Regierung, wenn man auf weitere Reformschritte Chinas zu sprechen kommt.

11.3.1 Die Regierung in einer sich verändernden Welt

Aufgrund der Marktunvollkommenheit in unterentwickelten Ländern setzten die Vertreter des frühen Strukturalismus zwischen 1940 und Anfang der 1960er Jahre Hoffnung auf die Regierung, die durch Eingriffe wie Zwangssparen, „Big Push"-Entwicklungsstrategien, Branchenauswahl und Einfuhrsubstitutionen die heimische Wirtschaft beleben sollte. Die strukturalistische Wirtschaftspolitik, die Staatsinterventionen in den Mittelpunkt stellte, erwies sich in der Praxis jedoch als problematisch, weshalb die Neoklassik, die sich auf Marktkräfte und Preismechanismen stützte, an ihre Stelle trat. Im Laufe des letzten Jahrhunderts ist es einigen ostasiatischen Volkswirtschaften (Japan und Korea als Paradebeispiel) gelungen, mithilfe der staatlichen Steuerung die mittlere Einkommensfalle zu überstehen, während ihre „Nachahmer" (Malaysia, Indonesien und andere Länder) nicht so viel Glück hatten und aufgrund der Asienkrise in diese Falle geraten sind. Der „Washington-Konsens" und der „Beijing-Konsens" haben gravierende Unterschiede in der Grundkonzeption aufgezeigt und konnten sich nicht einigen, ob die Regierung oder der Markt im Wirtschaftsleben die Hauptrolle spielen sollte. Es hat sich in der letzten internationalen Finanzkrise herausgestellt, dass uneingeschränkte freie Marktkräfte zerstörerische Potentiale besaßen. All dies machte es notwendig, die Beziehung zwischen Regierung und Markt erneut unter die Lupe zu nehmen.

Dem Neostrukturalismus zufolge hat eine Nation gemäß ihren eigenen komparativen Vorteilen den Entwicklungskurs festzulegen, wobei die Regierung eine wichtige Rolle zu spielen hat.[2] Die Nutzung der komparativen Vorteile als Ergebnis sich verändernder Faktorausstattungen (Kapital, Arbeitskräfte und Naturressourcen) bedarf eines funktionsfähigen Marktes und einer leistungsfähigen Regierung. Wenn ein staatlich begünstigter Industriezweig nicht über komparative Vorteile verfügt, hat er keine Wettbewerbsvorteile und kann im offenen Wettbewerb nicht überleben. Folglich muss er unter dem staatlichen Schutz stehen, was zu Marktverzerrungen führt. Wenn der zu fördernde Industriezweig über komparative Vorteile verfügt, sind die Unternehmen wirtschaftlich und auf in- und ausländischen Märkten wettbewerbsfähig. Sie sind dann in der Lage, Kapital zu akkumulieren und sich weiterzuentwickeln. Laut Lin Yifu habe die Regierung im industriellen Modernisierungsprozess und bei technischen Innovationen Steuer- und Lenkungsfunktionen auszuüben, um Probleme wie externe Effekte und mangelhafte Koordinierungen zu überwinden. Damit sollte das „Zuviel" im frühen Strukturalismus (Überschätzung der Rolle der Regierung und Vernachlässigung der Marktkräfte) und das „Zuwenig" im Washington-Konsens (Vernachlässigung der Regierung zugunsten der Privatisierung und Marktwirtschaft) vermieden werden, denn weder „zu viel" noch „zu wenig" kommt dem Ziel zugute.

2 Lin, Yifu: 新结构经济学：反思经济发展与政策的理论框架（增订版）[Neostrukturalismus: Reflexionen über die Wirtschaftsentwicklung und den theoretischen Rahmen der Wirtschaftspolitik]. Peking University Press, 2014.

Ausgehend von der Annahme der Informationsunvollständigkeit und -asymmetrie, vertrat J. E. Stiglitz die Ansicht, dass staatliche Interventionen viele Freiräume hätten. Infolge unvollkommener Märkte, unvollständiger Informationen und mangelhaften Wettbewerbs könne der Markt nicht von selbst das Pareto-Optimum erreichen, so das Greenwald-Stiglitz-Theorem. Für ihn bestehe das Marktversagen nicht nur im traditionellen Sinne in externen Effekten und Versorgung von öffentlichen Gütern, sondern es sei überall vorhanden. Daraus sei zu schlussfolgern, dass sich die Regierung aktiv in das Wirtschaftsleben einzuschalten habe. Stiglitz unterschied sich von neostrukturalistischen Wirtschaftswissenschaftlern dadurch, dass er die Lernfähigkeit einer Gesellschaft betonte. Er kritisierte das traditionelle Erklärungsmodell der komparativen Vorteile, das zu sehr auf die Faktorausstattung (z. B. das Kapital-Arbeit-Verhältnis) fokussiert war und die Bedeutung von erlernbarem Wissen vernachlässigte. Seiner Meinung nach zähle der Faktor „Kapital", das in ständiger Bewegung sei, nicht viel bei der Berechnung statischer komparativer Vorteile. Die Bestimmungsfaktoren seien vielmehr die „unbeweglichen" (bzw. zähflüssigen) Faktoren (Wissen, Arbeit und Institutionen). Darunter zähle die Lernfähigkeit einer Gesellschaft zu den wichtigsten „Gaben" der Faktoren. Der Markt vermöge nicht, eine vollkommen lernfähige Gesellschaft aufzubauen, was wiederum ein Zeichen fürs Marktversagen sei. Drei Gründe sprechen dafür: (1) Das Lernen habe positive „Spill-over-Effekte". (2) Das marktbasierte Lernen sei zeitlich und räumlich monopoliert. (3) Die Wissensvermittlung sei ein öffentliches Gut einer Industrie (bzw. eines Gewerbes). Da der Markt in der Wissensproduktion und -vermittlung leistungsunfähig sei und die Lernfähigkeit das kostbarste Gut für ein unterentwickeltes Land darstelle, könne die Regierung viel eingreifen, um die potentielle Lernfähigkeit zu erhöhen und eine lernwillige Gesellschaft aufzubauen.[3]

Es ist nicht zu leugnen, dass die Regierung, die in Anlehnung an Keynesianismus ihre Aufgabenbereiche ständig erweitert hat, in den Jahren nach dem Ausbruch der Weltwirtschaftskrise 1929, bei der Ressourcenmobilisierung im Zweiten Weltkrieg und beim Wiederaufbau nach dem Krieg viel geleistet hat. Jedoch waren auch immer gegensätzliche Stimmen zu verzeichnen, die für Einschränkungen der Regierungsfunktionen plädierten. Nennenswert sind drei Modelle über die Rolle der Regierung:[4] (1) Die „unsichtbare Hand" der Regierung.

3 Stiglitz, J. E. & Greenwald, B. C., übersetzt von Chen Yuxin: 增长的方法：学习型社会与经济增长的新引擎 [Creating a learning society: A new approach to growth, development and social prorgress]. CITIC Press, 2017.

4 Shleifer, Andrei & Vishny, Robert: *The grabbing hand: government pathologies and their cures*. Cambridge: Harvard University Press, 1998.

Ausgehend davon, dass der funktionsfähige Markt alle staatlichen Eingriffe überflüssig mache, bräuchte die Regierung in diesem Fall nur fundamentale Rahmenbedingungen für die Marktwirtschaft zu schaffen, beispielsweise Gesetze, innenpolitische Ordnung und Verteidigung. Je weniger die Regierung in die Wirtschaft eingreift, desto besser ist es. (2) Die „helfende Hand" der Regierung. Der uneingeschränkte freie Markt bringe viele Fehlleistungen mit sich: Monopolpreise, externe Effekte (Umweltbelastung), Arbeitslosigkeit, unvollständige Kreditangebote und regionale Fehlentwicklungen. Um das Marktversagen zu beheben, ist die helfende Hand ermächtigt, in vieler Hinsicht einzugreifen: Erhebung von Ausgleichssteuern, Regulierungen, Management der Gesamtnachfrage, Preiskontrollen, Regierung als Eigentümer und Wirtschaftspläne u. a. (3) Die „zugreifende Hand" der Regierung. Aus der Sicht der politischen Ökonomie setzt dieses Erklärungsmodell das Verhalten der Regierung mit dem politischen Prozess in Beziehung. Der Ansatz ist, dass Politiker ihre Eigeninteressen zu wahren suchen, statt das Gemeinwohl zu maximieren. Wie im Modell der unsichtbaren Hand wird in diesem Modell die Skepsis gegenüber der Regierung laut. Da es das Regierungshandeln genau beschreibt und über Kontrollmechanismen der Regierung diskutiert, ist dieses Modell konstruktiver für Gestaltungen von Reformkonzeptionen.

Nach der internationalen Finanzkrise 2008 rückte die Stärkung der Regierungsfunktionen wieder in den Mittelpunkt, wofür die Ökonomen nach sachlichen, wohlbegründeten Erklärungen suchten. Beispielsweise beleuchtete Bardhan in seinem Beitrag weitläufig die Komplexität der Rolle der Regierung. Ihm zufolge habe die Regierung angesichts vielfältiger Entwicklungsziele (insbesondere infolge wirtschaftlicher Umstrukturierung), multifunktionaler Aufgaben, misslungener Koordinierung und großer Schwierigkeiten in konzertierter Aktion ihre Rolle neu zu definieren. Er argumentierte mit historischen Beispielen, dass sich staatliche Interventionen unter bestimmten Umständen positiv auf wirtschaftliche und gesellschaftliche Entwicklungen ausgewirkt haben.[5]

Ein neuer Ansatz besagt, dass die Regierung nicht nur in der Nachholphase, sondern auch bei innovativen Tätigkeiten eine wichtige Rolle spielen kann. Die Geltungsbereiche der Industriepolitik beschränkten sich auf Industriezweige, in denen es Nachahmungsmöglichkeiten oder Nachholbedarf gibt, so die gängige Meinung. Für Innovationen und Erneuerungen könne die Regierung wenig tun

5 Bardhan, Pranab: State and development: The need for a reappraisal of the current literature. In: *Journal of economic Literature* 2016, 54 (3), 862–892.

und sie habe kaum Spielraum, zu intervenieren. Stiglitz war aber anderer Meinung und argumentierte die positive Rolle der Regierung mit folgenden Gründen: (1) (Sowohl nachahmende als auch eigenständige) Innovationen haben starke positive externe Effekte. Wenn sie u. U. öffentliche Güter werden, fehlt es Unternehmen in der Branche an Handlungsanreizen. (2) Informationsrecherchen und -verbreitungen funktionieren gewissermaßen ähnlich wie öffentlicher Güter, die unter reinen Marktbedingungen in der Regel durch unvollkommenes Angebot gekennzeichnet ist. (3) Die „New Economy“ hat in der Anlaufphase Marktengpässe und ggf. keine Märkte für Fertig- und Halbfertigprodukte. In diesem Fall müssen sich in den Markt externe Kräfte einschalten, um Innovationen anzuregen, Informationen bereitzustellen, Märkte zu entwickeln und um die New Economy zu fördern. Dafür sind staatliche Interventionen von entscheidender Bedeutung. Laut Mazzucato habe die Regierung mehr zu leisten, als das Marktversagen zu beheben. Innovationen seien nicht dem freien Markt, sondern der Industriepolitik zu verdanken. Indem die Regierung als Risikokapitalgeber wirtschaftliche Produktionen und innovative Tätigkeiten finanziere, werde die Kluft zwischen öffentlichen und privaten Investitionen überbrückt. Die Regierung korrigiere nicht nur das Marktverhalten (i. S. v. Verbesserungen der Marktversorgung), sondern leiste auch einen aktiven Beitrag zur Gestaltung des Marktes und spiele eine führende Rolle bei innovativen Tätigkeiten der privaten Unternehmen.[6]

Blickt man auf die menschliche Entwicklungsgeschichte, insbesondere auf die wirtschaftliche Entwicklung zurück, lässt sich feststellen, dass Über- oder Unterschätzungen der Regierungsfunktionen nichts Neues sind. In der Hochkonjunktur wird die Regierung entweder völlig ignoriert oder als Stolperstein zur Entwicklung angesehen, da die Regierung oft vor der wirtschaftlichen Blase warnt und dann Gegenmaßnahmen ergreift. In der wirtschaftlichen Rezession oder nach der Wirtschaftskrise wird der Beistand der Regierung erfleht. In theoretischen Auseinandersetzungen wird die Rolle der Regierung teils positiv teils negativ bewertet. Aber die Theorie kann nie richtig beurteilen, ob eine Regierung in der Realpolitik leistungsfähig ist. Die Antwort darauf kann man nur in der Praxis finden.

6 Mazzucato, M.: *The entrepreneurial state: debunking public vs. private sector myths*. London: Anthem Press, 2013.

11.3.2 Die Regierung bei der Ressourcenallokation

Die Wirtschaftsreformen sind der Schlüssel zur Vertiefung der umfassenden Reformen, so das 3. Plenum der VXIII. ZK der KP Chinas. Zentral ist dabei, die Funktion der Regierung und die Kräfte der Märkte in ein ausgewogenes Verhältnis zu bringen, damit der Markt bei der Ressourcenallokation die entscheidende Rolle spielt und die Regierung ihren Verpflichtungen besser nachkommt.

Die Erkenntnisse über den Markt haben in China einen langen Weg hinter sich: von der Anerkennung der Steuerfunktion des Marktes über die fundamentale Rolle bis hin zur entscheidenden Rolle bei der Ressourcenallokation. Der letzte große Schritt ist von historischer Bedeutung und ermöglicht neue Einsichten über die Rolle der Regierung. Aber nicht jeder hat ein klares Bild davon, besonders wenn „die entscheidende Rolle des Marktes" der „besseren Erfüllung der Verpflichtungen der Regierung" gegenübergestellt wird. Man versucht, auf eigene Art und Weise diese Aussagen zu interpretieren: Einige tendieren, mehr Gewicht auf den Markt zu legen, während einige der Regierung größere Bedeutung beimessen. Um Missverständnisse zu vermeiden, ist eine Auseinandersetzung mit der chinesischen Politik zu empfehlen.

Zuerst über die entscheidende Rolle des Marktes. Warum soll dem Markt die entscheidende Rolle zugeschrieben werden? Zum einen sind die Ergebnisse von 40-jährigen theoretischen Auseinandersetzungen und konkreten Praktiken in Betracht zu nehmen. Zum anderen bedeutet sie eine rationale, bewusste, problemorientierte Entscheidung zur Bekämpfung bestehender Probleme (Hindernisse zur vollen Entfaltung der Vitalität der Marktteilnehmer, Missstände zur Verhinderung der Funktionsfähigkeit von Markt- und Wertgesetzen). Angesichts dessen sind die Reformen sowohl in der Breite als auch in der Tiefe voranzutreiben. Es gilt, direkte Verteilungen von Ressourcen und direkte Einmischungen in mikrowirtschaftliche Tätigkeiten durch die Regierung zu reduzieren, den Aufbau des einheitlichen, offenen, wettbewerbsfähigen und ordnungsgemäßen Marktsystems zu beschleunigen und gerechte, offene und transparente Marktregeln zu verabschieden. Was durch Marktmechanismen gut geregelt werden kann, soll dem Markt überlassen werden. Was nicht in die Kompetenzen der Regierung fällt, soll der Markt übernehmen. Es soll gewährleistet werden, dass der Markt in allen Bereichen, in denen er leistungsfähig ist, seine Wirkung ausübt, um Leistungen zu maximieren und die Effizienz zu optimieren. Unternehmen und Einzelpersonen sollen mehr Möglichkeiten eingeräumt werden, damit sie sich mit größerem Elan für die Wirtschaftsentwicklung und für die Vermehrung des Reichtums einsetzen.[7]

Parallel dazu hat die Regierung ihren Verpflichtungen besser nachzukommen. Das 3. Plenum der VXIII. ZK der KP Chinas wies nachdrücklich darauf hin, dass die Forderung nach wissenschaftlich fundierter Makrosteuerung und funktionsfähiger Regierungsführung der sozialistischen Marktwirtschaft innewohnt. Im Beschluss des Plenums ist ein Ausführungsplan zur Vervollständigung der Makrosteuerung, zur umfassenden und korrekten Erfüllung staatlicher Verpflichtungen und Optimierung der administrativen Organisationsstruktur enthalten. Dabei bestehen die Hauptaufgaben der Regierung darin, die makroökonomische Stabilität aufrechtzuerhalten, öffentliche Dienstleistungen zu stärken und zu optimieren, den fairen Wettbewerb zu gewährleisten, Marktregulierungen zu verbessern, die Marktordnung zu wahren, die nachhaltige Entwicklung voranzutreiben, das Gemeinwohl zu fördern und Marktversagen entgegenzuwirken.[8]

Schwerpunktmäßig werden drei Hauptprobleme – Marktunvollkommenheit, übermäßige Staatsinterventionen und mangelhafte Regulierung – angepackt. Zu betonen ist, dass die bessere Erfüllung der Verpflichtungen der Regierung nicht bedeutet, die Kompetenzen der Regierung zu erweitern. Unter der Voraussetzung, dass der Markt die entscheidende Rolle spielt, hat die Regierung erst dort einzugreifen, wo der Markt völlig versagt bzw. fehlerhaft funktioniert.[9]

Wie kann gewährleistet werden, dass die Regierung der entscheidenden Rolle des Marktes gerecht wird? Als Richtschnur dienen die vollkommene Funktionsfähigkeit der Marktmechanismen und Optimierung der Ressourcenallokation. Ein abweichendes Ergebnis deutet auf die durch Staatsinterventionen verzerrte Marktlage hin und muss bekämpft werden. Damit die entscheidende Rolle des

7 Xi, Jinping: 习近平在十八届中央政治局第十五次集体学习时的讲话（2014年5月26日） [Xi Jinpings Rede beim 15. kollektiven Studieren des Politbüros des XVIII. ZK der KP Chinas] (26. Mai 2014). In: *People's Daily*, 28. Mai 2014.

8 关于《中共中央关于全面深化改革若干重大问题的决定》的说明（2013年11月9日） [Erklärung zum Beschluss des ZK auf dem 3. Plenum des XVIII. ZK der KP Chinas] (9. Nov. 2013). In:十八大以来重要文献选编（上）[Sammlung wichtiger Dokumente seit dem XVIII. Parteitag der KP Chinas], Band I. Central Party Literature Press, 2014, S. 500.

9 Xi, Jinping: 围绕贯彻党的十八届五中全会精神做好当前经济工作 （2015年12月18日） [Anpacken der wirtschaftlichen Arbeit im Geist des 5. Plenums des XVIII. ZK der KP Chinas] (18. Dez. 2015). In: *People's Daily*, 19. Juni 2017.

Marktes zur Geltung kommt, kann sich die Regierung in zweierlei Hinsicht engagieren: Erstens hat sie den Markt „auszubessern und zu ergänzen", oder genauer gesagt, bestehende Märkte zu fördern, Marktversagen entgegenzuwirken und neue Märkte zu gestalten. Zweitens sind Verzerrungen, vor allem Verzerrungen durch staatliche Interventionen zu reduzieren.

Bezüglich Ausbesserung und Ergänzung des Marktes geht es im Grunde um eine Mischung von drei Modellen: Mancur Olsons „market-augmenting government",[10] Masahiko Aokis „market-enhancing government"[11] und M. Mazzucatos „entrepreneurial state". Nach Olson sei ein „market-augmenting government" zum einen befugt, privates Eigentum zu schützen und die Vertragserfüllung zu erzwingen. Zum anderen sei es gesetzlich verpflichtet, private Rechte zu schützen und zu bewahren. Die Regierung sei kein aktiver Marktakteur, und ihre Aufgaben bestünden darin, äußere Rahmenbedienungen für das moderne marktwirtschaftliche Leben zu schaffen. Das Modell „market-enhancing government" wurde von Masahiko Aoki und seinen Arbeitskollegen aufgrund ihrer Forschungsergebnisse über die Rolle der Regierung bei der Wirtschaftsentwicklung in ostasiatischen Ländern entwickelt. Ausgehend davon, dass die Regierung unter vielen Umständen ebenfalls versage wie der Markt, sollten verschiedene regierungsunabhängige Organisationen (einschließlich Betriebsorganisationen, Handelsverbände, Finanzintermediäre, Arbeiter- und Bauernorganisationen und Gewerbevereine) neben Marktkräften gefördert werden. Die Regierung stehe dann vor der Aufgabe, die Entwicklung dieser Institutionen und Organisationen zu fördern und in enger Zusammenarbeit mit ihnen neue Koordinierungsstrukturen aufzubauen, statt in die Ressourcenallokation direkt einzumischen. Für M. Mazzucato fungiere ein „entrepreneurial state" als Risikokapitalgeber. Die Regierung versuche also nicht nur, durch innovative Tätigkeiten die Marktordnung wiederherzustellen, sondern sei auch darum bemüht, durch bewussten Einsatz für Innovationen den Markt aktiv zu gestalten. Das gibt zu erkennen, dass staatliche Interventionen sowohl positive als auch negative Auswirkungen haben könnten: Sie werden im ersteren Fall Marktmechanismen garantieren, verstärken und ergänzen und im letzteren Fall die Marktmechanismen gefährden, verzerren

10 Olson, Mancur: *Power and prosperity: outgrowing communist and capitalist dictatorships*, Basic Books. New York, 2000.

11 Aoki, M., Murdock, K. & Okuno-Fujiwara, M.: Beyond the East Asian miracle: Introducing the market enhancing view. In: Aoki, M., Okuno-Fujiwara, M. & Kim, H. (Hrsg): *The role of government in East Asian economic development: comparative institutional analysis*. Oxford University Press, 1997.

oder sogar ersetzen. Zur Leistungsmessung staatlicher Interventionen kann dies als Kriterium herangezogen werden.

Zweitens geht es darum, Marktverzerrungen zu bekämpfen. In der Regel hat die Regierung mit ihren Eingriffen gute Absichten verfolgt, was in bestimmten Entwicklungsphasen „Verzerrungen positiver Art" bewirken könnte. (1) Vorteile des Nachzüglers. Technisches Know-how, Geschäftserfahrungen und Marktmodelle der entwickelten Länder dienen Entwicklungsländern als Vorlagen. Verglichen mit eigenständiger Forschung und Entwicklung ist der Lern- bzw. Nachahmungsprozess im Allgemeinen nicht schwierig, wirtschaftlich und mit wenig Risiken verbunden. In diesem Fall sieht sich die Regierung vor die Aufgabe gestellt, die richtigen Modelle auszuwählen, und die Initiative der Wirtschaftsakteure spielt nur eine untergeordnete Rolle. Jedoch haben die Entwicklungsländer im Laufe der wirtschaftlichen Entwicklung immer weniger Spielraum, die Vorteile des Nachzüglers zu schöpfen. Außerdem erhöhen sich die Unsicherheiten der innovativen Tätigkeiten. Es fällt der Regierung immer schwerer, vollständige Informationen zu beschaffen, um richtige Entscheidungen zu treffen. Die Auswahl von Modellen, deren negative Auswirkungen sich ausweiten, konfrontiert sich mit enormen Herausforderungen. (2) Ansatz der Suboptimierung. Da Verzerrungen unvermeidlich sind, werden andersartige Verzerrungen zur Balancierung geduldet, damit ein etwas effizienteres, suboptimales Ergebnis erreicht wird. Ein Beispiel ist das Rent-Seeking-Verhalten, das aus Mangel an Unternehmertum und Kapital in der Frühphase der Wirtschaftsentwicklung und Industrialisierung toleriert wird, da es Anreize für Investitionen, Lernbereitschaft und Innovationen bietet. Staatliche Regulierungen und institutionelle Behinderungen sind Verzerrungen, aber auch das Rent-Seeking-Verhalten ist eine Art Verzerrung, die unter bestimmten Umständen anderen Verzerrungen gegensteuert und etwas Positives bewirken kann. (3) Das Marktversagen. Aufgrund verschiedener Unvollkommenheiten ist der Markt unfähig, nichtkooperative Interaktionen zu regeln. In diesem Fall ist die Regierung einzuschalten, die mittels selektiver Anreize positiver oder negativer Art die Kooperationen zwischen den Einzelnen fördert. Die Fehlleistungen des Marktes bzw. das Marktversagen ist eine wichtige Voraussetzung für staatliche Interventionen. (4) Theorie der politischen Ökonomie. Spricht man von Verzerrungen, geht man in der Regel vom neoklassischen Ideal des Marktgleichgewichts aus. In Wirklichkeit können viele andere nichtwirtschaftliche Faktoren, beispielsweise die nationale Sicherheit, geopolitische Interessen und Ideologien herangezogen werden, um zu prüfen, ob es sich tatsächlich um Verzerrungen handelt. Diese Faktoren finden in der interdisziplinären Auseinandersetzung der politischen Ökonomie explizite Berücksichtigung.

Um ein Beispiel zu nennen: In der Planwirtschaft wurde viel in eigenständige Forschung und Entwicklung von Atombomben, Raketen und Satelliten investiert, was sich positiv auf die Landesverteidigung und auf das Niveau der nationalen Wissenschaft und Technologie auswirkte. Diese Tätigkeiten fanden in wissenschaftlichen Diskussionen, z. B. über das Wirtschaftswunder Chinas und über den Beijing-Konsens, in den letzten Jahren eine allgemeine Anerkennung. Aber aus reiner wirtschaftlicher Perspektive würde man diese Nachholpolitik als nicht zeitgemäß, also verzerrt sehen.

Es besteht kein proportionales Verhältnis zwischen Verzerrungen und Entwicklungen. Zu beobachten ist eine starke Abhängigkeit der Verzerrungen positiver Art von historischen Kontextbedingungen und vom geschichtlichen Entwicklungsweg. Wie internationale Erfahrungen und empirische Untersuchungen Chinas gezeigt haben, können Verzerrungen positiver Art, die in bestimmten Situationen förderlich sind, unter neuen Umständen die Entwicklung stören bzw. verhindern. Vorteile des Nachzüglers, Ansatz der Suboptimierung und misslungene Koordinierung treffen auf unterentwickelte Volkswirtschaften zu, die einen großen Nachholbedarf und gleichzeitig mit unvollkommenen Märkten und strukturellen Problemen zu kämpfen haben. Mit der Erhöhung des Entwicklungsniveaus und Vervollständigung des Marktsystems lässt sich jedoch beobachten, dass diese Voraussetzungen und damit einhergehend Verzerrungen positiver Art in China allmählich verschwinden. Vor diesem Hintergrund ist mit Entschlossenheit gegen Verzerrungen anzugehen. Zurückhaltungen und Unschlüssigkeiten sind abzulehnen, damit die entscheidende Rolle des Marktes bei der Ressourcenallokation zur vollen Entfaltung kommt. Andernfalls würde die Regierung getreu dem Motto der nachholenden Entwicklung ständig intervenieren und das Marktgeschehen verzerren, was Abweichungen und Schwankungen der Marktreformen zur Folge haben kann.[12]

Zusammenfassend lässt sich sagen, dass sich die künftigen Reformen nach marktwirtschaftlichen Prinzipien zu richten haben. Selbst die Regierung muss sich anpassen und ihr Verhalten marktkonform gestalten, anstatt die führende Rolle zu spielen und dem Markt nur die koordinierende und ergänzende Rolle geben. Obwohl es zum dialektischen Denkansatz und zur chinesischen Philosophie der goldenen Mitte nicht passt, die Reihenfolge zwischen Regierung und

12 Zhang, Xiaojing u. a.: 扭曲、赶超与可持续增长：对政府与市场关系的重新审视 [Verzerrungen, nachholende Entwicklung und nachhaltiges Wachstum: Eine neue Betrachtung der Beziehungen zwischen Regierung und Markt]. In: *Economic Research Journal* 2018, Nr. 1.

Markt festzulegen, ist es in der Praxis notwendig, Hauptanliegen von Nebensächlichkeiten zu unterscheiden, Prioritäten zu setzen und Hauptwidersprüche zu kennen. Ohne klare Ziele und effektive Maßnahmen werden die Reformen kaum vorangehen oder sogar vom Stillstand bedroht sein.

11.3.3 Die Rolle der Regierung in der Governance

Die umfassende Vertiefung der Reformen hat sich zum Ziel gesetzt, Sozialismus chinesischer Prägung zu vervollständigen und zu entwickeln und das System der Governance und die Regierungsfähigkeit zu modernisieren. Das neue Schlüsselwort hierfür ist die Governance. Oben wurde die Rolle der Regierung bei der Ressourcenallokation skizziert und im Folgenden wird auf die Rolle der Regierung bei der Governance eingegangen.

In China wird das Konzept der „kooperativen Multi-Governance“ (多元共治) umgesetzt, wobei sich unterschiedliche agierende Kräfte als „Regierung, Markt und Gesellschaft“ klassifizieren lassen und die Regierung die zentrale Rolle spielt. Die Rolle der Regierung bei der Governance ist aus drei Dimensionen heraus zu betrachten, nämlich Leistungsfähigkeit, Rechtsstaatlichkeit und Verantwortlichkeit. Die Leistungsfähigkeit ist die Grundlage für das funktionsfähige Handeln der Regierung, während Rechtsstaatlichkeit und Verantwortlichkeit gewisse Einschränkungen darstellen, die den Umfang und die Reichweite der Staatsgewalt in Grenze halten.

Zurzeit liegt zwar noch keine eindeutige Definition der staatlichen Leistungsfähigkeit vor, aber zumindest sind folgende Elemente enthalten: (1) Fähigkeit, Ressourcen zu mobilisieren. Die Regierung ist imstande, auf direkt verfügbare Ressourcen (bspw. das Anlagevermögen der Regierung) zurückzugreifen und von anderen öffentlichen Ressourcen Gebrauch zu machen (bspw. durch Steuererhebung und Kreditaufnahme). (2) Fähigkeit, institutionelle Rahmenbedingungen und öffentliche Güter bereitzustellen. Zu institutionellen Rahmenbedingungen gehören u. a. Schutz der Eigentumsrechte, Schaffung eines fairen Wettbewerbsumfeldes und Umweltregulierungen. Die öffentliche Sicherheit, soziale Gerechtigkeit und wirtschaftliche Stabilität zählen zu öffentlichen Gütern. (3) Fähigkeit, Infrastruktur (Transport und Verkehr, Flughäfen, Häfen, Brücken, Telekommunikationsnetze und Wasserbau) aufzubauen und öffentliche Dienstleistungen (medizinische Versorgung, Bildung und soziale Sicherheit) anzubieten. Gerade darin sehen viele einen Hauptindikator, ob ein Staat überhaupt leistungsfähig ist. (4) Effizienz des bürokratischen Apparats bzw. die exekutive Fähigkeit der Regierung, welche die Grundlage für die Leistungsfähigkeit des Staates bildet.

Das Ziel der Rechtsstaatlichkeit ist, Rechte der Einzelpersonen und der Gesellschaft auf der Grundlage von und in Übereinstimmung mit geschriebenem Recht zu gewährleisten. In China dreht es sich in der Diskussion darum, ob die öffentliche Verwaltung eine „Herrschaft des Gesetzes" (法治) oder „Herrschaft kraft Gesetzes" (法制) ist. Es hat sich herausgestellt, dass das Rechtsstaatsprinzip bzw. „Herrschaft des Gesetzes" als Grundsatz zu verankern ist. Es bekräftigt, dass das Gesetz in der Rangordnung höher ist als die Regierung. Selbst ein Funktionsträger auf höchster Ebene ist gesetzlich verpflichtet und muss gesetzmäßig handeln, statt willkürlich anzuordnen. Es steht fest, dass die Verfassung und Gesetze absolute Autorität besitzen. Alle Machtbefugnisse und amtliche Handlungen müssen gesetzeskonform sein, andernfalls gelten sie als gesetzwidrig.

Eine verantwortungsbewusste Regierung nimmt die Verantwortung für das Gemeinwohl auf sich. Wenn eine Regierung über staatliche Macht verfügt und nicht zur Verantwortung gezogen wird, wird sie korrupt. Diese Beziehung lässt sich mit der folgenden Formel beschreiben: Korruption = Dispositionsbefugnisse –Verantwortlichkeit.[13] Vergleicht man den Begriff „Verantwortlichkeit" mit „Demokratie", kann man feststellen, dass der Bedeutungsumfang des Ersteren größer ist als des Letzteren. Im realen Leben sind Untergeordnete verpflichtet, Vorgesetzten Rechenschaft abzulegen, und in der Governance ist damit gemeint, dass die Regierung dem Volk Rechenschaft abzulegen hat. Es liegt nahe, dass eine verantwortungsvolle Regierung aufgebaut werden kann, wenn die Rechenschaftspflicht über das Regierungsverhalten verbindlich vorgeschrieben ist.

Francis Fukuyama plädierte für eine „mächtige Regierung", die auf staatlicher Leistungsfähigkeit beruht. Für ihn seien Leistungsfähigkeit, Rechtsstaatlichkeit und Verantwortlichkeit drei unerlässliche Bedingungen dafür, ob ein Nationalstaat eine zukunftsträchtige Entwicklung erleben kann. Seiner Meinung nach verfüge die amerikanische Regierung zwar über begrenzte Leistungsfähigkeit, aber sie sei stark von Rechtsstaatlichkeit und Verantwortlichkeit geprägt, während es sich in China um ein Gegenbeispiel handle.[14]

Für die Regierung ist die Governance im Vergleich zur Ressourcenallokation eine übergeordnete Aufgabe. Bei der Ressourcenallokation bestehen die Aufgaben der Regierung darin, die entscheidende Rolle des Marktes zur vollen Geltung

13 Klitgaard, Robert: *Controlling corruption*. Berkeley: University of California Press, 1998.

14 Fukuyama, Francis, übersetzt von Mao, Junjie: 政治秩序与政治衰败：从工业革命到民主全球化 [Political order and political decay: from the industrial revolution to the globalization of democracy]. Guangxi Normal University Press, 2015.

zu bringen. Bei der Governance soll die Leistungsfähigkeit des Staates im Rahmen der Rechtsstaatlichkeit und Verantwortlichkeit gewährt werden.

11.3.4 Neustart der Reformen nach 40-jähriger Praxis

Gemäß dem Bericht des XIX. Parteitags der KP Chinas ist die Wirtschaft Chinas von der Phase des rasanten Wachstums in die Phase der hochqualitativen Entwicklung übergegangen. Mit der Verbesserung des Lebensniveaus wünscht man sich in China viel mehr: Man stellt nicht nur höhere Anforderungen an das materielle und kulturelle Leben, sondern auch größere Ansprüche auf Demokratie, Rechtsstaatlichkeit, Fairness, Gerechtigkeit, Sicherheit und Umwelt. Um diesen Bedürfnissen bzw. Ansprüchen gerecht zu werden, muss die hochqualitative Entwicklung forciert werden, die über das materielle hinausläuft und neben wirtschaftlichen und materiellen Aspekten neue Dimensionen berücksichtigt, die früher vernachlässigt wurden.

Die neuen Entwicklungstendenzen geben dem Reformprozess neues Gepräge. Um die Erwartungen der Chinesen auf ein besseres Leben in der neuen Ära zu erfüllen, fordert der Neustart die umfassende Vertiefung der Reformen. Obwohl der Schwerpunkt auf dem Wirtschaftssystem liegt, dürfen sich Untersuchungen und Auseinandersetzungen nicht darauf beschränken, wenn man den Reformkurs im neuen Zeitalter richtig begreifen möchte.

Vor 40 Jahren, als die Reformen Anlauf nahmen, ging es in erster Linie um den Markt. Nach 40-jähriger Reformpraxis verlagert sich der Schwerpunkt der Reformen auf die Regierung, die den neuen Startpunkt bildet. Die marktorientierte Entwicklung konnte in der Vergangenheit gut vorangehen, solange die Regierung dem Markt den freien Lauf ließ. Heute kommt es auf die Regierung an, ob und wie die Engpässe und Schwierigkeiten beseitigt werden können. Zwei Aspekte sind bei der Neuorganisation der Regierung zu beachten: Bei der Ressourcenallokation hat die Regierung Rahmenbedingungen zu schaffen, um die entscheidende Rolle des Marktes zur vollen Geltung zu bringen und mögliche Verzerrungen abzubauen. In Hinsicht der Governance hat die Regierung im Rahmen der Rechtsstaatlichkeit und Verantwortlichkeit ihre Aufgaben wahrzunehmen und die Modernisierung der Regierungsfähigkeit und des Regierungssystems voranzubringen.

Literaturverzeichnis

1. Adelman, I. & Morris, C. T.: *Society, politics and economic development – A quantitative approach*. Baltimore, Md.: Johns Hopkins University Press, 1967.
2. Amsden, A. H.: *Asia's next giant: South Korea and late industrialization*. New York: Oxford University Press, 1989.
3. Aoki, M., Okuno-Fujiwara, M. & Kim, H. (Hrsg): *The role of government in East Asian economic development: comparative institutional analysis*. Oxford University Press, 1997.
4. Bardhan, Pranab: State and development: The need for a reappraisal of the current literature. In: *Journal of economic Literature* 2016, 54 (3).
5. Bernanke, Ben: 金融危机对经济学的启示 [Auswirkungen der Finanzkrise auf die Wirtschaft]. In: *Comparative Studies* 2010, Nr. 5.
6. Brown, L. R.: *Building a sustainable society*. New York: Norton and Co., 1981.
7. Burke, Edmund: *Reflections on the revolution in France*. Penguin Classics, 1986.
8. Chang, Chun & Wang, Yijiang: The nature of the township-village enterprise. In: *Journal of Comparative Economics* 19, 1994.
9. Che, Jiahua & Qian, Yingyi: Insecure property rights and government ownership of firms. In: *Quarterly Journal of Economics* 113 (2), 1998.
10. Chen, Yun: 陈云文选 [Ausgewählte Werke von Chen Yun], Band III. China People's Publishing House, 1995.
11. Clower, R. W.: *Growth without development: An economic survey of Liberi*a. Northwestern University Press, 1966.

12. Corden, W. Max: Those current account imbalances: A skeptical view. In: *The World Economy* 2007, Vol. 30.
13. Deng, Liqun, Ma, Hong, Sun, Shangqing & Wu, Jiajun: 访日归来的思索 [Einige Überlegungen nach der Rückkehr von Japan]. China Social Sciences Press, 1979.
14. Deng, Xiaoping: 邓小平文选 [Ausgewählte Werke von Deng Xiaoping], Band III. China People's Publishing House, 1993.
15. Die Weltbank: *Robust recovery, rising risks.* East Asia & Pacific Update. Washington D. C.: Die Weltbank, 2010.
16. Dong, Yun: 体制转轨与中国经济波动形态的变化 [Transformationsprozess und Konjunkturschwankungen in China]. In: *China Opening Journal*, 2011, Nr. 2.
17. Dou, Hong: 澳大利亚的土地使用与管理 [Landnutzung und -verwaltung in Australien]. In: *China Land* 2006, Nr. 6.
18. Entwicklungsprogramm der Vereinten Nationen: *Human development report.* New York: Oxford University Press, 1996.
19. Fan, Gang: 渐进与激进：制度变革的若干理论问题 [Gradualismus und Radikalismus: Einige theoretische Fragen zu Systemreformen]. In: *Economic Perspectives* 1994, Nr. 9.
20. Fan, Gang: 渐进改革的政治经济学 [Politische Ökonomie des Gradualismus]. Shanghai Yuandong Press, 1996.
21. Fan, Shenggen: Effects of technological change and institutional reform on production growth in Chinese agriculture. In: *American Journal of Agricultural Economics* 1991, 73 (2).
22. Fang, Fuqian: 国有经济改革与中国经济波动的平稳化 [Reformen der Staatswirtschaft und Stabilisierung der Konjunkturschwankungen in China]. In: *Management World* 2012, Nr. 3.
23. Feldstein, Martin, übersetzt von Wang, Jian u. a.: 20世纪80年代美国经济政策 [American economic policy in the 1980s]. Economic Science Press, 2000.
24. Frank, Andre Gunder, übersetzt von Liu, Beicheng: 白银资本 [ReOrient – Globalwirtschaft im Asiatischen Zeitalter]. Central Compilation & Translation Press, 2000.
25. Frankel, Jeffrey: *Monetary policy in emerging markets: A survey.* NBER Working Paper No. 16125, 2010.
26. Fukuyama, Francis, übersetzt von Mao, Junjie: 政治秩序与政治衰败：从工业革命到民主全球化 [Political order and political decay: from the industrial revolution to the globalization of democracy]. Guangxi Normal University Press, 2015.
27. Gao, Xiaohui: 俄罗斯的经济增长与通货膨胀 [Wirtschaftswachstum und Inflation in Russland]. In: *Russian Central Asian & East European Market*, 2010, Nr. 11.
28. Gill, I. & Kharas, H. u. a.: *An East Asian renaissance: Ideas for economic growth.* The International Bank for Reconstruction and Development / Weltbank, 2007.
29. Goulet, D.: *The cruel choice: A new concept in the theory of development.* New York: Atheneum, 1971.
30. Guo, Liancheng: 俄罗斯经济转轨与转轨时期经济论 [Wirtschaftliche Transformation in Russland und Wirtschaftstheorien der Übergangszeit]. The Commercial Press, 2005.
31. Harding, April & Preker, Alex: *Private participation in health services.* Washington D. C.: the World Bank, 2003.
32. Hart, Oliver, Shleifer, Andrei & Vishny, Robert W.: The proper scope of government: theory and an application to prisons. In: *Quarterly Journal of Economics* 1997.

33. Hu, An'gang u. a.: 中国国家治理现代化 [Modernisierung der Regierungsführung Chinas]. China Renmin University Press, 2014.
34. Huang, J. & Rozelle, S.: Technological change: The re-discovery of the engine of productivity growth in China's rural economy. In: *Journal of Development Economics* 1996, 49 (2).
35. Huang, Yasheng: 中国经济是如何起飞的 [Wie beginnt die chinesische Ökonomie sich zu entwickeln]. In: *Comparative Economic & Social Systems* 2013, Nr. 2.
36. International Monetary Fund, World Economic Outlook Database, 2014.
37. Jefferson, Gary H. & Rawski, Thomas: How industrial reform worked in China: the role of innovation, competition, and property rights. In: *Proceedings of the World Bank Annual Conference on Development Economics*, Washington D.C., World Bank, 1995.
38. Jefferson, Gary H., Rawski, Thomas & Zheng, Yuxin: 改革以来中国工业生产率变动趋势的估计及其可靠性分析 [Der Entwicklungstrend der industriellen Produktivität Chinas seit 1978: Schätzungen und ihre Zuverlässigkeitsanalyse]. In: *Economic Research Journal* 1995, Nr. 12.
39. Jin, Bei: 构建改革机制的无知之幕 [Gestaltung des Schleiers des Nichtwissens für den Reformmechanismus]. In: *China Business Jounal*, 11. März 2013.
40. Jin, H., Qian, Y. & Weingast, B.: Regional decentralization and fiscal incentives: federalism, Chinese style. In: *Journal of Public Economics* 2005, 89 (9-10).
41. Jin, Luo: 中国资本管制强度研究 [Untersuchung zur Kapitalverkehrskontrolle in China]. In: *Journal of Financial Research* 2004, Nr. 12.
42. Jin, Xiangrong & Lin, Chengliang: 对中国历次关税调整及其有效保护结构的实证分析 [Eine empirische Untersuchung zur Zollregelung Chinas und zu deren effektiver Schutzstruktur]. In: *The Journal of World Economy* 1999, Nr. 8.
43. Ke, Wugang & Shi, Manfei: 制度经济学：社会秩序与公共政策 [Institutionenökonomik: gesellschaftliche Ordnung und öffentliche Politiken]. The Commercial Press, 2000.
44. Keane, Michael P. & Prasad, Eswar S.: *Inequality, transfers and growth: New evidence from the economic transition in Poland*, IMF working paper, WP / 00 / 117, 2000.
45. Keynes, John Maynard, übersetzt von Gao, Hongye: 就业、利息和货币通论 [Allgemeine Theorie des Zinses, der Beschäftigung und des Geldes]. The Commercial Press, 1999.
46. Klitgaard, Robert: *Controlling corruption*. Berkeley: University of California Press, 1998.
47. Kolodko, G. W., übersetzt von Liu, Xiaoyong u. a.: 从休克到治疗——后社会主义的政治经济 [From Shock to Therapy: The Political Economy of Postsocialist Transformation]. Shanghai Yuandong Press, 2000.
48. Lall, S.: Industrial policy: The role of government in promoting industrial and technological development. In: *UNCTAD Review* 1994.
49. Lardy, Nicholas: *China in the world economy*. Washington D.C.: Institute for International Economics, 1994.
50. Lewis, W . Arthur: *Die Theorie des wirtschaftlichen Wachstums*. Richard D. Irwin, Inc., 1955.
51. Li, Daokui: 转型经济中模糊产权理论 [Theorie der unbestimmten Eigentümerschaft in der Transformationswirtschaft]. In: *Economic Research Journal* 1995, Nr. 4.
52. Li, Wei: The impact of economic reform on the performance of Chinese state enterprises, 1980–1989. In: *Journal of Political Economy* 1997, 105 (5).

53. Li, Yang & Zhang, Xiaojing: 失衡与再平衡 [Ungleichgewicht und Rebalancieren]. China Social Science Press, 2013.
54. Lim, Edwin R.: 中国改革开放过程中的对外思想开放 [Gedankenbefreiung im chinesischen Reform- und Öffnungsprozess]. In: *Comparative Studies* 2008, Nr. 6.
55. Lin, Jianhao: 中国宏观经济波动的"大稳健"——时点识别与原因分析 [„Große Stabilität" der Konjunkturschwankungen in China: Identifizierung der Zeitpunkte und deren Ursachen]. In: *China Economy Quarterly* 2013, Nr. 2.
56. Lin, Justin Yifu: Rural reforms and agricultural growth in China. In: *American Economic Review* 1992, 82 (1).
57. Lin, Yifu: 经济发展与转型: 思潮、战略和自生能力 [Wirtschaftliche Entwicklung und Transformation: Trends, Strategien und Entwicklungsfähigkeit]. Peking University Press, 2008.
58. Lin, Yifu: 新结构经济学: 反思经济发展与政策的理论框架（增订版）[Neostrukturalismus: Reflexionen über die Wirtschaftsentwicklung und den theoretischen Rahmen der Wirtschaftspolitik]. Peking University Press, 2014.
59. Liu, Guoguang: 正视通货膨胀问题 [Der Inflation ins Auge sehen]. In: E*conomic Daily*, 5. April 1988.
60. Liu, Guoguang (Hrsg.): 80年代中国经济体制改革与发展 [Reformen des Wirtschaftssystems und Entwicklung Chinas in den 1980er Jahren]. Economy & Management Publishing House, 1991.
61. Liu, Guoguang & Liu, Shucheng: 论"软着陆" [Zur „weichen Landung"]. In: *People's Daily*, 7.1.1997.
62. Maddison, Angus, übersetzt von Wu, Xiaoying: 世界经济千年史 [Die Weltwirtschaft – eine Millenniumsperspektive]. Peking University Press, 2003.
63. Mazzucato, M.: *The entrepreneurial state: debunking public vs. private sector myths*. London: Anthem Press, 2013.
64. McMillan, J., Whalley, J. & Zhu, L.: The impact of China's economic reforms on agricultural productivity growth. In: *Journal of Political Economy* 1989, 97 (4).
65. Meadows, D. L. u. a.: *The limits to growt*h. New York: Universe Books, 1972.
66. Montinola, G., Qian, Yingyi & Weingast, Berry: Federalism, Chinese style: the political basis for economic success in China. In: *World Politics* 1995, 48 (1).
67. Naughton, Barry: Chinese institutional innovation and privatization from below. In: *American Economic Review* 1994, 84 (2).
68. Nee, Victor: Organizational dynamics of market: hybrid forms, property rights and mixed economy in China. In: *Administrative Science Quarterly* 1992, 37 (1).
69. Oi, Jean: Fiscal reform and the economic foundations of local state corporatism in China. In: *World Politics* 1992, 45 (1).
70. Olson, Mancur: *Power and prosperity: outgrowing communist and capitalist dictatorships*, Basic Books. New York, 2000.
71. Pei, Changhong: 中国开放型经济建立的经验分析 [Analyse der chinesischen Erfahrungen beim Aufbau einer offenen Wirtschaft]. In: *Research on Financial and Economic Issues* 2009, Nr. 2.
72. Perroux, F.: *A new concept of development: basic tenets*. London: Croom Helm, 1983.

73. Popov, Vladimir: Shock therapy versus gradualism reconsidered. In: *CEFIR / NES Working Paper series* No. 68, 2007.
74. Qian, Y. & Weingast, B.: Federalism as a commitment to preserving market incentives. In: *Journal of Economic Perspectives* 1997, 11 (4).
75. Qian, Yingyi & Roland, G.: Federalism and the soft budget constraint. In: *American Economic Review* 1998, 88 (5).
76. Ren, Jin: 行政审批制度改革再上新台阶 [Neue Entwicklungsstufe der Reformen des behördlichen Genehmigungssystems]. In: *Outlook* 2014, Nr. 34.
77. Seers, D.: The meaning of development. In: *International Development Review* 1969, 11 (4).
78. Sen, A.: *Development as freedom*. New York: Alfred A. Knopf Inc., 1999.
79. Shleifer, Andrei & Vishny, Robert: *The grabbing hand: government pathologies and their cures*. Cambridge: Harvard University Press, 1998.
80. Singer, H. W.: Social development: Key growth sector. In: *International Development Review* 1965, 7 (1).
81. Stiglitz, J. E. & Greenwald, B. C., übersetzt von Chen, Yuxin: 增长的方法：学习型社会与经济增长的新引擎 [Creating a learning society: A new approach to growth, development and social prorgress]. CITIC Press, 2017.
82. Rostow, Walt W., übersetzt vom Forschungsinstitut über internationale Beziehungen: 经济成长的阶段:非共产党宣言 [Stadien wirtschaftlichen Wachstums – Eine Alternative zur marxistischen Entwicklungstheorie]. The Commercial Press, 1962.
83. Sun, Laixiang: *Emergence of unorthodox ownership and governance structure in East Asia: an alternative transition path*. Research for Action, No. 38, UNU/WIDER, Helsinki, 1997.
84. Tang, Yugang & Zhao, Daping: 论政府供给偏好的短期决定：政治均衡与经济效率 [Kurzfristige Entscheidungen über Präferenzen der öffentlichen Güter: politisches Gleichgewicht und wirtschaftliche Leistungsfähigkeit]. In: *Economic Research Journal* 2007, Nr. 1.
85. Tian, Guoqiang: 中国乡镇企业的产权结构及其改革 [Die Eigentümerstruktur der chinesischen kommunalen Unternehmen und deren Reformen]. In: *Economic Research Journal* 1995, Nr. 3.
86. Todaro, M. P.: *Economic development in the Third World*. Longman, 1977.
87. UNO-Forschungsinstitut für soziale Entwicklung: *Contents and measurements of socioeconomic development*. Geneva: UNRISD, 1970.
88. Vogel, Ezra F., übersetzt von Feng, Keli: 邓小平时代 [Deng Xiaoping and the Transformation of China]. SDX Joint Publishing Company, 2013.
89. Wade, R.: *Governing the market: economic theory and the role of government in East Asian industrialization*. New Jersey: Princeton University Press, 1990.
90. Walder, Andrew: Local governments as industrial firms: an organizational analysis of China's transitional economy. In: *American Journal of Sociology* 1995, 101(2).
91. Wang, Mengkui (Hrsg.): 中国经济转轨二十年 [Zwangzig Jahre der wirtschaftlichen Transformation in China]. Foreign Language Press, 1999.
92. Wang, Yu: 经典的波兰汇率制度渐进改革 [Die graduelle Reform des polnischen Wechselkurssystems als klassisches Beispiel]. In: *China Forex* 2004, Nr. 7.
93. Weitzman, Martin & Xu, Chenggang: Chinese township-village enterprises as vaguely defined cooperatives. In: *Journal of Comparative Economics* 18, 1994.

94. Wen, Jiabao: 2004年国务院政府工作报告[Tätigkeitsbericht der Regierung 2004], erstattet am 5. März 2004 auf der 2. Tagung des X. Nationalen Volkskongresses.
95. Wen, Jiabao: 2005年国务院政府工作报告 [Tätigkeitsbericht der Regierung 2005], erstattet am 5. März 2005 auf der 3. Tagung des X. Nationalen Volkskongresses.
96. Wen, Jiabao: 2007年国务院政府工作报告 [Tätigkeitsbericht der Regierung 2007], erstattet am 5. März 2007 auf der 5. Tagung des X. Nationalen Volkskongresses.
97. Wen, Jiabao: 2011年国务院政府工作报告 [Tätigkeitsbericht der Regierung 2011], erstattet am 5. März 2011 auf der 4. Tagung des XI. Nationalen Volkskongresses.
98. Wen, Guanzhong James: Total factor productivity change in China's farming sector: 1952–1989. In: *Economic Development and Cultural Change* 1993, 42 (1).
99. Wolf, Martin: China should risk bolder trials. In: *Financial Times*, 6. Juni 2006.
100. Wu, Jinglian: 中国政府在市场经济转型中的作用 [Zur Rolle der chinesischen Regierung im marktwirtschaftlichen Transformationsprozess]. In: *National Economic Management*, 2004, Nr. 9.
101. Wu, Jinglian: 当代中国经济改革教程 [Die Wirtschaftsreformen im gegenwärtigen China. Ein Kursbuch]. Shanghai Far East Publishers, 2010.
102. Wu, Li: 价格改革"闯关"及其受挫 [Zum Versuch des preispolitischen Durchbruchs und dessen Misserfolg]. In: http://www.hprc.org.cn/, 26. Januar 2010.
103. Xi, Jinping: 习近平在十八届中央政治局第十五次集体学习时的讲话 （2014年5月26日） [Xi Jinpings Rede beim 15. kollektiven Studieren des Politbüros des XVIII. ZK der KP Chinas] (26. Mai 2014). In: *People's Daily*, 28. Mai 2014.
104. Xi, Jinping: 围绕贯彻党的十八届五中全会精神做好当前经济工作 （2015年12月18日） [Anpacken der wirtschaftlichen Arbeit im Geist des 5. Plenums des XVIII. ZK der KP Chinas] (18. Dez. 2015). In: *People's Daily*, 19. Juni 2017.
105. Xue, Muqiao: 薛暮桥回忆录 [Xue Muqiaos Memoir]. Tianjin People's Publishing House, 1996.
106. Yang, Shengqun (Hrsg.): 邓小平年谱 [Die Chronik Deng Xiaopings]. Central Party Literature Press, 2004.
107. Yin, Jianfeng: 21世纪中国经济周期平稳化现象研究 [Zur Stabilisierung des chinesischen Konjunkturzyklus im 21. Jahrhundert]. In: *Social Sciences in China* 2010, Nr. 4.
108. Zhang, Shuguang, Zhang, Yansheng & Wan, Zhongxin: 中国贸易保护代价的实证分析 [Eine empirische Untersuchung zu Kosten der handelspolitischen Schutzmaßnahmen in China]. In: *Economic Research Journal* 1997, Nr. 2.
109. Zhang, Xiaojing: WTO与中国经济：一个综述 [WTO und Chinas Wirtschaft: Ein Überblick]. Arbeitsbericht Nr. 99–005 des Forschungsinstituts über die Volkswirtschaft am Nationalen Reformfonds, 1999.
110. Zhang, Xiaojing, Li, Cheng, Chang, Xin & Zhang, Ping: 后危机时代的中国宏观调控 [Makrosteuerung Chinas in der Post-Krisenzeit]. In: *Economic Research Journal* 2010, Nr. 11.
111. Zhang, Xiaojing & Dong, Yun: 重构宏观经济政策框架：探索与争论 [Rekonstruierung der wirtschaftspolitischen Rahmenbedingungen für die Makroökonomie: Untersuchungen und en]. In: *Comparative Studies* 2013, Nr. 3.

112. Zhang, Xiaojing u. a.: 扭曲、赶超与可持续增长：对政府与市场关系的重新审视 [Verzerrungen, nachholende Entwicklung und nachhaltiges Wachstum: Eine neue Betrachtung der Beziehungen zwischen Regierung und Markt]. In: *Economic Research Jounal* 2018, Nr. 1.
113. Zhang, Zhuoyuan: 论争与发展：中国经济理论50年 [Debatte und Entwicklung: 50 Jahre der Wirtschaftslehre Chinas]. Yunnan People's Publishing House, 1999.
114. Zhou, Li'an: 中国地方官员的晋升锦标赛模式研究 [Studien zum Modell„Meisterschaft der personalen Beförderung" der örtlichen Regierungsbeamten]. In: *Economic Research Journal* 2007 (7).
115. Zhu, Rongji: 2000年国务院政府工作报告 [Tätigkeitsbericht der Regierung 2000], erstattet am 5. März 2000 auf der 3. Tagung des IX. Nationalen Volkskongresses.
116. Zhu, Rongji: 2003年国务院政府工作报告 [Tätigkeitsbericht der Regierung 2003], erstattet am 5. März 2003 auf der 1. Tagung des X. Nationalen Volkskongresses
117. Zhu, Rongji: 朱镕基讲话实录（第三卷）[Zhu Rongjis Reden], Band III. People's Publishing House, 2011.
118. 十八大以来重要文献选编（上）[Sammlung wichtiger Dokumente seit dem XVIII. Parteitag der KP Chinas], Band I. Central Party Literature Press, 2014.
119. 凝聚改革共识：全面深化改革系列谈之一 [Bildung des gesellschaftlichen Konsenses über Reformen: Zur umfassenden Vertiefung der Reformen, Folge I]. In: *Guangming Daily*, 24. März 2014.
120. 习近平主持召开经济形势专家座谈会 [Xi Jinping beruft eine Expertensitzung zur Wirtschaftsentwicklung ein]. In: http://www.xinhuanet.com/politics/2016-07/08/c_1119189505.htm.

Zu den Autoren

Prof. Dr. Zhang Xiaojing ist Direktor des Forschungsinstituts für Finanzen und Bankwesen (englische Abkürzung: IFB) der Chinesischen Akademie der Sozialwissenschaften (englische Abkürzung: CASS). Außerdem ist er Direktor der Nationalen Institution für Finanzen und Entwicklung (englische Abkürzung: NIFD) und Mitglied des akademischen Kreises „Chinese Economy 50 Forum". Er ist federführend bei der Aufstellung und Publikation der chinesischen nationalen Bilanz und verantwortlich für Einschätzung und Veröffentlichung der vierteljährlichen Verschuldungsquote Chinas. Aufgrund seiner langjährigen Forschungstätigkeit in Makroökonomie und Finanzen beteiligte er sich an der Studie und Bewertung der nationalen 11., 12., 13. und 14. Fünfjahresplanung und leitete mehrere Schlüsselforschungsprojekte des Ausschusses für Wirtschaft und Finanzen des ZK der KP Chinas und der NSSFC. Zu seinen Veröffentlichungen gehören u. a. *Finanz- und Realwirtschaft: Wirtschaftsanalyse vor dem Hintergrund der finanzwirtschaftlichen Globalisierung* (2002) und *Nationale Bilanz Chinas 2018* (Mitautor). Er erhielt 2005 und 2007 den „Sun Yefang-Preis für Wirtschaftswissenschaft", 2014 den „Sun Yefang-Preis für finanzwirtschaftliche Innovationen", im selben Jahr ebenfalls den „Preis für Geistes- und Sozialwissenschaften" und 2016 den „Zhang Peigang-Preis für Entwicklungsökonomie".

Seine Hauptforschungsgebiete umfassen Makroökonomie der offenen Volkswirtschaft, Finanzwirtschaftslehre und Entwicklungsökonomie.

Prof. Dr. Chang Xin Doktor der Wirtschaftswissenschaften und Gastwissenschaftlerin des Economic Growth Center der Yale University, ist Professorin der Abteilung für Makroökonomie am Wirtschaftsforschungsinstitut der Chinesischen Akademie der Sozialwissenschaften. Ihre Forschungsschwerpunkte sind Makroökonomie, Ökonomie des öffentlichen Sektors und Institutionenökonomik. Sie hat zwei Monografien herausgegeben, als Mitautorin bei vier Werken gewirkt und mehr als 20 wissenschaftliche Arbeiten veröffentlicht. Außerdem hat sie sich an über 10 Forschungsprojekten der NSSFC und der Chinesischen Akademie der Sozialwissenschaften beteiligt, darunter mehrere Projekte geleitet.

Index

www.ingramcontent.com/pod-product-compliance
Ingram Content Group UK Ltd.
Pitfield, Milton Keynes, MK11 3LW, UK
UKHW022115051026
15623UKWH00003B/884

9 781433 170621